Ernst Künzl

# Unter den goldenen Adlern

## Der Waffenschmuck des römischen Imperiums

Ernst Künzl

# Unter den goldenen Adlern

## Der Waffenschmuck des römischen Imperiums

SCHNELL + STEINER

und

Verlag des Römisch-Germanischen Zentralmuseums

**Regensburg/Mainz 2008**

**Inhaltsverzeichnis**

# Vorwort

In memoriam
Hans Klumbach
* 1904
† 1992

Die Waffen des antiken Römerreiches waren farbige Schöpfungen mit vielfältigem Schmuck, welcher im Mittelpunkt der Darstellung stehen soll. Die einzelnen Waffenformen werden auch erläutert, doch liegt der Akzent auf Gestalt und Inhalt des Waffendekors von der römischen Republik des 1. Jhs. v. Chr. bis zur Spätantike des 4. und 5. Jhs.

Großflächiger Schmuck der Waffen des römischen Heeres, besonders auf den Schilden, sollte den Feind beeindrucken. An Schwertern, Panzern, Schilden und Helmen befestigte man aber auch sehr viele kleinformatige Reliefs und lineare Dekorationen, welche nur in Ruhe und von nahe betrachtet werden sollten. Sie waren für die internen Gespräche zwischen Soldaten gedacht und berührten viele Felder der Religion wie der Politik. Hier offenbarten sich oft ein sehr individueller Geschmack wie auch manche Vorstellungen innerhalb der ideologischen Tendenzen von Legionen oder Armeegruppen. Einmalig im Rahmen der Waffendekorationen des Altertums sind jene Waffenthemen des frühen 1. Jhs. aus der Zeit des Augustus und seiner iulisch-claudischen Familie, die sich auf die Nachfolgeprobleme des Kaiserhauses beziehen.

Das Büchlein widme ich der Erinnerung an Hans Klumbach, meinem Vorgänger am Römisch-Germanischen Zentralmuseum Mainz. Ihm verdanken wir es, dass die bahnbrechenden Waffenforschungen Ludwig Lindenschmits nach der Weltkriegskatastrophe wieder aufgenommen und erfolgreich fortgeführt werden konnten.

Eckental, April 2008 E. K.

ABB. 1 Großer ›Mainzer Römer‹. Leicht überlebensgroße, polychrome Gipsfigur. Geschaffen im späten 19. Jh.

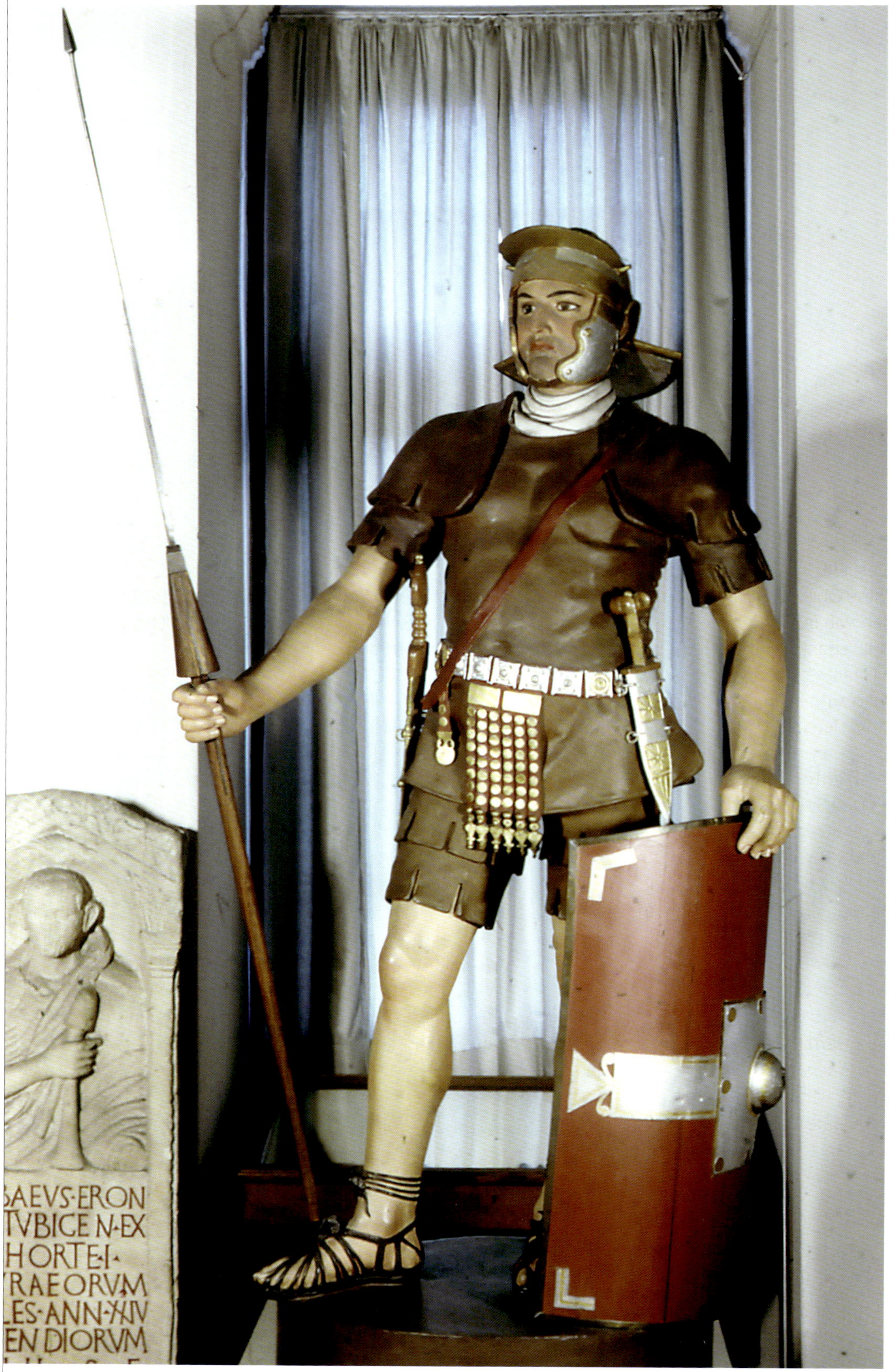

1

# Waffenforschung

Am Römisch-Germanischen Zentralmuseum Mainz (RGZM) hat man seit 150 Jahren, seit den Zeiten Ludwig Lindenschmits, die dekorierten römischen Waffen als ein bedeutsames Thema betrachtet. Deshalb hat das RGZM für seine Sammlungen diese Objekte immer wieder erworben, in Abgüssen wie in Originalen. Mit der Waffenforschung und ebenso mit der Erforschung der römischen Militärgrenzen war das Zentralmuseum von Anfang an verbunden. Viele Beispiele in diesem Buch stammen deshalb aus seinen Sammlungen.

### Waffenforschung des 19. Jahrhunderts

Der Gesamtverein der deutschen Geschichts- und Altertumsvereine, der 1852 die Gründung eines Römisch-Germanischen Zentralmuseums beschloss, hatte im September 1852 auf seiner Sitzung in Mainz eine Kommission zur Erforschung des *Limes Imperii Romani* gegründet, in der sowohl der dann für das Saalburgkastell wichtige Offizier und Altertumsforscher Karl August von Cohausen wie auch die beiden leitenden Herren des Mainzer Zentralmuseums jener Zeit, Ludwig Lindenschmit und Friedrich Gustav Habel, vertreten waren. Eine für die Zukunft bedeutsame Folge jener Pläne um die erste deutsche Limeskommission war die Hinwendung Ludwig Lindenschmits zur Erforschung der römerzeitlichen Waffen.

Mit seinem 1882 erschienenen Buch ›Tracht und Bewaffnung des römischen Heeres während der Kaiserzeit‹ eröffnete Lindenschmit die moderne Waffenforschung. Diese war seit dem Beginn der Limesforschung immer ein Teil der archäologischen und historischen Interpretation der römischen Nordgrenze. Bis heute beherrschen deshalb Publikationen in deutscher und englischer Sprache dieses Feld; bis heute haben Limesforschung wie Waffenforschung ihre Schwerpunkte an der römischen Rhein-Donau-Grenze, von Großbritannien, den Niederlanden und Deutschland über die Schweiz, Österreich und Ungarn bis nach Rumänien.

### Der ›Mainzer Römer‹

Bis zum späten 19. Jh. stellte man sich die römischen Soldaten anhand der Reliefbilder des Altertums vor; die Dakerkriege der Traianssäule und die Markomannenkriege der Marcussäule – beide in Rom immer noch am originalen Platz stehend – prägten das Bild. Ludwig Lindenschmit und das Mainzer Zentralmuseum sorgten dann seit dem späten 19. Jh. für eine neue Anschaulichkeit, welche das Publikum und vor allem die Jugend dringend brauchten. Für mehr als ein halbes Jahrhundert war der in der römischen Ausstellung des Zentralmuseums sichtbare große ›Mainzer Römer‹ (Abb. 1) der Maßstab für die Rekonstruktion eines römischen Legionärs. Vor dem Zweiten Weltkrieg, als das Zentralmuseum auch noch Kopien zum Kauf anbot, konnte man den Mainzer Römer als Figurine erwerben. In seiner Haltung entspricht dieser Legionär ganz der ausgreifenden Körpersprache, die wir auch auf den Bildern der Uraufführung Richard Wagners ›Ring des Nibelungen‹ von 1876 sehen können.

### Historienfilme und Römergruppen

Seit dem frühen 20. Jh. spielt der Historienfilm eine immer größere Rolle beim Bilde der Öffent-

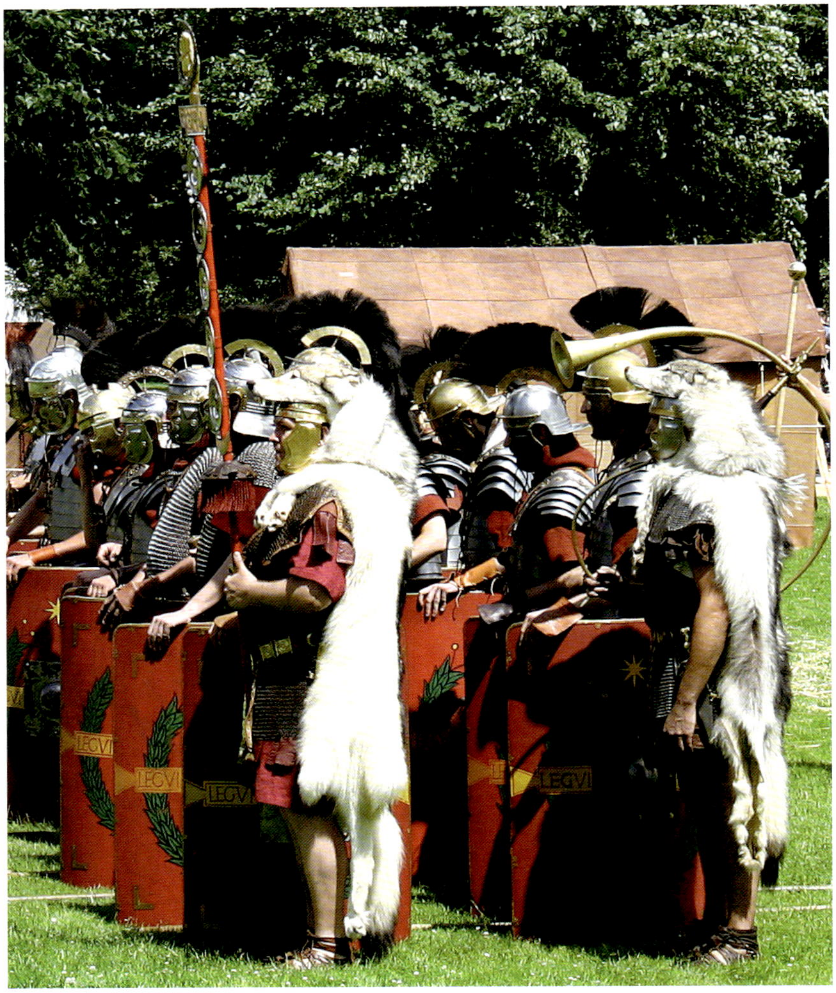


ABB. 2 Legionsinfanterie des 1. Jhs. Römergruppe *Legio VI Victrix*. 1. Römerkohorte Opladen. Darbietung auf den Xantener Römertagen ›Schwerter, Brot und Spiele‹, Juni 2007.

lichkeit von der römischen Armee. Wie sehr solche Erzeugnisse der Trivialkultur das historische Bewusstsein prägen, weiß jeder, der Fragen von Schulklassen beantwortet, die vorher den Hollywoodfilm ›Ben Hur‹ von 1959 gesehen haben (er wird wegen der Golgathamotive jedes Jahr getreulich immer wieder im Fernsehen gezeigt). Die beiden einprägsamsten Bewegungsszenen des Films, die Seeschlacht und das Wagenrennen, haben zur festen Installation von Falschansichten geführt: dass es Galeerensklaven gab (falsch, die römischen Kriegsschiffe wurden von Matrosen gerudert), dass die römischen Rennwagen schweren Triumphwagen glichen (falsch, die römischen Rennwagen waren leichte Konstruktionen); dass man während des Rennens auf seinen Gegner mit der Peitsche einschlagen durfte (falsch) und dergleichen mehr.

In Ridley Scotts ›Gladiator‹ von 2000 sind fast alle Gladiatorenwaffen Phantasieprodukte: Die römische Armee der Markomannenkriege am Anfang wird hingegen mit eindrucksvollem Elan und antiquarisch halbwegs korrekt gezeigt; die Waffen der gegnerischen Markomannen sind freilich wieder ein Sammelsurium von Waffen vieler Zeiten. Historische Romane haben manchmal eine ähnliche Wirkung. Die schiefe Meinung der Öffentlichkeit über die altägyptische Medizin, vor allem über die angeblich bei jeder Gelegenheit praktizierte allgegenwärtige Trepanation (Schädelöffnung), ging vermutlich auf Mika Waltaris Welterfolg ›Sinuhe, der Ägypter‹ (1945) zurück.

Als Römer kostümierte Gruppen gab es nicht erst in der Zeit nach dem Zweiten Weltkrieg. An den Grundsteinzeremonien des Saalburgkastells bei Bad Homburg vor der Höhe im Jahre 1900 nahmen ›Römer‹ ebenso wie ›Germanen‹ teil. Es hätte sich vielleicht in Deutschland schon damals eine Tradition der privaten Römergruppen herausbilden können, doch unterbrach der Erste Weltkrieg alles in dieser Richtung Denkbare. Danach hatte man größte wirtschaftliche und politische Sorgen, und im Dritten Reich war Uniformtragen staatlich reglementiert. Es brauchte Zeit, bis in den siebziger Jahren am Beginn des letzten Viertels des 20. Jhs. die Zeit für neue Römergruppen reif war. Nun freilich stieß der Gedanke auf eine fulminante Resonanz: Der Hang zur Historienrekonstruktion war übermächtig geworden, er verband sich mit der Sucht nach immer ausgefalleneren Freizeitaktivitäten. Man beschränkte sich nicht mehr nur auf die Römer des Altertums. Militärische Gruppen, von den Armeen des 19. Jhs. bis zurück zu den Soldaten der Cromwellzeit, zu den Rittern des Mittelalters, zu Wikingern und Germanen, erschienen auf der Bühne. Man begann, Schlachten wie Gettysburg 1863 und Austerlitz 1806 nachzuspielen. Auftritte solcher Gruppen bei Römerfesten, Römertagen, Museumseröffnungen, Sonderausstellungen, Buchmessen und Jubiläen wurden seit dem späten 20. Jh. eine gängige Erscheinung.

Stilprägend auf dem antiken Römersektor war die 1972 gegründete britische ›Ermine Street Guard‹, der viele deutsche Gruppen folgten. Inzwischen gibt es Römergruppen rings um den Globus (Abb. 2). In ihren besten Ausprägungen verschreiben sie sich der seriösen experimentellen Archäologie, wobei es sowohl um Herstellung und Technik der Waffen wie auch um die Rekonstruktion militärischer Vorgänge geht. Beispielhaft war hier die Gruppe um Marcus Junkelmann mit ihrem Marsch über die Alpen von Verona nach Augsburg im Frühjahr 1985 oder mit ihrem Ritt von der Nordsee am niedergermanischen und obergermanischen Limes entlang bis zur Saalburg.

## Moderne Rekonstruktionen

Die Geburt der modernen Römergruppen auf wissenschaftlichem Niveau war eine parallele Tendenz zu der nun in der Waffenforschung betriebenen detailgetreuen Rekonstruktion römischer Waffen und römischer Legionen. Das Startsignal waren die in dem großen Buch von H. R. Robinson von 1975 (›The Armour of Imperial Rome‹) erschienenen modernen Zeichnungen von Peter Connolly mit seinen drei Legionären zwischen Augustus um Christi Geburt und Traian um 100 (Abb. 3). Nie vorher waren Detailtreue und Anschaulichkeit so überzeugend präsentiert worden. Diese Darstellungsart wurde zum Qualitätsmaßstab für die Arbeit der nächsten Generation. Peter Connolly selbst hat in einer Reihe von Büchern für junge Leser wie für die Fachwelt dieses neue Bild der römischen Armee vorgestellt. In der zweiten Nachkriegsausstellung der Römerzeit im Römisch-Germanischen Zentralmuseum Mainz haben wir dem Publikum ein Panorama des römischen Heeres mit seinen großformatigen Gemälden geboten; sie werden hier im Folgenden alle gezeigt.

## Limesfunde und Schlachtfeldarchäologie

Die Überlieferungslage ist für die griechischen Waffen des Altertums sehr ungleichmäßig und im Vergleich zur Situation in der römischen Kaiserzeit wenig befriedigend. Dem überreichen graphischen Material der schwarzfigurigen und rotfigurigen Keramikmalerei (besonders aus Athen und Süditalien) stehen nicht annähernd so zahlreiche originale Waffenfunde gegenüber. Nach der Bronzezeit kam es in Griechenland auch nicht mehr zu einem dem römischen 3. und 4. Jh. n. Chr. vergleichbaren reichen Hortfundhorizont; keine dem römischen Nordlimes adäquate Militärgrenze kann archäologisch untersucht werden – entsprechend konzentrieren sich die Funde auf Votive in Heiligtümern wie auf Gräber.

Im Vergleich zu den griechischen Waffen verfügen wir bei den Römern über eine viel größere Materialmenge. Dies liegt an dem erweiterten Fundgruppenspektrum. Der auf den ersten Blick wichtigste Sektor ist die Limesforschung, wenn auch die Waffenfunde innerhalb der Militärareale meistens aus Fragmenten bestehen. Dass man einmal etwas Vollständiges findet, ist die Ausnahme, wie im Falle des *Gladius* aus dem Legionslager von Vindonissa im Aargau, der in sein komplettes Koppel eingewickelt unter einer Bank versteckt war und aus irgendeinem Grunde dort vergessen wurde (Abb. 4).

Durch die Funde von Kalkriese und die Diskussion um den Ort der Schlacht im Teutoburger Wald sind die Methoden der Schlachtfeldarchäologie wieder aktuell geworden. Schlachtfelder zeichnen sich selten durch große Fundmengen aus, denn normalerweise wird auf dem Kampfplatz aufgeräumt: Der Sieger sammelt ein, was er haben will. Die Ausgrabungen von Kalkriese brachten ein zum germanischen Sieg passendes Fundbild: wenige germanische Objekte, viele kleine Fragmente römischer Waffen (Abb. 5) und ziviler Objekte, viele römische Geldbörseninhalte, die weit verstreut sind, weil sie in den Schlamm getreten worden waren, so dass man sie später übersah.

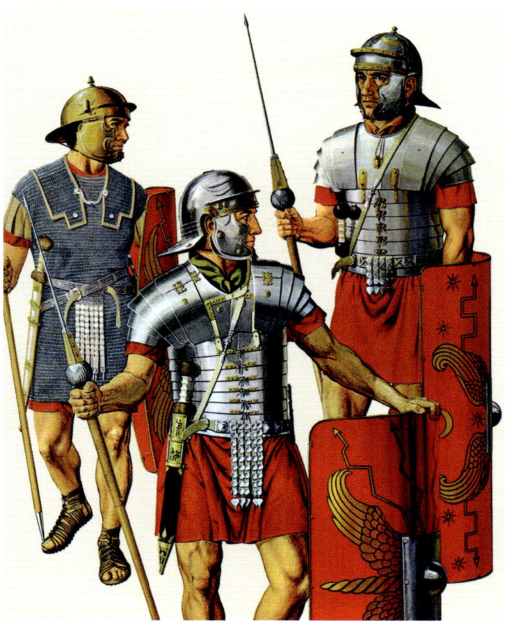

ABB. 3 Der Beginn einer neuen Anschaulichkeit. Farbige Rekonstruktion dreier Legionsinfanteristen der Zeit zwischen Augustus und Traian durch Peter Connolly.

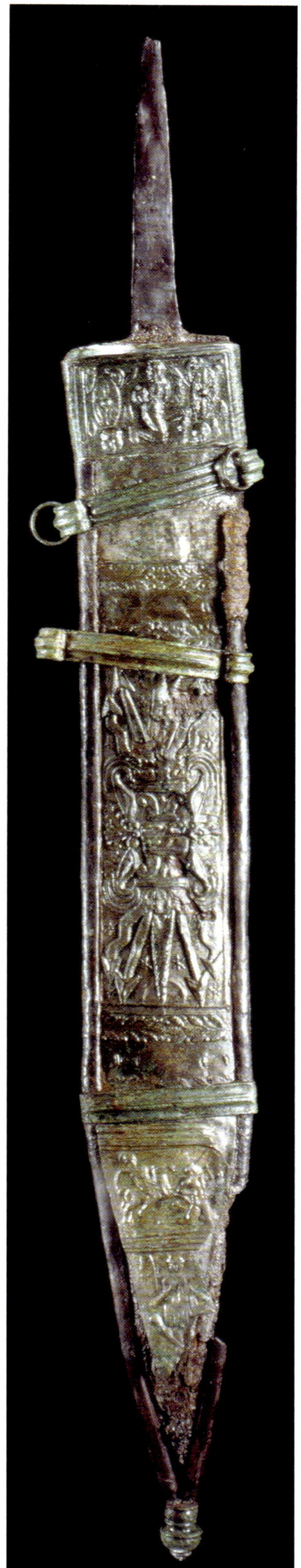

ABB. 4 Komplett erhaltener *Gladius* aus dem Legionslager von Vindonissa, Aargau, Schweiz. 1. Jh.

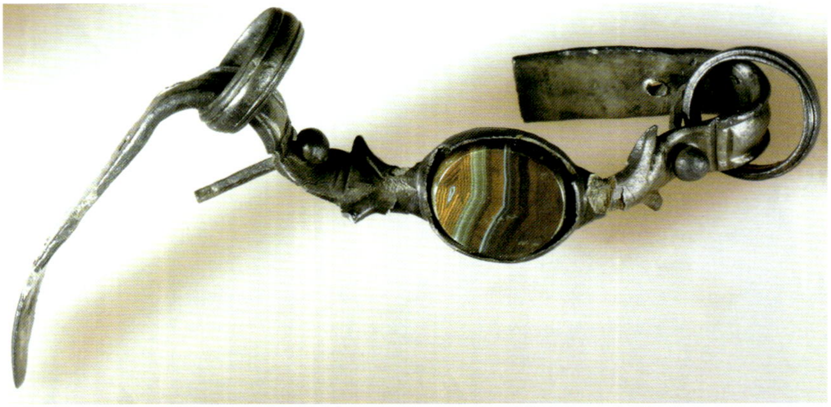

ABB. 5 Kalkriese. Scheidenklammer eines *Gladius*. Kostbare Ausführung in Silber mit Achateinlage. Von den germanischen Siegern im Plünderungsgut übersehen. Br. 9,3 cm. 1. Jh. v. Chr.

Um 259/260 verloren die Römer alle Gebiete ihrer Provinz Obergermanien rechts des Rheins. Im Kastell Neuwied-Niederbieber, Rheinland-Pfalz, haben die Ausgräber des 19. Jhs. das Skelett des römischen Feldzeichenträgers neben seiner Standarte der 7. Raeterkohorte (*Cohors VII Raetorum*) gefunden (Abb. 6). Dieser Fundkomplex, zu dem auch die Silberscheibe mit dem Bilde des Tiberius (Abb. 38) sowie eine eiserne Lanzenspitze und Haltertungsteile gehören, ist das einzige Feldzeichen aus dem Altertum, das man in Fundlage (*in situ*) barg.

Die Ausgrabungen von Dura-Europos am Euphrat in Syrien brachten außerordentliche Informationen zur Belagerung von 256 durch die Perser zutage. Am Turm 19 konnte man die Minen der Belagerer und Gegenminen der Garnison beobachten. In einer Mine wurden Römer wie Perser verschüttet; den Archäologen bot sich eine reiches Bild von Skeletten, Waffen und Gerät, darunter der oft abgebildete bunte rechteckige Schild (Abb. 128).

## Wasserfunde, Hortfunde, Heiligtümer, Waffengräber

Gewässerfunde, vor allem Flussfunde, sind eine unserer Hauptquellen römischer Waffen. Dutzende Helme, Schwerter, Dolche, Schilde und Panzer kamen beispielsweise seit der Rheinregulierung des 19. Jhs. aus dem Rhein in und bei Mainz ans Licht. Immer noch sind Kiesbaggereiarbeiten eine reiche Quelle für antike Metallobjekte und eben auch für Waffen (vgl. Abb. 135). Reiche Funde ergaben nicht nur die Kieswerke der Pfalz, sondern beispielsweise auch am Niederrhein die Region um Xanten oder in Frankreich das Saônetal nördlich von Lyon. Es handelt sich in der Regel um unbeabsichtigte Verluste, beim Fährverkehr und bei allen denkbaren Aktionen am und auf dem Fluss.

Hortfunde sind für die Archäologie des Römerreiches zentrale Materialkomplexe. In Krisenzeiten haben die Menschen Wertvolles oft dem Boden anvertraut. Man spricht von Hortfundhorizonten, wenn sich z.B. die Germaneneinfälle zwischen 233 und 277 n. Chr. in Metallhorten und in Münzhorten der römischen Nordwestprovinzen spiegeln. Auch Plünderer (Römer wie Germanen) versteckten ihre Beute im Boden.

Mehr als zwei Dutzend Horte mit erheblichen Waffenanteilen oder reine Waffenhorte sind erhalten, darunter Funde in Britannien (Abb. 7), an der Rhein-Donau-Grenze und in Palästina. Ein Teil dieser Horte waren Angstdepots, andere waren Plündererverstecke. Es kam aber auch vor,

ABB. 6 Feldzeichen mit Kohorteninschrift der 7. Räterkohorte (*Cohors VIII Raetorum*) vom Kastell Niederbieber. Silber auf Kupferlegierung. Vor 259/260.

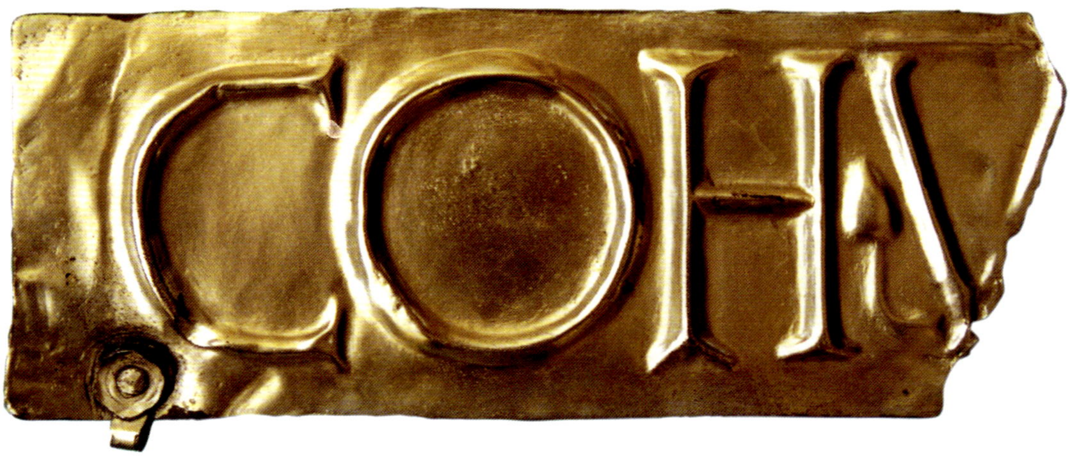

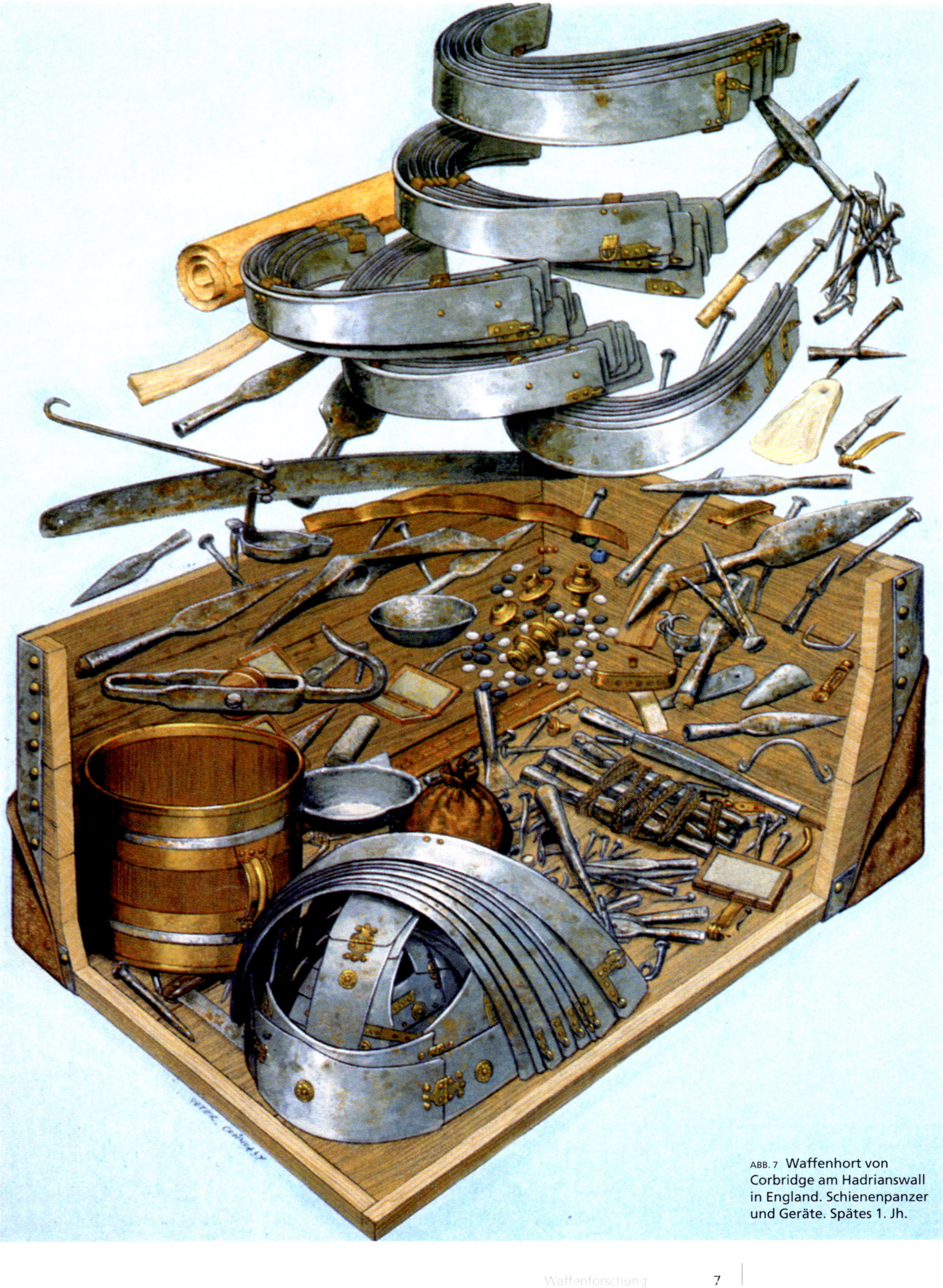

ABB. 7 Waffenhort von Corbridge am Hadrianswall in England. Schienenpanzer und Geräte. Spätes 1. Jh.

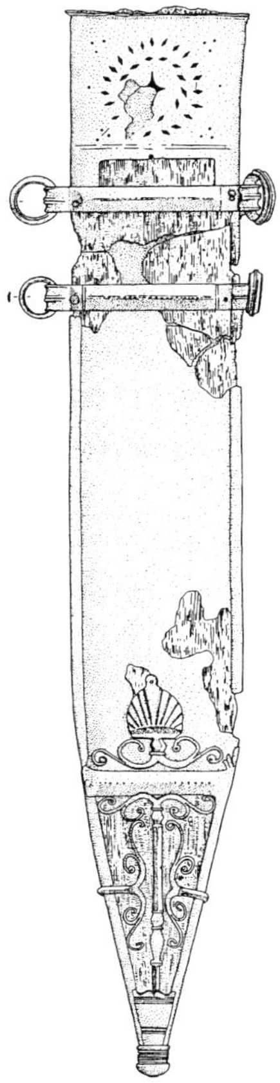

ABB. 8 Schwertscheide vom Schiffswrack bei Porto-Vecchio, Korsika. Vermutlich die Waffe des Kapitäns. 1. Jh.

dass die römische Armee selbst Dinge vergrub, um sie nicht in Feindeshand fallen zu lassen; in der Nähe der *Porta praetoria* des Legionslagers Haltern in Westfalen lagen mehrere Tausend Geschützpfeile und Waffenteile, die beim Abzug der Römer nach der Varusniederlage im Jahre 9 zurückblieben und von den heutigen Archäologen, nicht aber von den damaligen germanischen Siegern, gefunden wurden.

Waffenvotive sind für römische Heiligtümer hinreichend oft belegt; hier setzten die Römer eine zentrale griechische Votivsitte fort. Die römischen Heiligtümer waren oft sehr heterogene Objektsammelstellen, darunter auch mit Waffenweihungen; so weihte Nero nach der sog. Pisonischen Verschwörung 65 n. Chr. den Dolch der Verschwörer dem Iuppiter Capitolinus; die Waffe trug eine Weihinschrift des Kaisers an Iuppiter Vindex (Tacitus, Ann. 15, 74). Das Schwert Caesars lag im Mars-Ultor-Tempel (Sueton, Vitellius 8,1). Aber auch in ländlichen Heiligtümern wie dem Tempelareal des Mars Leucetius bei Klein-Winternheim südlich von Mainz kamen Waffen zutage.

Für die römischen Legionen der frühen Kaiserzeit zwischen Augustus und den Markomannenkriegen spielen Waffengräber keine nennenswerte Rolle. Waffenbeigaben waren beim durchschnittlichen Legionär nicht üblich. Dies hatte verschiedene Gründe – nicht allein die Eigentumsverhältnisse an den Waffen, sondern auch die Änderungen der Beigabensitten überhaupt: Im Mittelmeergebiet waren die reichen Beigaben durch bescheidenere Stellvertretergaben ersetzt worden.

Reiche Beigaben brachten hingegen Gräber der mit Rom verbündeten Aristokratien von Völkern der Grenzzonen. Die Waffengräber nach Art von Chassenard, Allier/F (Abb. 9) und Hellingen/L sind Prunkgräber des Adels der römischen Alliierten nahe der Reichsgrenze am Rhein, in diesem Falle der rasch romanisierten keltischen Aristokratie. Vergleichbare reiche Grabkomplexe gehörten Fürsten der Thraker und Syrer. Es bieten die unterschiedlichen Aristokratengräber aus den Randzonen des Reiches, aus dem Milieu römischer Klientelfürsten ebenso wie aus der mit Rom kooperierenden Adelsschicht neuer Provinzen, reichhaltige und vielfältige Information über die zeitgenössischen Waffensysteme der Römer selbst, besonders der Kavallerie.

**Wer durfte Waffen tragen?**

Das römische Reich, ein in soziale Klassen gegliederter Ständestaat, unterhielt vom 1. bis 3. Jh. n. Chr. das erste modern durchdachte Berufssoldatentum der Geschichte. Damit war theoretisch das Waffenmonopol einem bestimmten Teil der Gesellschaft – der Armee – zugeordnet. In der Praxis freilich konnte sich im Römerreich der Prinzipatszeit jeder, der wollte, einen *Gladius* kaufen, für die Jagd, für die Reise oder zum privaten Schutz. Die Waffenfunde in zivilen Städten wie Pompeji und Herculaneum sind auffallend: Nach den in Pompeji gefundenen Schwertern wird die Gladiusform der zweiten Hälfte des 1. Jhs. ›*Gladius* Typ Pompeji‹ genannt (Abb. 65). Das Tragen von Waffen war auch Zivilisten nicht grundsätzlich verboten. Banden und Privatarmeen sollten freilich verhindert werden. Das Problem war nicht die einzelne Waffe, sondern die Anhäufung von Waffen: Illegale Waffenlager waren zu verhindern.

Es kam eben immer auf die Nuancen an: Die Kapitäne und Matrosen jener Schiffe, die der Hauptstadt das lebenswichtige Getreide brachten, durften anscheinend Waffen tragen (Abb. 8). Vereine (*Collegia*) wie jene Organisatoren von Gladiatorenspielen, die im Jahre 59 in Pompeji für ein blutiges Straßenmassaker verantwortlich waren, mussten mit ihrem Waffenvorrat schon viel vorsichtiger umgehen.

Bei allen Folgerungen ist nie zu vergessen, wie gering unser Bestand doch im Vergleich zur antiken Realität ist. Für den Zeitraum zwischen Octavianus und den Flaviern, der über 130 Jahre reichte, ist mit gut einer Million Schwertern und mit einer ähnlich hohen Zahl von Dolchen zu rechnen. Die knapp 150 Dolche, die wir kennen, bewegen sich also im Bereich von Promillebruchteilen. Unsere Belege müssen deswegen immer als wenige Teile des Ganzen und mit gebührender Vorsicht interpretiert werden.

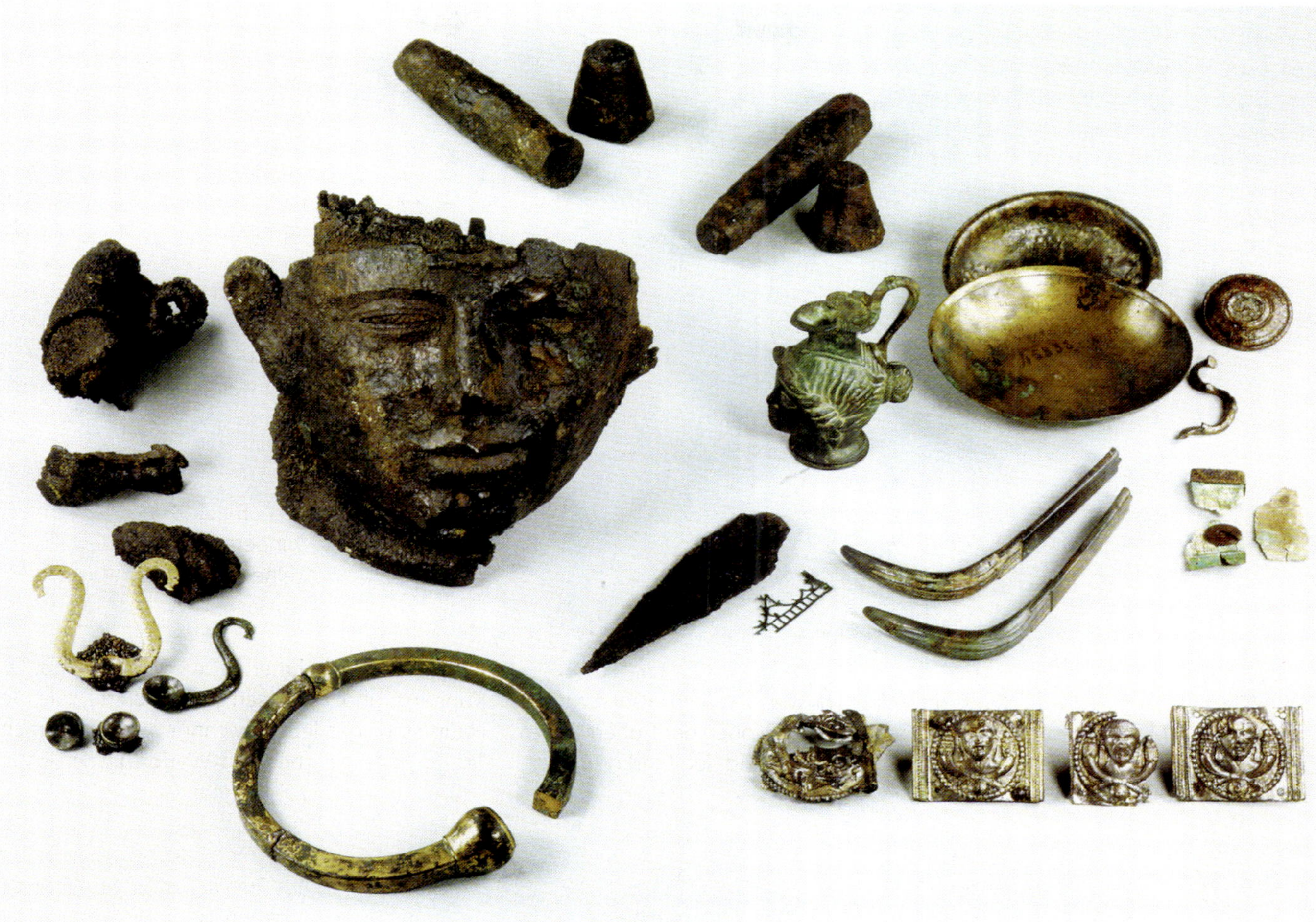

ABB. 9 Chassenard, Allier, Frankreich. Grab eines keltischen Aristokraten und römischen Alliierten. Waffen, Schmuck, Bronzegefäße und Münzprägestempel. 25-37 n. Chr. Der Gesichtshelm ist 17,5 cm hoch.

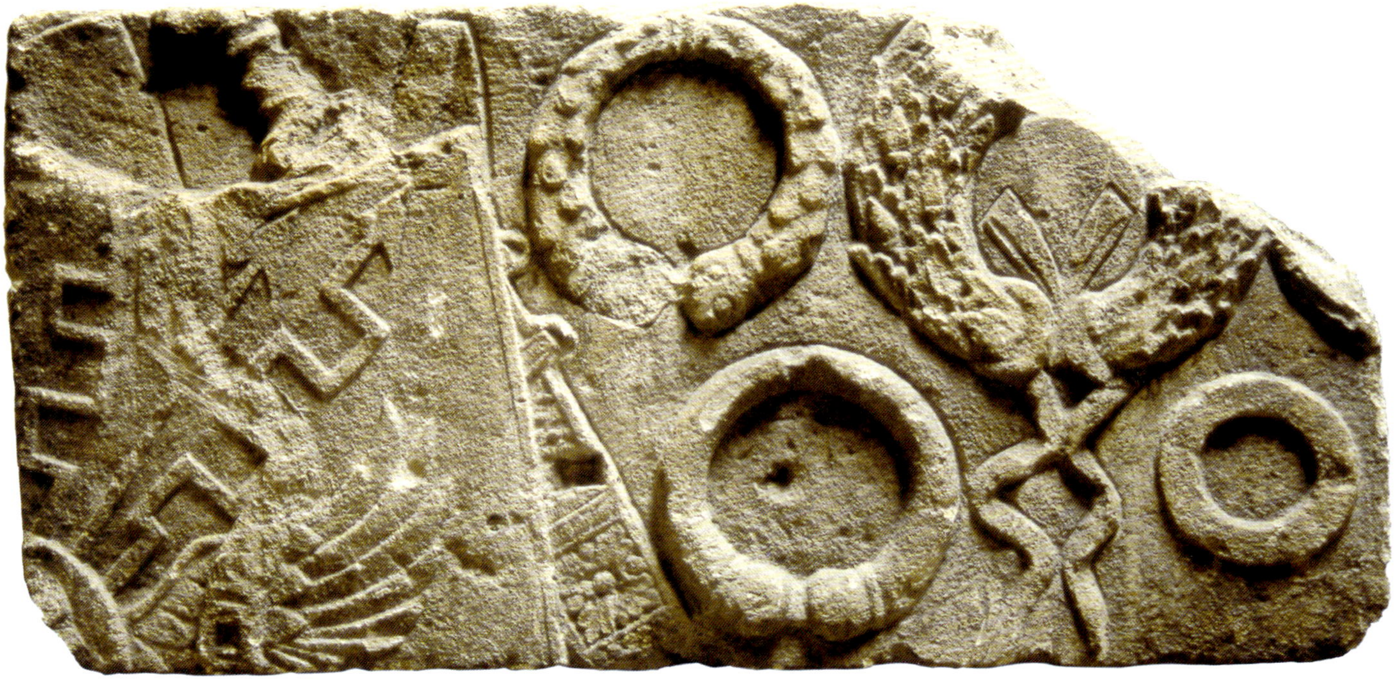

ABB. 10 Kalksteinrelief aus Köln, Gereonskloster. Legionärsschild mit geflügeltem Blitz. Dahinter ein *Gladius*. Rechts Auszeichnungen (*Dona militaria*): Zwei Halsringe, Eichenlaubkranz, Armreif. 1. Jh.

# Gott mit uns!

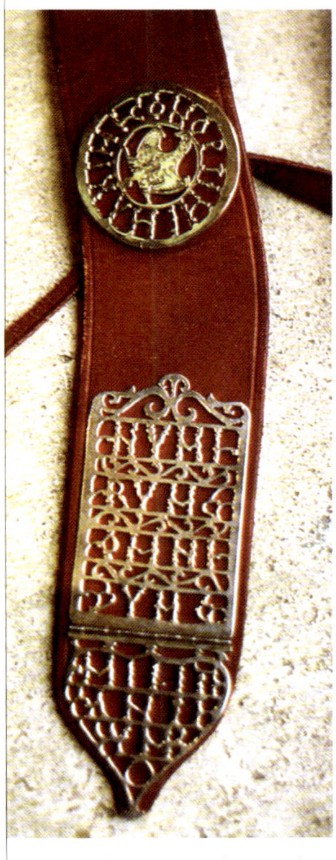

ABB. 11 Schwertgurt (*Balteus*) mit Beschlägen in Durchbruchsarbeit, welche Iuppiter um Schutz anflehen: ›Iovi Optime Maxime conserva numerum omnium militantium‹. 3. Jh. Rekonstruktion nach Funden von der Rhein-Donau-Grenze.

## Iuppiter mit uns!

Das antike Rom prägte den Begriff des gerechten Krieges (*Bellum iustum*). Ein Feldherr konnte nur dann einen Triumph feiern, wenn er einen gerechten Krieg mit ordnungsgemäßer und begründeter Kriegserklärung gewann. Die Götter mussten auf der richtigen Seite sein, auf der Seite Roms. Auf einigen Schwertbandeliers (*Baltei*) des 3. Jhs. hat man Iuppiter direkt im Gebet beschworen (Abb. 11): ›Iuppiter, du Bester und Größter, beschütze die Schar aller Kämpfer‹. Die Beschwörung eines Gottes reicht bis in das 20. Jh., wo die Armeen des technischen Zeitalters immer noch in archaischer Weise die Waffen gesegnet sehen wollten (Abb. 12).

Adler und Blitz, die Zeichen Iuppiters, setzte man auf Waffen wie auf Feldzeichen; die Griechen waren vorausgegangen, indem sie mit den Blitzen des Zeus gerne Panzerschulterklappen verzierten. Die Römer brachten den Blitz Iuppiters auf Schilden (Abb. 10) und Schwertgurten an; ihre Soldaten kämpften an allen Fronten (Abb. 14) unter dem Adler Iuppiters als zentralem Legionsfeldzeichen (Abb. 13).

## Sieg und Triumph

Tausend Jahre lang begleitete der Triumph das politische und religiöse Leben Roms. Der Triumphator galt als besonderes, glückverheißendes Wesen. Er war *Vir felix*, der Mann des Glückes. Mehr als den Triumph konnte kein Sterblicher in Rom erreichen. Als religiöser und juristischer Akt war der Triumph an die Stadt Rom gebunden. Nur hier war er zu Ehren des größten Gottes Iuppiter möglich.

Der Weg des Triumphators führte auf das Capitol zum Tempel des Iuppiter Optimus Maximus Capitolinus, des Besten und Größten Iuppiter. Im Tempel stand eine Kolossalstatue des Gottes, eine Sitzfigur. Vor dem Iuppitertempel opferte der Triumphator dem Gott die mitgeführten Stiere, und dies war der eigentliche Höhepunkt des Zuges. Der Adler Iuppiters, das beim Triumph getragene Adlerszepter und die Siegesgöttin Victoria waren Zeichen des Triumphes. Victoria ist auch ein Dauerthema auf den Waffen wie auf den Staatsreliefs. In der offiziellen Propagandakunst sieht man die Siegesgöttin als immerwährende Begleiterin des Kaisers (Abb. 15). Die römischen Waffen nahmen das Thema gerne auf (Abb. 16).

## Das Haupt der Gorgo

Die griechischen Waffen bestimmte vom 7. bis zum 4. Jh. v. Chr. der bewaffnete Infanterist, der Hoplit. Seine Offensivwaffen waren Schwert und

ABB. 12 Gott mit uns! und Eisernes Kreuz. Medaille des Königreiches Württemberg von 1914.

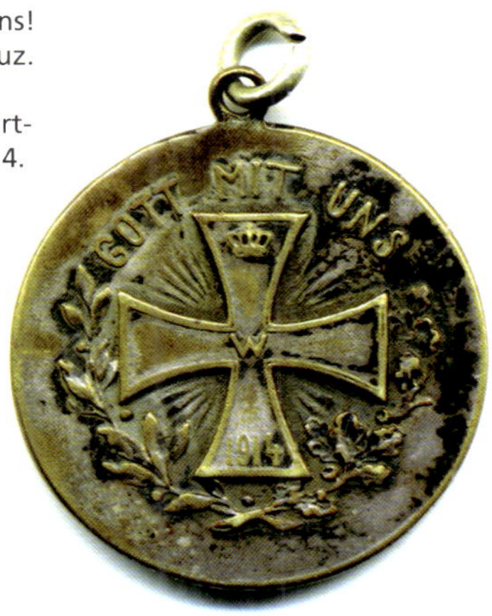

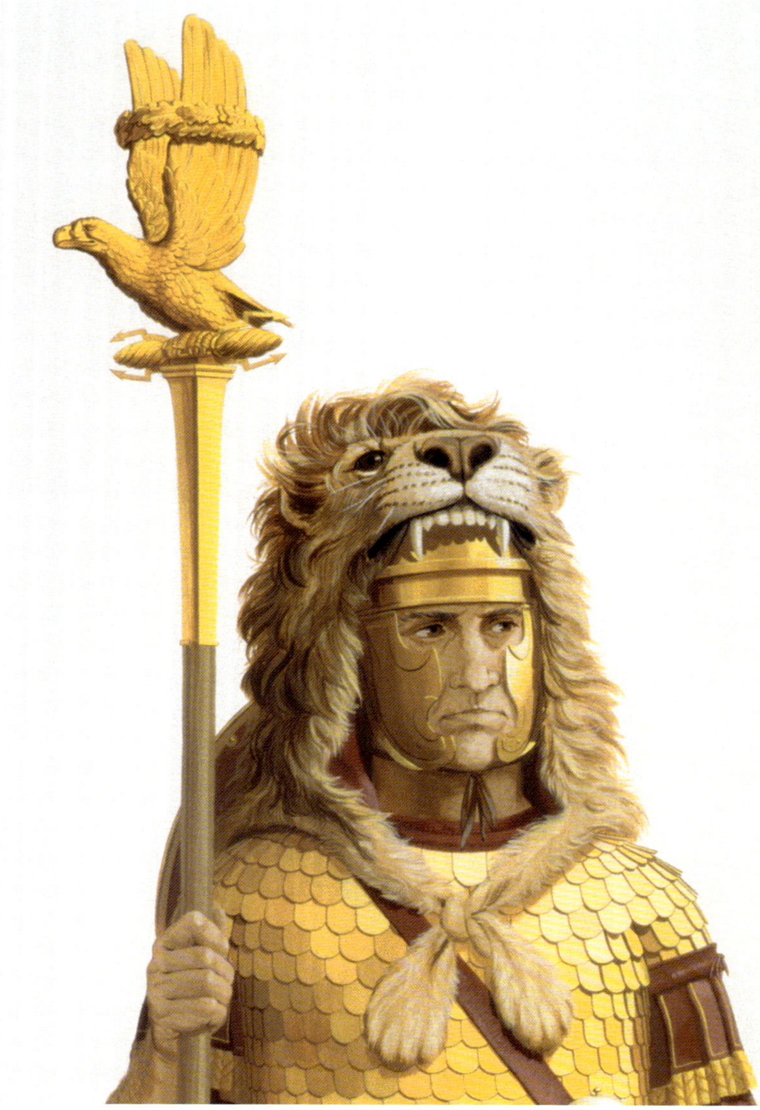

Lanze, seine Defensivwaffen Helm, Panzer, Beinschienen und Schild. Bezüglich des Waffendekors lag der Hauptakzent auf den Defensivwaffen Panzer und vor allem Schilde.

Die den Göttern in den Heiligtümer geweihten Waffen sind dabei unsere archäologische Hauptquelle. Die Schildzeichen (*Emblémata oder Episémata*) breiten eine bunte Welt vor uns aus. Bei Tieren wie Vogel, Hahn, Krabbe, Oktopus, Schildkröte oder Skorpion wäre im Einzelfall über die Bedeutung nachzudenken.

Mehr als das politische Kennzeichen dominiert auf den Schilden jenes der Abschreckung. Ein exotisches Thema ist der drohende Löwe, der in Hellas im 5. Jh. nicht mehr heimisch war, den man aber als Element der Sepulkralplastik und der Bauskulptur wie auch als Figur des Mythos allenthalben kannte. Das Antlitz der Gorgo, welches den Betrachter zu Stein erstarren ließ, setzte man auf Tempelgiebel wie auf Rundschilde. Ein Schildmotiv aus dem Heiligtum von Olympia bietet eine geflügelte Gorgo mit Elementen der Skylla, den Hundsköpfen, und mit einem Fischschwanz zu einem gigantischen Monstrum vereint (Abb. 18).

Man darf nicht vergessen, dass wir es mit Menschen zu tun haben, die optisch nicht überfüttert waren und die mythische Bilder spontan und tief reagierten. Wenn der Blick des Gegners im Phalanxkampf auf solch ein Schreckbild fiel, genügte das Zögern eines Sekundenbruchteils,

ABB. 13 Der Adler Iuppiters als Legionszeichen. Adlerträger der frühen Kaiserzeit.

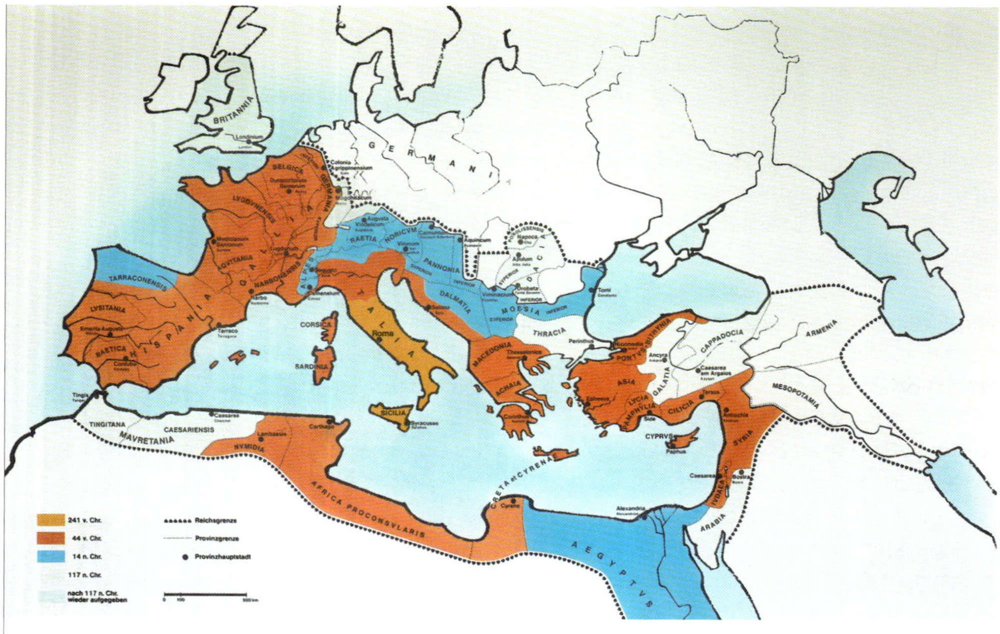


ABB. 14 Das Römerreich im frühen 2. Jh.

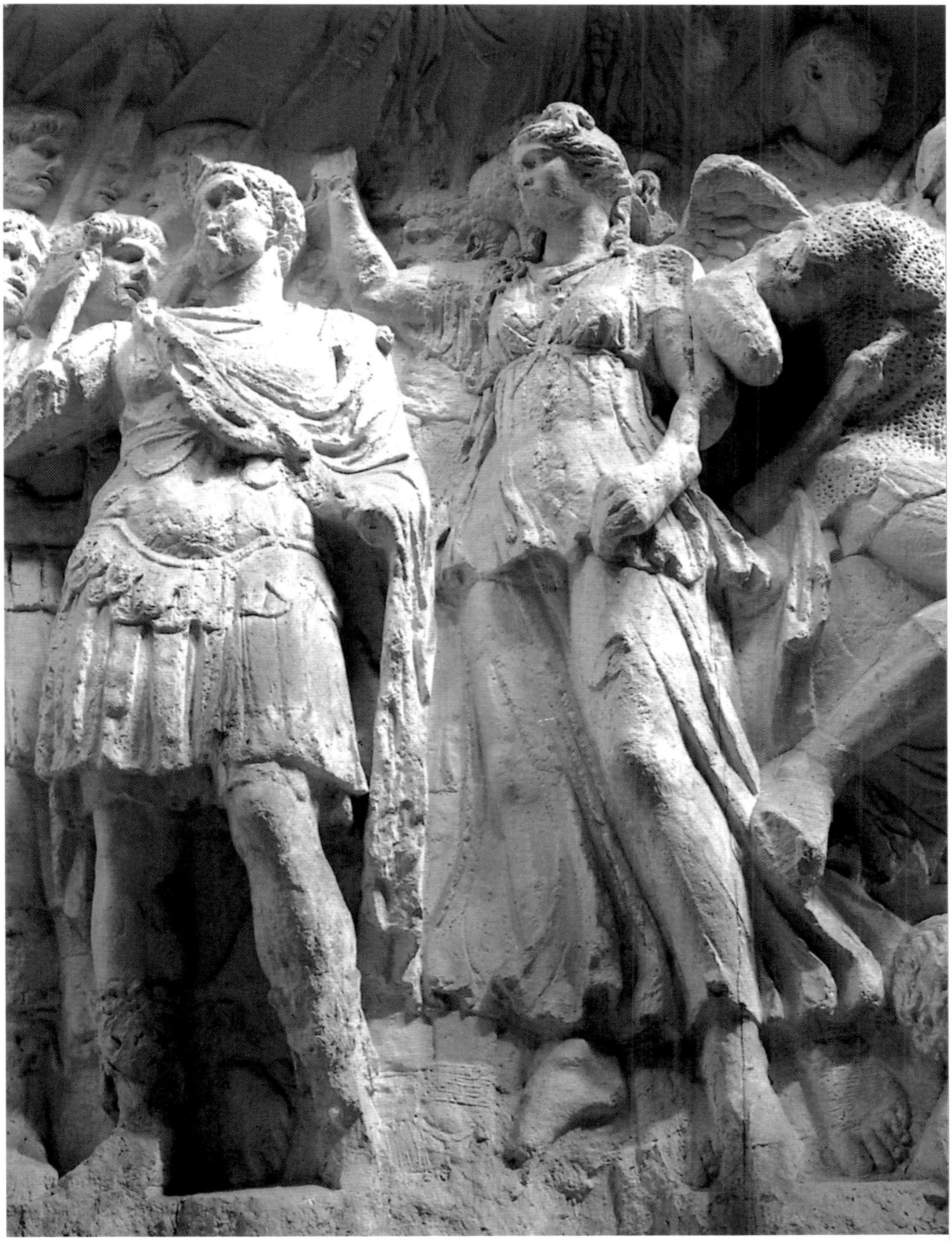

ABB. 15 Victoria neben Kaiser Traian, dem Oberbefehlshaber in den Dakerkriegen. Großes Marmorrelief vom Traiansforum, jetzt am Constantinsbogen in Rom (107-113). H. 2,98 m.

um ihn zu schwächen oder ihn vielleicht sogar deckungslos und hilflos zu machen.

### Antike und moderne Sternzeichen

Das Urbild aller Kriege des Altertums war der Kampf um Troia. Der gesamte Kosmos nahm daran Anteil, als sich die Heere Griechenlands und Kleinasiens samt ihrer Verbündeten vor den Mauern Troias trafen.

Die Heldenepen der Ilias und der Odyssee sind denn auch die ersten Schriftquellen zum antiken Waffendekor. Den Schild des Achilleus beschreibt Homer im 18. Gesang der Ilias in den Versen 478-608, also über 130 Verse.

Den Rand des Schildes umschlingt der Ozean, das Zentrum nimmt die Sternenkarte des Nordhimmels ein, man könnte fast sagen, eine Planisphäre nach späterer Art; erwähnt werden das den Nordhimmel beherrschende Bild der Bärin (*Ursa Maior*) und die beiden Konstellationen des Stiers (*Taurus*; vertreten durch die Hyaden und die Plejaden) und des *Orion*. Die Auswahl dieser

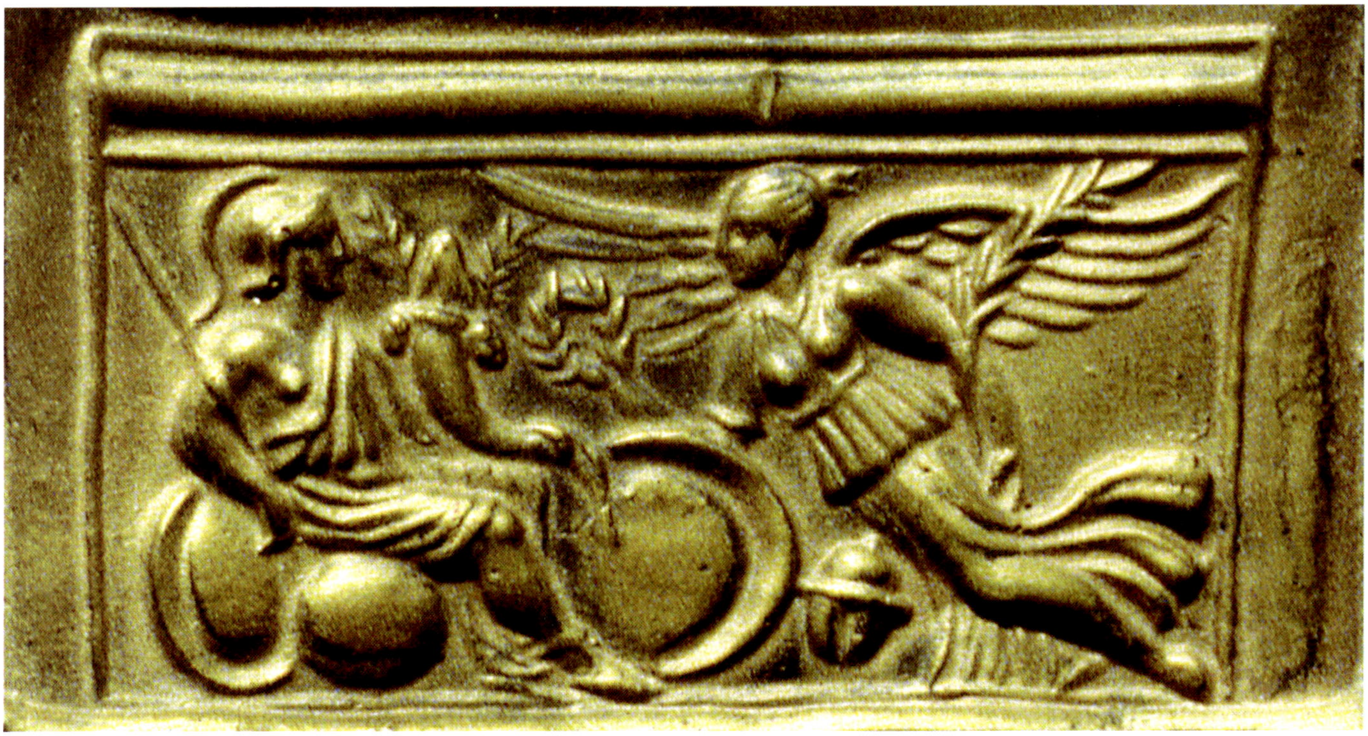

ABB. 16 Relief von Schwertscheidendekoration aus Vindonissa, Aargau. Roma und Victoria. Bronze. 1. Jh.

Sternbilder bedeutet, dass Homer auf die Tag- und Nachtgleiche des Frühjahrs anspielt, jenes Äquinoktium, welches im 2. Jahrtausend v. Chr. im Sternbild des Widders (*Aries*) lag.

Auf einer Keramikschale aus Athen (Abb. 17) überreicht Hephaistos der Thetis den Schild: Als Innenzeichnung hat er einen Adler, der eine Schlange in den Fängen hält (ein bei Homer nicht genanntes Motiv). Aber am Rande erscheinen vier symmetrisch angebrachte Sterne: Der Maler meint hier die von Homer genannten vier Sternbilder.

Das Sternmotiv (Sonnenmotiv) erscheint schon auf klassischen Panzern als Motiv der Schulterklappendekoration. Auf Keramiken findet sich der Stern als Schilddekor vom 6. Jh. v. Chr. an, wenn auch nicht allzu häufig. In Makedonien wurde das Sternzeichen als Dynastiesymbol populär, und es sollte dann auch einen Teil der hellenistischen Schilddekorationen beherrschen. Als Waffendekor begegnet uns der Stern als einziges nennenswertes Schmuckelement der makedonischen Schilde (Abb. 19). Der Makedonenschild ist der einzige Schild und wohl sogar die einzige Waffe, die sich als kosmopolitisches Element in allen hellenistischen Staaten findet. Die Motive des makedonischen Schildes sind der Stern allein oder ein kleinerer Stern im zentralen Mittelfeld mit rahmenden Kreissegmenten sowie Schmuckelementen in den Zwischenräumen.

Astralzeichen sind dann auf den römischen Waffen allenthalben zu finden, als Sterne auf Schilden (Abb. 21) und als Zodiakalzeichen wie Stier (*Taurus*) oder Steinbock (*Capricornus*) auf den Tierstandarten (›Wappentiere‹) der Legionen. In den modernen Armeen hatte der Stern als Armeekennzeichen der USA (weiß) und der Sowjetarmee (rot) bis in die Gegenwart Bestand.

**Landessymbole**

Die griechischen Kämpfer kannten sich und ihre Gegner; offensichtlich hatte man keineswegs immer einheitliche Schildzeichen. Angesichts kleiner Truppenteile war das in der Regel auch nicht nötig; außerdem sorgte die dicht geschlossene Kampfreihe der Phalanx sowieso für eine klare Zuordnung.

Dennoch scheint man schon bald eingesehen zu haben, dass Kennzeichen nicht von Nachteil sein können. Einheitliche Schildzeichen konnten Kennzeichen einer Polis auf den Hoplitenschilden sein, z.B. das lakedaimonische Λ (Lambda) der Spartaner oder das A (Alpha) oder ΑΘΕ (Alpha Theta Epsilon) der Athener. Es gab im Altertum keine Nationalflaggen und auch nicht genau das, was wir mit Wappen bezeichnen – seien es Wappen einer Familie, einer Dynastie oder eines Staates. Freilich bewegten sich die eben genannten Schildzeichen auf eine Art Staatskennzeichen hin.

Das gilt natürlich auch für Rom, und zwar für die Göttin Roma ebenso wie für das Motiv der römischen Wölfin mit den Gründerzwillingen Romulus und Remus. Vor allem die prägnante

Ikonographie der Wölfin mit den Kindern war eine Schöpfung mit allem, was ein Staatssymbol brauchte – mit klarem Aufbau, wiedererkennbaren Linien und ästhetischer Geschlossenheit (Abb. 20). Dennoch erscheint das Motiv zwar manchmal ebenso wie die Göttin Roma, aber keinesfalls in großer Zahl.

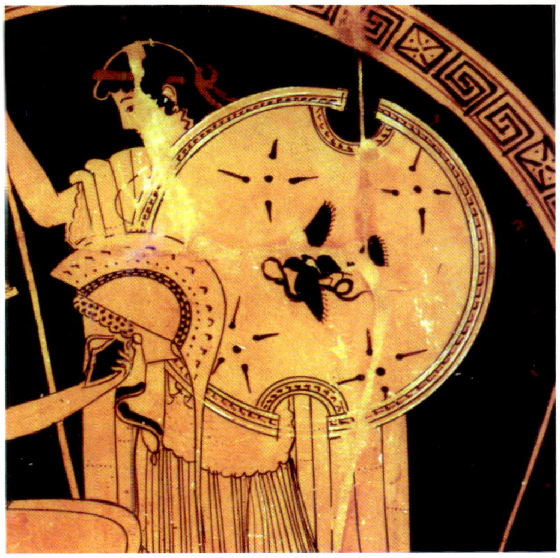

ABB. 17 Thetis erhält von Hephaistos die neuen Waffen für ihren Sohn Achilleus. Auf dem Schild des Achilleus vier Sterne. Keramik. Schale des sog. Erzgießereimalers, Athen, 490/480 v. Chr.

## Herrscherbilder

Das Wahlbeamtentum der römischen Consuln in der Republik bot keinen Hintergrund, Staatsmänner auf den Waffen abzubilden.

Zwar breiteten sich in der Spätzeit unter den Heerführern immer mehr monarchische Tendenzen aus. Feldherrn wie Marius, Sulla, Lucullus, Pompeius und natürlich Caesar gerierten sich wie königliche Figuren im Rahmen der Republik – und manchmal auch außerhalb dieses Rahmens.

Dennoch spiegelt sich nichts davon auf den gleichzeitigen Waffen, von denen wir außerdem nicht sehr viele besitzen; doch darf man sicher davon ausgehen, dass nie ein Feldherrnbild darauf erschien. Das änderte sich erst mit der neu geschaffenen Berufsarmee unter Augustus.

Inhaltlich wichtiger Waffendekor konzentrierte sich in der frühen Kaiserzeit auf das klassische römische Angriffsschwert (*Gladius*).

Den Soldaten war ihr Schwertschmuck anscheinend nicht zentral vorgeschrieben; freilich ist anzunehmen, dass man sich an Gruppenregeln innerhalb der Einheiten hielt. Wir wissen,

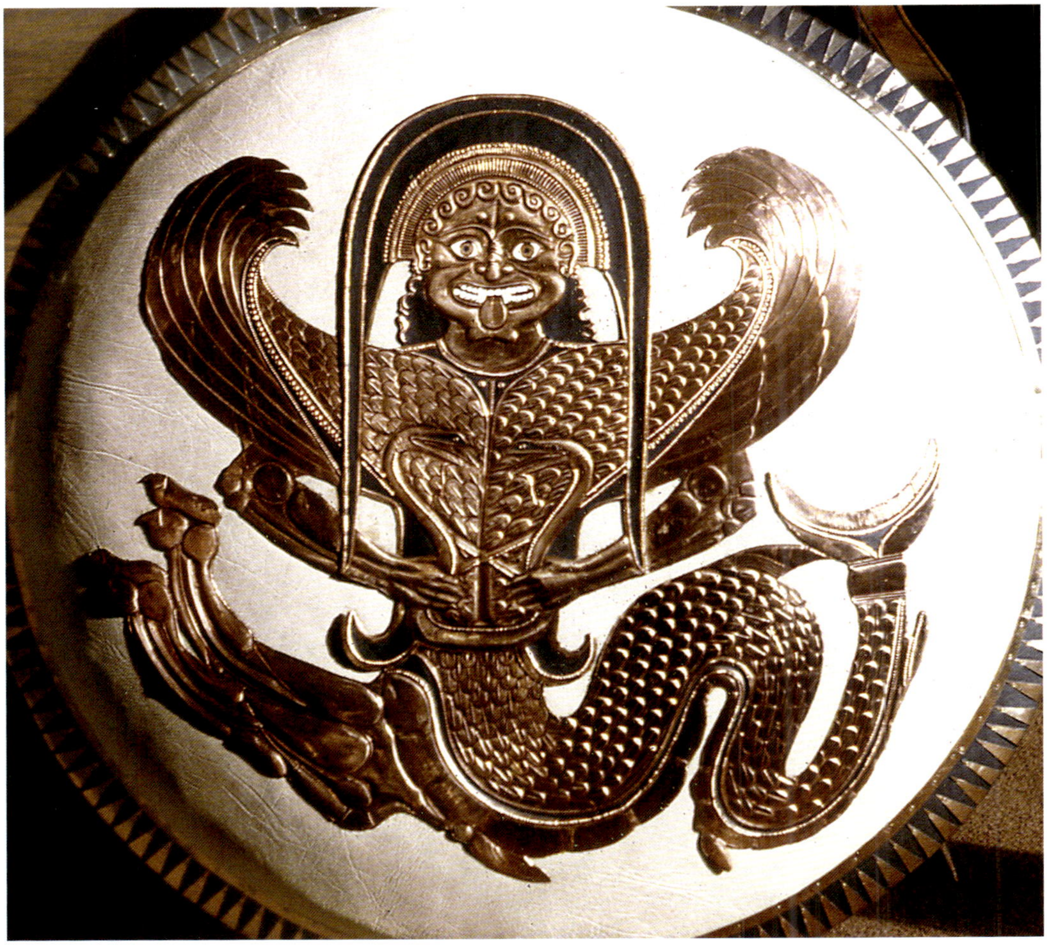

ABB. 18 Griechisches Schildzeichen aus Olympia. Die Gorgo als Seeungeheuer.

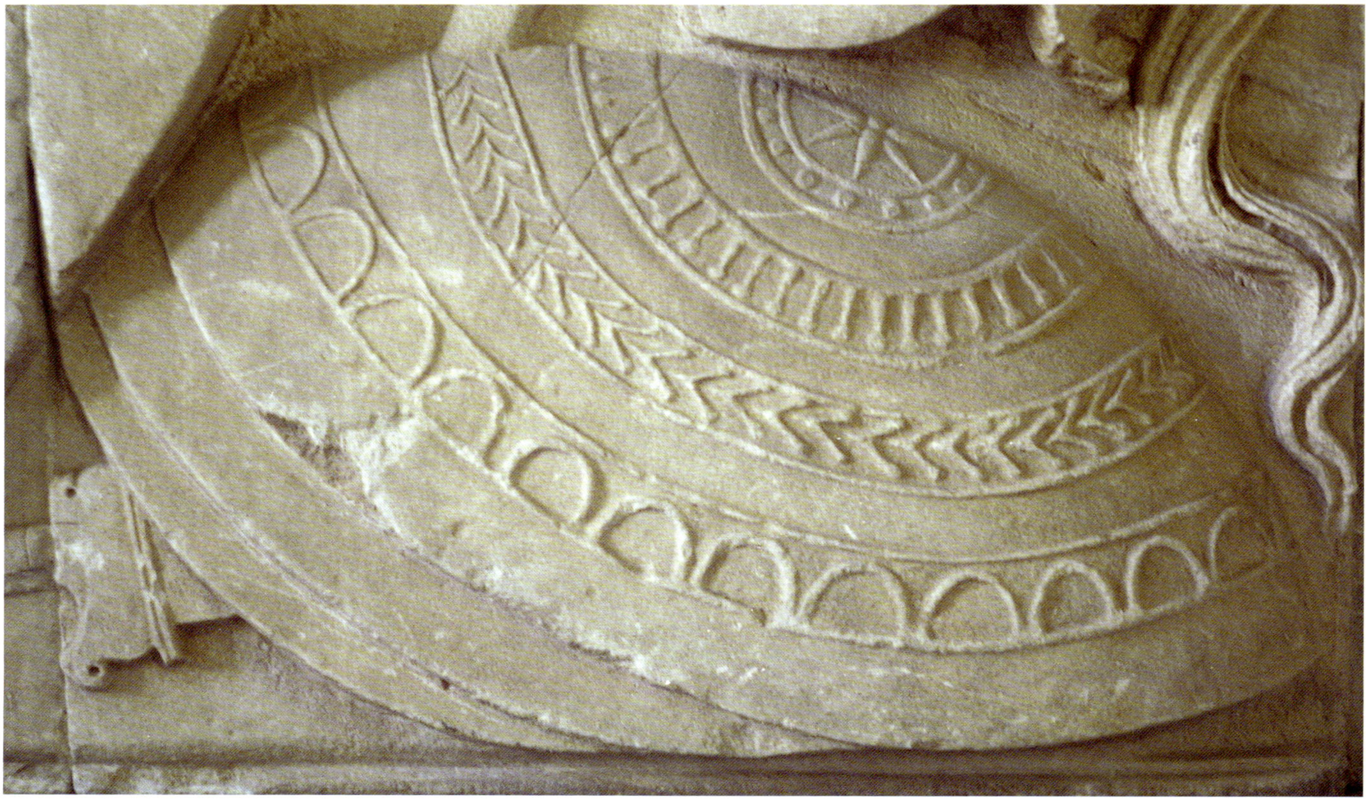

ABB. 19 Makedonenschild von den Waffenreliefs des Athenaheiligtums in Pergamon. Marmor. Um 180 v. Chr.

dass bestimmte Dekorformen bei der einen Legion vorkamen, bei der Nachbarlegion aber nicht.

Die kaiserliche Regierung unter Augustus vertrat eine Goldenes-Zeitalter-Propaganda, ein Verkünden des Goldenen Kaiserfriedens, und von den Zeitgenossen wurde das vollständig akzeptiert und gerne zitiert. Bevorzugt tat man dies mithilfe der belebten, sich entfaltenden Ranken, des Symbols der blühenden Welt, des Friedens des neuen römischen Kaiserreiches, dessen Garant wiederum die Armee war (Abb. 96).

Der Kaiser (*Princeps*) selbst konnte wie beispielsweise Tiberius auf Koppelreliefs zusammen mit Füllhörner über einem Globus dieses Gedeihen der Welt symbolisieren; oder es halten zwei *Amores* ein Porträt des Kaisers Tiberius, unter dem ein Adler steht (Abb. 22). Es ist eine komplexe Ikonographie mit Zitaten der von der Göttin Venus abgeleiteten Iulier, des Adlers Iuppiters und des Ehrenschildes (*Clipeus virtutis*).

Dass sich die Armee mit einigen Gladiusdekorationen direkt auf die Thronfolgefrage des jungen Kaiserreiches bezog, ist ein Signal dafür, dass Rom schon vom Beginn der Kaiserzeit an unter Augustus *de facto* eine Militärmonarchie war. Politisch brisant verhielt sich die Nordarmee, die unverhohlen in den Jahren 14-19 für ihren Kommandeur Germanicus als Thronfolger Partei nahm. Dies bezeugt das ›Schwert des Tiberius‹ aus Mainz, auf dessem Schwertscheidenrelief Germanicus vor Tiberius erscheint (Abb. 23); außerdem wird der erste Kaiser, Augustus, in einem Sondermedaillon zitiert. Da Drusus der Jüngere, Sohn des amtierenden Kaisers Tiberius, ebenfalls auf der Rangliste der Thronfolge stand, haben Träger solcher Schwerter in dieser Frage offenbar direkt Partei ergriffen.

Die Kaiserbilder waren aber, unabhängig vom individuellen Waffendekor, bei der Armee immer präsent: in Gestalt des Kaiserbildnisses (*Imago*), einer Feldzeichenart, für die ein eigener Träges des Kaiserbildnisses (*Imaginifer*) eingeteilt war (Abb. 24).

## Die Tempel der Götter und die Zeichen der Christen

Tempelfassaden waren ein rares Motiv, und der Einblick in das Fahnenheiligtum auf dem ›Schwert des Tiberius‹ bleibt ein Unikum, wie auch das gesamte Schwert im Rahmen der *Gladii* seiner Zeit etwas herausragt (Abb. 26). Auf den Dolchscheiden des 1. Jhs. freilich werden Tempelfassaden ausgiebig zitiert; auch in diesem Punkt zeigen sich nicht nur die Freiheit der Kunden, ihren Dekor eigenständig zu wählen, sondern auch die Unterschiede in den Waffengattungen: Dolchscheidendekorationen sind eine ganz andere Art als die Verzierungen der

Schwertscheiden. In den meisten Fällen lässt sich über die Tempelfassaden auf den Dolchen kaum etwas sagen. Ein Dolch aus Köln-Poll freilich kombiniert den Tempel oben mit einer Palmette in der Mitte und einem Adler unten, und in diesem Falle könnte ein Iuppitertempel oder sogar der Iuppitertempel auf dem Capitol gemeint sein; aber auch ein Legionsfahnenheiligtum ist eine mögliche Erklärung.

In der Spätantike verschwanden die heidnischen Götter mehr und mehr von den Feldzeichen und aus dem Waffendekor der Römer. Freilich war dies kein abrupter Prozess, der mit Constantins *Labarum* begonnen haben könnte. Noch hundert Jahre nach Constantin zeigen die Schildembleme der *Notitia dignitatum*, eines Truppen-

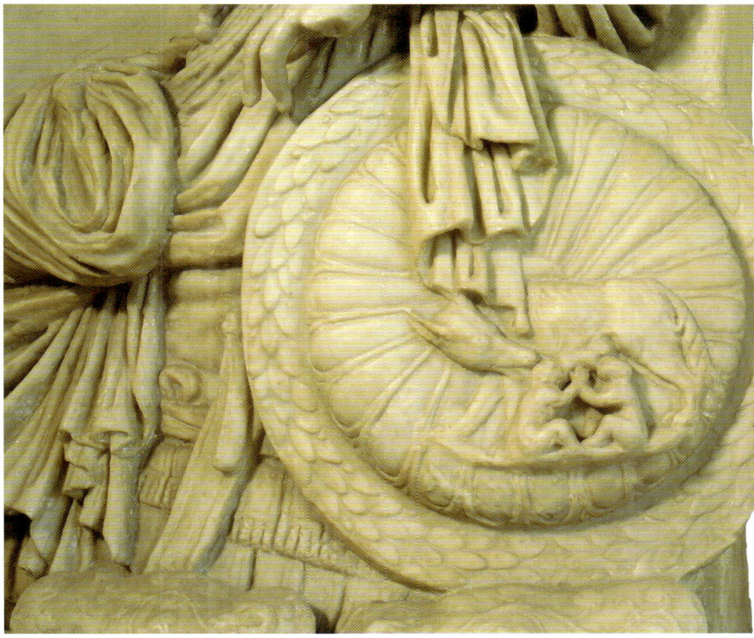

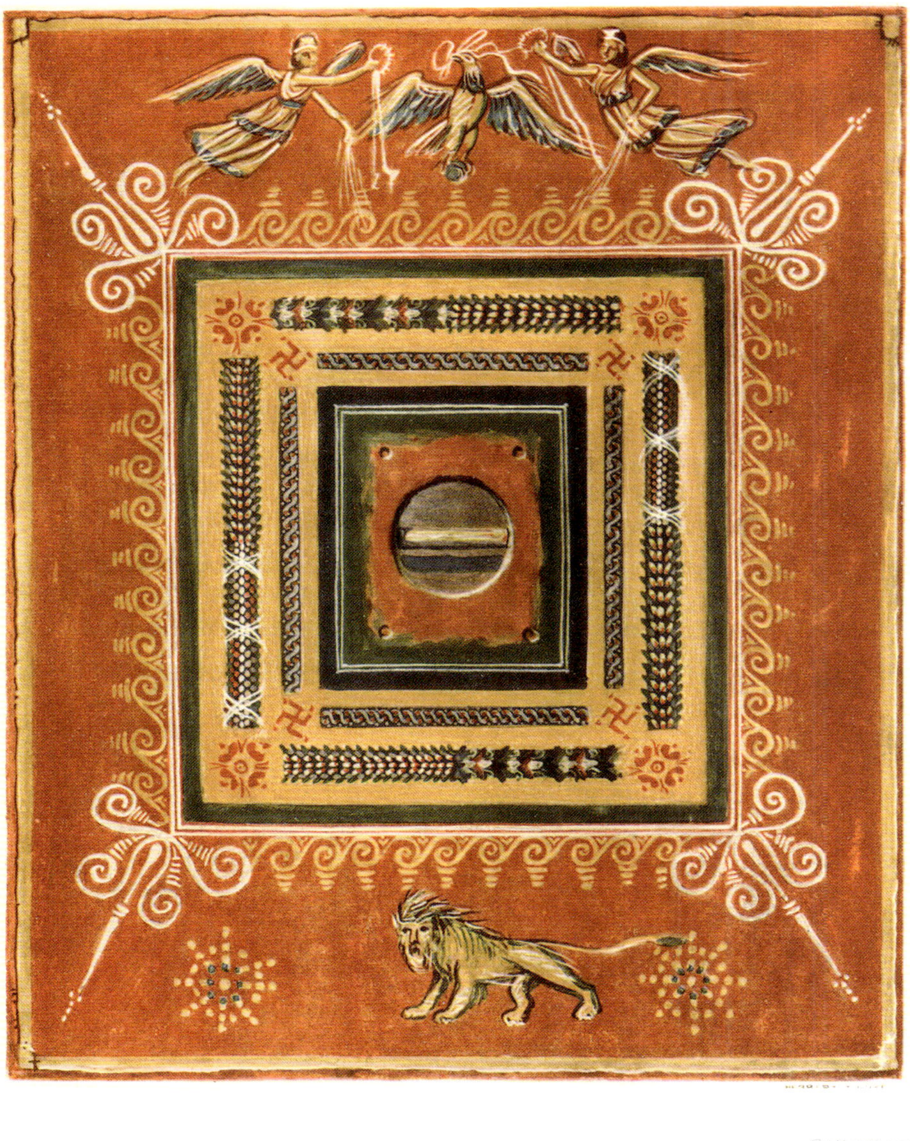

ABB. 20 Der Schild der Göttin Roma mit der Wölfin und den Zwillingen. Teil des Marmorreliefs der Apotheose des Kaisers Antoninus Pius († 161) und der Faustina. Aus Rom.

ABB. 21 Bemalter römischer Schild des 3. Jhs. aus Dura-Europos am Euphrat. Oben zwei Victorien mit Adler, unten zwei Sterne (Sonnen) mit einem menschenköpfigen Löwen, dem Sternbild des Löwen/Leo. Vor 256.

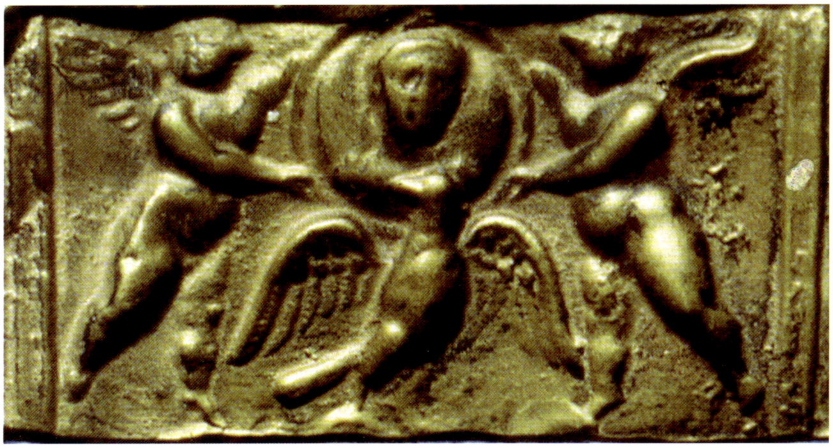

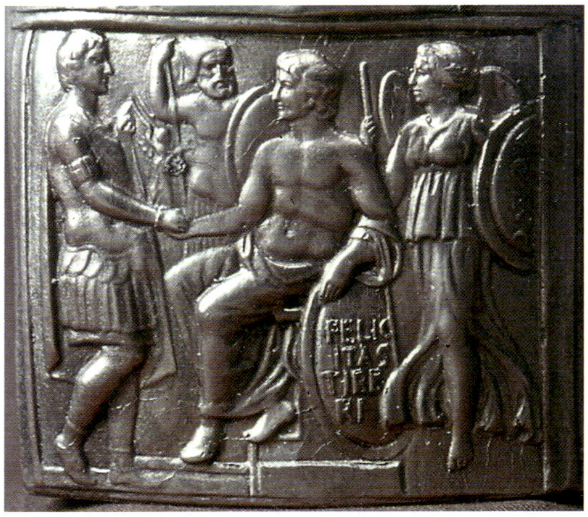

ABB. 22 Relief von Gladiusscheide aus Vindonissa, Aargau/Schweiz. Tiberiusporträt auf Schild mit zwei Amores, darunter Adler. Bronze. H. 4,5 cm. Zeit des Tiberius (14-37).

ABB. 23 Hauptrelief von der Schwertscheide des ›Schwertes des Tiberius‹ aus Mainz. Bronze. Der Feldherr der Jahre 14-17, Germanicus (links) vor Kaiser Tiberius samt Mars und Victoria. Die Inschriften ›Felicitas Tiberi‹ und ›Victoria Augusta‹ betonen Glück und Sieg der römischen Waffen unter Tiberius.

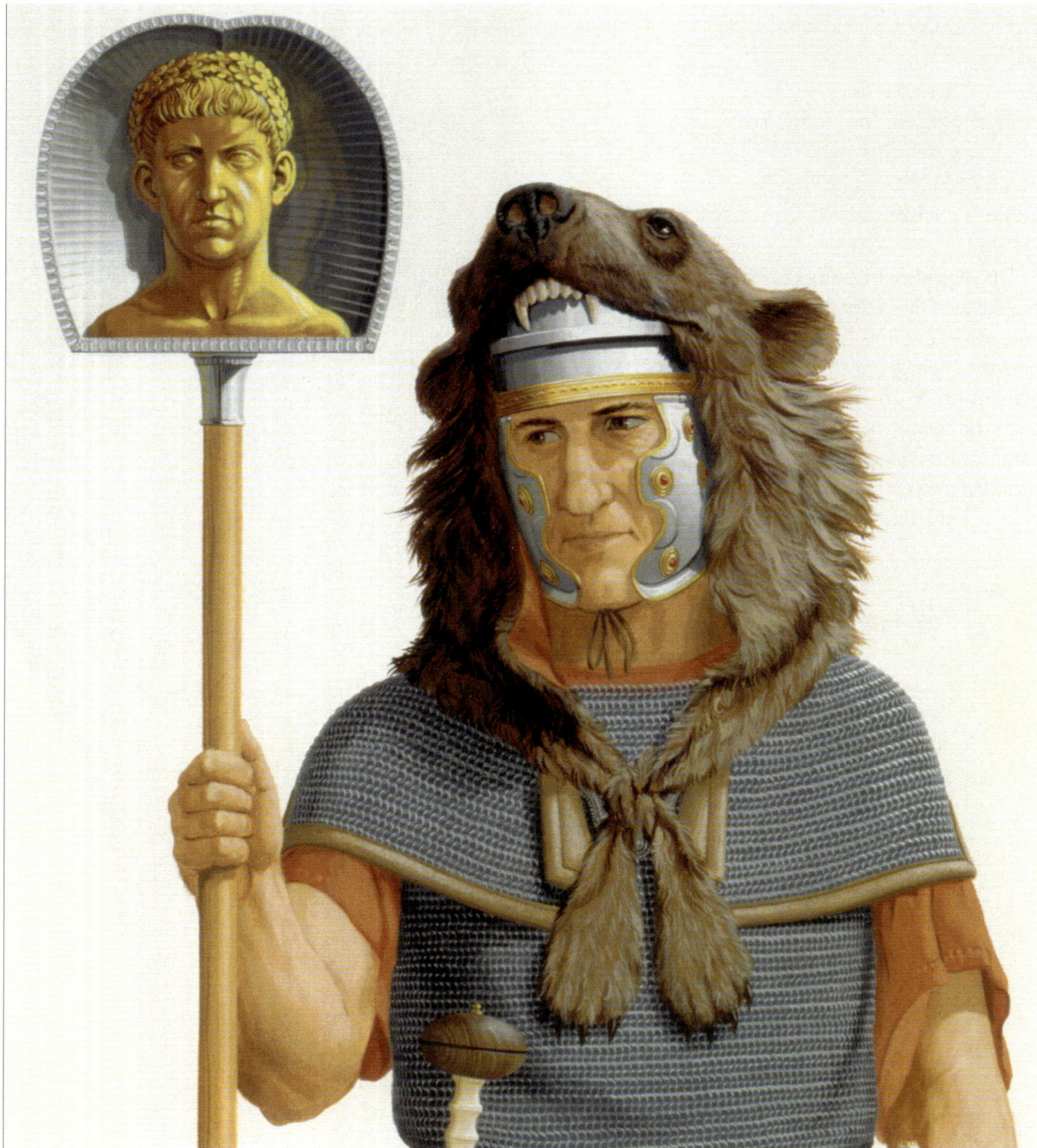

ABB. 24 Kaiserbildträger (*Imaginifer*) der römischen Legionen. Frühe Kaiserzeit.

handbuches des frühen 5. Jhs., kaum ein christliches Motiv.

Das in der Neuzeit als Truppenkennzeichen wie als Ordensmotiv prägnante Kreuz (Abb. 12) war noch keine spätantike Wahl. Auf Constantins berühmtem Helmemblem wie auf den Schilden der Leibwache Kaiser Justinians wählte man das Chi-Rho-Zeichen, das Christogramm, die griechischen Buchstaben X (=Ch) und P (=R) als Namensabkürzung des Namens Christus (Abb. 2,23). Das Kreuz als Waffenwappen wird erst mit dem Mittelalter populär.

### Waffen wie aus Gold und Silber

Die Farbigkeit der römischen Waffen konzentrierte sich auf den Gold-Silber-Effekt. Nicht, dass ansonsten Farben fehlten. Im Gegenteil, die Schilde waren nicht nur beschlagen, sondern auch farblich gefasst. Die Tuniken der Soldaten wie die Mäntel der hohen Offiziere wurden dominiert durch Farben, und das moderne Feldgrau wie die modernen Tarnfarben waren unbekannte Elemente.

Den Gold-Silber-Effekt erreichte man in den wenigsten Fällen durch diese Metalle selbst. Meistens waren es die goldfarbene Kupferlegierung (Bronze, Messing) auf der einen und das hell glänzende Eisen auf der anderen Seite. Die Silberfarbe erreicht man manchmal auch durch Verzinnung oder durch einen hellen Metallüberzug (›Weißmetallüberzug‹).

Dass man sich an Gold und Silber orientierte, blieb der antiken Publizistik nicht verborgen. Die silbernen oder goldenen Legionsadler bildeten das Leitmotiv. Caesar habe nach Sueton (Caesar 67,2) seinen Soldaten silber- und goldverzierte Waffen verschafft und darauf gehofft, dass sie umso tapferer kämpfen würden, je kostbarer diese Waffen seien. Iuvenal nennt (XI 100ff.) mit figürlichem Bildwerk geschmückte Waffen als alte Tradition. Silberne Gürtelbeschläge erwähnt Plinius, (n. H. 33, 153), und damit kann man dann die Cingulafunde vom Golf von Neapel vergleichen (Abb. 67). Die Waffen der Prätorianer waren nach Cassius Dio (75,1) und nach Herodian (2,13,9) reich mit Gold- und Silbereinlagen verziert. Die Vergoldung und Versilberung reißt auch in der Spätantike nicht ab, wo Kammhelme und Spangenhelme diese Dekoration weiter zeigen.

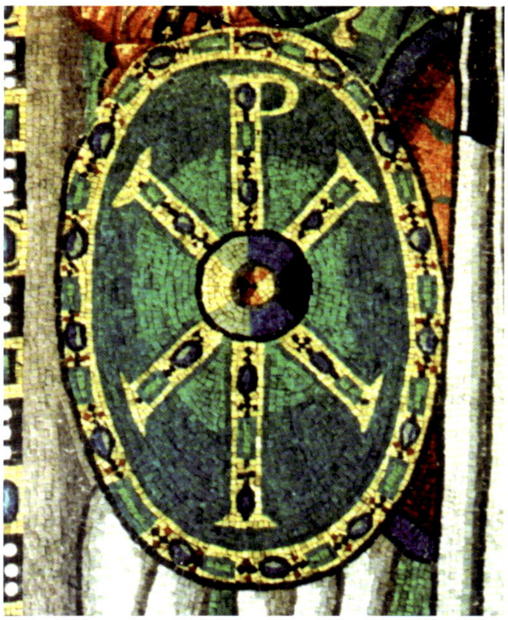

ABB. 25 Das Christogramm (Chi-Rho-Zeichen) auf den Schilden der germanischen Leibwachen Kaiser Justinians. Mosaik. 6. Jh.

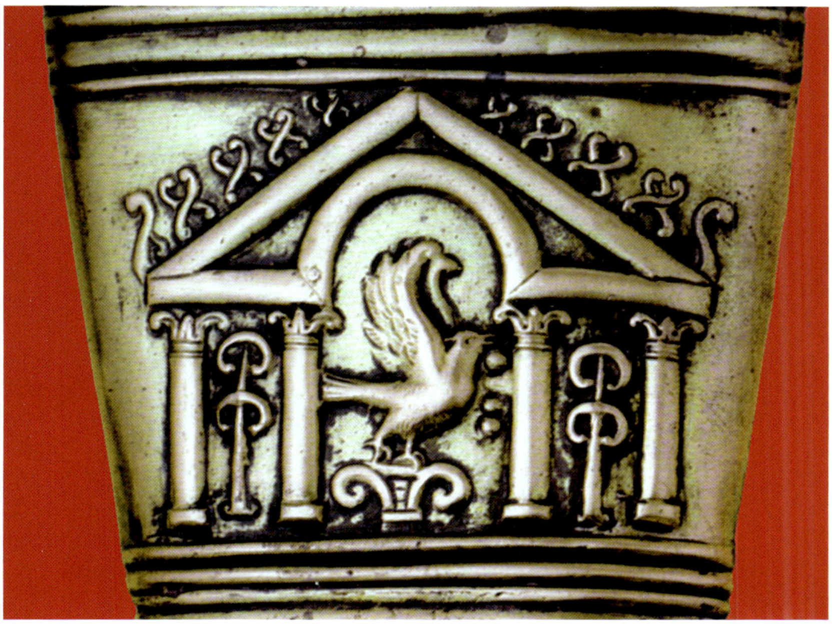

ABB. 26 Feldzeichenheiligtum einer Legion. ›Schwert des Tiberius‹. 14-17 n. Chr.

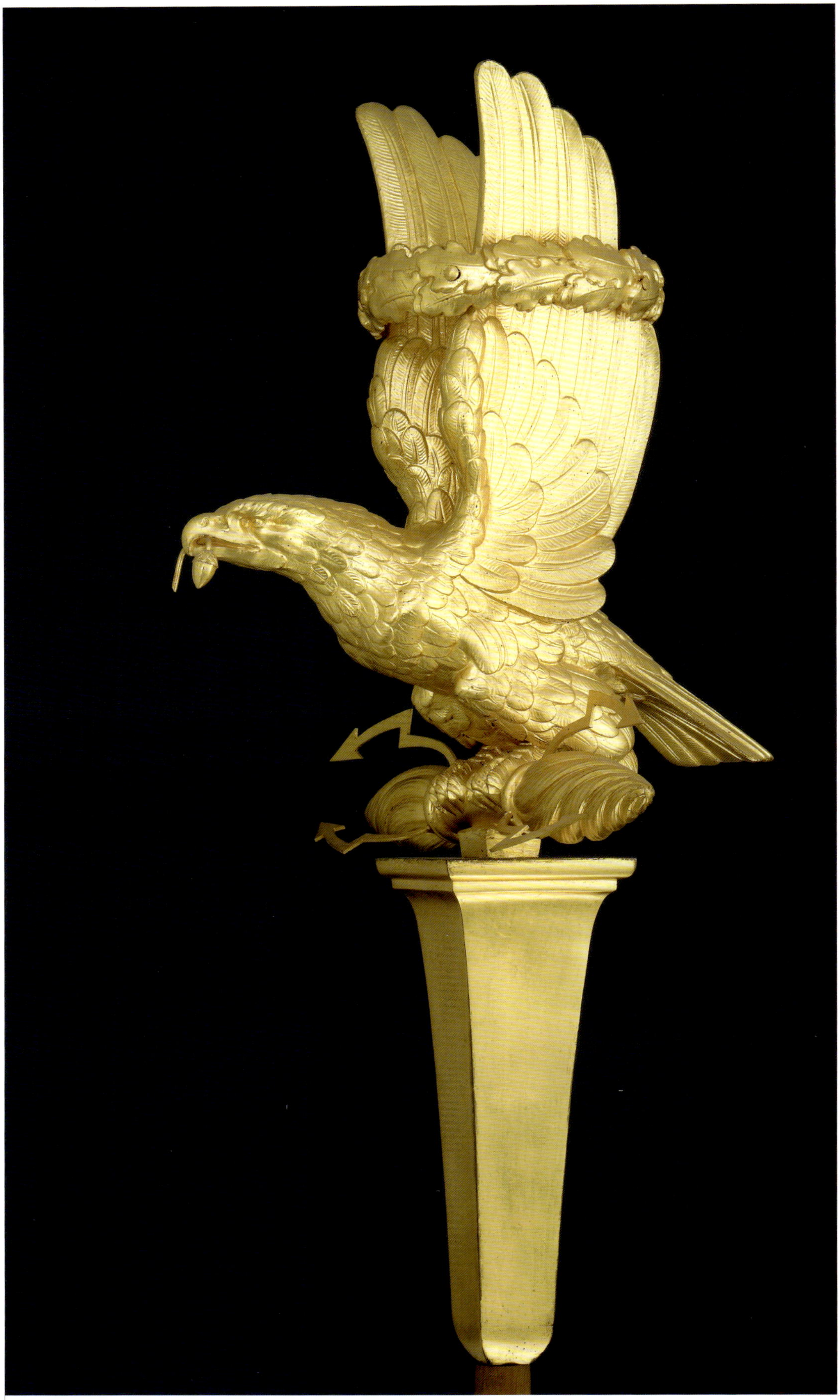

ABB. 27 Rekonstruktion eines Legionsadlers durch das RGZM, vor dem Ersten Weltkrieg. Goldfarbenes Metall.

3

# Adler aus Gold und Silber

## Caesar, Crassus, Varus

Im Jahre 55 v. Chr. setzte Caesar zum ersten Mal nach Britannien über. Die Landung war kritisch, wie Caesar selbst berichtet. Die Kelten der Insel hatten den Strand besetzt, und die römischen Schiffe mussten in halbwegs tiefem Wasser ankern. Die Legionäre gerieten in die prekäre Lage, mit Waffen und Gepäck ins hohe Wasser zu springen, in den Fluten Halt zu finden und mit den Kelten am Strand kämpfen zu müssen. »In dieser Situation beschwört der Adlerträger der 10. Legion die Götter und springt mit dem Adler in der Hand in die Fluten: ›Springt herab, Kameraden, wenn ihr nicht den Adler dem Feind preisgeben wollt. Ich jedenfalls will meine Pflicht gegenüber Staat und Feldherrn erfüllen‹. Als er dies laut gerufen hatte, stürzte er sich von dem Schiffe herab und stürmte mit dem Adler mitten unter die Feinde« (Caesar, Bello. Gall. IV 25,3).

Ein Adlerträger hatte Caesars Unternehmen gerettet. Die beiden Britannieninvasionen der Jahre 55 und 54 v. Chr. hatten als Demonstrationen militärischer Stärke den Erfolg, dass die Inselkelten der römischen Invasion Galliens nicht entgegentraten. Ein Jahr später erlebte Rom im Osten eine Cannae vergleichbare Katastrophe: Die Armee des Crassus wurde von den Parthern in den weiten Ebenen am oberen Euphrat in die Irre geführt und bei Carrhae (Karrhai) vernichtet (53 v. Chr.). Die römischen Reaktionen hinterlassen den Eindruck, dass der Verlust der Legionsadler nicht weniger tief als jener der Soldaten empfunden wurde.

Die römischen Feldzeichen (Abb. 27) genossen kultische Verehrung und kamen allmählich der Rolle der Kultbilder der Fahnenheiligtümer nahe. Im Gefecht und bei den Paraden waren sie optisches Orientierungsmittel, ansonsten aber Symbol und Zentrum der Bindung an Kaiser und Staat, der militärischen Tugenden und Traditionen. Vermutlich hat man den Feldzeichen bei den Römern eine Bedeutung wie sonst nie mehr in der Geschichte gegeben.

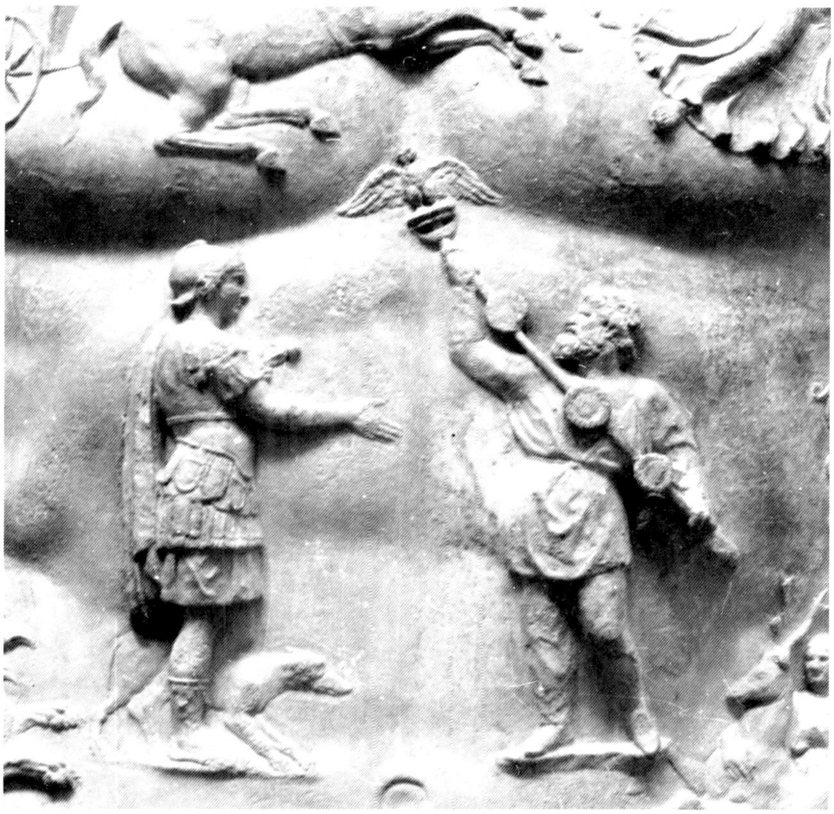

ABB. 28 Verständigungsfrieden mit dem Partherreich. Ein römischer Feldherr empfängt von einem Parther einen der verlorenen Legionsadler. Zentrales Relief auf dem Brustpanzer einer Statue des Augustus aus Primaporta bei Rom. Nach 19 v. Chr. Marmor. H. der gesamten Figur 2,04 m.

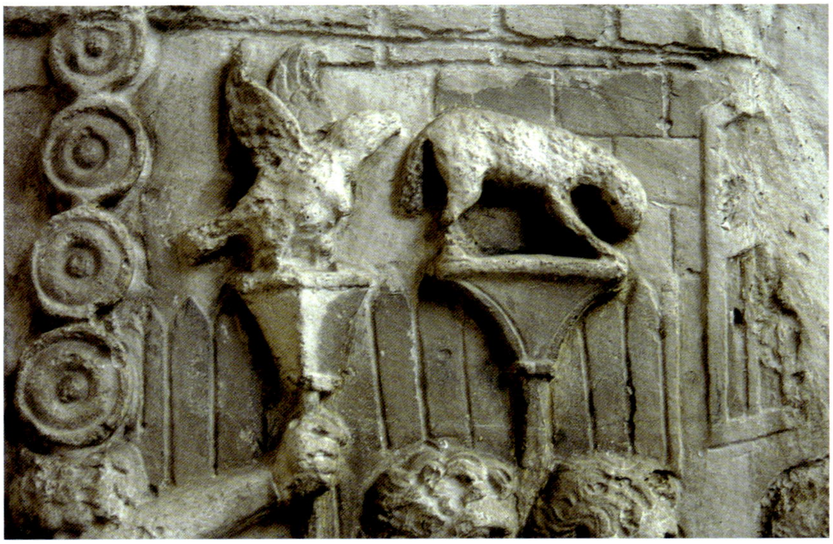

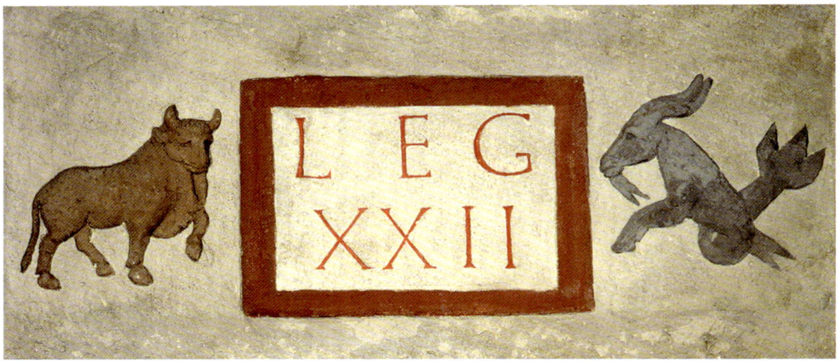


ABB. 29 Der Widder der 1. Legion und ihr Legionsadler im Dakerkrieg Traians. Relief von der Traianssäule in Rom, Szene 47. Marmor. Aus dem Jahre 113.

ABB. 30 Baurelief der Mainzer 22. Legion mit den Tierkreiszeichen des Stieres links (für die Straßburger 8. Legion) und dem *Capricornus* der 22. Legion. Sandstein. H. 52 cm. 1. Jh.

Für den neuen Kaiser Augustus waren die Partherprobleme und die Feldzeichenfrage das zentrale Element der Politik im Osten. Hatte Caesar noch einen regelrechten Partherfeldzug geplant, die Niederlage von Carrhae noch frisch vor Augen, so verbot sich eine derart große Unternehmung für Augustus, der damit beschäftigt war, in den Alpenländern, an der Donau und in Spanien das Reich zu arrondieren. Es kam 20 v. Chr. zu einem Verständigungsfrieden mit den Parthern, und der Partherkönig Phraates IV. gab die von Crassus und später auch von Marcus Antonius preisgegebenen Adler zurück – ein diplomatischer Erfolg des Kaisers Augustus, den die römische Propaganda wie einen Sieg feierte (Abb. 28).

Der Verlust von Legionsadlern zählte bei den Römern wie der Verlust einer Legion. Die Adler der 17., 18. und 19. Legion nach der Varuskatastrophe im Teutoburger Wald in den Händen der Germanen zu wissen, war für die Römer unerträglich. Eines der Motive für die Feldzüge des Germanicus 15 und 16 nach Germanien waren die verlorenen Adler und weniger die Rückgewinnung der Kontrolle über das Land. Im Jahre 15 eroberten die Römer den Adler der 19. Legion bei den Brukterern zurück, und im Jahre 16 einen zweiten (unklar, ob von der 17. oder 18. Legion) bei den Marsern. Den dritten gewann Publius Gabinius im Jahre 41 nach dem Bericht des Cassius Dio zurück, wobei es nicht ganz klar ist, bei welchem Stamm sich dieser Adler damals befand (vielleicht waren es die Chauken an der Nordseeküste).

### Die Adler in Republik und Kaiserzeit

Gaius Marius verlieh den römischen Legionen während seines zweiten Konsulats ausdrücklich den Adler. Auch schon früher hatte der Adler diese Auszeichnung, zusammen mit vier anderen Tieren: Wolf, Minotaurus, Pferd und Eber zogen den einzelnen Abteilungen voran. Wenige Jahre vorher hatte man angefangen, allein den Adler in die Schlacht zu tragen, die übrigen ließ man im Lager; Marius schaffte diese dann gänzlich ab (Plinius n.h. 10,16).

Seit dem Jahre 104 v. Chr., also seit der Zeit der Kimbernkriege, hatte der Legionsadler den Rang des höchsten Feldzeichens. Auch wenn wir erst aus den Jahren ab 82 v. Chr. Bilder römischer Legionsadler auf zeitgenössischen Münzen kennen, darf man ähnliche Formen der Adler für die Zeit davor annehmen.

Der Adler war aus Gold oder Silber gearbeitet. Von goldenen Adlern spricht Cassius Dio, Cicero hingegen von silbernen. Nach Plinius (n. h. 33,58) war Silber ein beliebtes Material an Feldzeichen: »[die Farbe], die beim Silber heller und dem Tageslicht ähnlicher ist, weshalb es auch für die militärischen Feldzeichen mehr verwendet wird, weil sein Glanz weiter reicht.« Man wird immer von Hohlfiguren ausgehen dürfen, um dem Adlerträger zu viel Gewicht zu ersparen. Die Flügel waren entweder ausgebreitet oder von einem Lorbeerkranz umschlossen (Abb. 27).

Die Legionsadler waren ein Element in der Religion des römischen Heeres. Eine Ehrenwache (*Excubatio ad signa*) schützte Feldzeichen und Kaiserbilder, die auch beim Fahneneid im Mittelpunkt des Ritus standen. Die Adler waren sakral und politisch von höchster Bedeutung; während der Meuterei der Rheinlegionen in Köln im Jahre 14 musste der Gesandte aus Rom, Munatius Plancus, Zuflucht bei dem Adler und den Feldzeichen der 1. Legion suchen und wurde nach Tacitus von der *Religio* wie in einem sakralen Asylbezirk geschützt (Tacitus, Ann. I 39,4). Diese Verehrung spiegelt sich auch in Kampfmoritaten wie der bei Silius Italicus (45,36) von einem Ad-

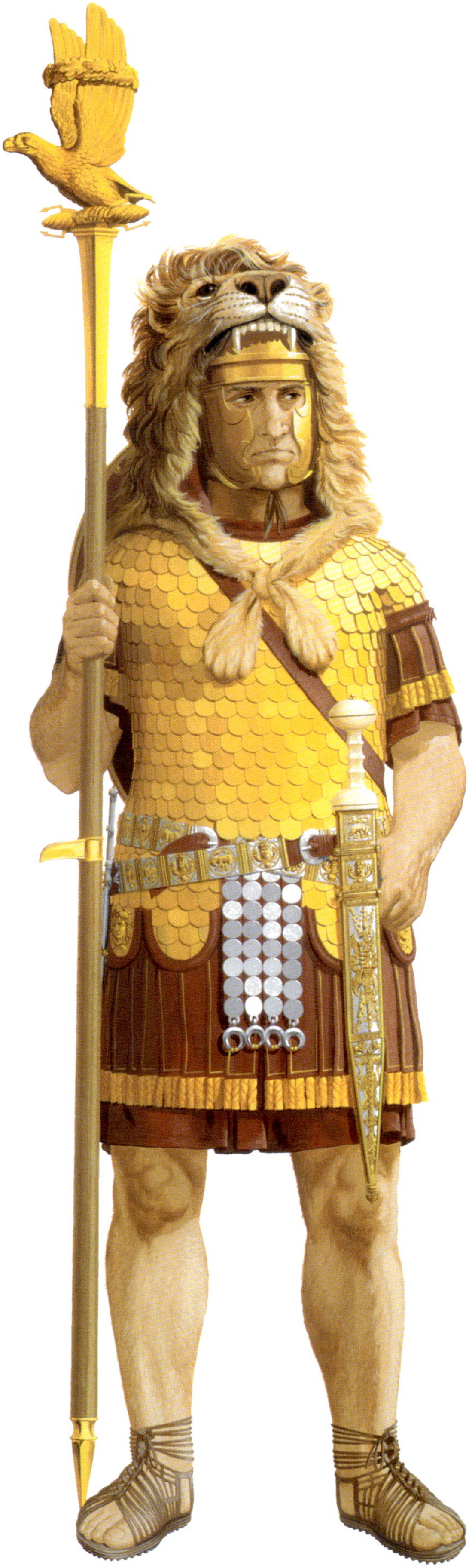

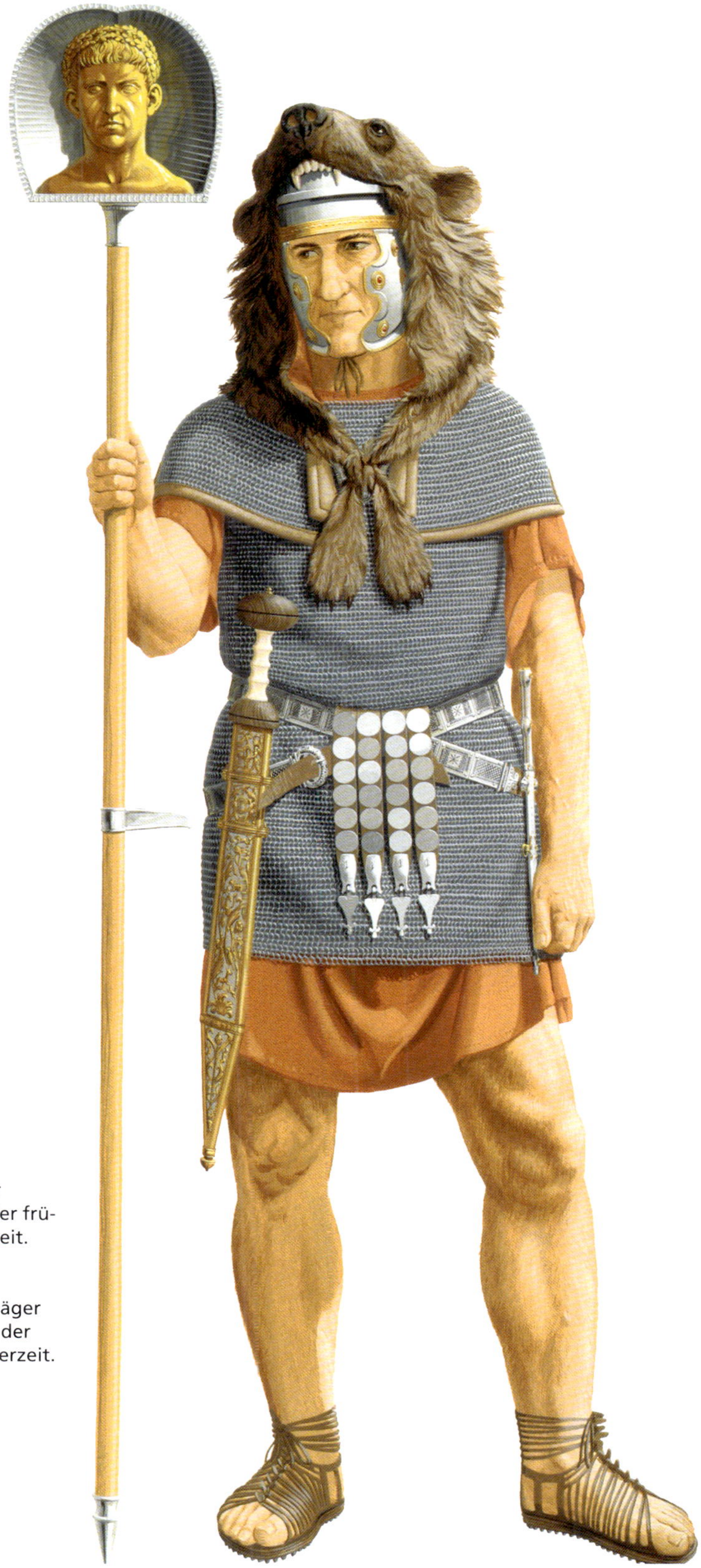

ABB. 31
Adlerträger (*Aquilifer*) der frühen Kaiserzeit.

ABB. 32
Kaiserbildträger (*Imaginifer*) der frühen Kaiserzeit.

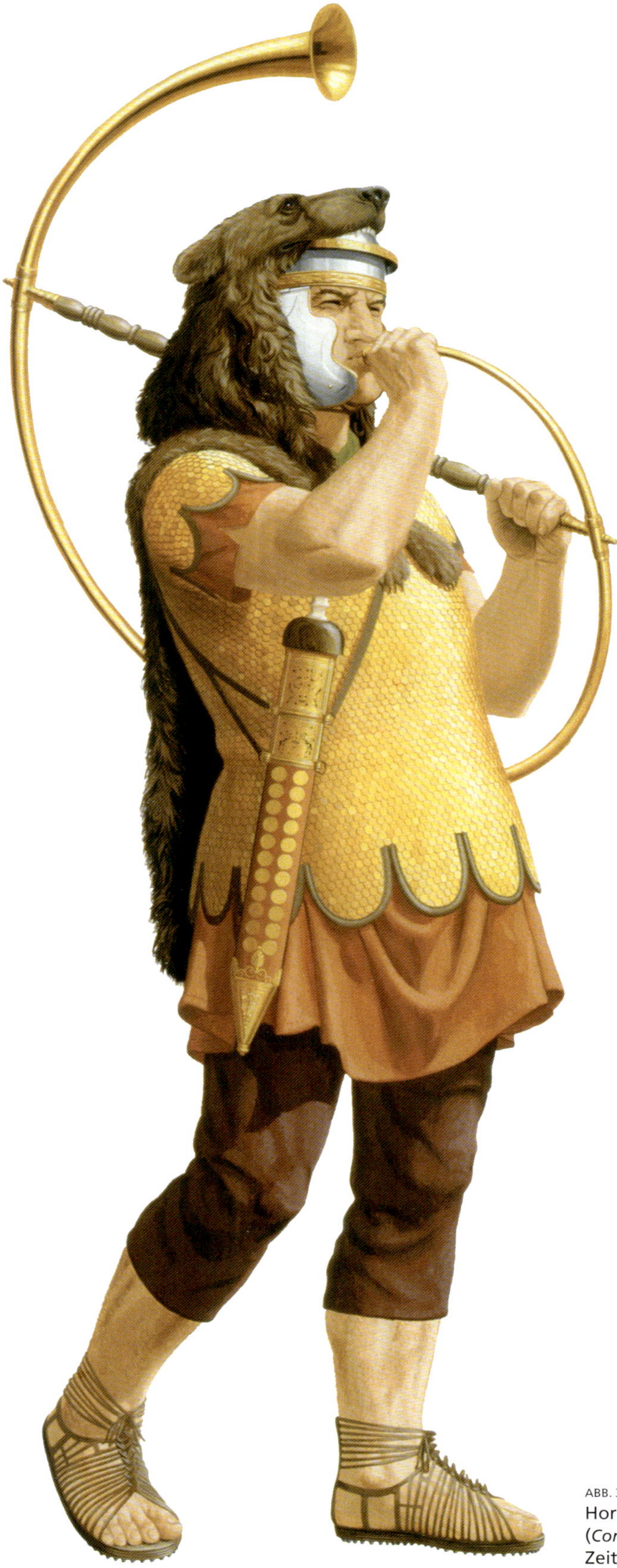

ABB. 33
Hornbläser (*Cornicen*) der Zeit um 100.

lerträger in der gegen Hannibal verlorenen Schlacht am Trasimener See 217 v. Chr., der sterbend noch mit dem Schwert die blutgetränkte Erde aufgrub, um den Adler darin zu verbergen.

Die Legionsadler haben alle das Altertum nicht überlebt. Es ist so gut wie ausgeschlossen, dass man jemals einen wird finden können.

### Astralzeichen und Wappentiere

Neben dem Adler trugen die Legionen Standarten mit wappenähnlichen Motiven, meistens mit Tieren. Sie als Totemtiere zu bezeichnen, passt deshalb nicht recht, weil das Totem im strengen Sinn der modernen Ethnologie ein stärkeres Zeichen ist, als es die antiken Legionsbilder vermuten lassen. Das Wort Wappentier ist nur ein Hilfsbegriff.

Einige der Bilder sind Sternzeichen, wobei manche wie der Widder, der Löwe, der Skorpion, der Stier und der Steinbock sogar Zodiakalzeichen waren, andere wie der Pegasus zumindest als Astralzeichen bekannt waren. Von den Zodiacuszeichen finden sich der Widder, der Stier, der Löwe und der Steinbock auch als Legionszeichen. Der Widder freilich ist nur bei einer einzigen Legion vertreten, der *Legio I Minervia* in Bonn (Germania inferior); als diese auf dem dakischen Kriegsschauplatz erschien, trug man den Widder gleich neben dem Legionsadler (Abb. 29).

Unter den Tierkreiszeichen war der Stier neben dem Steinbock besonders beliebt (Abb. 30). Den Stier betrachtet man als Hinweis auf Legionsgründungsdaten unter Iulius Caesar, dessen Zeichen eben der Stier war; dies würde auch bedeuten, dass bereits unter Caesar und nicht erst unter Augustus die Wappentiersitte bei den Legionen aufkam. Vielleicht war die Erinnerung an die alten Tierzeichen der Legionen der frühen und mittleren Republik nie ganz verschwunden und half mit, diese neue Sitte zu schaffen.

Der Steinbock mit dem Fischschwanz (*Capricornus*) ist als Nativitätsgestirn des Augustus berühmt geworden. Unter den Zodiakalzeichen war er ein besonders häufiges Legionszeichen (Abb. 30). Einige Legionszeichen passen freilich nicht zum Astralzeichensystem, und sie entziehen sich auch sonstiger Klassifizierung. Am wenigsten erstaunlich ist dabei die römische Wölfin mit den Zwillingen, welche bei zwei Legionen auftaucht; eher muss man sich hier wundern, dass dieses urrömische Motiv nicht häufiger gewählt wurde. Den Eber, bereits in der älteren Republik vor der Mariuszeit ein Militärzeichen, findet man als Wappentier bei drei Legionen der Kaiserzeit wieder. Den Blitz wählte die *Legio XII Fulminata* zum Zeichen, ein Wortspiel mit dem Namen der ›Blitzlegion‹.

## Die *Signiferi*

Der Adlerträger (*Aquilifer*; Abb. 31) gehörte zu den Rängen der Feldzeichenträger (*Signiferi*). Während der *Signifer* als Träger der taktischen Feldzeichen Teil des direkten Kampfes war, hatte der Legionsadler (*Aquila legionis*) eine zentrale magische Bedeutung.

Der Adlerträger war wie jeder Feldzeichenträger in dem Sinne deckungslos, dass er keinen Schild oder nur einen kleinen Schild halten konnte. Diese Soldaten waren zur Abschreckung und als Folge der magischen Funktion ihrer Zeichen mit Tierfellen bekleidet: sehr häufig mit Wolfsfellen, aber auch Bärenfelle und Löwenfelle kommen auf antiken Reliefs vor. Reliefdarstellungen sind dafür die Hauptinformationsquelle; Löwenfelle (Abb. 13) haben viele der Feldzeichenträger auf der Traianssäule in Rom.

Die Feldzeichenträger der Hilfstruppenkohorten, der Flotteneinheiten und der Legionsuntergliederungen waren entsprechend ausgestattet. Im Rang standen die *Signiferi* über den *Immunes* (›Gefreiten‹), der Rangstufe der Techniker und Spezialisten. Feldzeichenträger gehörten zum darüber eingestuften Rang der *Principales*, einer Offizierstufe mit anderthalbfachem bis zweifachem Sold. Über den *Signiferi* standen dann nur noch die Centurionen als höchste nichtadelige Kampfoffiziere sowie die Adelsführungsschicht der Legionen (Militärtribun, Legat).

Die römischen Musikinstrumente wie die *Tuba*, das Horn (*Cornu*) oder die kurze Signaltrompete (*Lituus*) dienten der akustischen Signalgebung, also der Befehlsübermittlung. Eine Marschmusik kannten die Römer nicht. Die Signalgeber mit dem Horn (*Cornicen*; Abb. 33) gehörten zur Gruppe der Feldzeichenträger (*Signiferi*), hatten deshalb auch dieselbe Ausrüstung mit Tierfellen, beispielsweise von einem Wolf. Die antiken Metallblasinstrumente besaßen keine Ventile; die im Umfang deshalb beschränkten Tonhöhen musste der Bläser durch Lippenstellung und Atemkraft variieren.

Das Horn war eines der direkten Kampfsignalgeber. Deshalb findet man es auch in Kampfszenen wie dem großen Dakerkampffries Kaiser

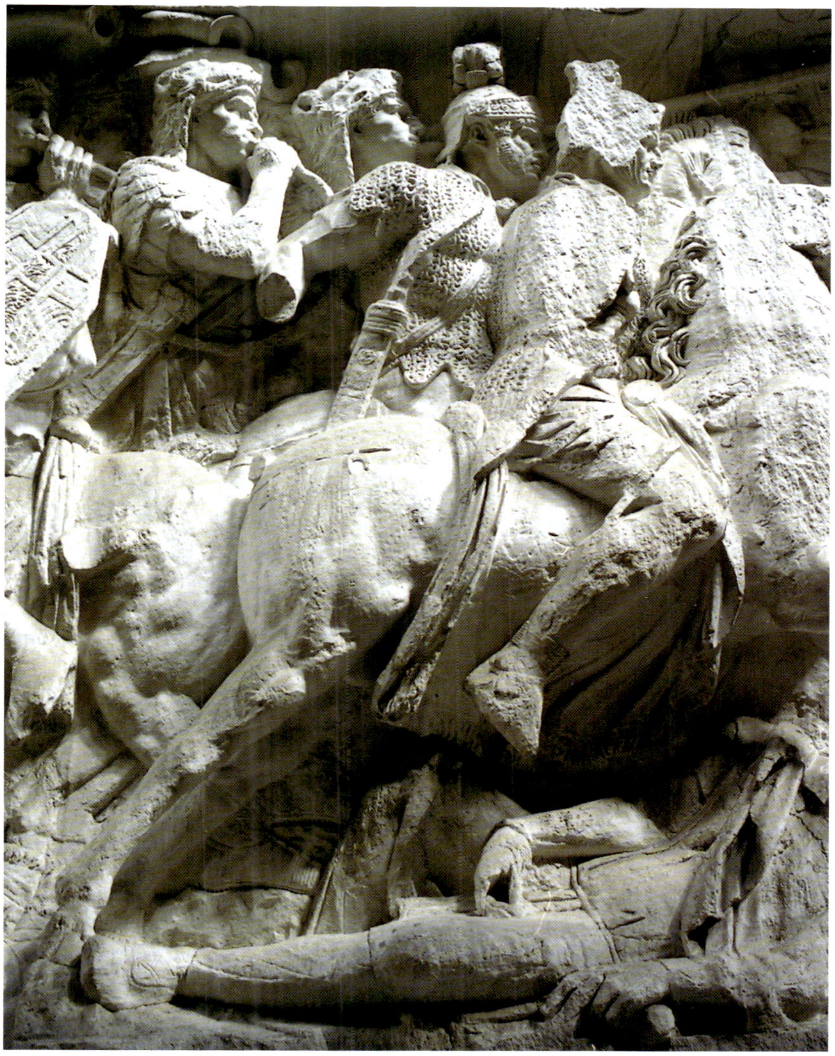

ABB. 34 Zwei Hornbläser (*Cornicen*) und ein Tubabläser (*Tubicen*) vom Dakerkampffries Kaiser Traians (107-113). Marmor. H. 2,98 m.

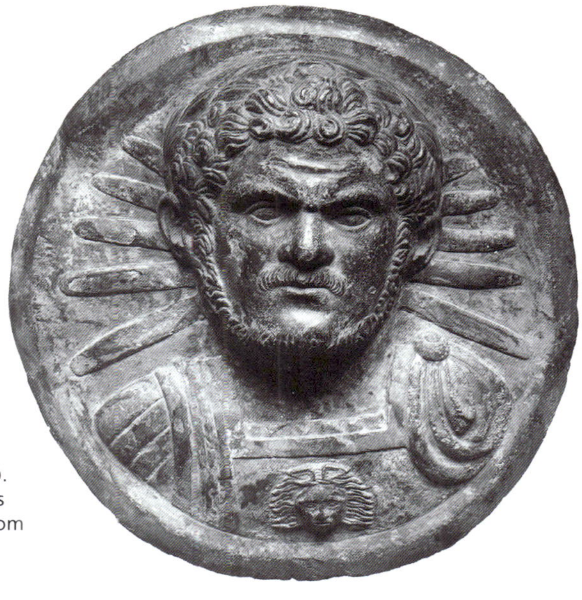

ABB. 35 Medaillon des Kaisers Caracalla (211-217). Vermutlich die *Imago* eines Feldzeichens. Angeblich vom Prätorianerlager in Rom. Bronze. Dm. 18,8 cm.

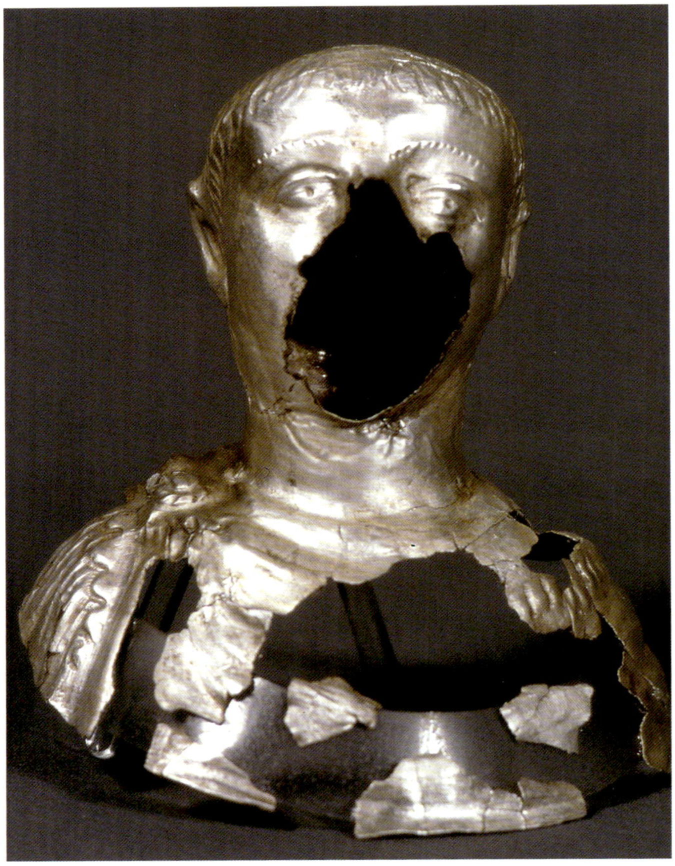

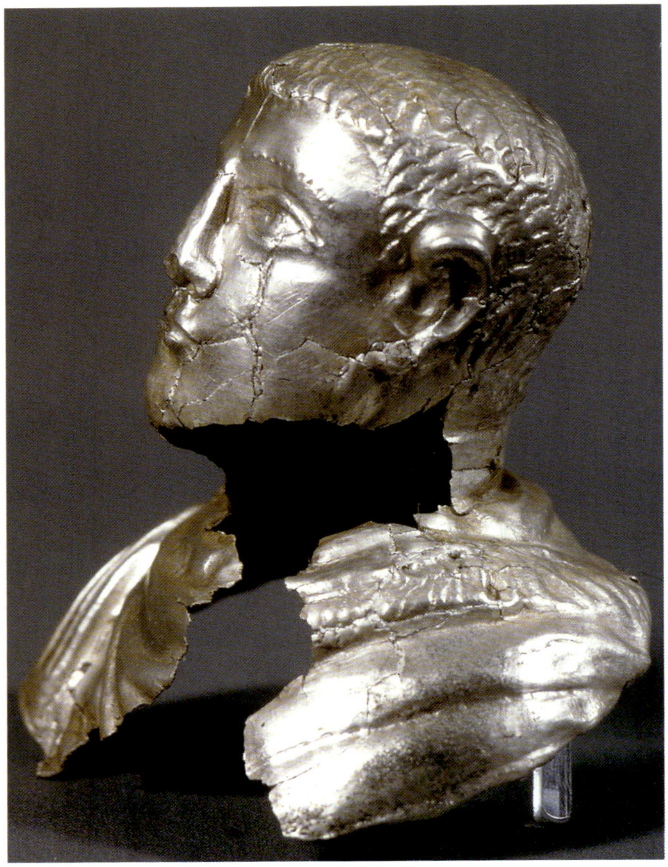

ABB. 36 Kleines Silberköpfchen (*Imago*) von einem Feldzeichen der Tetrarchenzeit. Aus Kleinasien. H. 12 cm. Frühes 4. Jh. Gewaltsam beschädigt; vielleicht Galerius.

ABB. 37 Kleines Silberköpfchen (*Imago*) von einem Feldzeichen der Tetrarchenzeit. Aus Kleinasien. H. 11 cm. Frühes 4. Jh. Gewaltsam beschädigt.

Traians wieder (Abb. 34). Man nimmt an, dass jede Legionskohorte ihren Hornbläser hatte, was analog auch für die Hilfstruppen zu gelten hat. Im großen traianischen Schlachtenfries sind an einer Stelle drei Hornbläser und zwei Tubabläser zu sehen.

Der leicht gebogene, hell klingende *Lituus* gilt als Signalinstrument der Kavallerie, was aber durch antike Quellen nicht zu beweisen ist. Die gerade und im Ton tiefere *Tuba* mit Längen um die 140 cm kennt man durch Bodenfunde, während die *Bucina* vermutlich ebenso wie die *Tuba* gerade und lang war, aber nur aus Darstellungen und Texten erschlossen werden kann.

Über die Art der Töne weiß man nichts Präzises. Der spätantike Autor Vegetius (2,22) ist unsere Hauptquelle. Er unterscheidet zwischen akustischen Signalen an die Soldaten direkt und solchen nur an die Feldzeichenträger; diese werden von den Hornbläsern gegeben. Im Kampf finden nur die Hörner und die Tuben Verwendung, was zu den Reliefs des traianischen Schlachtenfrieses passt (Abb. 34). Das feierlichste Signal, welches außerhalb des Kampfes geblasen wurde, war das *Classicum*, welches schon zur Zeit der Republik erklang. Es war unter anderem ein Feldherrnsignal und das Abendsignal (Zapfenstreich), welches vermutlich von allen Hornbläsern vorgetragen wurde.

### Die Kaiserimago

Neben dem Adler und dem Tierzeichen gab es bei der Legion noch das Kaiserbild, die *Imago*. Der Träger des Kaiserbildnisses (*Imaginifer*; Abb. 32) gehörte wie der Adlerträger zu den Feldzeichenträgern (*Signiferi*). Während sich jedoch kein einziger goldener oder silberner Legionsadler im Original erhalten hat, kennen wir einige wenige kleine Kaiserbildnisse (*Imagines*), die von Feldzeichen stammen können. Der Kaiserbildträger war wie ein normaler Legionär ausgerüstet, nur trug er keinen Schild; dafür hatte auch er ein Tierfell, in diesem Falle von einem Bären.

Die *Imago* vertrat den Inhaber des *Imperiums* bei der Truppe. Da der Kaiser als Träger des *Imperiums* nicht allgegenwärtig bei der Truppe weilen konnte, vertrat ihn seine *Imago* bei grundlegenden Handlungen wie dem Fahneneid. Die *Imago* fehlt logischerweise auf Staatsreliefs und Münzen. Originale Kaiserimagines sind im archäologischen Material recht selten. Von Stil und Größe her könnte das Berliner Caracallamedaillon eine Vorstellung von einer Feldzeichenimago vermitteln (Abb. 35).

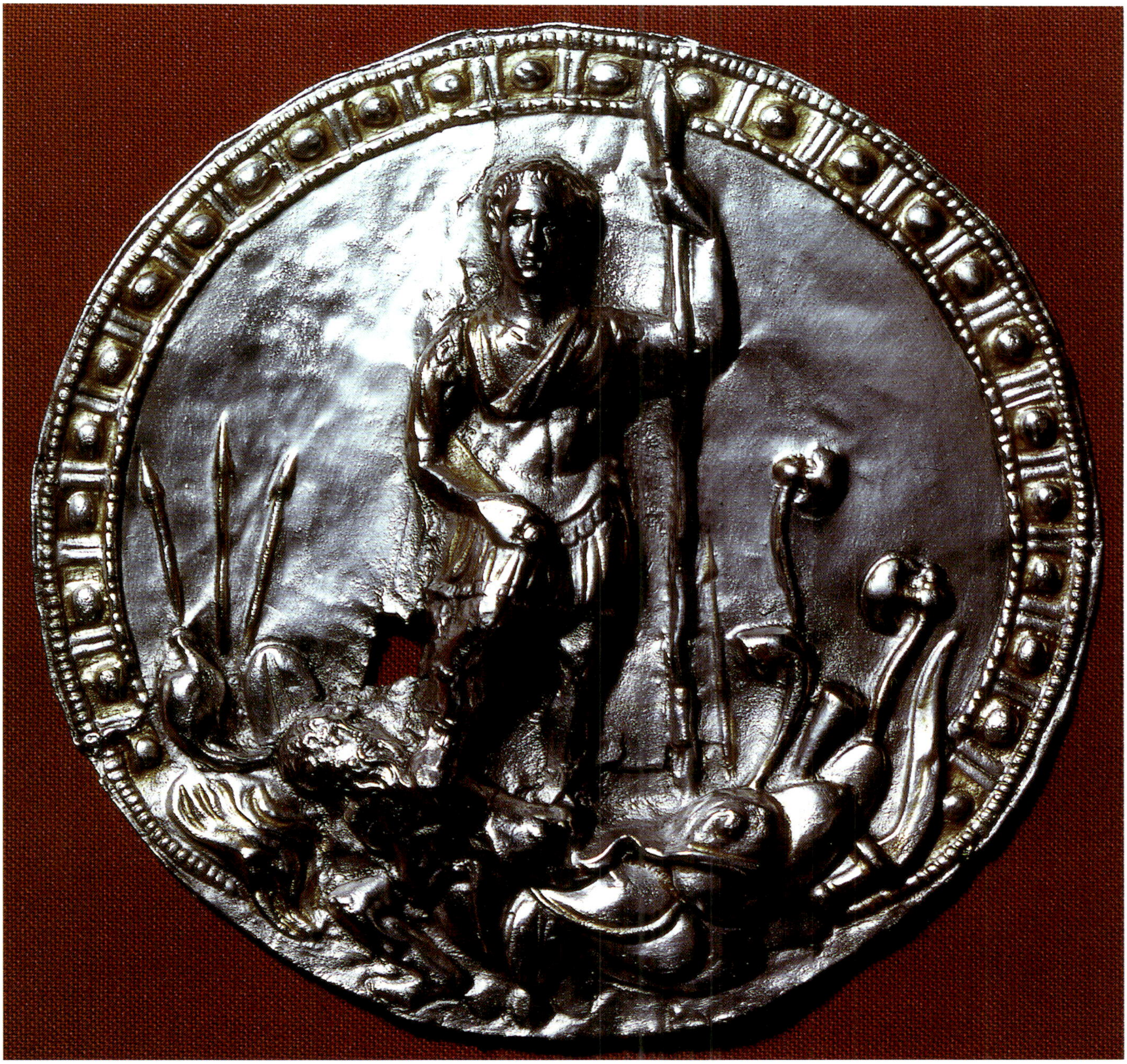

ABB. 38 Silberne Scheibe (*Phalera*) mit Feldherrndarstellung über Waffentrophäen. Traditionsfeldzeichen: Tiberius im Alpenfeldzug 15 v. Chr. Aus dem Kastell Niederbieber. Kam im Jahre 259/260 unter die Erde. Loch von Pfeilschuss. Dm. 16 cm.

Zu den ehrlosesten Handlungen gehörte es, bei Meutereien oder Kapitulationen die Kaiserbilder von den Standarten zu reißen. Dies geschah beispielsweise in den Aufständen der Jahre 69 und 70 in Gallien und am Rhein, die summarisch als Bataveraufstand bezeichnet werden. Nach der Kapitulation und Entwaffnung der beiden Legionen in Novaesium (Neuss) und Bonna (Bonn) wurde beim Marsch in die Gefangenschaft die Schande der erniedrigten Feldzeichen deutlich: »Die Bildnisse der Kaiser waren abgerissen, die Feldzeichen ohne Ehrenzeichen« (Tacitus, Historien 4, 62).

Wir besitzen aus der Spätantike solche Kaiserbilder mit den Spuren der gewaltsamen Demontage und Zerstörung. Es sind zwei Silberköpfchen aus Kleinasien der Jahre bald nach 300, aus der Zeit der Tetrarchie. An einem Köpfchen ist das Gesicht ausgehackt (Abb. 36), weshalb man zwar eine Ähnlichkeit mit Galerius feststellen, sich aber

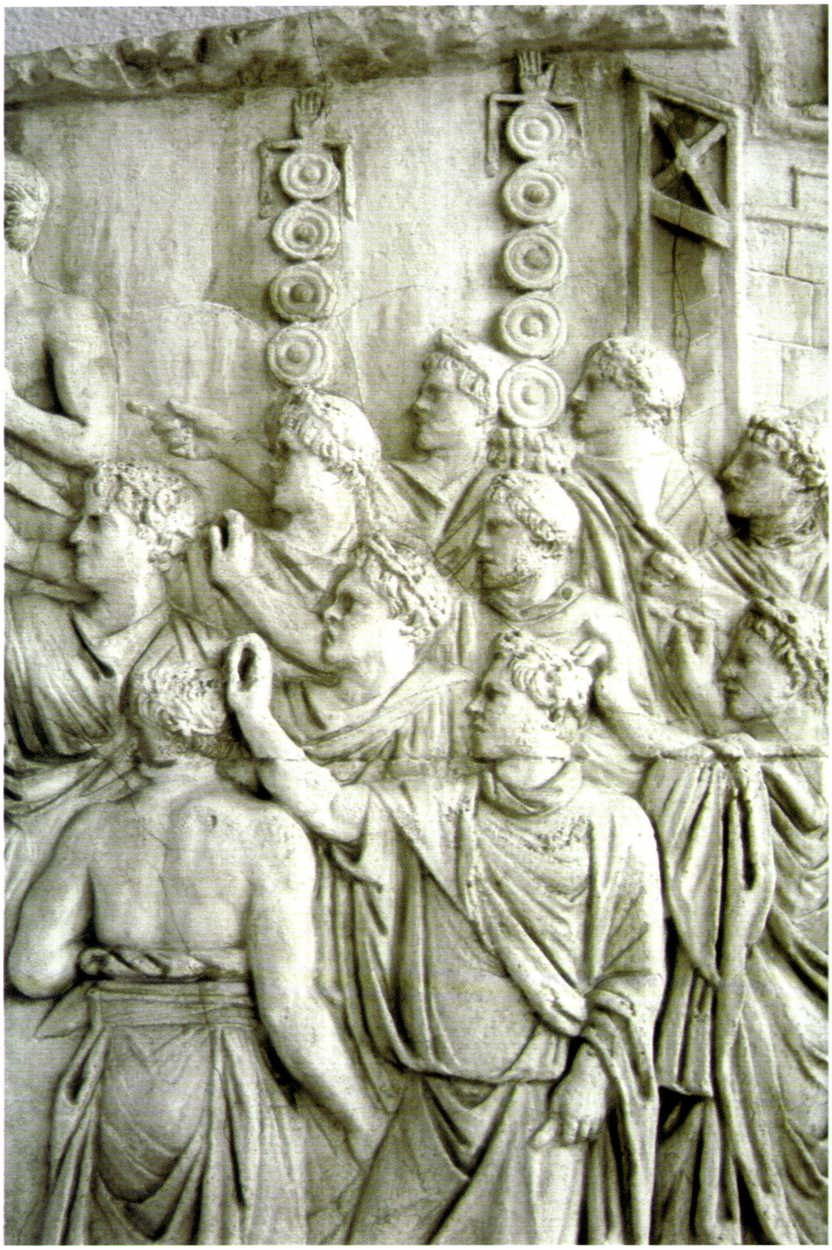

ABB. 39 Legionsfeldzeichen von der Traianssäule in Rom, aus dem Jahre 113.

dessen nicht sicher sein kann. Der andere Tetrarch wurde mit einer Axt oder einem Schwert regelrecht zusammengeschlagen; nur mühsam gelang es dem Restaurator, das Köpfchen einigermaßen wieder herzurichten (Abb. 37).

**Die Feldzeichen der Truppen**

Für die Betrachtung der Feldzeichen unterhalb der Legionsebene, unterhalb von Legionsadler, *Imago* und Wappentieren, ist man auf Grabreliefs, Staatsreliefs und Münzbilder angewiesen. Die Legionen der frühen Republik vor Marius waren Manipularlegionen. Ihre taktische Untereinheit war der Manipel; die Legion war außerdem in verschiedene Waffengattungen aufgeteilt. Dies änderte man in der späten Republik, eine Reform, die man schon im Altertum Marius zuschrieb. Damit trat die Kohorte als wichtigste Untereinheit der Legion auf und musste ihr eigenes Feldzeichen erhalten. Die Kohortensigna der Kaiserzeit sind ähnlich wie die Feldzeichen der Hilfstruppen aufgebaut: Es sind Stangenfeldzeichen mit einem Querholz für Namen und Nummer der Einheit (Abb. 40). In der späten Republik führten die Manipel noch eigene Feldzeichen; in der Kaiserzeit gab es die Manipelfeldzeichen nicht mehr, wohl aber *Signa* der Centurien; eine *Centuria* (Hundertschaft) war die Untereinheit einer Kohorte; jede Kohorte hatte sechs Centurien zu je 80 Mann. Nur die erste Legionskohorte der Kaiserzeit besaß eine doppelte Sollstärke von annähernd 1000 Mann und war in fünf Centurien unterteilt.

Die *Signa* der kaiserzeitlichen Kohorten und Centurien endeten oben in einer Lanzenspitze oder einer Hand (Abb. 39). Die aufrecht wiedergegebene Hand wurde zusammen mit den Centuriensigna unter Augustus eingeführt. Keinen Anhaltspunkt haben wir, in ihr ein Treuesymbol zu sehen: Zwischen den Feldzeichen mit der Hand und den Einheiten mit dem Treuenamen *Pia fidelis* kann man keinen schlüssigen Zusammenhang herstellen. Die in unterschiedlicher Anzahl an den Standarten befestigten Scheiben (*Phalerae*) sind als Auszeichnungen der Truppe zu deuten. Sollten es Medaillons mit Figuren sein, dann gehören sie auch zu den Auszeichnungen und sind nicht als *Imago* zu verstehen.

Auszeichnungen dieser Art oder wohl gleichfalls verliehene Traditionsbilder konnten sich über eine lange Zeit an den Feldzeichen halten. Der bei

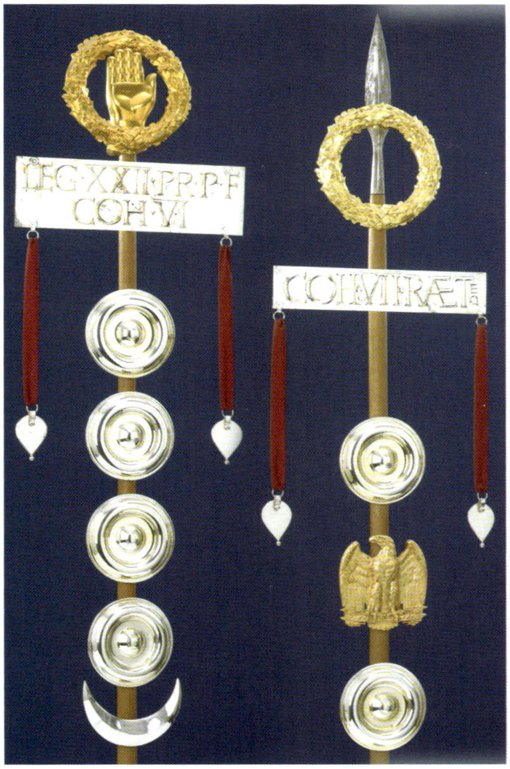

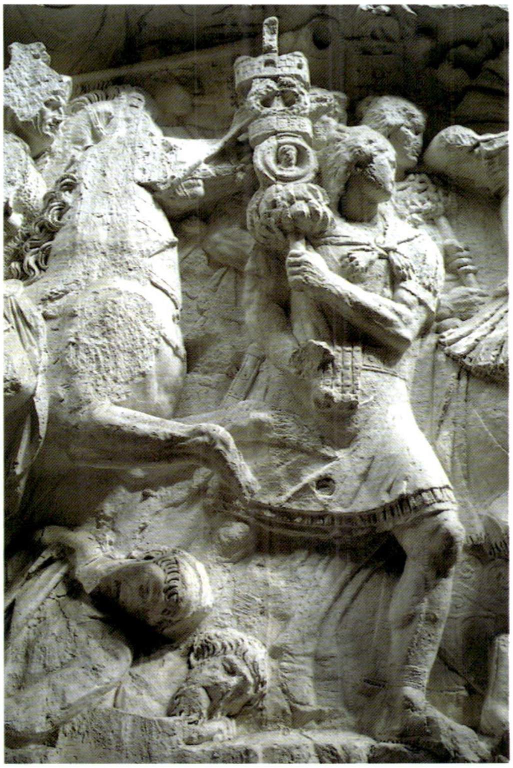

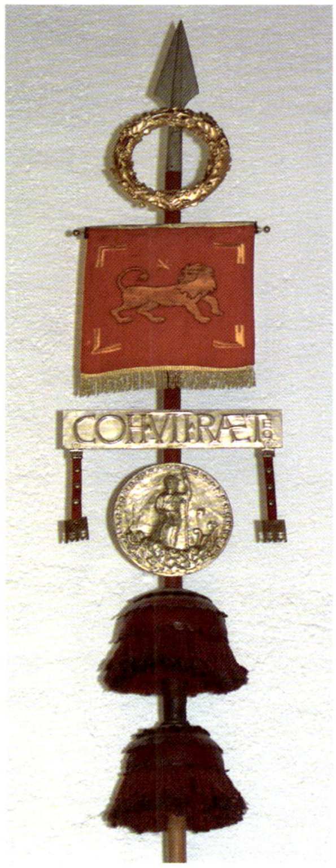

den Kämpfen der Jahre 259/260 gegen die Franken umgekommene Feldzeichenträger der 7. Raeterkohorte in Niederbieber starb neben seinem Feldzeichen, das den Einheitsnamen (Abb. 6) und eine Silberscheibe mit dem Feldherrn Tiberius über einem Waffenhaufen zeigt (Abb. 38; Abb. 42). Die Erinnerung an die Erfolge von Tiberius und Drusus unter Augustus in den Alpenfeldzügen des Jahres 15 v. Chr. hatte man über zweieinhalb Jahrhunderte bewahrt.

Die Fahne (*Vexillum;* Abb. 43) war das Kennzeichen der Reiterschwadron (*Turma*); daneben kam das *Vexillum* als namengebendes Zeichen kleineren abkommandierten Einheiten zu, welche dementsprechend *Vexillationes* hießen. Das *Vexillum* war als einziges Zeichen auch bei Vereinen und Verbänden (*Collegia*) in zivilem Zusammenhang in Gebrauch; seine Gestalt entsprach ungefähr den militärischen *Vexilla,* auch wenn sich die Dekoration natürlich davon unterschied.

Die Betrachtung von weiteren Feldzeichen führt zu speziellen Verbänden der römischen Armee. Hier sind an erster Stelle die Prätorianer zu nennen, die von Augustus geschaffene kaiserliche Garde, die ständig in der Stadt Rom stationiert war. Für die Prätorianerkohorten baute Tiberius dann das große Lager auf dem Viminal (*Castra praetoria*), welches bis in die Zeit Constantins in Gebrauch blieb. Unter den vielen Feldzeichen der Dakerkriegsfriese der Traianssäule in Rom fällt neben dem Legionsadler, dem Widder als Wappentier der *Legio I Minervia* und den Feldzeichen der Legionskohorten und -centurien eine Reihe von anders aufgebauten Stangenfeldzeichen auf (Abb. 44); die Quasten unten und das Querholz oben entsprechen den Legionszeichen, doch dazwischen ist die Stange ganz dicht mit Figurenmedaillons, Kränzen, Mauerkronen und anderen Attributen geschmückt. Manche dieser *Signa* tragen oben ein *Vexillum*, das mit einem Schild dekoriert ist. Auf dem großen traianischen Schlachtenfries beschränken sich die Feldzeichenzitate sogar auf diese sehr charakteristischen Objekte (Abb. 41). Es sind Prätorianerfeldzeichen, wie man an der fast archäologisch treuen Darstellung dieser *Signa* auf dem Grabstein des Marcus Pompeius Asper aus Tusculum bei Rom ablesen kann.

Für die Einheiten der Stadtkohorten und der *Vigiles* (Feuerwehr- und Sicherheitsmiliz) in Rom ist nach der freilich lückenhaften Überlieferung mit der Existenz von *Signa* zu rechnen. Etwas mehr kann man über die Zeichen von Sondereinheiten wie den *Beneficiarii* und dem Komplex des Nachrichtendienstes sagen. Die *Beneficiarii* waren eine Truppe zur besonderen Verwendung. Sie dienten in den Stäben der Statthalter, fungierten aber auch als Militärposten an wichtigen Verkehrspunkten. Durch einige Reliefdarstellungen war man schon informiert, dass die *Beneficiarii*

ABB. 40 Feldzeichen einer Legionskohorte (links) und einer Hilfstruppenkohorte. Die Bezeichnung der Hilfstruppe als *Cohors VII Raetorum* entspricht einem Fund aus Niederbieber (vgl. Abb. 6).

ABB. 41 Prätorianerfeldzeichen vom Dakerkampffries Kaiser Traians (107-113). Marmor. H. 2,98 m.

ABB. 42 Rekonstruktion des Niederbieberer Kohortenfeldzeichens von 259/260.

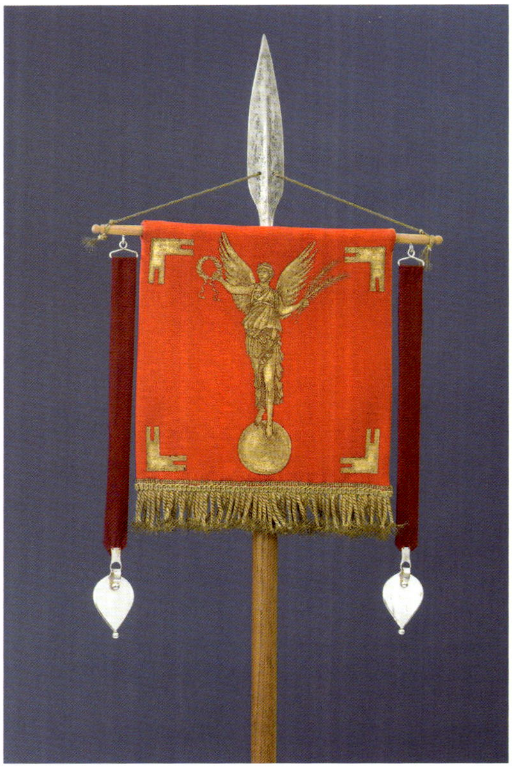

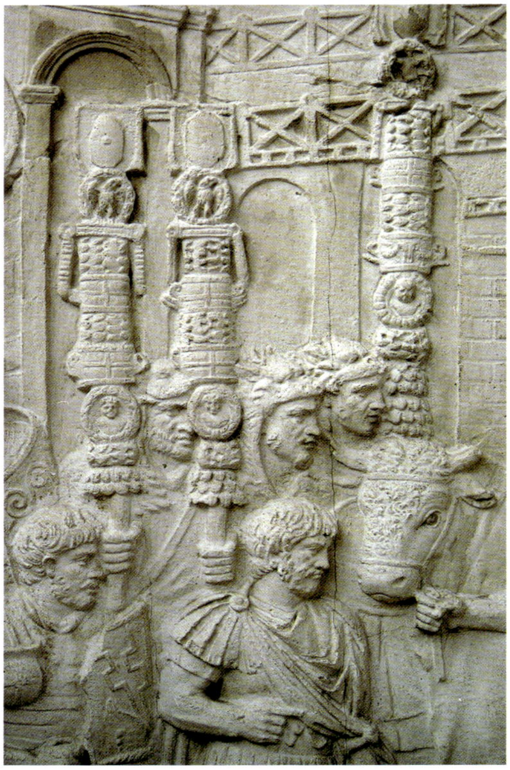

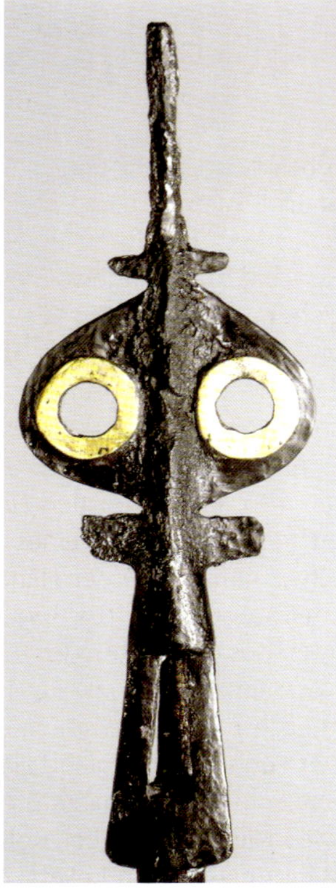

ABB. 43 Fahne (*Vexillum*). Goldene Victoria auf Globus auf rotem Tuch. Rekonstruktion nach dem Vorbild eines Fundes aus Ägypten.

ABB. 44 Drei Prätorianerfeldzeichen von der Traianssäule in Rom. Aus dem Jahre 113.

ABB. 45 *Signum* der *Beneficiarii* aus Osterburken, Baden-Württemberg. Eisen, Bronze. L. 29,5 cm. Frühes 3. Jh.

ein Lanzenfeldzeichen mit rund ausgeweitetem Mittelteil und zwei augenähnlichen Öffnungen führten. Der Fund eines solchen *Signum* in einem religiösen Bezirk in Osterburken (Baden-Württemberg) mit vielen Votivsteinen der *Beneficiarii* hat diese Zuschreibung bestätigt (Abb. 45). Ähnliche Zeichen trugen die Nachrichtendienstler des römischen Heeres.

Die in den *Castra peregrina* auf dem Caelius in Rom stationierten *Frumentarii* waren in der späten Republik und der frühen Kaiserzeit Soldaten der Heeresversorgung. Seit dem 2. Jh. wandelte sich ihr Aufgabenbereich zu einem Korps kaiserlicher Boten, Kuriere, Nachrichtenleute und Polizisten. Im Rahmen des Militärs agierten die *Frumentarii* und die *Speculatores* bei den Legionen, in Rom freilich waren sie dem Prätorianerpräfekten unterstellt.

Einer dieser Aufklärer, der *Speculator* Blassius Nigellio, ließ sich auf seinem Grabstein als Dienstreisender abbilden (Abb. 47). Nigellio war Angehöriger der *Legio VII Claudia* in Viminacium (Kostolac, Serbien). Dort stand auch sein Grabstein. Man sieht ihn sitzend auf einem schnellen, offenen, zweirädrigen Wagen mit einer Troika. Der Kutscher treibt mit Zügel und Peitsche zur Eile an. Hinten sitzt ein Bursche auf dem Gepäck und hält das *Signum*, ein Lanzenfeldzeichen nach Art der Benefiziarier mit zwei Öffnungen. Es ging bei diesen Dienstaufgaben also nicht um Geheimhaltung, sondern um eine schnelle Nachrichtenbeschaffung und Nachrichtenübermittlung.

### *Draco*, die Riesenschlange

Im Jahr 136 beschreibt Arrian in seinen Kapiteln über die römischen Reiterspiele ein neues Feldzeichen, das bei den Römern aufgetaucht war (Taktiké 35,2-4):

›Die Reiter sprengen heran, durch Standarten in Abteilungen gegliedert, und zwar nicht nur durch römische, sondern auch durch skythische, damit der Anritt farbenprächtiger und zugleich furcherregender wird. Letztere haben die Form von Riesenschlangen , die entsprechender Größe an Stangen befestigt herabhängen. Sie sind aus gefärbten Lappen zusammengenäht. Der Kopf und der ganze Körper bis zum Schwanz ist der Gestalt von Drachen nachgebildet, damit sie so schrecklich wie möglich aussehen. Diese raffinierten Gebilde erwecken, wenn die Pferde stillstehen, lediglich den Eindruck von bunten Lappen, die herabhängen; beim Reiten jedoch blähen sie sich durch den hineinblasenden Wind auf, sodass sie dann den betreffenden Tieren außerordentlich ähnlich sind und sogar ein wenig zischen, da bei schneller Bewegung die Luft mit Gewalt hindurchstreicht.‹

In hadrianischer Zeit war also laut Arrian der *Draco* bei den Reiterspielen bekannt, er galt als ›skythisch‹ und wird von Arrian genau gegen die römischen *Signa* abgegrenzt. 20 Jahre früher war er nach dem Zeugnis der Traianssäule nur auf dakischer (›skythischer‹) Seite bekannt. Auf den Reliefs der 113 eingeweihten Traianssäule in Rom sieht man als dakisches Feldzeichen einige Male ein der Beschreibung Arrians nahe kommendes Feldzeichen, welches freilich keinen Schlangen-, sondern einen Wolfskopf hat (Abb. 48).

Ein halbes Jahrhundert später, in den Jahren um 190, finden wir den *Draco* bereits zweimal auf dem Sarkophag eines hochrangigen römischen Offiziers in der Hand römischer Feldzeichenträger. Noch ist er wolfsköpfig, hat also die Form aus den Zeiten der Dakerkriege behalten. Noch einmal zwei Generationen später sehen wir endlich die von Arrian zitierte Riesenschlange. Der Fund eines originalen *Draco* aus dem 259/260 untergegangenen Kastell Niederbieber (Neuwied-Niederbieber bei Koblenz; Abb. 46) bestätigt die antiken Reliefs, denn gleichzeitig erscheint das Schlangenzeichen in der stadtrömischen Hofkunst höchsten Ranges, auf dem Schlachtsarkophag Ludovisi in Rom (Abb. 49). Dort führt man in einer fiktiven Schlacht gegen die wichtigsten Reichsfeinde (Germanen und Perser) die Hierarchie der Feldzeichen vor: Ein *Signifer* ganz rechts hält ein traditionelles Infanteriesignum; darüber begleitet ein *Cornicen* in Aktion die römischen Attacken. Im Zentrum schließlich windet sich der Schlangenleib des *Draco* hinter dem Haupt des Feldherrn; er hat den Adler abgelöst.

Die Riesenschlange von Niederbieber entspricht mit ihrem Kamm den Darstellungen der traditionellen griechischen Kunst. Das Kupferblech war oben feuervergoldet, unten mit einer Zinn-Blei-Legierung überzogen. Es sollte auch hier der an römischen Waffen erstrebte Gold-Silber-Effekt erzielt werden. Der aufgebogene Rand diente zur Befestigung des windsackähnli-

ABB. 46 *Draco* als Schlangenkopf aus Niederbieber (Neuwied-Niederbieber) bei Koblenz. Kupfer. L. 30 cm. Vor 260.

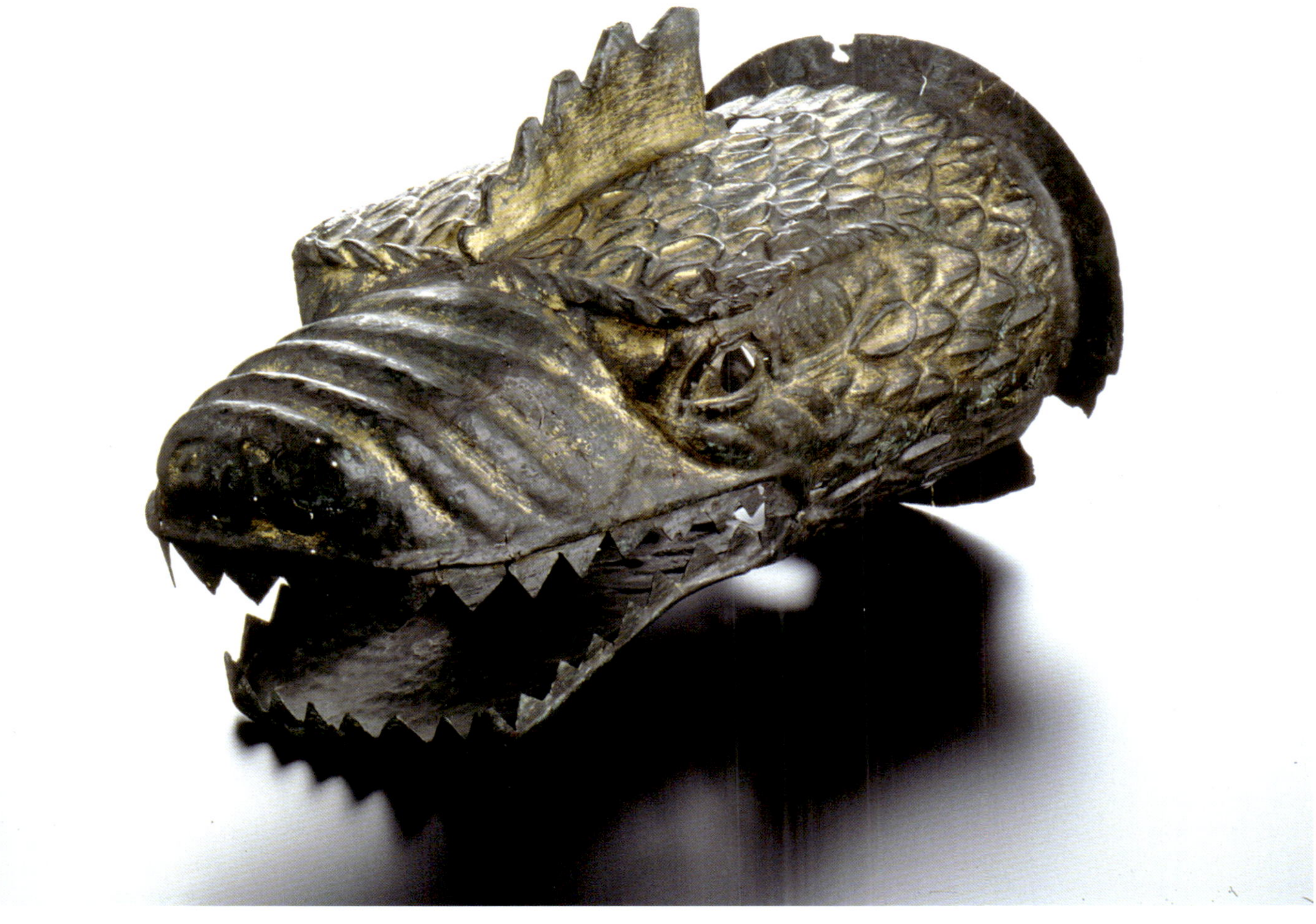

chen Schlangenleibes, von dem nichts mehr erhalten war (Abb. 50).

Mit diesem Fund ist die reale Existenz des *Draco* bereits für das mittlere 3. Jh. bezeugt. Nach den Reliefbildern zu schließen dürfte er zuerst ein Kavalleriezeichen gewesen sein. Er kam wohl auch deshalb auf, da sich zeigte, dass die vorhandenen Legionsstrukturen zu unbeweglich geworden waren, und da Kaiser Gallienus den entscheidenden Schritt zu einer fälligen Militärreform tat, indem er in der größten Krisenzeit um 260 eine bewegliche Kavallerieeinsatzreserve schuf.

In dem zunehmend christlichen Umfeld im Reich des 4. Jhs. erwähnen der Militärhistoriker Vegetius ebenso wie der Historiker Ammianus Marcellinus die *Dracones* an prominenter Stelle. Der Dracoträger (*Draconarius*) fungierte nun unter den immer noch präsenten *Signiferi* der Spätantike und trug als Abzeichen einen goldenen Halsring (*Torques*).

Die Herkunft des Schlangenzeichens ist immer noch nicht so recht klar. Drachenstandarten werden auch bei Parthern (Lukian) und Sassaniden (Historia Augusta) erwähnt, und für Arrian waren sie ›skythisch‹, womit der euroasiatische Raum nördlich des Schwarzen Meeres gemeint ist, aber eben nicht der iranische Bereich. Man kommt damit ganz allgemein in einen vage angedeuteten Ostraum. Mit China freilich scheint der *Draco* nichts zu tun zu haben. Eine geflügelte Riesenschlange wird bereits einmal auf einem Schildrelief der Zeit Sullas vorgeführt: Fabelwesen vom Rand der Welt, aus Ländern wie Arabien, Indien, Äthiopien oder auch aus den Grenzländern zu Asien hin. Die wahrscheinlichste Erklärung für dieses Schildrelief ist also der Hinweis auf die römischen Siege im Orient.

Im Laufe der Kaiserzeit gewannen die großen Schlangen an positiver Bedeutung. Die guten Hausgeister umfassten in den Bildern römischer Hausaltäre (*Lararia*) auch friedliche große Schlangen, die paarweise abgebildet werden. Die Schlange als gutes Erdwesen, als *Agathodaimon*, steckt auch hinter den auf den Paraderüstungen sehr beliebten Schlangenmotiven, welche zu den fünf Hauptthemen in der Dekoration dieser Turnierrüstungen zählten (s. unten Kap. 7). Dazu gehört die Geburtslegende Alexanders des Großen, nach der seine Mutter Olympias ihn von Zeus Ammon in Gestalt einer großen Schlange empfangen hatte – ein im weiteren Altertum hoch beliebtes Motiv, das schon auf Augustus' Mutter Atia übertragen worden war. Die Alexandervernarrtheit römischer Großer erreichte mit Kaiser Caracalla

ABB. 47 *Speculator* der 7. Legion auf Dienstreise. Grabrelief des Lucius Blassius Nigellio. Aus Viminacium (Kostolac), Serbien. Marmor. Br. 1,32 m. Spätes 2. Jh.

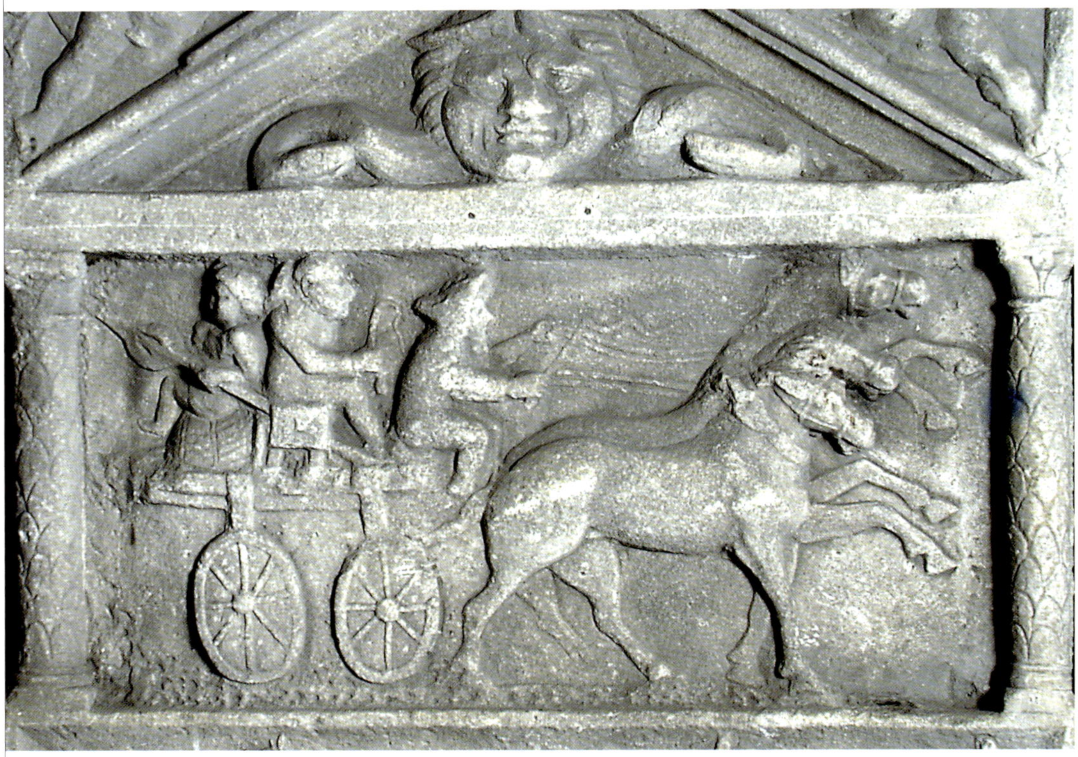

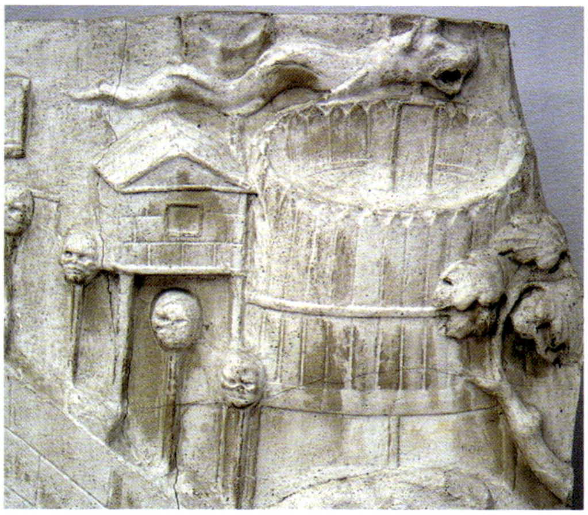

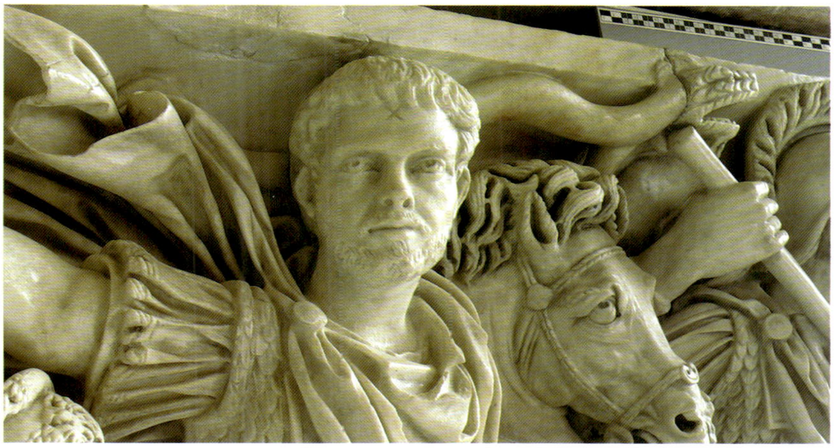

(211-217) einen Höhepunkt: Es waren gerade die Jahre, als sich der *Draco* in Gestalt der Schlange bei den Römern ausbildete.

Im 4. Jh. wurde der Purpurdraco zum Kaiserzeichen, und dies nicht nur beim neoheidnischen und antichristlichen Iulianus, sondern auch bei den christlichen Kaisern, wie man dem Bericht vom Einzug des Constantius II. in Rom nach dem Sieg über Magnentius (353) entnehmen kann: ›... umgaben den Kaiser die aus Purpurfäden gewebten Drachenzeichen, die an goldenen, edelsteinverzierten Lanzen befestigt waren. Sie blähten sich mit geöffnetem Rachen im Winde und sahen so aus, als ob sie gereizt züngelten, und ihre Schweife schlängelten sich im Winde‹ (Ammianus Marcellinus 16,10,8).

So war schließlich der Purpurdrachen (Abb. 50) zum Kaisersignum der christlichen Spätantike geworden. Iulians Soldaten erkannten ihren Kaiser an seiner Drachenfahne, als sie in der Schlacht bei Straßburg gegen die Alamannen (357) ins Wanken kamen:

›Der Caesar [Iulianus] sah von weitem, wie die Reiter nach nichts weiter trachteten als nach Rettung durch die Flucht. Daher gab er seinem Pferd die Sporen und hielt sie, wie eine Schranke vor ihnen haltend, zurück. Sie erkannten ihn an der purpurnen Drachenfahne, die an der Spitze einer besonders langen Lanze angebracht war, und die sich wie eine Schlangenhaut im Winde blähte‹ (Ammianus Marcellinus 16,12,38-39).

ABB. 48 *Draco* mit Wolfskopf von der Traianssäule aus dem Jahre 113. Dakisches Feldzeichen in der Szene 25-26.

ABB. 49 *Draco* als Kaiser- und Feldherrnsignum. Vom großen Sarkophag aus Rom (sog. Schlachtensarkophag Ludovisi). Fiktive Schlacht mit Persern und Germanen. Mitte des 3. Jhs. Marmor.

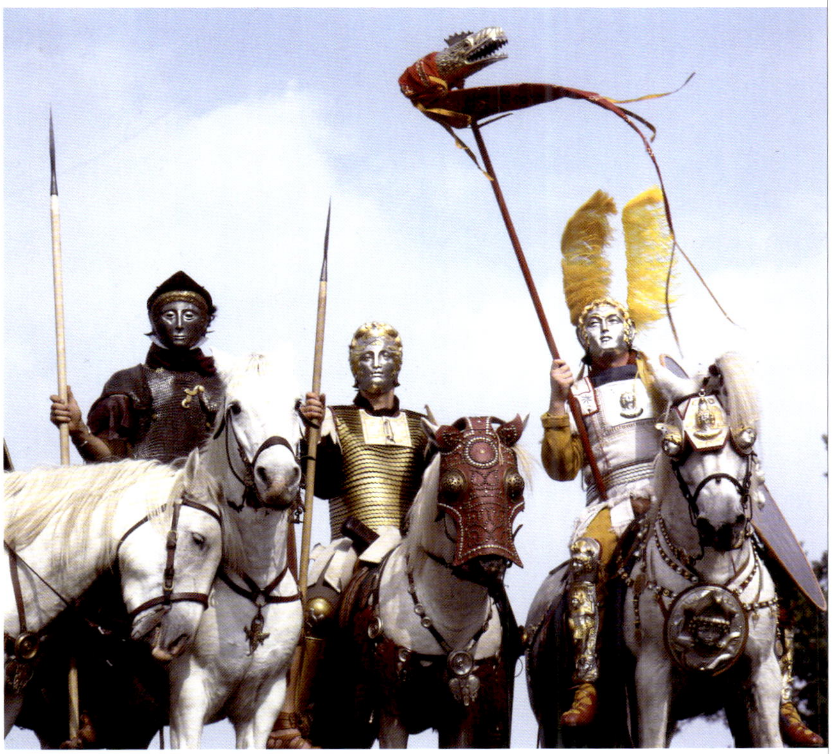

ABB. 50 *Draco* in moderner Rekonstruktion (Marcus Junkelmann). Kavallerist des 3. Jhs.

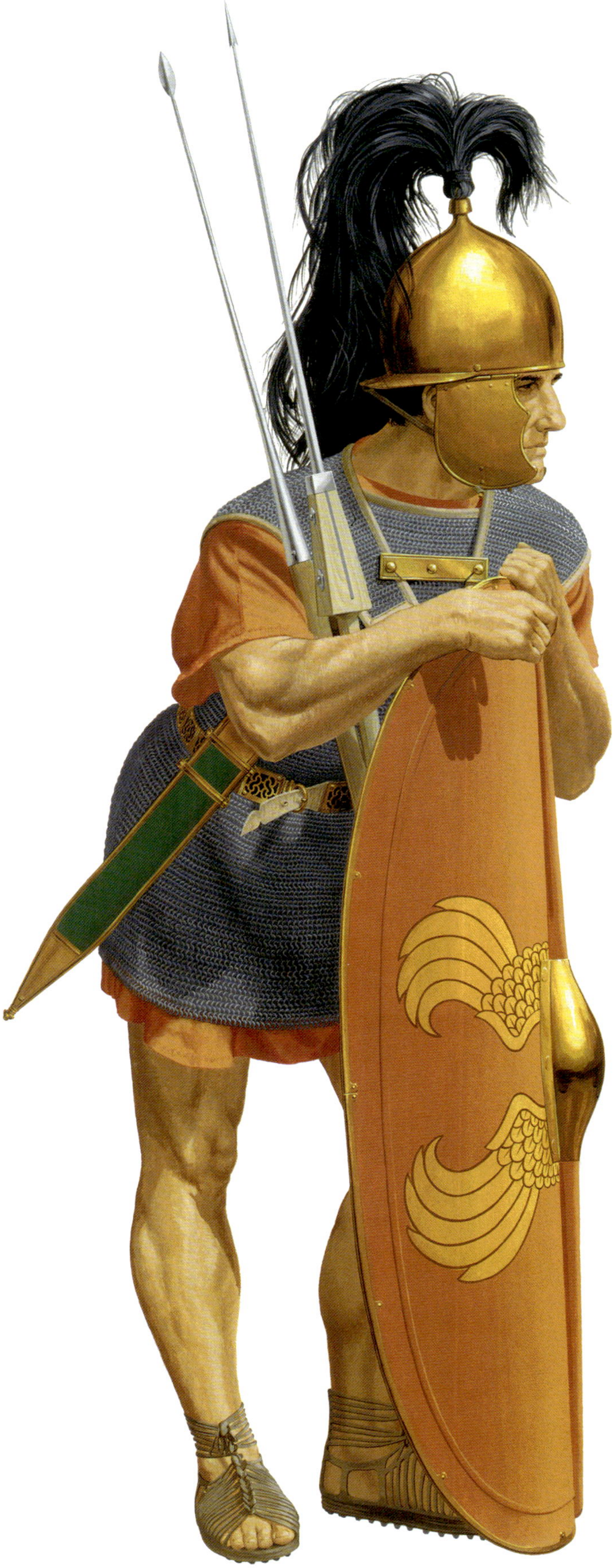

ABB. 51 Legionär der Zeit Caesars.

# 4

# Die Waffen der Offensivarmee

## Panorama des römischen Heeres von Caesar bis Hadrian

Keineswegs trugen die Römer immer jene roten Tuniken, welche man in modernen Filmen und auch bei heutigen Römergruppen allenthalben sehen kann. Auf unseren Bildern einiger Soldaten der 150 Jahre zwischen Caesar und Hadrian kann man verschiedene Farben erblicken; außerdem waren die billigeren ungefärbten Textilien sicher sehr beliebt.

Der spätrepublikanische Legionär der Zeit Caesars (Abb. 51) trug als Defensivwaffen den halbkugeligen Bronzehelm (*Galea*; mit *Cassis* bezeichnet Caesar den Reiterhelm) mit Nackenschutz und Wangenklappen, das Kettenhemd (*Lorica hamata*) sowie den Schild (*Scutum*). Offensivwaffen waren die beiden Wurfspeere (*Pilum*) und das kurze Stichschwert (*Gladius*). Der ebenfalls vorhandene Dolch (*Pugio*) ist in der Darstellung vom Schild überdeckt.

Mit den folgenden Bildern befinden wir uns bereits bei der Berufsarmee des Kaisers Augustus. Der *Centurio* (Abb. 52) war Befehlshaber einer Hundertschaft (*Centuria*). Jede Legion hatte 60 Centurionen. Die römischen Centurionen waren die im Kampf erfahrensten Offiziere.

Den *Centurio* erkannte man an seinem immer quer gestellten Helmbusch (*Crista transversa*), den er auch im Kampf trug, um von seinen Soldaten immer gesehen zu werden. Typisch für ihn waren ferner die Beinschienen (*Ocrea*) und der Stock aus Rebholz (*Vitis*), das Zeichen seiner Disziplinargewalt. Über dem Schuppenpanzer (*Lorica squamata*) trägt der hier gezeigte *Centurio* silberne Orden (*Dona militaria*). Centurionen und Feldzeichenträger hatten – anders als die Legionäre – das Schwert auf der linken Seite.

Der Legionsinfanterist des frühen 1. Jhs. (Abb. 53) gibt eine Vorstellung davon, wie die Truppen des Augustus aussahen, die seit 15 v. Chr das rechtsrheinische Germanien besetzten, bis sie im Jahre 9 die Niederlage im Teutoburger Wald zum Rückzug an die Rheingrenze zwang. Der Helm hat nun einen Stirnbügel erhalten. Kettenhemd und Schild sowie Wurfspeer und Schwert entsprechen der normalen Ausrüstung. Der Dolch war eine eher dekorative Waffe.

Der Befehlshaber einer Legion (*Legatus legionis*; Abb. 54) war aus senatorischem Adel. Seine Erscheinung unterschied sich deutlich von jener der Legionäre. Er trug eine Art historisches Kostüm aus den Jahren der römischen Republik und des Hellenismus (3.-1. Jh v. Chr.), einen Metallpanzer, der die Körperformen nachbildete (›Muskelpanzer‹); dazu kamen ein Feldherrnmantel (*Paludamentum*) sowie Raubtierfellstiefel. Um den Panzer ist die Feldherrnbinde geschlungen.

Die Hilfstruppen (*Auxilia;* Abb. 55), die sich im Gegensatz zu den Legionen nicht aus römischen Bürgern rekrutierten, waren teilweise etwas anders bewaffnet. Der Hilfstruppenreiter besitzt neben dem Panzer ein längeres Schwert als die Legionssoldaten (*Spatha*). Statt des *Pilum* der Legionäre hält er die Lanze (*Hasta*). An seiner Ausrüstung fällt neben den halblangen Hosen (*Bracae*) besonders der Helm (*Cassis*) auf, der reliefartig mit Haaren verziert ist. Am Pferd sind der Sattel und die mit Amuletten behängte Anschirrung zu beachten.

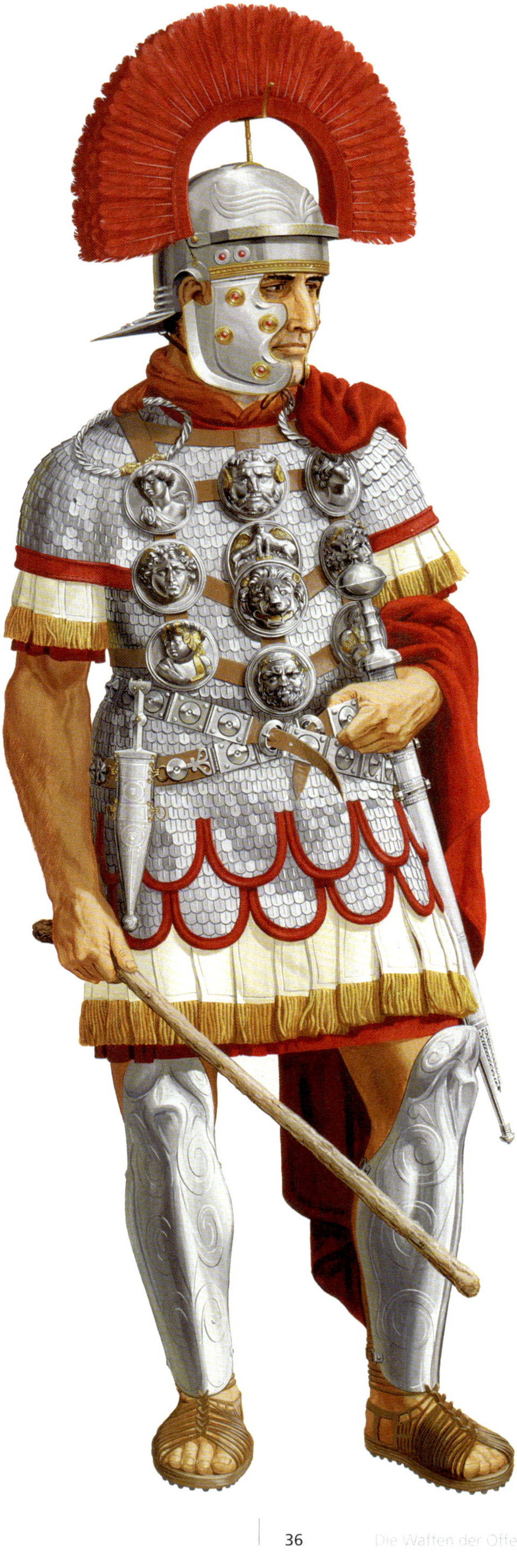

ABB. 52 Centurio der frühen Kaiserzeit.

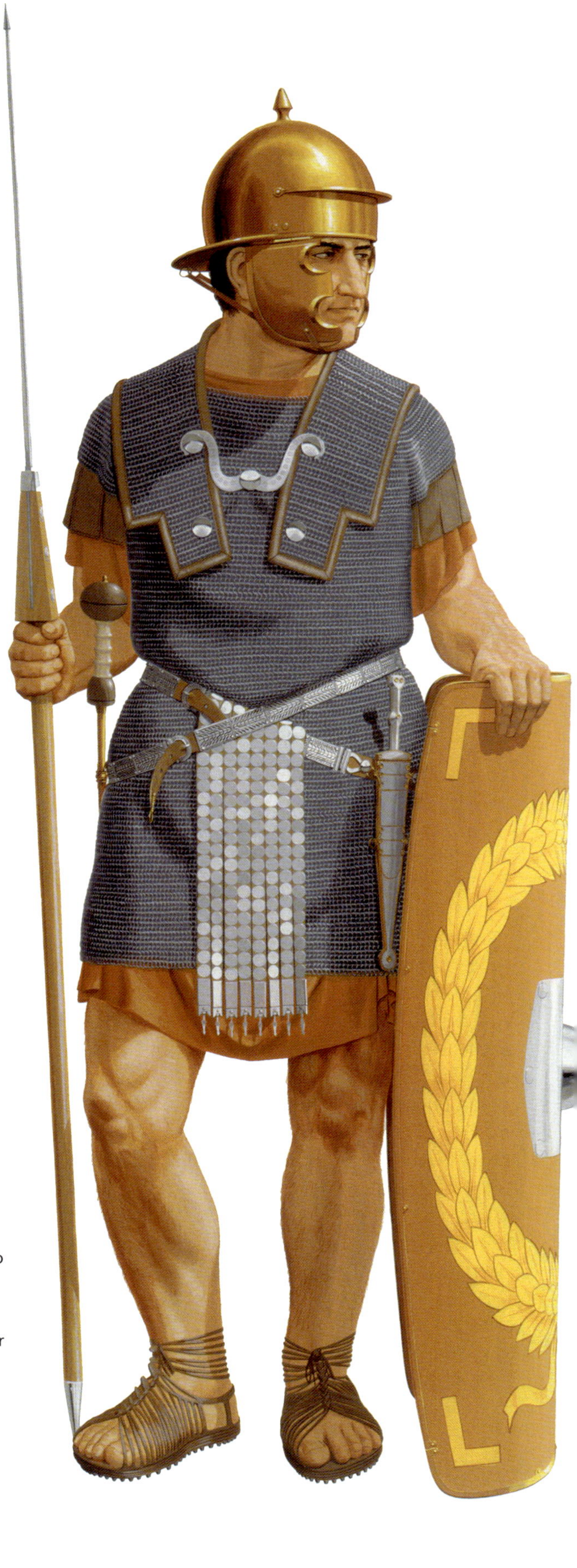

ABB. 53 Legionär der frühen Kaiserzeit.

Der Hilfstruppensoldat trägt wie sein berittener Kamerad neben dem Kettenhemd (*Lorica hamata*) ebenfalls ein längeres Schwert (*Spatha*). Statt des *Pilum* der Legionäre hält er die Lanze (*Hasta*). Die Hilfstruppen konnten freilich auch den *Gladius* tragen. Dies ergibt sich aus solchen Waffengräbern mit *Gladii*, welche Hilfstruppen zuzuschreiben sind; Bestätigung liefern Reliefdarstellungen wie der Grabstein des Hilfstruppensoldaten Annaius aus Bingen-Bingerbrück, Rheinland-Pfalz, der einen *Gladius* führte. Am Koppel (*Cingulum*) hängt außerdem ein Dolch (*Pugio*). Die bronzenen Cingulumbeschläge sind mit schwarzem Schwefelsilber (Niello) dekoriert. Der vorn herabhängende Schurz hat wie bei den Legionären nur dekorative Bedeutung. Über dem Kettenhemd trägt der Soldat einen ponchoartigen Mantel (*Paenula*).

Neben dem Kettenhemd und dem Schuppenpanzer kannten die Römer einen Schienen- oder Segmentpanzer (in einer modernen Lateinschöpfung *Lorica segmentata* genannt). Dieser Panzer wurde bereits in der Zeit des Augustus entwickelt; er beherrscht seit dem 2. Jh. auch die römischen Reliefdarstellungen. Einen solchen Panzer trägt der Legionär flavischer Zeit (Abb. 56) zusammen mit einem Helm, der auf größere Schutzwirkung hin gearbeitet war (tieferer Nackenschutz, breitere Wangenklappen, stärkerer Stirnbügel). Das Schwert (*Gladius*) ist im Vergleich zum frühen 1. Jh. länger geworden.

Der römische Legionär trug auf dem Marsch seine gesamte Ausrüstung, wie hier ein Soldat der Zeit Kaiser Traians (98-117; Abb. 57). Neben zwei Wurfspeeren hatte er mithilfe eines Gestells seine Ration, sein Kochgeschirr und sein Werkzeug geschultert. Sein Schild steckte im Futteral. Am Koppel über dem Schienenpanzer ist der vorne herabhängende Schurz bereits sehr klein geworden; er wird im Laufe des 2. Jhs. verschwinden.

Neben den Funden originaler Waffen sind die Staatsreliefs eine wichtige Informationsquelle. Besonders reiche Detailinformationen bieten die Reliefs an der Traianssäule in Rom mit den beiden Dakerkriegen dieses Kaisers. Zu den nach ganz eigener Art bewaffneten Hilfstruppen der Römer in den Dakerkriegen gehören die Steinschleuderer von den Balearischen Inseln, germanische Kämpfer, die halbnackt mit Schild und Kampfkeule in die Schlacht zogen und langgewandete orientalische Bogenschützen (Abb. 58). Der Bogenschütze (*Sagittarius*) trägt neben seinem Reflexbogen ei-

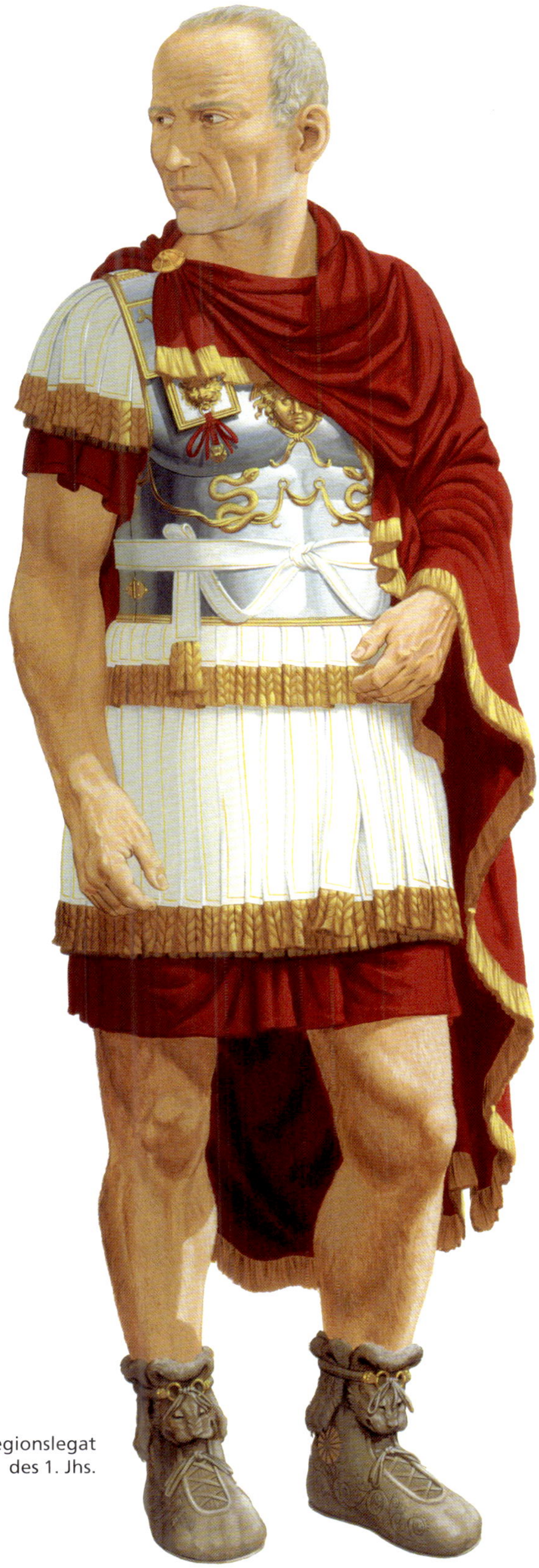

ABB. 54 **Legionslegat des 1. Jhs.**

nen normalen *Gladius*. Sein Helm hat eine besondere Form und ist reich mit Reliefs verziert.

Von dem in Rom stationierten Militär, darunter die Miliz (*Vigiles*) und die kaiserliche Leibgarde, die Prätorianer (Abb. 59), trugen letztere im Kampf dieselbe Ausrüstung wie die Legionen, waren aber an speziellen Feldzeichen zu erkennen (s. oben S. 35). Während ihres Dienstes in der Hauptstadt trugen sie freilich eine besondere Tracht, die vor allem einen prunkvollen Helm einschloss. Da Originalfunde fehlen, ist dieser Prätorianer des 2. Jhs. nach dem Vorbild eines Reliefs im Pariser Louvre gestaltet.

**Rom als Erbe anderer Kulturen**

Die wenigsten römischen Waffen waren Eigenentwicklungen. Dafür haben wir einen Zeitzeugen, Titus Flavius Arrianus. Als hellenisierter und damit auch romanisierter Bürger Bithyniens (Nordwestanatolien) sowie als gedienter Soldat hatte er für die Herkunft römischer Waffen einen scharfen Blick (Arrian, Taktiké, Kap. 33, geschrieben im Jahr 136):

›Man muß nämlich den Römern wie in anderer Hinsicht aus so auch deswegen Lob spenden, weil sie sich durch ihre Liebe zu ihren eigenen überlieferten Einrichtungen nicht hatten hindern lassen, von überallher Brauchbares aufzunehmen und sich zu eigen zu machen.

So kann man feststellen, daß sie sowohl gewisse Waffentypen von anderen übernommen haben – und diese werden bereits ›römische‹ genannt, da die Römer sie am wirkungsvollsten anwandten – wie auch militärische Übungen [...]‹!

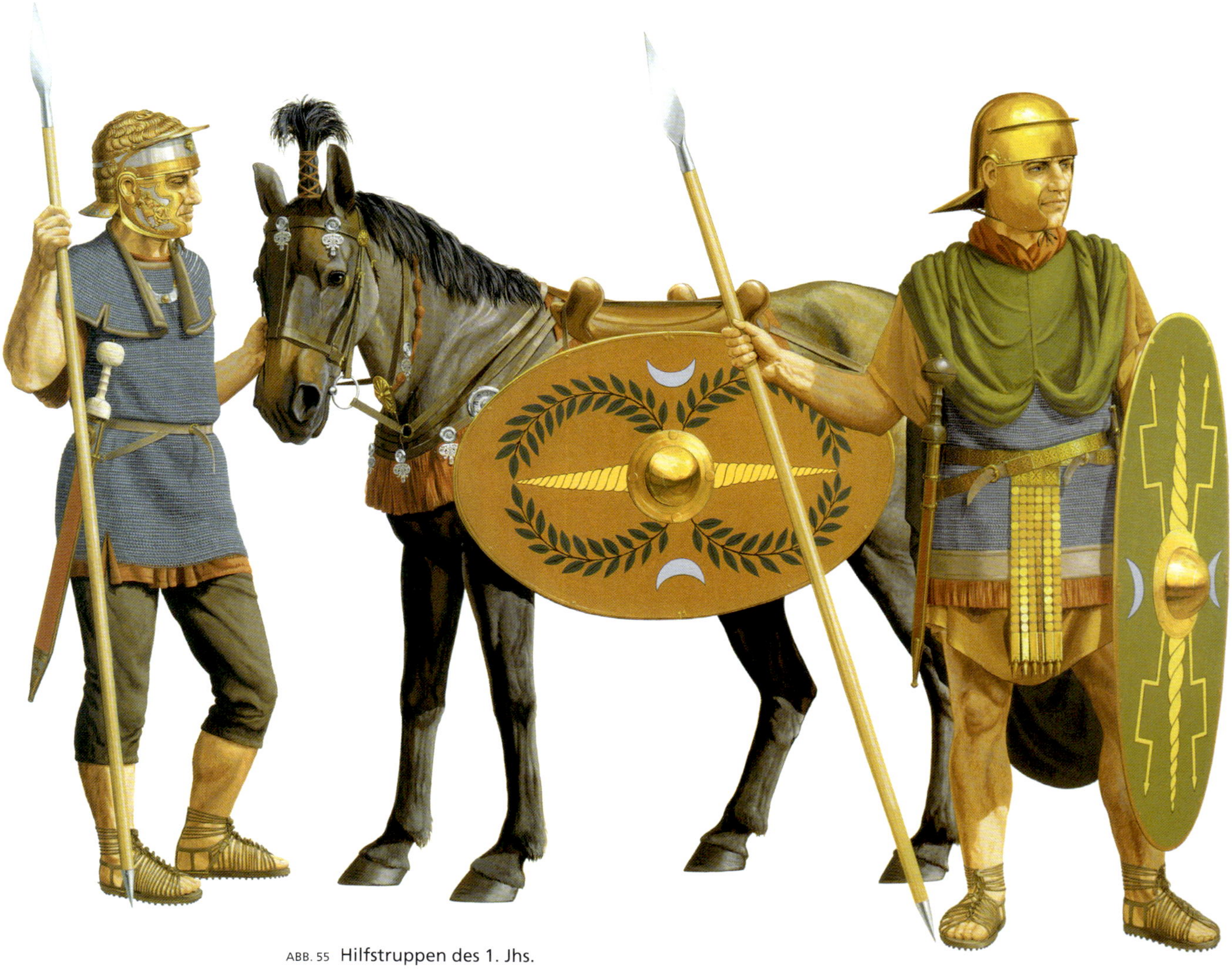

ABB. 55 Hilfstruppen des 1. Jhs.

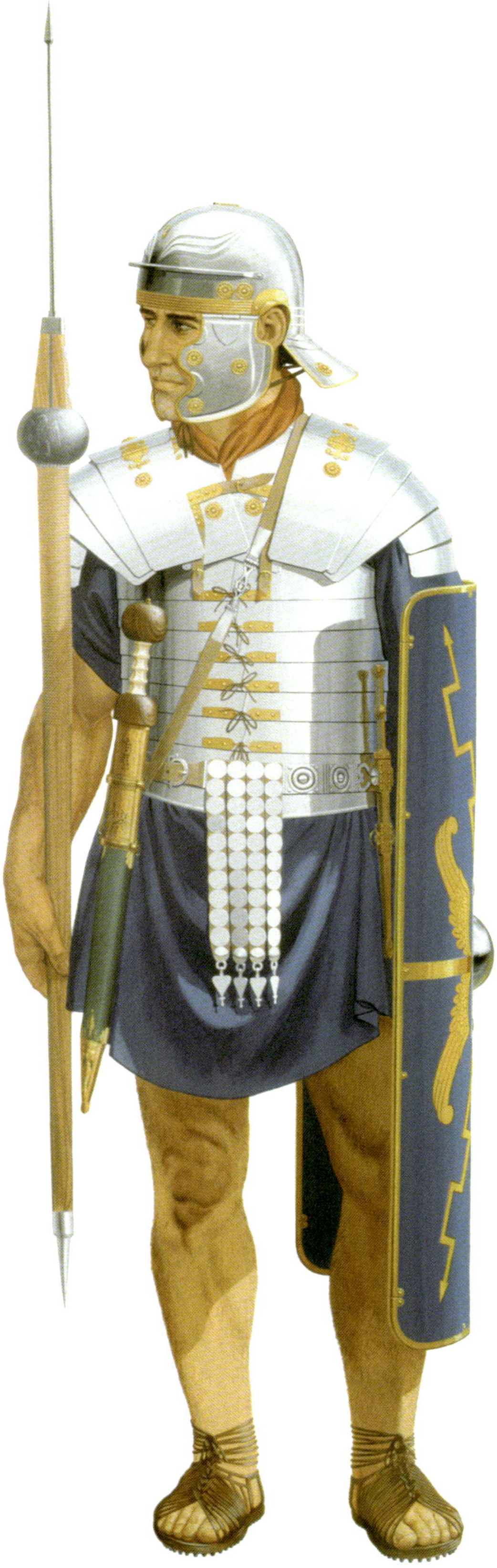

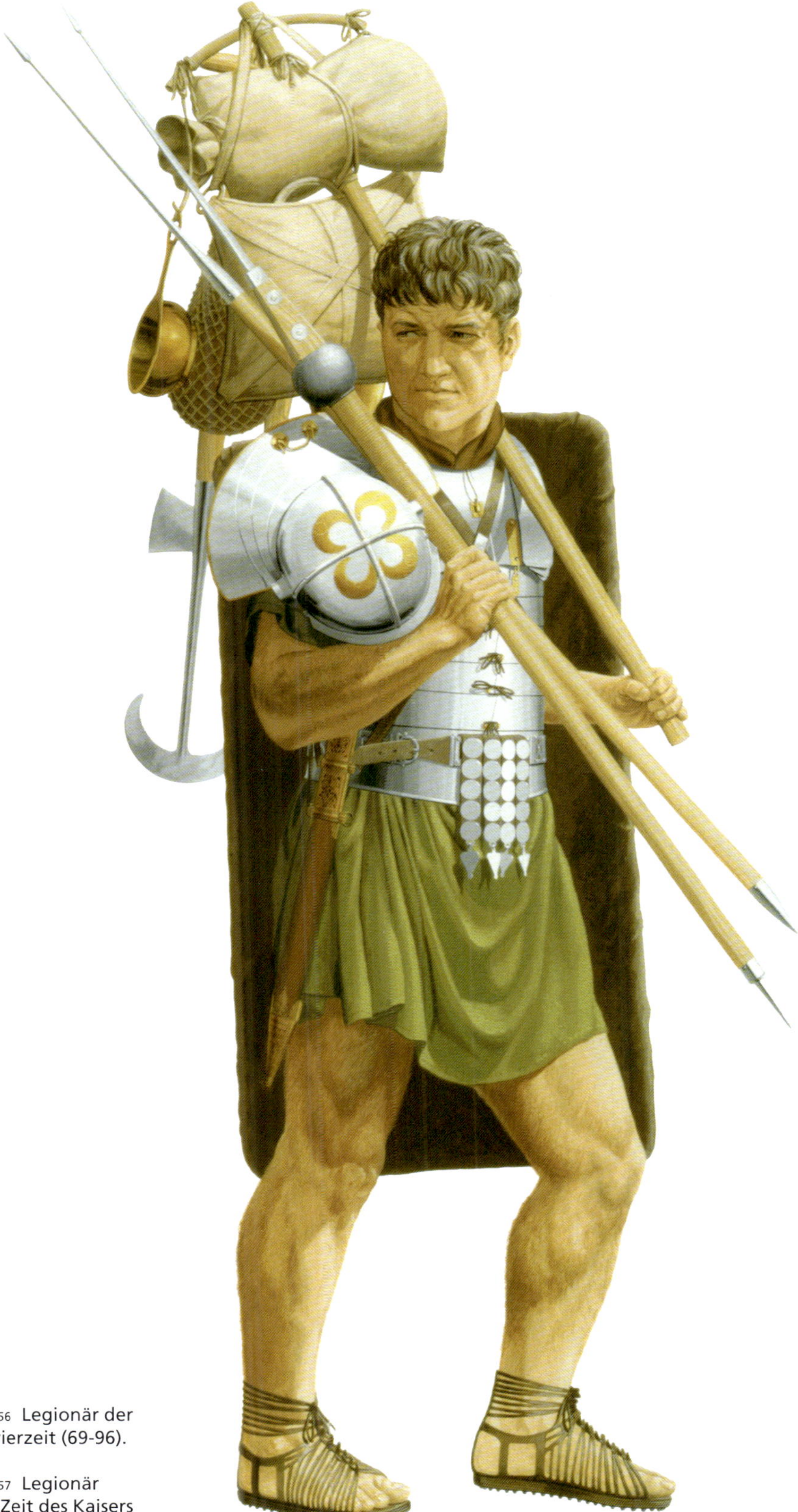

ABB. 56 Legionär der Flavierzeit (69-96).

ABB. 57 Legionär der Zeit des Kaisers Traian (98-117).

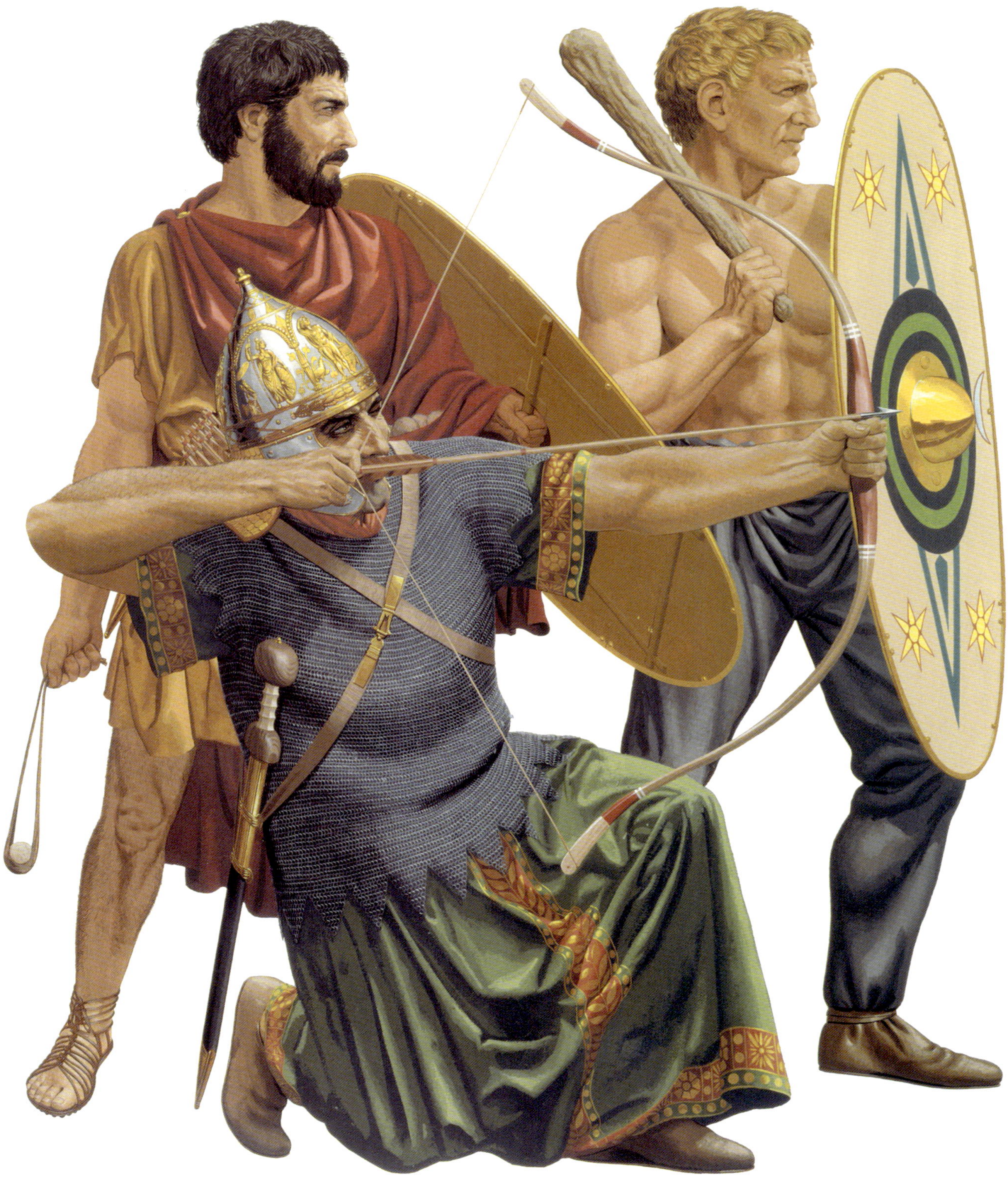

Bei der Betrachtung römischer Waffen wird man immer wieder auf die Herkunftsfrage stoßen, z.B. bei Schwert und Dolch auf die Iberer in Spanien, beim Kettenhemd auf das Keltenland, beim Muskelpanzer und der Artillerie auf die Griechen, bei Helm und *Pilum* auf die Kelten wie auf italische Völker, bei den Panzerreitern auf Parther, Sarmaten und Sassaniden. Unter den erwähnenswerten römischen Waffen ist der Schienenpanzer (*Lorica segmentata*) die einzige genuin römische Neuentwicklung.

Rom verhielt sich im Waffenhandwerk wie auf dem Felde des Bürgerrechts: Die besten Menschen und Dinge assimilierungsfähiger Art wurden bedenkenlos übernommen. Ebenso wenig, wie man beim Bürgerrecht rassische Vorurteile kannte, sah man auch die Waffen nicht unter dem eigenen Traditionsblickpunkt. Manchmal dauerte es eine Weile – wie im Falle der parthischen Panzerreiterkavallerie, die man erst gut 300 Jahre später übernahm (Abb. 148), nachdem man bei Carrhae 53 v. Chr. schmerzliche Erfahrungen mit dieser Truppengattung gemacht hatte –, aber Rom erwies sich selten als nicht lernfähig: auch eine Voraussetzung dafür, dass das Imperium so lange Bestand hatte.

### Offensivwaffen: vom *Pilum* bis zur Artillerie

Die Offensivwaffe des römischen Legionärs war für die längere Distanz ein *Pilum* genannter charakteristischer Wurfspeer. Das ca. 7 römische Fuß (ca. 2,10 m) lange *Pilum* wog in seiner schwereren Version über 4 kg. Der Legionär besaß daneben noch ein leichteres *Pilum* (Abb. 51; Abb. 57). Das als Wurfspeer (selten als Stoßwaffe) eingesetzte *Pilum* war mit seinem langen, schmalen Eisenteil eine durchschlagskräftige Waffe. Die kleine pyramidale Spitze (Abb. 53) war besonders wirksam. Ein mit voller Wucht treffendes *Pilum* konnte weder von einem Schild noch von einem der üblichen Panzer, z.B. einem Kettenhemd, aufgehalten werden.

Die *Pilum-Gladius*-Kampftaktik der Legionen, welche die späte Republik und die ersten Generationen der Kaiserzeit beherrschte, hatte zum Ziel, mit den Pilasalven den Gegner entscheidend zu schwächen und ihn dann mit dem kurzen Stichschwert zu erstechen. Ein Kronzeuge der klassischen *Pilum-Gladius*-Taktik ist Caesar mit seinem Krieg in Gallien, aus einer Schlacht gegen die Helvetier im Jahre 58 v. Chr. (Caesar, Bell. Gall. 1,25): ›[...] Meine Soldaten warfen von oben

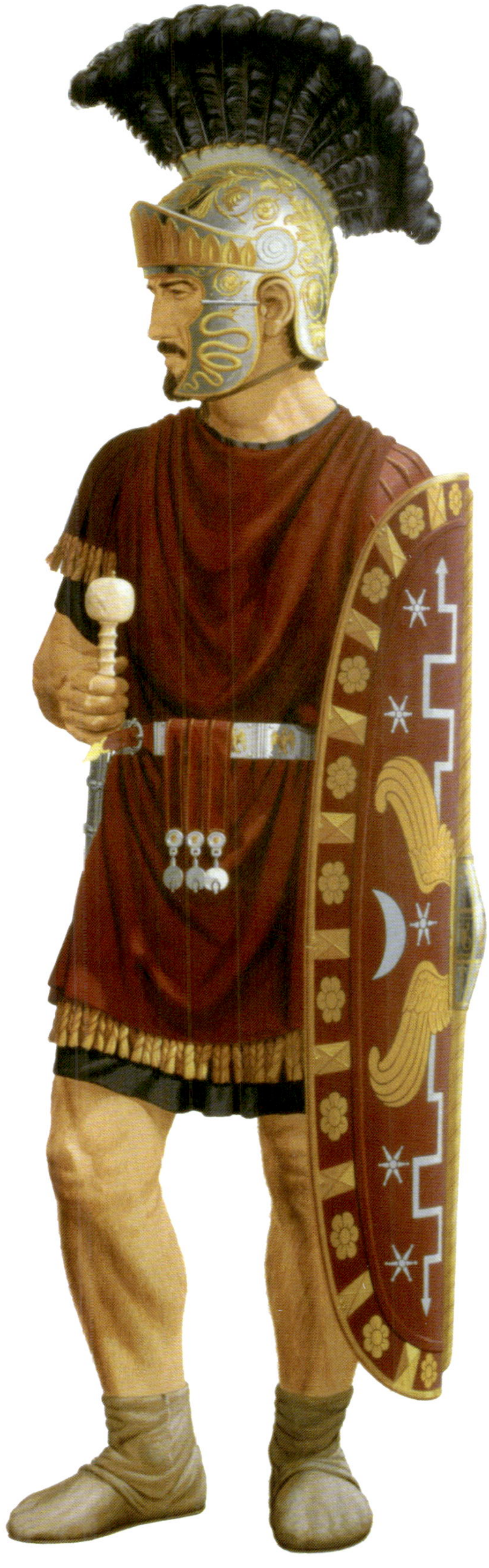

ABB. 58 Fremde Hilfstruppen im Heer des Kaisers Traian (98-117). Schleuderer von den Balearen, irregulärer germanischer Kämpfer und orientalischer Bogenschütze.

ABB. 59 Prätorianergardist in Rom.

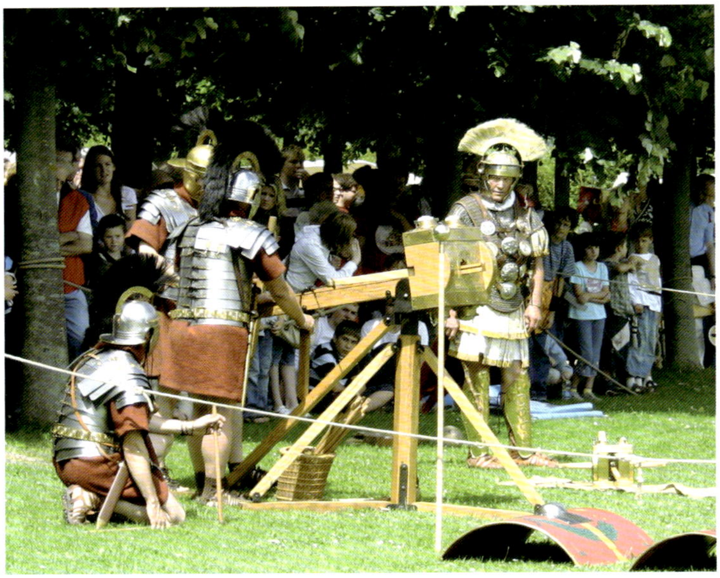

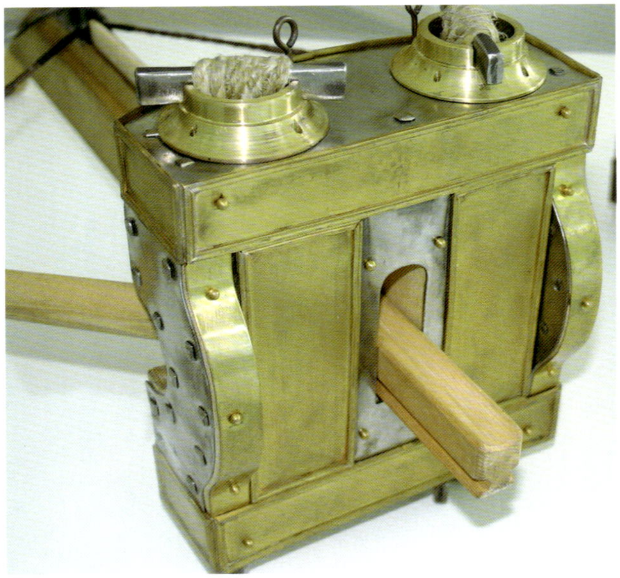

ABB. 60 Flachbahngeschütz für Pfeile (*Catapulta*). Römerkohorte Opladen, Xanten 2007.

ABB. 61 Armbrust (*Manuballista*). Frühe Kaiserzeit. Aus einer Kiesgrube in Xanten-Wardt. Rahmenverkleidung aus Eisen und Buntmetallblechen. Rekonstruktion.

ihre Wurfspieße [pilis missis] und durchbrachen leicht die feindliche Schlachtreihe. Als diese gesprengt war griffen sie mit gezückten Schwertern an [gladiis destrictis]. Die Gallier behinderte beim Kampf folgendes sehr: Mehrere Schilde waren vom Wurf der Pila durchbohrt und zusammengeheftet, so dass man sie, da das Eisen sich umgebogen hatte, nicht herausziehen konnte. Mit der Linken so behindert, konnten sie nicht leicht genug kämpfen. Daher zogen es viele vor – nachdem sie lange mit dem Arm geschüttelt hatten –, den Schild wegzuwerfen und mit ungedecktem Leib zu kämpfen‹.

Das *Pilum* gehörte nach strenger Definition zur Legion, doch fanden sich Pilumspitzen auch in Auxiliarkastellen, vielleicht, weil *Pila* manchmal auch von Auxiliaren getragen worden sind. Auch hier ist wie beim *Gladius* eine strenge Trennung zwischen der Ausrüstung von Legionen und Hilfstruppen wohl nicht schematisch durchzuführen. Die Hilfstruppen trugen aber, wie oben schon gesagt, die Lanze (Abb. 55), die als Wurf- wie als Stoßwaffe eingesetzt werden konnte.

Die römischen Bogenschützen (*Sagittarii*) führten die wirksamste Fernwaffe. Berühmte Bogenschützeneinheiten kamen aus dem Nahen Osten, aus Palästina, Arabien und Syrien (Abb. 58). Nach Vegetius waren Bogenschützen und leichte Infanterie dazu da, die Armee im Feindesland abzuschirmen. Im Kampf dienten Bogenschützen als Schutzschirm für die schwere Infanterie wie als bewegliche Reserve, z.B. bei der Verfolgung fliehender Feinde. Bogenschützen zu Fuß konnten zusammen mit berittenen Bogenschützen über die Köpfe der Infanterie hinwegschießen. Manchmal stellte man sie zusammen mit der Kavallerie an den Seiten auf.

Der Bogen war ein Reflexbogen, wie er im Mittelmeerraum, im Schwarzmeergebiet und in Westasien seit Jahrhunderten in Gebrauch war. Er musste entspannt werden, um die Elastizität der Sehne zu behalten. Deshalb brauchte man für ihn einen Köcher; doch da die römischen Köcher anscheinend nicht so prunkvoll dekoriert waren wie früher die skythischen Gorytoi, kann man ihre Reste unter den erhaltenen Lederfragmenten nicht erkennen.

Die römische Artillerie war eine Waffe begleitenden Charakters. Keinesfalls kann sie wie die moderne Feuerwaffenartillerie als kampfentscheidend betrachtet werden. Erfinder der auf der Torsionskraft beruhenden Konstruktionen waren die Griechen des Hellenismus gewesen. Die Römer kannten das zweiarmige Geschütz (*Catapulta*; Abb. 60) für flachere und steilere Bahnen sowie ein einarmiges Steilwurfgeschütz (*Onager*). Pfeilgewichte für die Katapulte lagen zwischen 40 und 120 g. Die früher nur aus Reliefdarstellungen erschließbare Armbrust (*Manuballista*) kennt man nun durch einen Fund von Xanten-Wardt am Niederrhein (Abb. 61).

### *Gladius, Spatha, Parazonium*

Im Laufe der späten Republik entschied man sich in Rom, einen geraden Schwerttypus zu bevorzugen. Die bei den Griechen wie den Spaniern ebenfalls beliebte Form des leicht gekrümmten, einschneidigen Hiebschwertes (*Kopis, Falcata*) verschwand im Verlauf des 1. Jhs. v. Chr. Man übernahm vielmehr eine Kurzschwertform, den *Gladius*, den man nach seiner Herkunft von den Iberern als *Gladius hispaniensis* im Gedächtnis behielt. Dass man dem *Gladius*, einem Stichschwert, den Vorzug gab, hing mit der *Pilum-Gladius*-Taktik zusammen: Nachdem man die *Pila* geworfen hatte, griff die Infanterie an, gedeckt durch den großen Schild, und kämpfte die Feinde nieder, wobei man ein Schwert brauchte, das besonders zum Zustechen geeignet war (Abb. 62). Bis auf wenige Ausnahmen (z.B. *Centurio*) trug man den *Gladius* an der rechten Seite; beim Angriff war die linke Körperhälfte vom Schild stark gedeckt, und eine Position des *Gladius* an der linken Hüfte hätte das Ziehen behindert.

Der *Gladius* der späten Republik war etwas schmaler als jener typische *Gladius* der Zeit des Augustus und der ersten Jahrzehnte der frühen Kaiserzeit, der nach den reichen Mainzer Funden den Rufnamen des Typus Mainz erhielt (Abb. 63). Es handelte sich um ein zweischneidiges Stichschwert mit einer zwischen 40 und 60 cm, meist aber zwischen 50 und 55 cm langen Klinge; die Klingenbreite übertraf jene der frühkaiserzeitlichen *Spatha* und erreichte beispielsweise bei dem *Gladius* aus dem Rhein bei Mainz bis zu 65 mm (Abb. 63). Die leicht verdickte Spitze verhinderte ein Verbiegen der Klinge beim Stoß. Die Griffe waren profiliert und so gestaltet, dass sich die führende Hand fest einfügte. Da sie auf die Griffangel gesteckt wurden, hatte man die Möglichkeit, verschiedene, auch kostbare Materialien zu verwenden (Abb. 64).

So wie man *Pilum* und *Gladius* den Legionären zuschrieb, so galten Lanze und *Spatha* (Langschwert) als typische Waffen der Hilfstruppen. Tacitus unterscheidet noch in traianischer Zeit in dieser Weise zwischen den Gattungen (Ann. 12,35,3): ›[...] gladiis ac pilis legionariorum, [...] spathis et hastis auxiliarium [...]‹! Ganz schematisch wurde die Trennung nicht eingehalten. Nach einigen Grabreliefs konnten Hilfstruppeninfanteristen sowohl den *Gladius* wie den Rechteckschild (*Scutum*) der Legionäre tragen.

Das Langschwert (*Spatha*) hat man bisher freilich nur bei den Auxiliarsoldaten feststellen können (Abb. 55). Die *Spatha* der frühen Kaiserzeit war, wie gesagt, schmaler als der *Gladius*; nachdem die *Spatha* im Laufe des 2. Jhs. den *Gladius* abgelöst hatte, wurde auch sie allmählich immer breiter.

Die Gladiusscheiden und die Beschläge des Koppels (*Cingulum*) waren seit der Zeit des Augustus ein bevorzugter Platz für einen manchmal recht komplizierten Waffendekor mit politischer Aussage (s. Kap. 5). Die *Opus-interrasile*-Dekoration war wie auch die Rankendekoration ein Ausweg für jene Soldaten, die sich – aus wel-

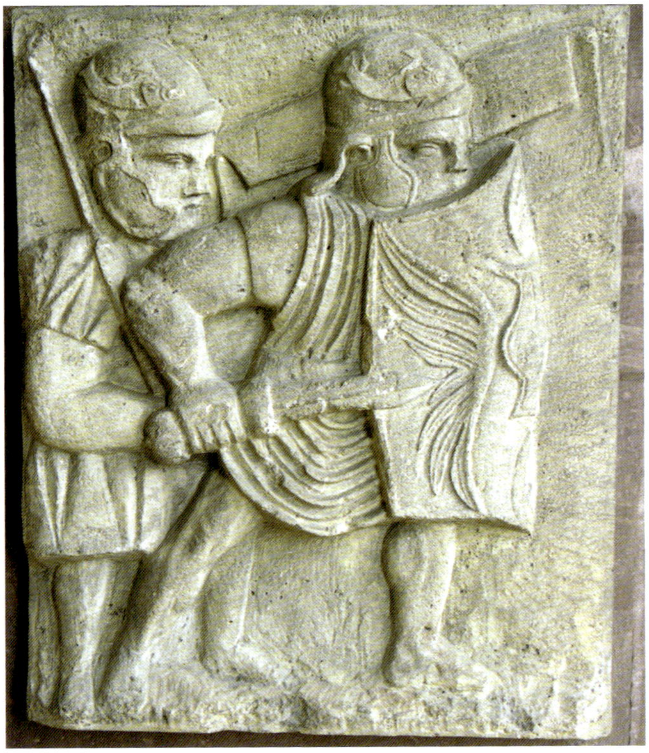

ABB. 62 Legionäre beim Angriff mit dem *Gladius*. Relief vom Mainzer Legionslager. Kalkstein. H. 89,5 cm. 70-85.

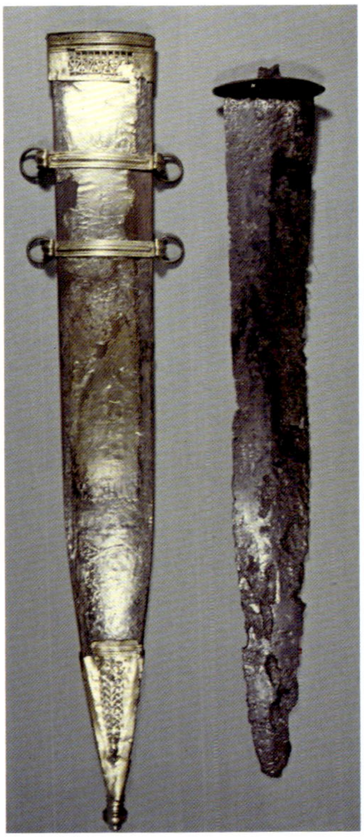

ABB. 63 *Gladius* des Mainzer Typus. Flussfund aus dem Mainzer Rhein. Eisen und Bronze. L. 59,5 cm. Frühes 1. Jh.

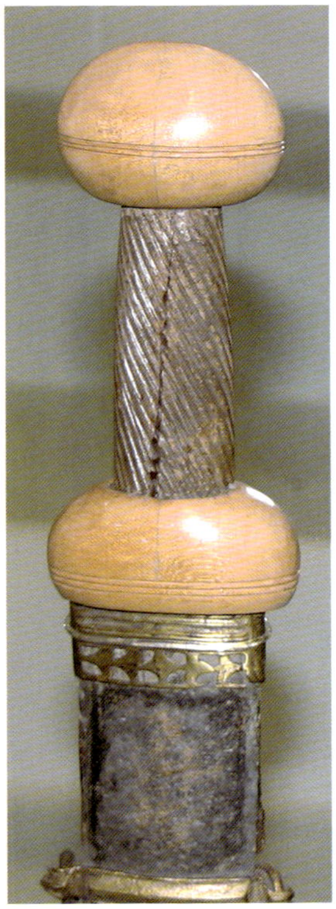

ABB. 64 Gladiusgriff des 1. Jhs. aus Niedergermanien.

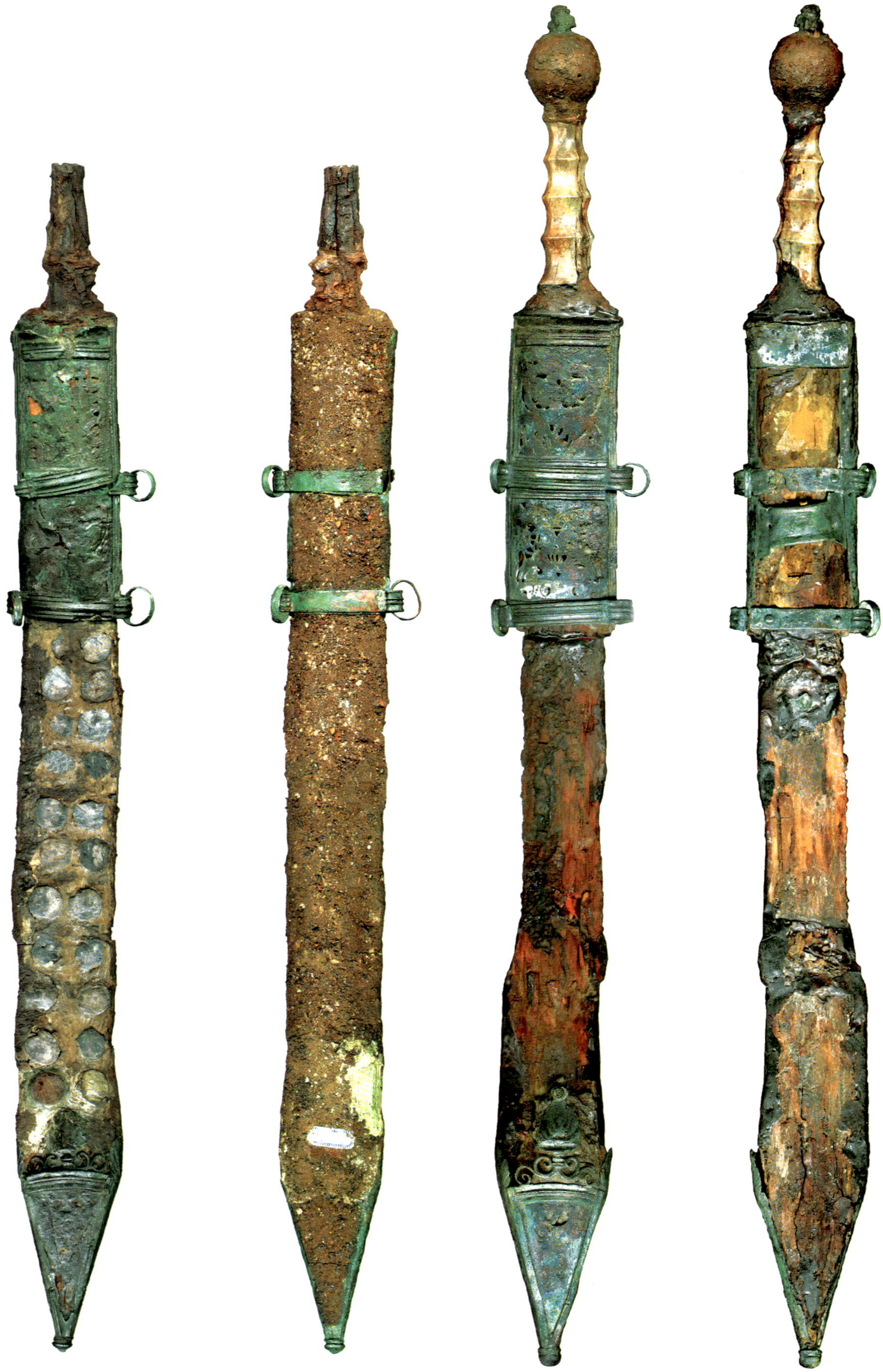

chen Gründen auch immer – nicht für ein konkreteres politisches Thema entscheiden wollten.

Die Dekorgruppe mit Durchbruchsarbeiten der Metallbeschläge der Scheide (*Opus interrasile*) ist durch Funde in Dangstetten (Küssaberg-Dangstetten, Kr. Waldshut, Baden-Württemberg) bereits für das Ende des 1. Jhs. v. Chr. belegt. Je nach Farbe des Untergrundes bot sich ein golden (Bronze) oder silbern (Verzinnung) glänzendes Muster vor der beispielsweise roten oder blauen Farbe des Leders der Scheidenverschalung.

Die Gruppe der *Gladii* mit *Opus interrasile*-Dekoration war eine Kreation, die in augusteischer Zeit, also zeitlich parallel zur Militärreform des Augustus parallel, für die Truppen im Norden geschaffen wurde. Durchbruchsarbeiten kamen im militärischen Milieu auch sonst vor. Als Dekormotiv von Sattelgurten, Koppeln und Schwertgurten sowie vereinzelt sogar an Panzern sind sie über die gesamte Kaiserzeit beliebt geblieben.

Um die Mitte des 1. Jhs. begann sich die römische Gladiusform langsam zu verändern. Eine Zwischenstufe zwischen dem Typus Mainz und dem späteren Typus Pompeji nehmen in der Zeit des Claudius und Nero einige Funde ein, darunter Fragmente aus Poetovio (Ptuj) in Slowenien und aus Lansen in Mecklenburg; für eine kurze Zeit bevorzugte man eine dichte Reihe von unterschiedlich breiten Reliefbändern als Scheidendekor. Themen der Politik vermied man, und dafür erschienen solche aus der Welt der Götter: Dioskuren, Minerva, die Welten von Apollo und Bacchus sowie die allgegenwärtige Victoria.

Nach den Umwälzungen des Vierkaiserjahres 69 lernen wir einen neuen Gladiustyp kennen, der mit dem Aufstieg der Flavierdynastie (69-96) verbunden war; aufgrund der Funde aus Pompeji (Abb. 65) nennt man ihn den *Gladius* des Typs Pompeji, wodurch er für die Jahre vor 79 als ausgereift angenommen werden kann. Die Tendenz lief auf ein Angleichen der Klingenformen von *Gladius* und *Spatha* hinaus; der neue *Gladius* hatte parallel verlaufende Klingenränder mit einer dreieckig abgesetzten Spitze (Abb. 66).

In den Kriegen Traians trugen die Legionäre noch Schwerter dieser Form (Abb. 33). Allerdings sind allgemein weniger *Gladii* des Typs Pompeji als des älteren Typs Mainz gefunden worden – was wohl damit zu erklären ist, dass im Verlaufe des ruhigeren 2. Jhs. die Schwerter alle wieder repariert wurden, vielleicht aber auch damit, dass die dünneren Bleche der Scheidendekorationen des Typ Pompeji weniger dauerhaft waren.

Die Dekoration beschränkt sich meist auf das Ortband und auf das inzwischen gewöhnlich in zwei Dekorationszonen aufgeteilte Mundblech. Victoria, Mars, Gefangene und *Tropaia*, *Vexilla*, Halbmonde und Sterne, Kränze und immer wieder die Palme und der Palmzweig: Das ist das Dekorationsspektrum dieser Schwerter. Man hat aber auch direkte Bezüge auf den jüdischen Sieg der Flavierkaiser finden können (Abb. 124; 125). An den Bildern der *Gladii* des Typs Pompeji entstand zusammen mit der zu ergänzenden farbigen Lederunterlage im Zusammenspiel der ausgeschnittenen Stellen mit der zweifarbigen und

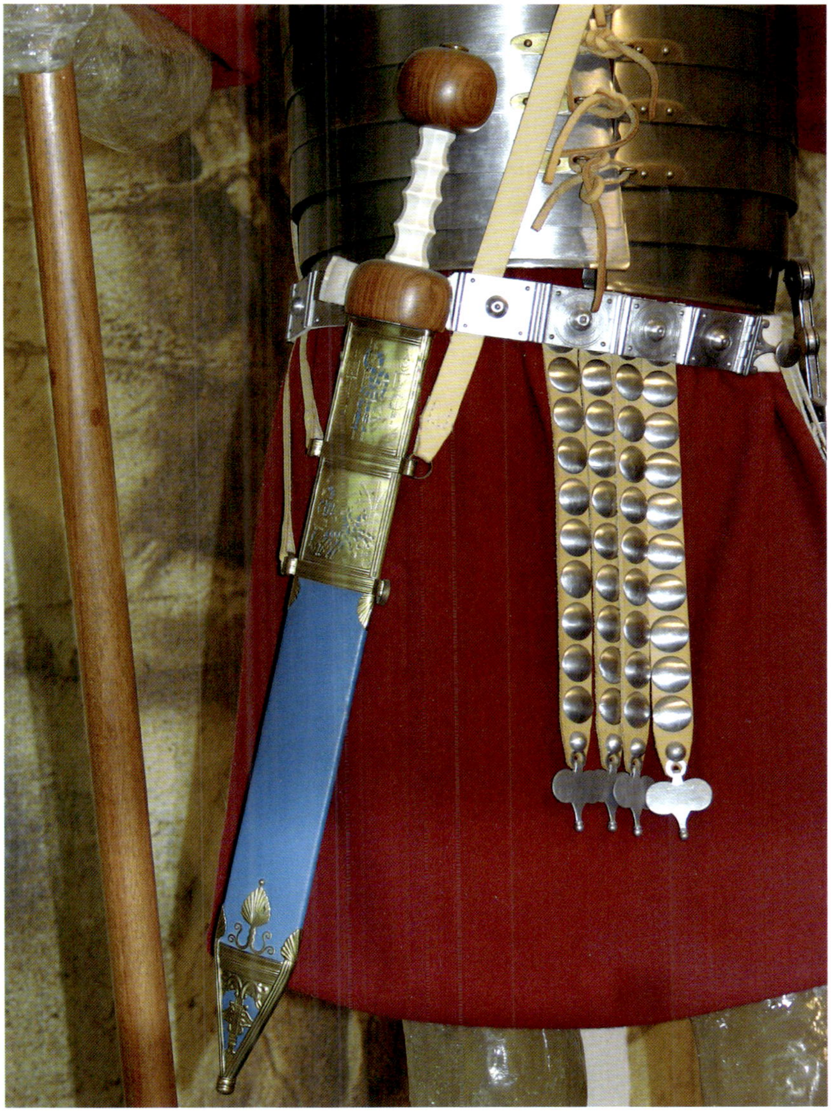

ABB. 66 *Gladius* des Typs Pompeji. Rekonstruktion nach Funden aus den Niederlanden. Legionär der Flavierzeit (70-96).

ABB. 65 Zwei der in Pompeji gefundenen *Gladii*, namensgebend für den *Gladius* des Typs Pompeji. L. 60,2 und 69,2 cm. Vor 79 n. Chr.

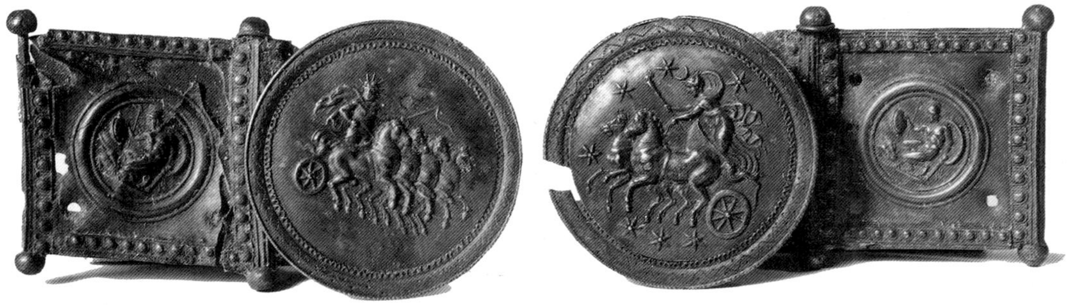

ABB. 67 Zwei Cingulumteile aus Herculaneum. Sonnengott Helios-Sol (links) und Mondgöttin Selene-Luna (rechts). Im kleinen Medaillon jeweils Othryades und sein Tropaion. Silber. Br. 90 und 91 mm. Zeit des Augustus.

durch Ritzung ergänzten Oberfläche eine schillerndes, partiell abstraktes Bild (Abb. 66).

Kostbar dekorierte Schwertscheiden brachten es bis zum Romanmotiv: In Heliodors Roman ›Aithiopiká‹ (c. 15; 3. Jh.) spielt die mit Edelsteinen besetzte Schwertscheide eines Statthalters eine Rolle bei der Verteilung von Kriegsbeute. Ein Vierteljahrtausend früher hatte im Römerheer, das im Teutoburger Wald unterging, ein hoher Offizier bereits solch eine edelsteinverzierte Schwertscheide besessen, von der ein Teil im Schlamm des Schlachtfeldes versank (Abb. 5).

Bei den Gürteln nimmt man im Allgemeinen an, dass sie komplett mit Metallplättchen verkleidet waren (Abb. 52, 53; Abb. 66). Es ist aber zu überlegen, ob diese Plättchen nicht nur auf der Schauseite vorn montiert waren. Die wenigen erhaltenen Gürtel wie Chassenard (Abb. 9), Rheingönheim oder die Silbercingulumteile des Hortes von Tekija in Serbien haben nur Platten für einen Teil des Gürtels – also waren sie wohl nur auf der Vorderseite montiert. Wenn man sie auf den ganzen Gürtel verteilen wollte, blieben große Zwischenräume. Die Reiter hatten übrigens an ihren Gürteln keine Verzierung; sie bevorzugten eine Dekoration am Pferdegeschirr.

Den flüchtig gearbeiteten Koppeldekorationen flavischer Zeit gehen die sorgfältigen Programme der Zeit des Tiberius voraus (s. unten Kap. 5). Hervorragend ist eine Serie von fünf Silbercingula vom Golf von Neapel aus augusteischer Zeit (Abb. 67); sie führt einen von der Nordarmee unabhängigen Themenkomplex vor. Das Bild im kleinen Medaillon der Platte setzte schon eine gewisse Bildung voraus: Othryades, ein Spartaner, blieb in einem Krieg mit Argos als Einziger übrig, errichtete sterbend ein *Tropaion* und schrieb mit Blut Spartas Sieg auf einen Schild: ein Symbol außerordentlicher Tapferkeit und Zähigkeit.

Den Eindruck an den beiden Cingulumbeschlägen beherrschen freilich weniger die beiden Othryadesmedaillons, sondern die Gespanne des Sonnengottes Helios-Sol und der Mondgöttin Selene-Luna auf den großen runden Knöpfen, die zur Befestigung des *Pugio* dienten. Die beiden kosmischen Götter rahmten die Waffe des Trägers. Die Komposition steht in der Tradition der klassischen Kunst; am Parthenon in Athen kommt das Motiv mehrfach vor.

Astralsymbolik mit Sonne, Mond und Sternen ist auf römischen Waffen oft zu finden. In den Mythoszitaten sind diese *Cingula* ähnlich wie die wenigen mythischen Szenen aus dem Bereich der Nordarmee auf die griechische Tradition ausgerichtet.

Die Schwerter mit Adlergriff bilden eine eigene Gruppe. Es scheint sich meist nicht um eine normale Kampfwaffe zu handeln; vielmehr sind kurze Schwerter dieses Typs eine gängige Ausstattung römischer Statuen, welche hohe Militärränge oder den Kaiser im Panzer (Panzerstatuen) darstellen. Man hat in den Adlerkopfschwertern an den Statuen jene Waffe vermutet, welche die Römer als *Parazonium* bezeichneten, eine Art Paradewaffe hochrangiger Offiziere; das griechische Fremdwort kommt von *Parazóne* (Gürtel). Schwerter mit Adlerkopfgriffen kommen auch bei einer Gruppe von Grabsteinen der Prätorianer und der *Equites singulares* vor. Im Laufe der Zeit wurde der Adlergriff auch auf die lange *Spatha* übertragen, er blieb aber auf Personen hohen Ranges beschränkt: Die Porphyrtetrarchen von San Marco tragen solche Langschwerter (Abb. 68).

### Die Dolche der Caesarmörder und der Soldaten

Der römische Dolch (*Pugio*) tritt nicht als Kriegwaffe, sondern als Hauptrequisit einer Königsmordtragödie ins Rampenlicht. Welche Waffen genau die Verschwörer der Iden des März 44 v. Chr. gegen den großen Caesar erhoben, ist ar-

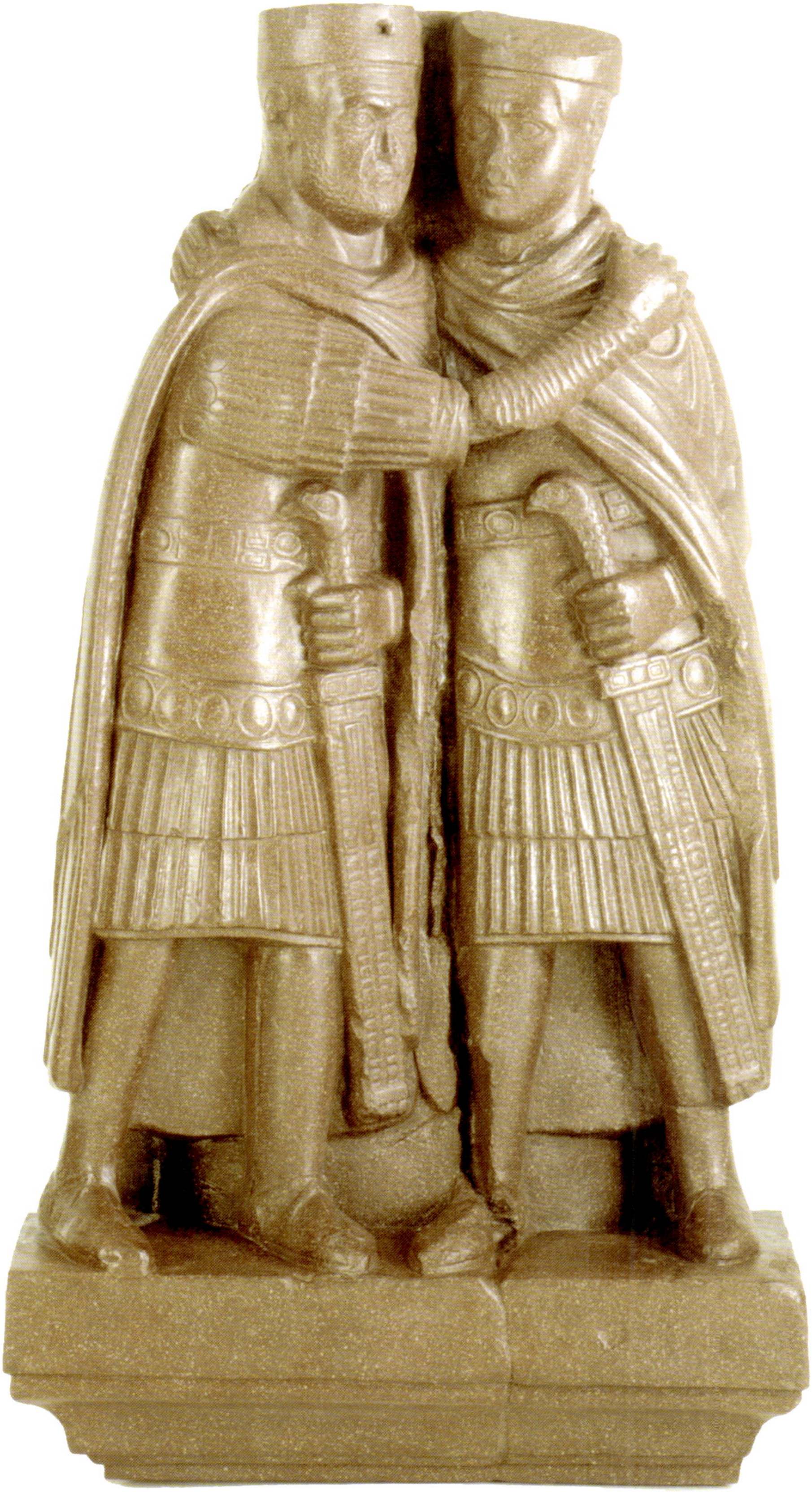

ABB. 68 Zwei Tetrarchen: Diocletian und Maximian Herculius. Porphyrstatuen von San Marco, Venedig. Aus Konstantinopel; von dort nach Venedig verschleppt. H. 1,30 m. Um 300.

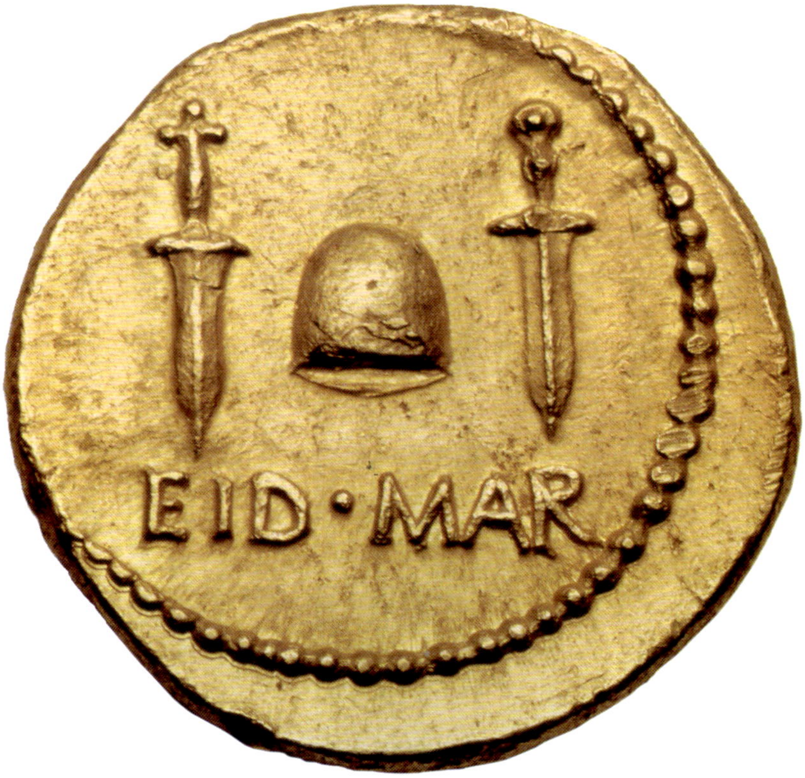


ABB. 69 Goldmünze (*Aureus*) der Caesarmörder. Zwei Dolche neben der Freiheitsmütze und der Legende ›EID MAR‹ (›Eidibus Martis‹; an den Iden des März). 43/42 v. Chr.

chäologisch feststellbar. Die Dolche der Verschwörer stehen auf den Iden-des-März-Münzen von 43/42 v. Chr. neben der Freiheitsmütze. Historisch beispiellos ist die Symbolik, welche das Volk als insgesamt versklavt und danach freigelassen darstellt, in Kombination mit Bildern der Mordwaffen (Abb. 69). Es sind zwei verschiedene Dolchtypen abgebildet. Der eine Griff endet halbrund, der andere dreiteilig oder kreuzförmig. Beide Dolchtypen sind realistisch dargestellt und durch andere Münzbilder wie durch Bodenfunde bezeugt. Die Caesarmördermünzen erregten ein so großes Aufsehen, dass noch 250 Jahre später der Historiker Cassius Dio (47,25) von ihnen sprach. Die Mordwaffen auf Münzen zu setzen, war eine antikem Denken sonst fremde Hybris.

Die Vorbilder des *Pugio* kamen wie beim *Gladius* aus Spanien, wo man auf eisenzeitlichen Dolchen eine Vorliebe für ornamentalen Dekor finden kann – eine Tendenz, die nun ab der Zeit des Augustus die römischen Militärdolche beherrschen wird. Der *Pugio* gehört seit Augustus zu den Waffen der Legionäre wie der Hilfstruppen und wurde auf der linken Seite getragen (Abb. 53).

Zwischen dem römischen *Gladius* und dem gleichzeitigen *Pugio*, dem Dolch, waren die Unterschiede betont groß, in den Herstellungstechniken wie im Dekor. Es scheint so, als ob man ganz bewusst den Dolch als Schmuckwaffe herausstellen wollte: Im Kampf scheint er keine Rolle gespielt zu haben. Die kaiserzeitlichen Dolche haben oben einen waagrecht abschließenden Griff; die runden und dreiblättrigen spätrepublikanischen Formen verschwanden. Die Scheidenplatten werden reich verziert, wobei es solche aus Eisen neben eisernen Rahmenscheiden in Verbindung mit Bronzeblechen gab. Die dekorierten Dolche sind ein Kennzeichen des 1. Jhs.

Eindrucksvoll sind die Schmucktechniken der Emaileinlagen, der Verwendung des Niello (dunkles Schwefelsilber) wie der Silbertauschierung. Damit bieten die Dolche ein farbiges und variables Bild. Die Emaileinlagen des frühen und etwas breiteren Typus Mainz (benannt nach einem der Hauptfundorte) betonen die Farbe Rot, was in keltischer Tradition steht, in der das rote Email vorherrschend war (Abb. 70). Neu ist bei den Römern die Verwendung weiterer Emailfarben wie Grün und Gelb. Die Motive von Kreis und Quadrat wie das Halbkreismotiv der *Pelta* (Amazonenschild; Abb. 70 linker Dolch) sind der Wandmalerei und den Bodenmosaiken abgeschaut und unterscheiden sich sehr von den Gladiusdekorationen; mit diesen und den Cingulumplättchen gehen sie wiederum in den hier zitierten Astralzeichen (Halbmonde, Sterne) konform. Auffallend ist die politische Diskretion bei der Dekoration der Dolche. Anspielungen auf die

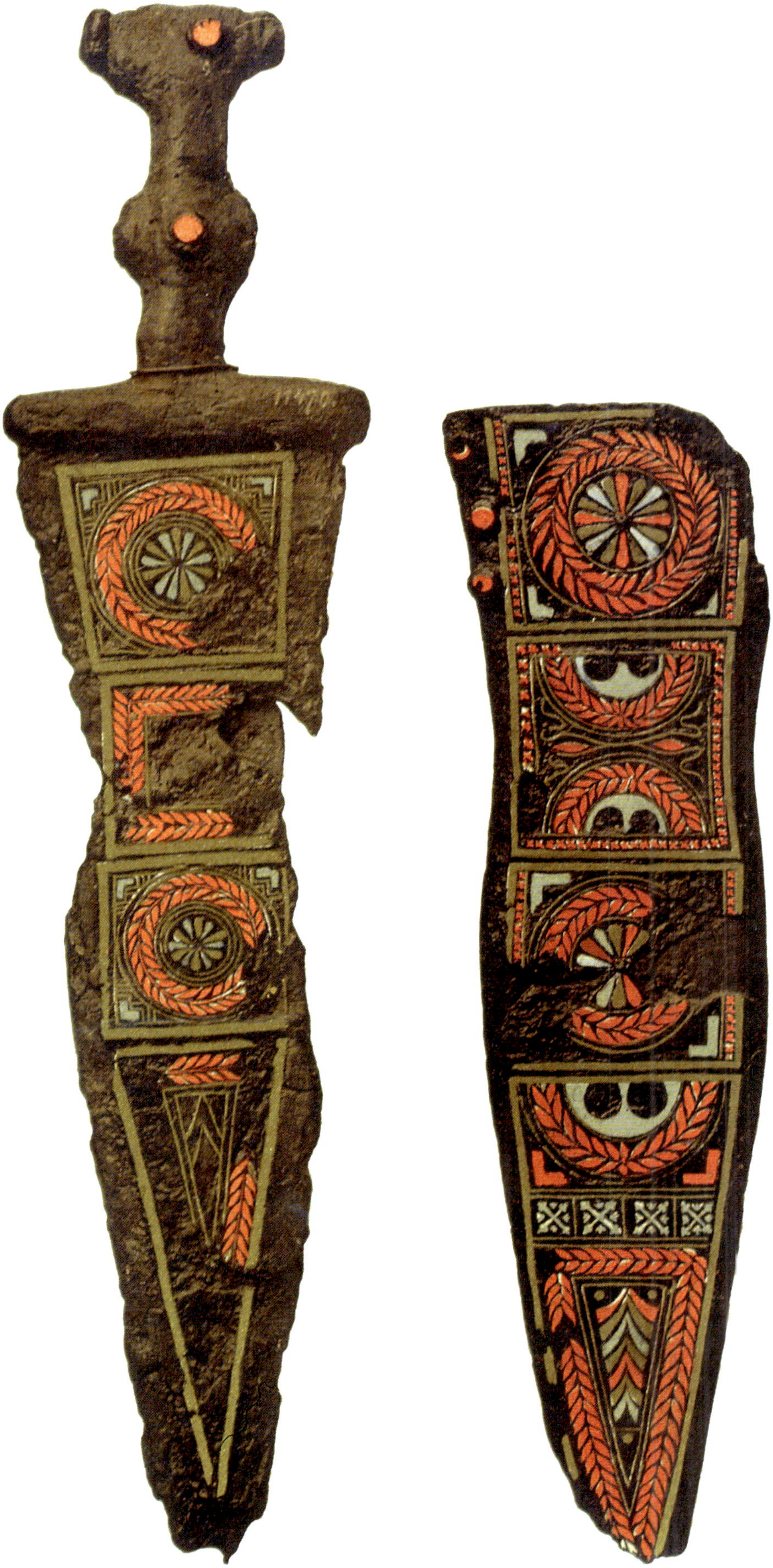

ABB. 70 Emailverzierte Dolche. Links: Aus Brilon-Rösenbeck. Eisen, Bronze, Email. Frühes 1. Jh. L. 25,5 cm. – Rechts: aus dem Kölner Rhein. Eisen, Email. Frühes 1. Jh. L. 23,1 cm.

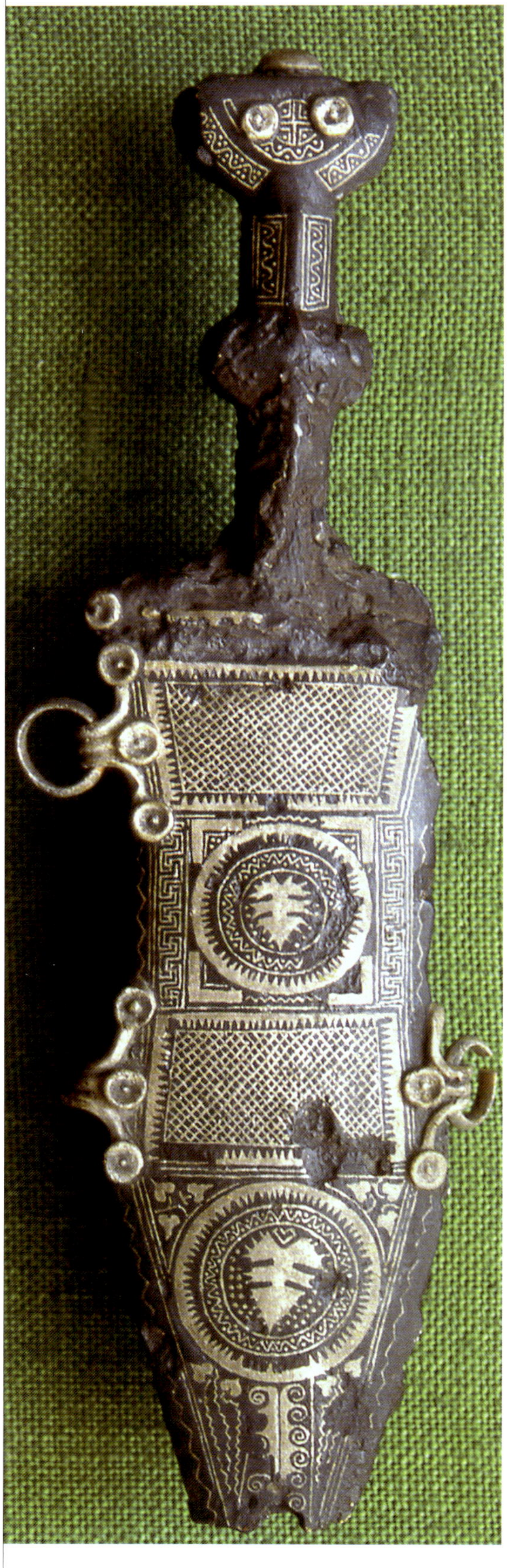

ABB. 71 Dolch mit Dekor in Silbertauschierung und Niello. Oberammergau. Eisen. L. 23,5 cm. Frühes 1. Jh.

Thronfolgeraffären der frühen Kaiserzeit fehlen hier völlig. Figurales vermeidet man fast ganz. Nur die Tempelfassade wird öfter zitiert, ein Zeichen der Loyalität den eigenen Feldzeichen gegenüber, denn analog zu den Motiven der *Gladii* ist dieses Tempelchen sicher als Feldzeichenheiligtum gemeint.

Die sonst an den römischen Waffen erstrebte Hell-Gelb-, also Gold-Silber-Wirkung erfährt an den Dolchen reizvolle Ergänzungen. Den Dolch aus Oberammergau (Abb. 71) prägten eine einst lackartig schwärzliche Fläche des Nielloüberzugs mit den eingehämmerten Silberdrähten und Silbermotiven als heller Dekorzone. Zwei größere Platanenblätter und unten einige Efeublätter weisen auf einen der Haupthelden antiker Tapferkeit hin, auf Herakles/Hercules.

Den einzelnen Legionen kann man keine spezifischen Dolchformen und Dekorationen zuordnen. Vom Fundplatz Mainz stammt auch ein Dolch des Typs Vindonissa mit der Inschrift der 22. Legion (*Leg[io] XIII Primi[genia)]* , der aber wohl in Mainz gearbeitet wurde. Die früheren Exemplare sind reicher dekoriert als die späteren.

**Defensivwaffe mit Flächendekor: Der Schild**

Von den defensiven Waffen der Schilde, Helme und Panzer kommt den Schilden die größte optische Wirkung zu. Ihre Fläche war geeignet, mit Farben und Symbolen die eigenen Reihen zu verbinden und den Gegner zu beeindrucken. Mehr oder weniger ganze Schilde mit ihrem Holzkörper und Überzügen haben sich nur in den trockenen Klimazonen Ägyptens oder Syriens erhalten, und das auch nur in wenigen Exemplaren (Abb. 128). Die im Hellenismus allgemein übliche Mittelgratverstärkung in Spindelform (*Spina*) trugen noch die Legionärsschilde der Armeen des Marius und des Iulius Caesar (Abb. 51; Abb. 93).

Man hat gerne, wie im Falle des kürzeren und längeren Schwertes, eine genaue Trennung zwischen den Ausrüstungen von Hilfstruppen und Legionären versucht. Maßgebend waren hier wie so oft die Reliefs der Traianssäule in Rom aus dem Jahre 113, wo diese Trennung freilich aus ikonographischen Gründen notwendig war: Einheitlich geformte und vermutlich auch einheitlich kolorierte Schilde führten dazu, dass die Darstellungen im Gewimmel des Reliefbandes klarer sichtbar wurden. So zeigen also diese Szenen die Legionsinfanteristen mit dem ungefähr rechteckigen *Scutum* und die Kavallerie und die Hilfstruppen mit dem Ovalschild (*Parma*; Abb. 72).

Nach den vielen Schilden der Traianssäule scheinen die Rechteckschilde (*Scuta*) auch einen eckigen Schildbuckel (*Umbo*), die ovalen oder runden Schilde einen runden Schildbuckel gehabt zu haben. Das bestätigen die Funde von Dura-Europos aus dem 3. Jh., was aber auch für die früheren Zeiten gilt (Abb. 21; Abb. 143).

Runde Schildbuckel fand man auch an Legionslagerplätzen. Ein runder *Umbo* aus Mainz trägt die Inschrift eines *Capsarius* (Sanitätsgehilfen) der Legion. Die Schilde der Legionen waren deshalb sicher nicht so einheitlich, wie die Traianssäule suggeriert. Die Legionäre konnten auch ovale Schilde tragen. Im Übrigen heißt scutum allgemein Schild und nicht speziell rechteckiger Schild, wie es in der archäologischen Terminologie Brauch ist.

Die Schildbuckel lassen darauf schließen, dass die römischen Schilde, ob oval oder rechteckig, etwas gewölbt waren. Das erhöhte die Festigkeit. Der reine Flachschild – so wie er die modernen Rekonstruktionen und Nachbildungen beherrscht – war unpraktisch. An einigen römischen Reliefs sieht man sogar die Wölbung, z.B. am Grabrelief des Legionärs Valerius Crispus aus Wiesbaden.

Die Schilde auf römischen Reliefs beherrscht als Dekoration der geflügelte Blitz Iuppiters, und dies auf Denkmälern aus den Provinzen ebenso wie aus der Hauptstadt (Abb. 10). Die Legionen Roms standen unter dem Adler Iuppiters, aber der geflügelte Donnerkeil, der Blitz des Göttervaters, war schon bei den Griechen ein nahe liegendes Waffendekormotiv. Die Schilde der kämpfenden Truppe muss man sich in einer leuchtenden Grundfarbe des Lederüberzugs vor-

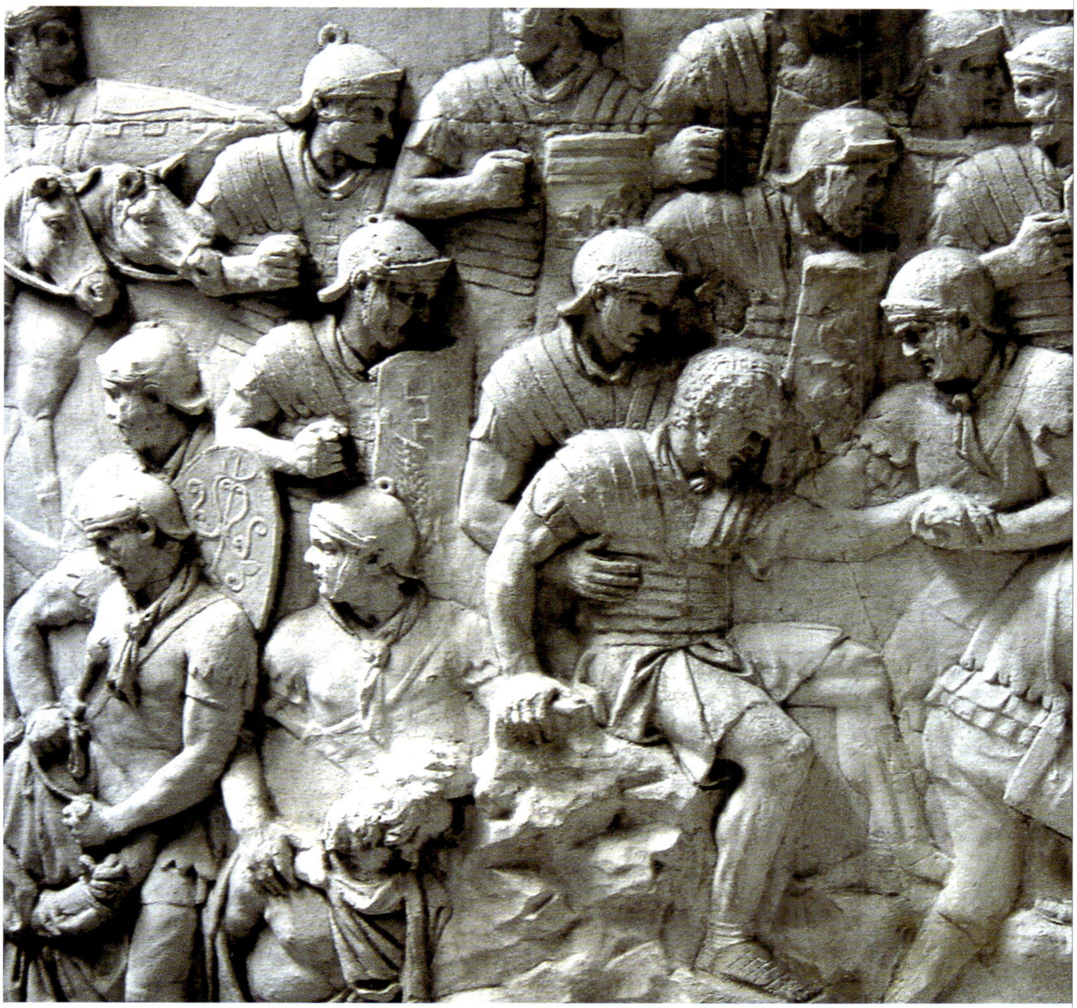

ABB. 72 Prätorianer mit Rechteckschilden bei Vormarsch (oben) und Hilfstruppen mit Ovalschilden und dakischen Gefangenen (unten links). Rechts ein Verwundeter. Erster Dakerkrieg Traians. Relief von der Traianssäule in Rom, Szene 40. Marmor. Aus dem Jahre 113.

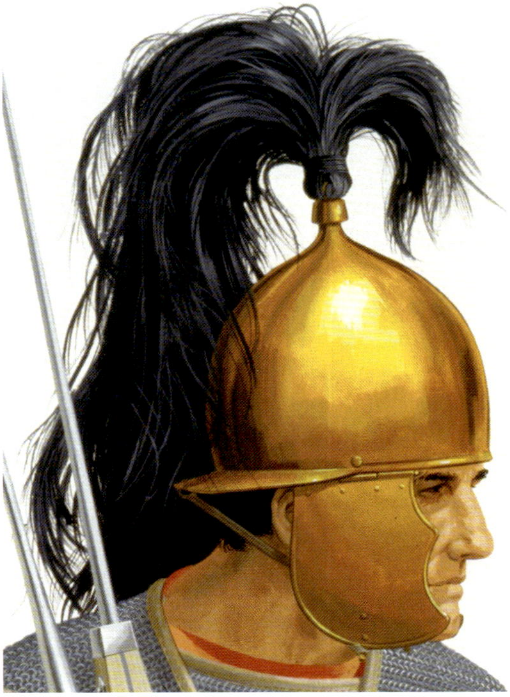

ABB. 73 Legionärshelm des Typs Buggenum caesarischer Zeit.

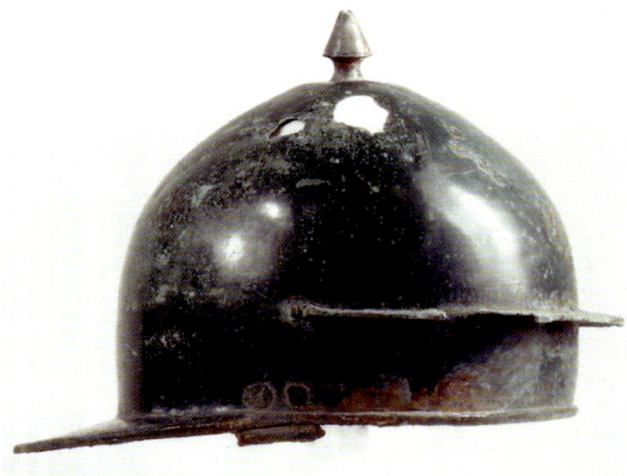

ABB. 74 Legionärshelm des Typs Hagenau. Gefunden im 9 n. Chr. verlassenen Legionslager Haltern/Westfalen. Bronze. H. 20 cm.

stellen, verbunden mit der Goldfarbe der Bronze oder des Messings der Beschläge. Die Schildgrundfarbe muss nicht immer das bei den neuzeitlichen Römergruppen allgegenwärtige Rot gewesen sein (Abb. 53; Abb. 56); vermutlich waren die Schildfarben ein zusätzliches Kennzeichen der einzelnen Einheiten.

Nach den vielen Bildern dekorierter Rechteckschilde auf der Traianssäule in Rom waren neben dem geflügelten Blitz kaum andere Motive zu sehen; selten einmal erscheint der Kranz. Auf den Ovalschilden ist es genau umgekehrt: Der Blitz kommt sehr selten vor, dafür dominieren Kränze und Floralmotive (meist Variationen von Ranken und Blattmotiven), sehr häufig verbunden mit Sternen und Halbmonden. Diese Astralzeichen hatten den Charakter von Schutzamuletten, was für einen Schild besonders passend war (Abb. 55).

**Helme zwischen Caesar und Traian**

Die Helme der Zeit Caesars sind aus einigen datierbaren Funden bekannt und ergänzen so die Berichte des Polybios über die Waffen der späten Republik ebenso wie die wenigen Reliefbilder (Abb. 93). Ein Helmtyp ohne Helmbuschknauf (Typ Mannheim) dürfte eine römische Schöpfung aus Bronze gewesen sein, in der sich westkeltische Vorbilder niederschlugen. Deutlich ist die Weiterentwicklung eines in Italien seit dem 4. Jh. bekannten leicht konischen Bronzehelmes im Haupttyp der caesarischen Helme, dem Typ Buggenum (benannt nach einem Fundort in den Niederlanden): ein runder Bronzehelm mit ganz schmalem Nackenschutz, dessen Kalotte sich oben konisch zuspitzt und einen Helmbuschhalter trägt (Abb. 73). Die Wangenklappen scheinen kaum verziert gewesen zu sein. Das Aussehen der Helme war durch die goldene Färbung der Kupferlegierung (Bronze) bestimmt, verbunden mit den gewiss je nach Einheit und Situation unterschiedlich gefärbten Helmbüschen.

Zwischen Augustus und der Spätantike wurden nur wenige Kampfhelmtypen entwickelt. Das spricht dafür, dass es eine zentral kontrollierte Ausrüstungspolitik gab – wenn auch dem Einzelnen viel Spielraum geblieben sein dürfte. In den ersten drei Jahrhunderten der Kaiserzeit entstanden mit den Helmtypen Hagenau, Weisenau, Niederbieber, Weiler-Guisborough und den Kammhelmen gerade fünf große Varianten, denen man noch die Gesichtshelme als Sonderform zur Seite stellen muss. Dies spricht für das den Römern eigene Festhalten an Bewährtem.

Der Infanteriehelm der Zeit des Augustus gehörte dem Typ Hagenau an (Abb. 74), benannt nach einem Fund aus Drusenheim im Elsass im Museum von Hagenau. Mit diesem beginnt eine immer weiter ausgeführte Verstärkung der Schutzelemente, welche sich bis zum Helmtyp Niederbieber im 3. Jh. steigern sollte. Am Typ Hagenau hat man zum ersten Mal den Nackenschutz verbreitert und vorne einen Stirnbügel angefügt.

Noch betontere Schutzelemente prägen den klassischen Helm der frühen Kaiserzeit, den Infanteriehelm des Typs Weisenau, benannt nach dem Fundort einiger Exemplare im Rhein vor Mainz-Weisenau (Abb. 75; Abb. 52). Dieses überwiegend aus Eisen geschaffene Rüstungsstück hat den Stirnbügel des Typs Hagenau beibehalten und verstärkt. Die Kalotte ist hinten weiter hinabgezogen, was ein Ohrausschnitt er-

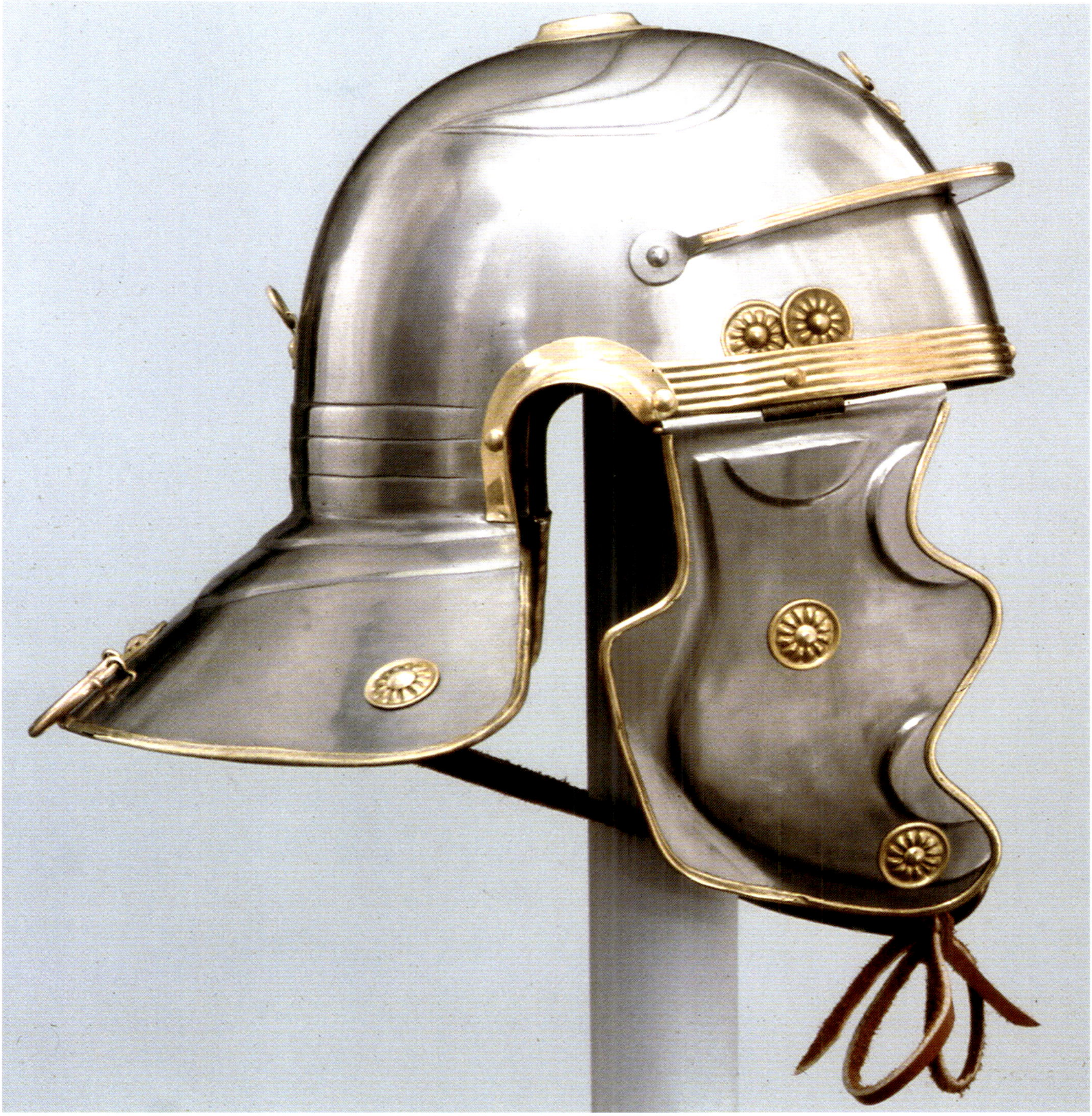

ABB. 75 Rekonstruktion eines Legionärshelmes des Typs Weisenau anhand der Funde von Augsburg und Colchester. Eisen, Bronze. 1. Jh.

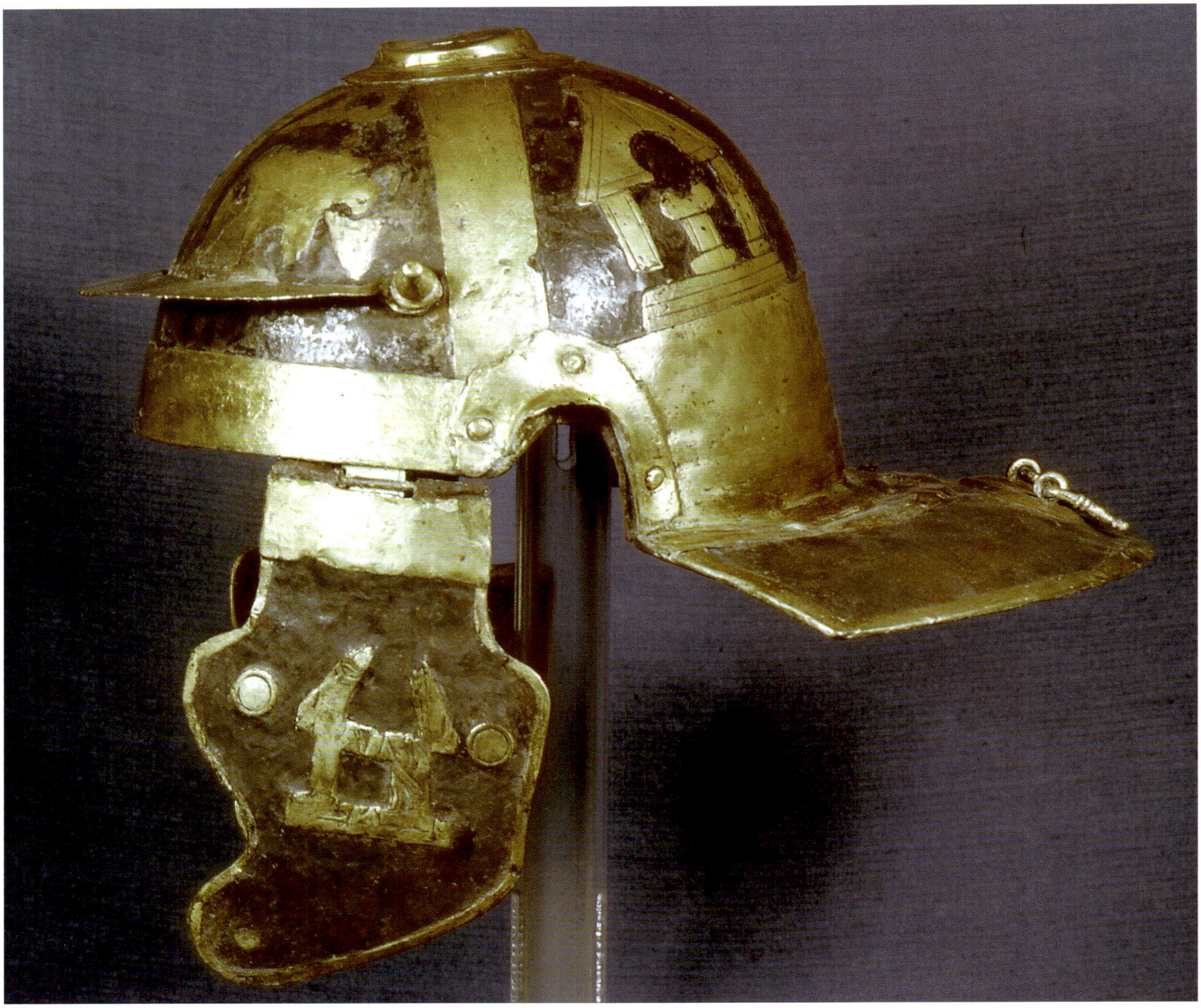

ABB. 76 Legionärshelm aus dem Rhein vor Mainz-Weisenau. Eisen, Bronze. Dekormotive: Adler, Heiligtümer. H. 30,5 cm. 1. Jh.

möglichte, und was es erlaubte, den Nackenschutz wie einen Schirm zu verbreitern. Auch die Wangenklappen sind größer geworden und nehmen auf den Ohrausschnitt Rücksicht. Die Helmbuschbefestigung hat sich von einem Knauf zu einem Aufsatz mit Schlitz für die Halterung verändert. Beim *Centurio* stand der Busch quer (*Crista transversa*; Abb. 52).

Als Verzierungen im Eisen erscheinen vorne über dem Stirnbügel manchmal augenbrauenähnliche oder flügelartige Motive (Abb. 75; Abb. 52); dieses Detail stammt nicht aus Italien, sondern von keltischen Eisenhelmen des nordwestlichen Verbreitungsgebietes, wo es an einem spätkeltischen Fundstück (Typus Port bei Nidau) des 1. Jhs. v. Chr. zu sehen ist. Statt der Flügelelemente sieht man auf dem Relief vom Mainzer Legionslager (Abb. 62) Delphine, was kaum ein Bildhauerirrtum sein kann. Man hat vorgeschlagen, das Motiv als einen Hinweis auf Flottensoldaten der in Mainz vom Jahre 70 an zeitweise stationierten *Legio I Adiutrix* zu verstehen.

Aufgesetzte Dekorationen hat man in Bronze gearbeitet. Meist sind sie recht diskret. Die überbordenden Adler und Heiligtumsfassaden des einen Helmes aus Mainz-Weisenau sind die Ausnahme (Abb. 76). Weniger auffällig sind die kleinen Rosetten. Die Korallen des Helmes eines Mainzer Fundes (Abb. 52) dienten als Amulette: Korallen wie Karneole und andere rote Steine

ABB. 77 **Legionärshelm aus Theilenhofen, Bayern. Arbeit traianischer Zeit um 100 mit Kreuzbügelverstärkung. Eisen, Bronze. H. 21 cm.**

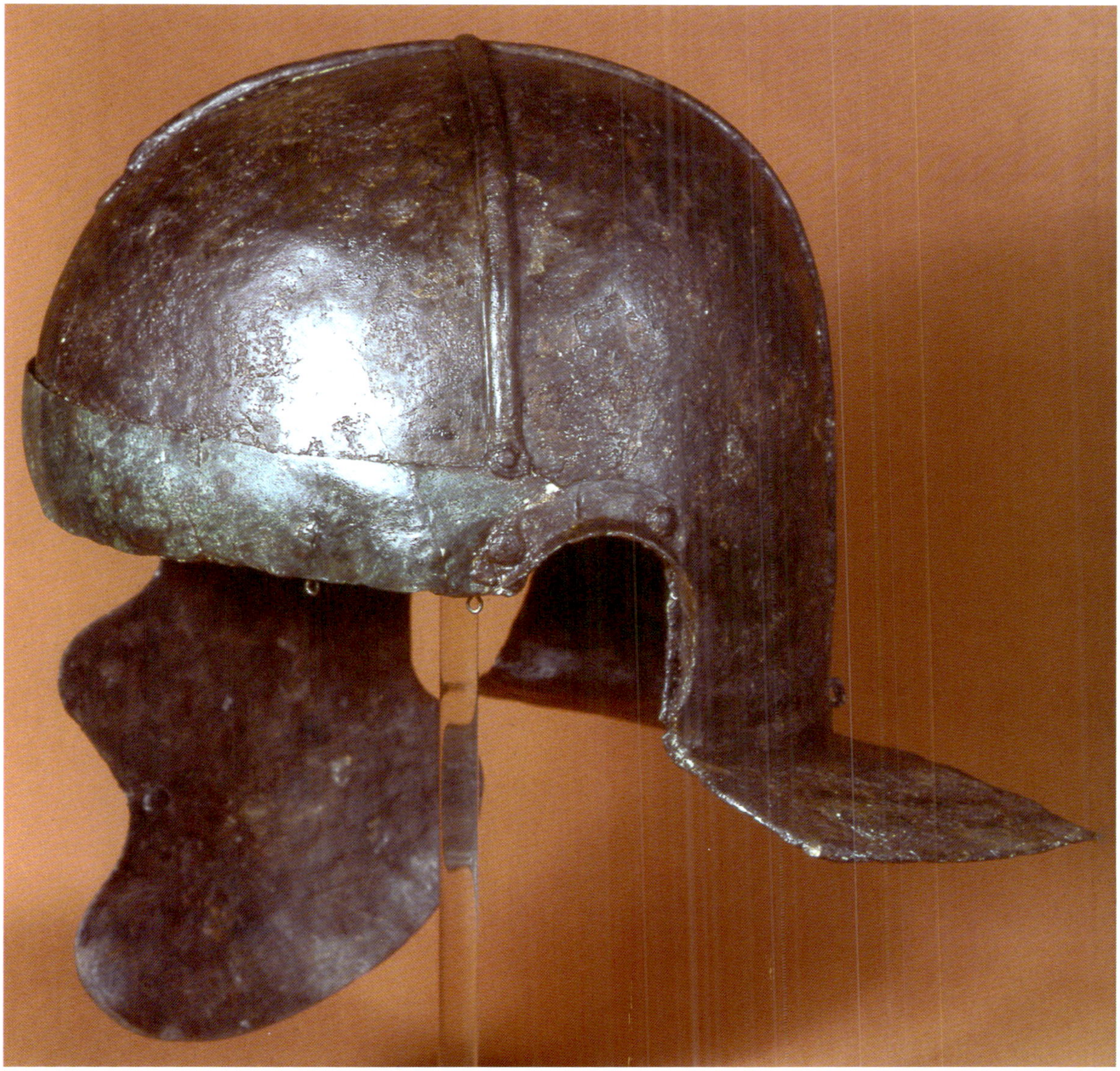

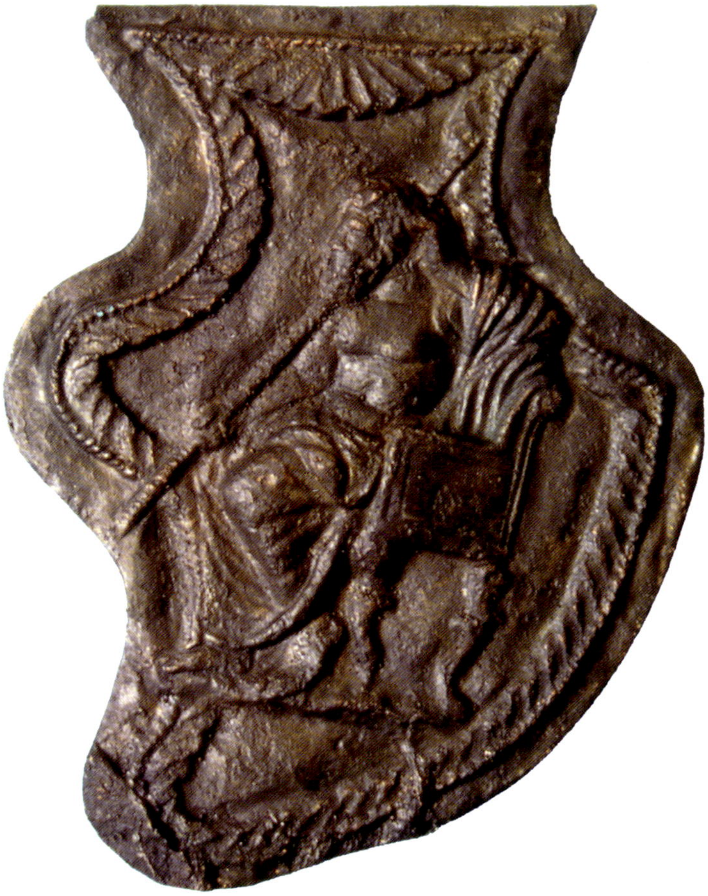

ABB. 78 Wangenklappe eines Helms des Typs Weiler-Guisborough. Aus Gloucester, Gloucestershire/GB. Bronze. Thronender Iuppiter. H. 14,3 cm. 2. Jh.

galten als blutstillend. Manche Verzierungen an römischen Waffen wie z.B. der auf Helmen und Schilden beliebte Halbmond (*Lunula*) dienten als Schutzamulette.

Kreuzbügelhelme der Jahre um 100 und danach (Abb. 77) waren die römische Reaktion auf das lange dakische Sichelschwert, mit dem die Römer in den Dakerkriegen Traians Erfahrungen sammelten. Die Sichelschwertspitze sollte gebremst werden. Auch die vor Traian nicht nachweisbare *Manica* (Armschutz) ist wohl auch eine direkte Neuentwicklung für die Dakerkriege.

Kavalleriehelme kann man in der Republik noch nicht von den Legionärshelmen unterscheiden. Dies änderte sich in der frühen Kaiserzeit. Jetzt bildeten sich einige Helmformen der Hilfstruppen heraus, der Infanterie wie vor allem der Kavallerie. Besonders auffällig sind die Reiterhelme des Typs Weiler-Guisborough; er hängt mit dem Phänomen der Fellhelme zusammen (s. unten Kap. 5). Den Beginn kennzeichnen die Funde von Koblenz-Bubenheim (Abb. 55) aus dem mittleren 1. Jh. sowie von Weiler im belgischen Luxemburg; dort stammt ein Helm aus einem Grab der Jahre 10-50. Der danach als Typ Weiler bezeichnete Helm besteht aus Eisen, dem eine Haarkalotte als Bronzerelief aufmontiert ist. Die Wangenklappen sind glatt. Eine prunkvollere Variante stellt der Helm von Xanten-Wardt dar (Abb. 105), ein Eisenhelm mit Bronzeüberzug. Hier tragen auch die Wangenklappen Haardekor. Die *Imago clipeata* über der Stirn zeigt eine Männerbüste im Panzer mit Lorbeerkranz, am ehesten Kaiser Tiberius. Spätere Formen, nun Typ Weiler-Guisborough genannt, verzichten auf die Haarkalotte; die Beispiele aus dem 2. Jh., z.B. die Funde von Guisborough und Nimwegen (s. unten Kap. 6), zeichnen sich durch variantenreiche und prunkvolle Stirnbügel aus. Kennzeichnend für die Helme Weiler-Guisborough sind die figürlich verzierten Wangenklappen (Abb. 78), die außerdem manchmal die Ohrpartie mit angearbeitet haben.

Eigenwillig sind auch manche Helme der Auxiliarinfanterie. Die orientalischen Bogenschützen der Dakerkriegszeit trugen nach den Reliefs der Traianssäule nicht nur ein kaftanähnliches langes Gewand, sondern auch einen konischen Helm, den man aus einem bulgarischen Fund im Original kennt (Abb. 58). Es ist eine Art Pseudospangenhelm, der die Tradition der konischen vorkaiserzeitlichen Helme fortsetzt, diesmal freilich mit einer prunkvollen Götterreihe als Dekor.

### Der Helm des Kaisers

Auch wenn die Darstellungen die Führungsschicht des Heeres, den Kaiser, seine Legionslegaten und andere hohe Offiziere, meist barhäuptig vorführen – gewiss, um ihre Gesichter besser kenntlich zu machen –, so trugen diese im Kampfeinsatz sicherlich auch einen Schutzhelm. Dem Kaiser wurde in der Spätantike der Prunkhelm nachgetragen, wie es die dramatische Episode aus einem Alamannenfeldzug 368 Kaiser Valentinianus I. im Bericht des Ammianus Marcellinus bezeugt (27,19,11; s. unten Kap. 8). Diese Sitte kennen wir freilich schon in traianischer Zeit, wo auf dem großen traianischen Schlachtenfries in Rom der barhäuptig kämpfende Kaiser von einem Gefolgsmann begleitet wird, der ihm den Helm nachträgt (Abb. 79); eine ähnliche Szene nimmt auf einer reliefverzierten Bronzekanne mit Szenen aus den Dakerkriegen einen prominenten Platz ein. Die Vorstellung vom barhäuptigen Heerführer traf man schon bei Alexander dem Großen an, der auf dem pompejanischen Mosaik (Abb. 160) mit wehendem blonden Haar auf den Perserkönig hinstürmt; andere Quellen sprechen von Alexanders Eisenhelm, der hell wie Silber schimmerte – ein für den Kampf schon wahrscheinlicheres Detail. Das Ablegen von Schutzkleidung ist ein über die Zeiten hinweg immer wiederkehrendes Motiv, welches Mut und Glanz des Führers betont.

Wie man sich die Kaiserhelme Roms vorzustellen hat, ist eine offene Frage. Wenn den Darstellungen überhaupt zu trauen ist, dann war es bei Traian ein modifizierter attischer Helm, wie man ihn anhand eines Reliefvorbildes auch für die Prätorianer in Rom rekonstruiert hat (Abb. 59). Die römischen Reliefdarstellungen sind immer im Einzelnen kritisch zu prüfen. Der bevorzugte Helm der Kampfszenen des großen traianischen Schlachtenfrieses in Rom (Abb. 15; Abb. 79) war ein Art hellenistisch-attischer Helm, was sicher nicht der Realität entsprach. Hier spürt man den Einfluss der Kavalleriehelme des Typs Weiler, die ja auch den Einfluss des hellenistischen attischen Helmes aufweisen.

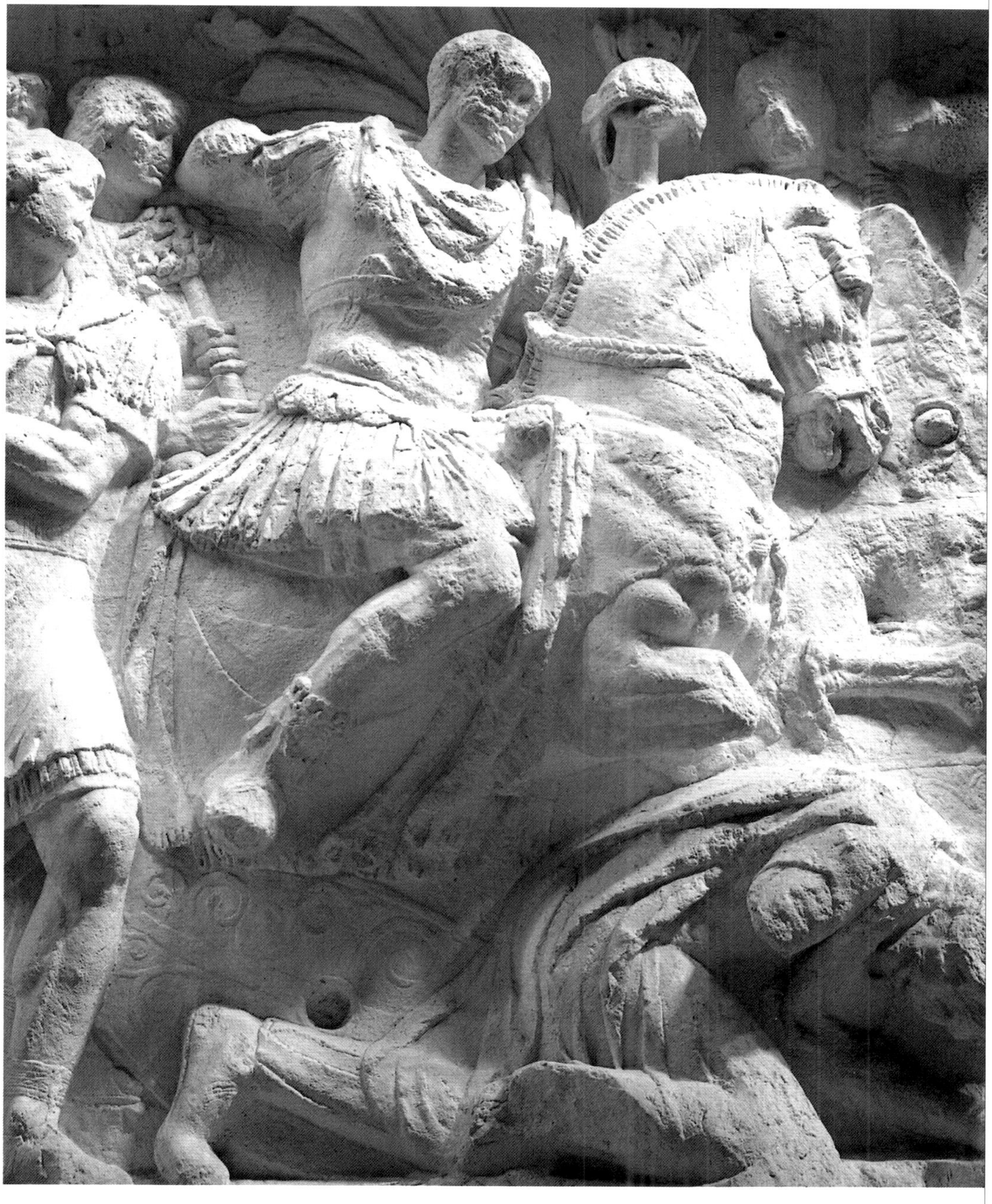

ABB. 79 Kaiser Traian im Dakerkampf. Rechts neben seinem Kopf sein Helm, den ein Gefolgsmann hält. Vom großen traianischen Schlachtenfries. 107-113. Marmor. H. 2,98 m.

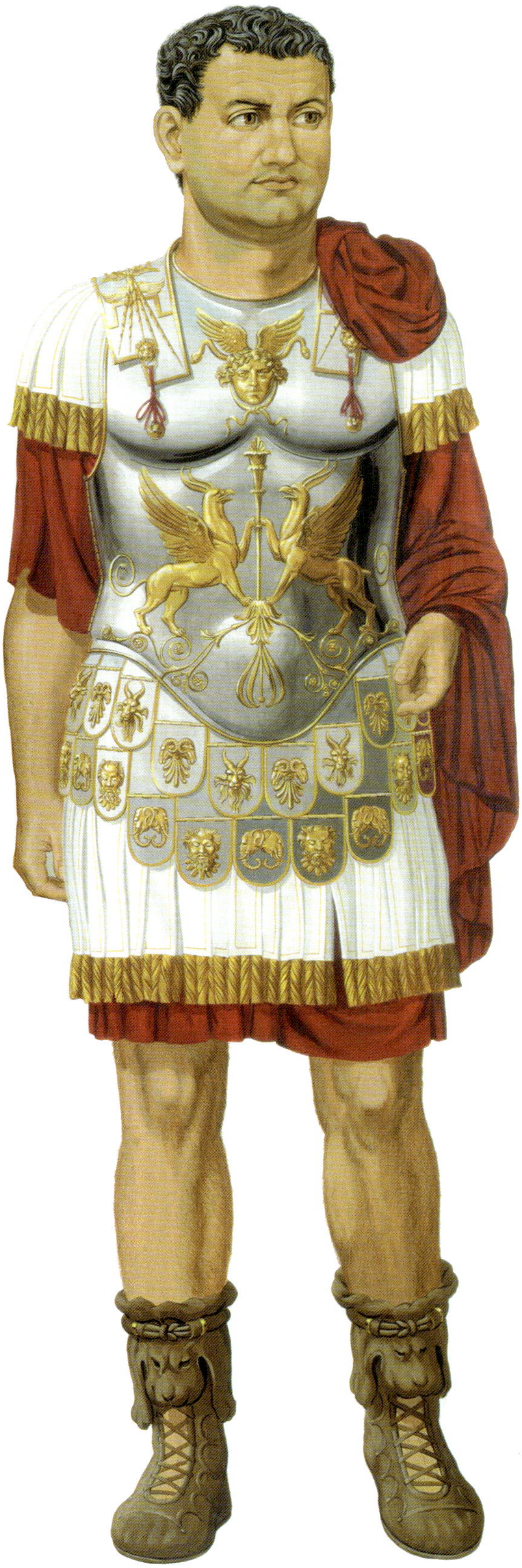

ABB. 80 Der spätere Kaiser Titus als Feldherr vor Jerusalem im Jahre 70. Er trägt den Muskelpanzer und das *Paludamentum* (Feldherrnmantel).

Auf den Kampfszenen der Traianssäule bemühte man sich um die Darstellung von Kampfhelmen, hier wiederum oft mit dem eigenartigen Ring oben auf der Helmkalotte, was auch nirgendwo im Original belegt ist (Abb. 72). Der Aussagewert der Reliefdarstellungen ist sehr unterschiedlich. Traiansäule und Marcussäule bieten zwei veritable Waffenenzyklopädien, sind künstlerisch überzeugend oder zumindest akzeptabel, bleiben aber antiquarisch manchmal eigenwillig. Die Reliefs des großen Traianstropaeum von Adamclisi in Rumänien sind künstlerisch miserabel, antiquarisch aber durchaus ehrlich. Im Gegensatz dazu bietet der große traianische Schlachtenfries in Rom ein künstlerisch hochwertiges Kampfbild in hellenistischer Tradition, gleichsam eine Art Pergamonfries auf Römisch, aber seine antiquarischen Einzelheiten muss man im Detail kritisch prüfen.

### Panzerstatuen: Der Kaiser und seine *Legati*

Die auffälligste Defensivwaffe in der großen Masse der antiken Darstellungen ist zweifellos der so genannte Muskelpanzer (Abb. 54).

Er bestand aus zwei Schalen, deren Form dem männlichen Oberkörper entsprach, und die man auf beiden Seiten miteinander verband. Während originale Muskelpanzer der vorkaiserzeitlichen Periode in Italien wie Griechenland gefunden wurden, hat man bisher aus der Kaiserzeit nur wenige Fragmente. Da es sich um Waffen der ritterlichen und senatorischen Adelsschicht handelte, sind Beigaben aus Gräbern nicht zu erwarten: In diesen Kreisen ließ man sich nicht mit Beigaben bestatten.

Die Schutzwirkung und die prachtvolle äußere Erscheinung des Panzers betonte man durch bewegliche Streifen an den Armausschnitten und vor dem Unterkörper, die auf griechisch ›Ptéryges‹ hießen. In der Römerzeit war der untere Abschluss leicht geschwungen, im Hellenismus gerade, was auch in der späten Republik meistens der Fall war.

Den Muskelpanzer trugen in der Armee der Kaiser (wenn er im Felde stand), seine Feldherrn (Abb. 80), Legionslegaten und Legionstribunen, alles Männer von senatorischem und ritterlichem Rang. Außerdem durften die Centurionen diesen Panzer tragen (Abb. 86); sie mussten dies freilich nicht ausschließlich tun, denn es gibt auch Belege für Centurionen im Schuppenpanzer (Abb. 52) und Kettenhemd. Dass man ihnen den Muskelpanzer zuerkannte, war als Anerkennung für die außergewöhnliche militärische Tapferkeit in den Centurionenrängen zu verstehen.

Die Träger der militärischen Befehlsgewalt (*Imperium*) sowie hohe Offiziere kennzeichnete ein militärischer Mantel, rechteckig geschnitten und nicht so stoffreich wie eine Toga, das *Paludamentum* (Abb. 54; Abb. 80). Es wurde meist auf der rechten Schulter von einer runden Spange zusammengehalten und fiel dann über Oberkörper und Rücken zur linken Seite, wo der Träger es mit dem linken Arm hochhalten konnte.

Den griechischen Leinenpanzer hat man bei den Römern nicht mehr getragen, wenn man von den ›Kimmerischen Gewändern‹ der Paraderüstungen absieht (s. unten Kap. 7). Leinenpanzer eigneten sich gut als Schmuckträger, in Form von Farbfassungen, Appliken, Stickereien und was sonst noch technisch möglich war. Selbst die helle Textilfarbe bot schon einen Farbeffekt, wie ihn der Lyriker Alkaios beschwört: ›Panzerhemden aus frischem, hellen Leintuch‹. Gekannt hatten die Römer den Leinenpanzer, den auch Herodot (III 47,1-3) notiert, dennoch, und sei es nur durch den berühmten Panzer Alexanders des Großen in seinem Grab in Alexandria, das die römischen Großen besuchten (s. unten Kap. 5). Vom pompejanischen Alexandermosaik (Abb. 160), dem Relief vom Athenheiligtum in Pergamon und von älteren griechischen bemalten Keramiken wissen wir, dass man es liebte, die Schulterklappen dieser Leinenpanzer mit den Blitzen des Zeus zu dekorieren. Die unter dem Adler Iuppiters kämpfenden Römer folgten diesem Brauche, und wir finden die Blitze Iuppiters auf den Schulterklappen der Panzerstatuen wieder (Abb. 80).

Man darf sicher nicht einfach alle Panzerstatuen römischer Kaiser und Feldherrn als treue Kopien realer Waffen ansehen. Aber da uns die Originale diese Panzerform fehlen und wohl auch immer fehlen werden, ist es gestattet, diese Bildwelt als Zeugnis für das Denken der militärischen Führungsschicht des Reiches zu nehmen. Nichts spricht dafür, dass die Dekormotive eine Erfindung der Bildhauer waren, eher schmückte diese Welt voller Bilder und Symbole bereits auch die realen Panzer.

Von der heute berühmtesten aller römischen Panzerstatuen, dem Augustus von Primaporta (Abb. 28), kannte man im Altertum überall im Reich den Porträtkopf, den die Archäologen des-

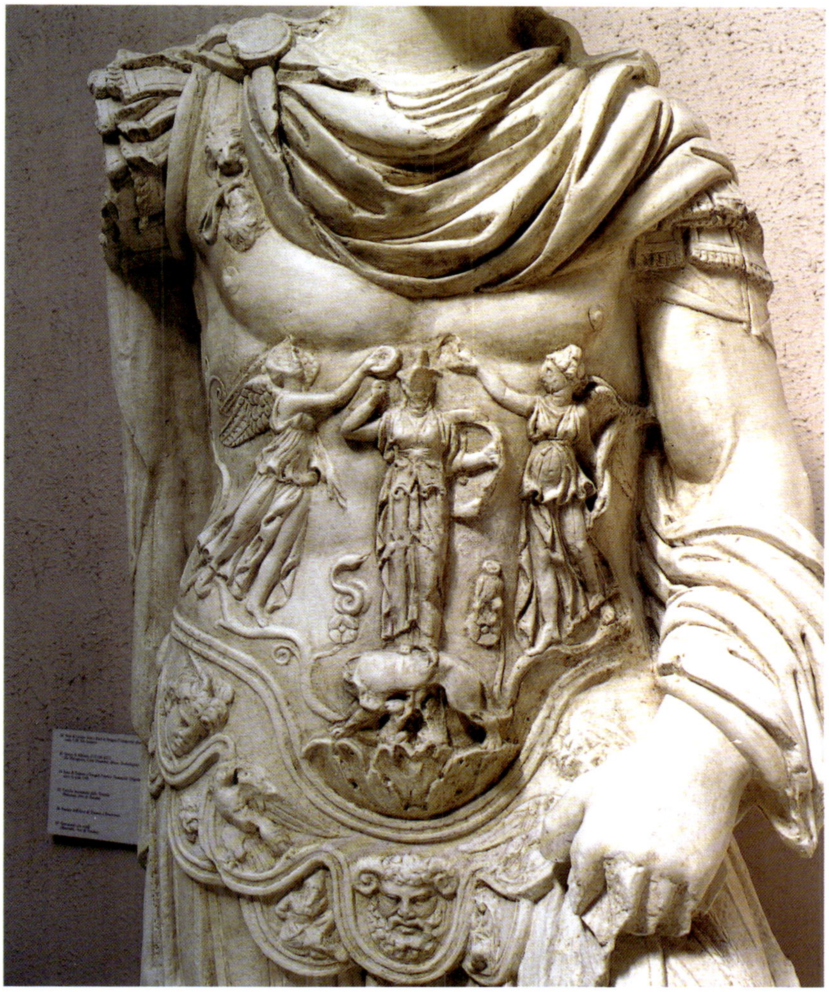

ABB. 81 Panzerstatue Kaiser Hadrians (117-138) aus Hierypytna, Kreta. Marmor. Bildprogramm mit Bezug auf Troia und auf Roms Gründung.

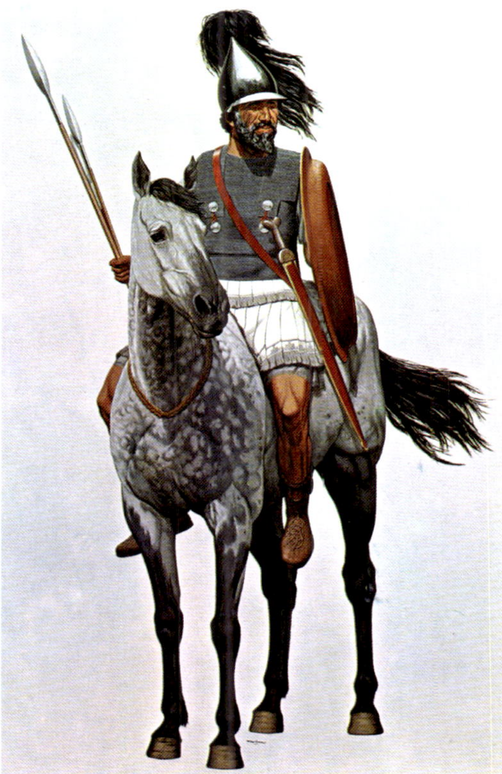

ABB. 82 König Micipsa von Numidien. 140/139-118 v. Chr.

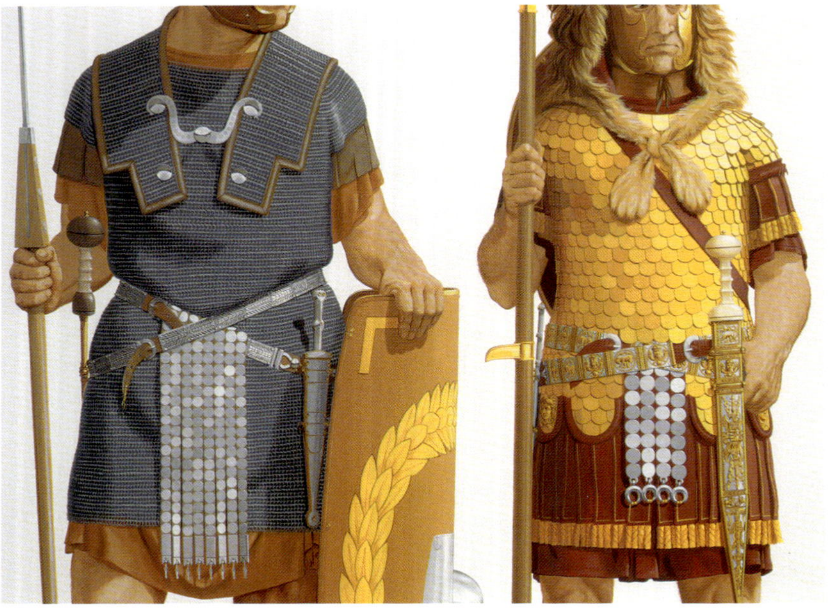

ABB. 83 Kettenhemd (*Lorica hamata*) und Schuppenpanzer (*Lorica squamata*) der frühen Kaiserzeit.

halb den Primaportatypus des Augustusbildnisses tauften. Die Figur selbst stand in einer Villa der Livia, und das heißt, dass sie im Altertum nur einem exklusiven Kreis bekannt war.

Die Mehrzahl der dekorierten Panzerstatuen gehört in die 200 Jahre zwischen Augustus und Commodus. Danach werden sie rar, was nach 235 auch mit den rasch wechselnden Kaisern und Usurpatoren zusammenhing. Manche Motive auf diesen Panzern gesellen sich zu ähnlichen auf anderen Waffensystemen; dazu zählt verständlicherweise die immer wiederkehrende Victoria. Siegesgöttinnen neben einem Tropaion sind eine Variante des Themas; daneben gruppiert man die Victorien mit Kandelabern oder großen Räuchergefäßen. Zu den üblichen Requisiten der Triumphalsymbolik darf man die Tropaia mit Gefangenen zählen, während tropaionschwingende Kentauren schon exotischer sind: Hier spielte man auf den indischen Triumph des Gottes Dionysos an, seit Alexander dem Großen ein beliebter mythischer Bezugspunkt herrscherlicher Triumphikonographie.

Zitate des Weltmeeres (Oceanus) und des Sonnengespannes des Himmelsgottes Sol repräsentieren Roms Herrschaft über Raum und Zeit. Seekentauren und andere Seewesen dürften weniger als Apotheose- oder Jenseitsmotive denn als Symbole von Roms umfassender Seeherrschaft zu lesen sein. Die mythischen Greifen (Abb. 80) bedeuteten den Römern weniger die das Gold Asiens bewachenden ›Hunde des Zeus‹, wie sie Aischylos nannte; der Greif war vielmehr das Tier Apollos und damit ein Zeichen für den Sieg von Actium und einen der Hauptgötter des augusteischen Pantheon. Zeigte man die Greifen als Kämpfer und als Sieger über das orientalische Volk der Arimaspen, so war dies wieder ein Gleichnis für Roms Überlegenheit über den Orient.

Anspielungen auf die aktuelle Politik hat man bei den Panzerstatuen vermieden; auch hier bleibt die kaiserliche Privatstatue des Augustus in der Villa von Primaporta eine Ausnahme (Abb. 28). Die Kampfszene auf der Brust einer bronzenen Hadriansstatue aus Beth Shean (Skythopolis) in Palästina ist das Zitat eines Motivs der späten römischen Republik. An Panzerstatuen Hadrians erkennt man den Sinn für Geschichte und die troianischen sowie archaischen Wurzeln Roms: Man verband das *Palladion*, das altertümlich Athenaidol Troias, in Form einer archaisierenden Minervafigur (flankiert von Victorien) mit der römischen Wölfin, der Gründungssage Roms (Abb. 81).

Eine bunte Bilderwelt überzieht schließlich die oberen Abschlussfelder der Laschen (*Ptéryges*), die wie moderne Wappenschilde geformt waren

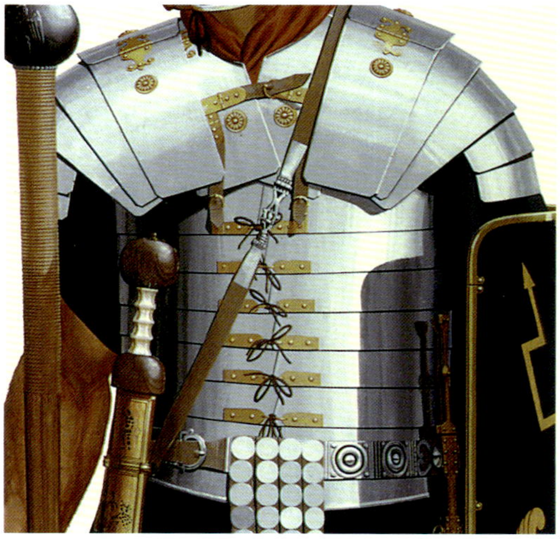

ABB. 84 Schienenpanzer (*Lorica segmentata*) der Flavierzeit.

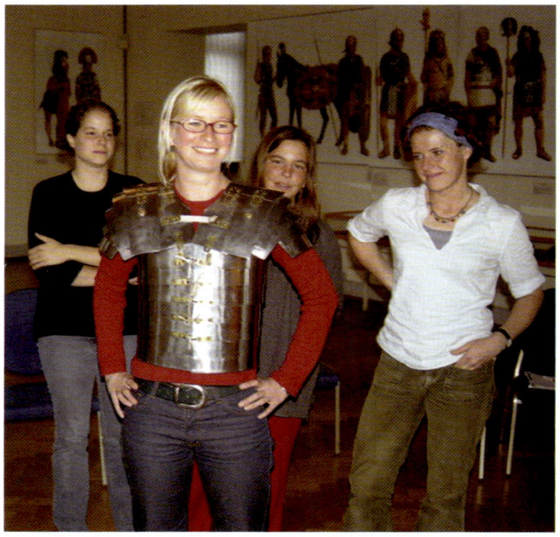

ABB. 85 Der Schienenpanzer von Corbridge am Hadrianswall (vgl. Abb. 7) war für eine zierliche Figur eines sehr schmalen Soldaten gemacht. Rekonstruktion des Panzers von H. R. Robinson. Restauratorinnen in der Ausbildung am RGZM, 2003.

(Abb. 80). Die großen Götter meiden diesen Platz zweiten Ranges, aber ihre Tiere wie der Adler Iuppiters und der Greif Apollos werden zitiert. Sehr beliebt sind auch Pflanzen- und Rankenornamente, dies eine Parallele zu ähnlichen Dekorationen auf Schwertscheiden.

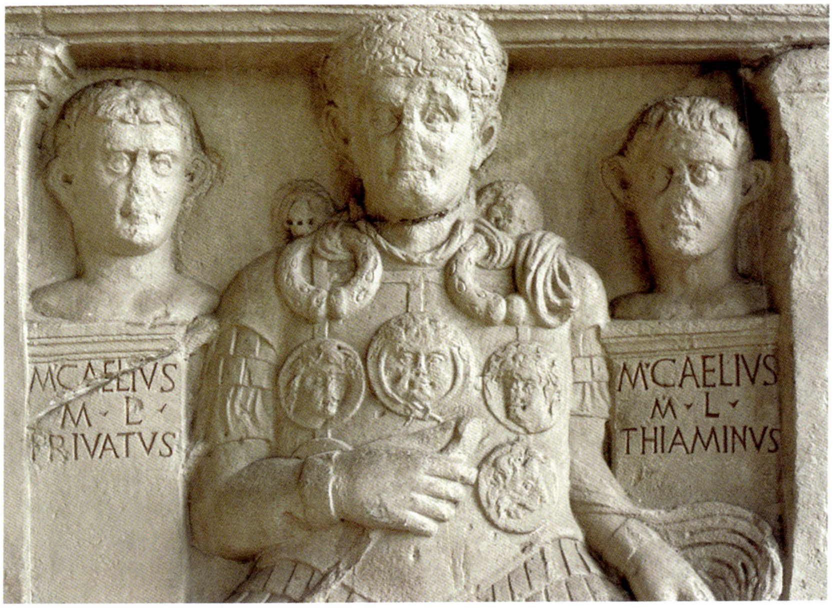


ABB. 86 Der *Centurio* Marcus Caelius im Muskelpanzer und mit all seinen Orden. Grabstein aus Xanten am Niederrhein. Nach der Inschrift fiel Caelius im Varuskrieg. Nach 9 n. Chr. Kalkstein. H. des gesamten Grabsteins 1,27 m.

### Kettenhemden, Schuppenpanzer und eine römische Neuentwicklung

Dass die Römer Kettenhemd (*Lorica hamata*; Abb. 83 links) und Schuppenpanzer (*Lorica squamata*; Abb. 83 rechts) von Kelten und Griechen übernahmen, war auch antike Meinung (so Strabo). Freilich sind diese Beziehungen wechselseitig gewesen. Im 2. Jh. v. Chr. hatte das Kettenhemd in der Armee der Republik eine so allgemeine Verwendung gefunden, dass man diese Panzerform wiederum in östlichen Staaten übernahm: Der hellenistische Seleukidenkönig Antiochos IV. hielt 165 v. Chr. nahe seiner Hauptstadt Antiochien in Syrien eine große Truppenparade ab; darunter befand sich auch eine Einheit von 5000 Mann, ›gerüstet in römischer Art mit Panzerhemden aus Kettengliedern‹ (Polybios 30, 25, 3). Ein anderer hellenistischer König und römischer Alliierter, Micipsa von Numidien, trug einen Kettenpanzer feinster Art (Abb. 82) mit Eisenringlein von nur 3-4 mm Durchmesser statt der üblich 7 mm oder mehr. Wo Micipsas Panzer, der 118 v. Chr. in das Königsgrab gelegt wurde, hergestellt worden war, wissen wir nicht.

Die ältesten datierbaren Kettenpanzer findet man in der Tat bei den Kelten, im ostkeltischen Siedlungsbereich der Jahre um 300 v. Chr. Man wird deshalb der Ansicht zustimmen dürfen, dass die Römer in ihren Keltenkonflikten des 4. bis 2. Jhs. diese Panzerform kennenlernten, sie als gut übernahmen und bis in die Spätantike beibehielten: Kettenhemden trugen Römer wie Perser bei den Kämpfen in den Minen unter den Türmen der belagerten Stadt Dura-Europos, und Kettenhemden finden sich noch auf den Waffenbildern der *Notitia dignitatum* aus dem frühen 5. Jh.

Der Schuppenpanzer ist eine alte Erfindung, welche die Griechen bereits in Ägypten kennenlernen konnten; Zeugnisse für den Schuppenpanzer reichen von Europa über Vorderasien bis in das China der Han-Dynastie. Die Völker Italiens konnten den Schuppenpanzer, den die Kelten nicht übernahmen, in der griechischen Welt gesehen haben. Ein Schuppenpanzer, den man angeblich im Trasimener See in Mittelitalien fand, wo Hannibal 217 v. Chr. die Römer besiegte, kann freilich keiner der beiden Armeen schlüssig zugeschrieben werden.

Für den Schuppenpanzer sprach, dass man die Schuppen sogar aus anderen Materialien als aus Metall herstellen konnte; Schuppen aus Leder oder Holz waren möglich. Aber auch bezüglich des Metalls konnte man von Kupfer über die Kupferlegierungen bis hin zu Silber und Gold nahezu alles verwenden. Das gilt auch für den mit dem Schuppenpanzer nahe verwandten Lamellenpanzer, bei dem rechteckige Plättchen aneinandergefügt wurden. Einfache Schuppen- und Lamellenpanzer verlangten geringe handwerkliche Kenntnisse, so prächtig das Ergebnis auch sein mochte. Teuer und anspruchsvoll wurden diese Panzer freilich, wenn man eine schon bei den Skythen bekannte Variante bestellte: die Verbindung von einem Schuppenpanzer über einem Kettenhemd. Dies war dann eine ausgesuchte Kreation, die sowohl bei der Aristokratie der Randzonen des Imperiums wie auch bei der römischen Armee bekannt war.

Eine der wenigen römischen Neuentwicklungen ohne konkretes Vorbild aus fremden Ländern ist jener aus Metallschienen zusammengebaute Panzer, den man mit dem neolateinischen Kunstwort *Lorica segmentata* taufte (Abb. 84). Die miteinander verbundenen Eisenschienen erlauben eine gewisse Beweglichkeit, die auch durch die ebenfalls mehrteiligen Schulterpartien nicht zu sehr eingeschränkt wird. Der Schienenpanzer bot einen größeren Schutz als das Kettenhemd (vor allem für die Schultern bei Hieben von oben), war schneller herzustellen und leichter zu reparieren als ein Schuppenpanzer und bot dem Träger

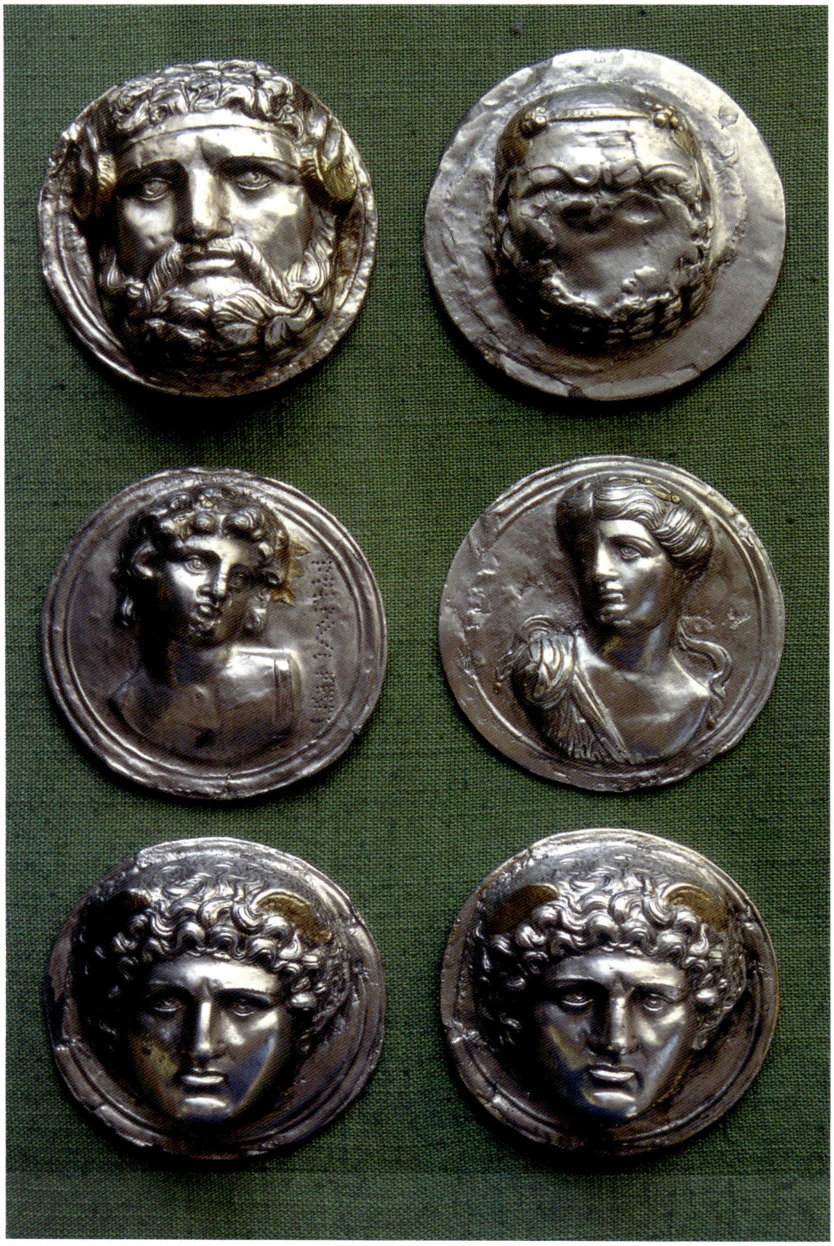

ABB. 87 In Lauersfort bei Moers am Niederrhein hat man einen kompletten Ordenssatz des 1. Jhs. gefunden. Daraus hier sechs Exemplare. Silberreliefs auf Bronzescheiben. Dm. 10,5-11 cm.

mehr Beweglichkeit als der Muskelpanzer der hohen Offiziere. Antike Darstellungen (Abb. 72) und moderne Römergruppen (Abb. 2) haben den Schienenpanzer auch beim Publikum zur prominentesten römischen Abwehrwaffe werden lassen.

Bronzezeitliche Schienenpanzer nach Art der Rüstung von Dendra in Griechenland aus dem 15. Jh. v. Chr. waren längst unter der Erde, als man in Rom diese Waffe wiedererfand. Eine Art Schienenpanzer der Sarmaten oder anderer Völker nördlich der Donau, der auf der Traianssäule erscheint, ist jedenfalls nicht früher als die ersten römischen Beispiele anzusetzen – ohne dass man noch der Frage nachgehen kann, ob hier überhaupt ein Einfluss feststellbar ist.

Neben den Funden von Kalkriese, Niedersachsen, dem Ort der Varusniederlage, bezeugen auch zwei kleine Panzerschnallen aus dem Stützpunkt Anreppen an der oberen Lippe die Existenz der *Lorica segmentata* in der römischen Okkupationsarmee Germaniens vor 9 n. Chr. Mit hoher Wahrscheinlichkeit ist der Schienenpanzer als Auftragsarbeit erfunden worden, als Octavianus-Augustus und Agrippa in den ersten Jahren der Principatszeit die Berufsarmee schufen. Man hat damals schnell Eigenes geschaffen, wenn sich Lücken auftaten, für die man bei anderen Völkern keinen Ersatz sah. Ähnliches lässt sich auch auf anderen Gebieten beobachten: Ein ebenso großer Erfolg wie die Einführung des Schienenpanzers war die Organisation der Militärmedizin und die Gestaltung eines Militärlazaretts in derselben Zeit der Jahre nach 31 v. Chr.

Der Schienenpanzer erwies sich als Erfolg, und man behielt ihn gut 300 Jahre lang. Die Relieffriese der Traianssäule und Marcussäule in Rom werden von ihm beherrscht. Auch wenn im Laufe des 3. Jhs. die Zeugnisse spärlicher werden, darf man annehmen, dass die *Lorica segmentata* vermutlich bis zur Armeereform der Jahre um 300 in Gebrauch blieb. Erst dann war ihre Zeit beendet.

In der neuesten Studie zum Schienenpanzer wird das Material in Typen mit den Fundortnamen Kalkriese, Corbridge, Newstead und Alba Iulia unterteilt, den Zeitraum zwischen Augustus und dem fortgeschrittenen 2. Jh. umfassend. Manche dieser Panzer waren recht zierlich, wie jener aus Corbridge on Tyne an der Hadriansmauer in Nordengland bezeugt (Abb. 85). Die Funde von Corbridge, die gegen 100 unter die Erde kamen und den Stand der Flavierzeit (69-96) wiedergeben, haben das moderne Bild des Schienenpanzers geprägt; inzwischen ist er durch die vielen Römergruppen rings um den Globus bekannt.

### *Phalerae* an Mann und Ross: *Dona militaria* und Pferdegeschirr

Noch bevor wir archäologische Zeugnisse aufbieten können, nennt uns Polybios (6,39) die militärischen Ehrungen (*Dona militaria*) der römischen Republik im 2. Jh. v. Chr.: Lanzen und Schalen für Fußsoldaten, Scheiben (*Phalerae*) für die Reiter und goldene Kränze für Stadteroberungen und für die Rettung römischer Bürger. In einer Inschrift aus dem Bundesgenossenkrieg (91-88 v. Chr.) werden noch einmal Schalen und Pferdeschmuckscheiben erwähnt. Wie immer

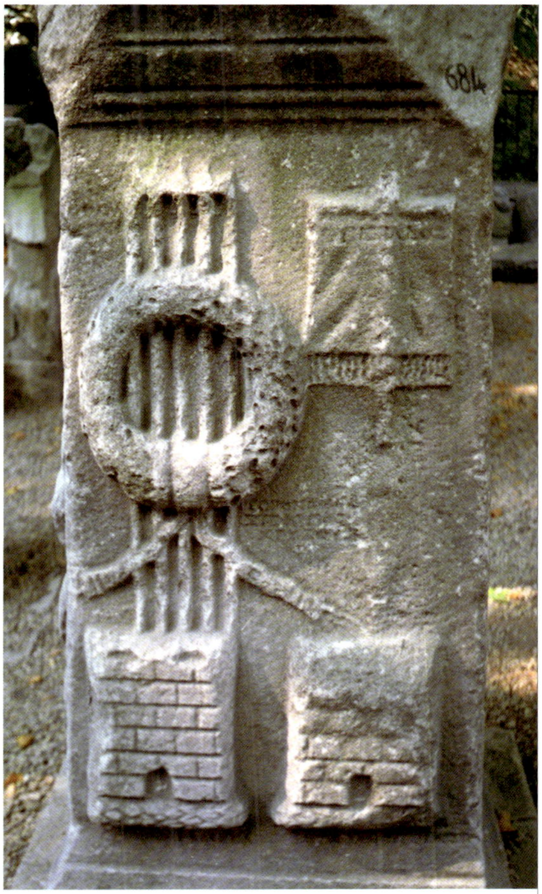


ABB. 88 Grabstein des Sextus Vibius Gallus aus Amastris (anatolische Schwarzmeerküste). Gallus war *Centurio* ersten Ranges (*Primus pilus*) und danach Lagerpräfekt der *Legio XIII Gemina* in Apulum (Siebenbürgen) gewesen. Marmor. Um 200 n. Chr.

man sich die Kavallerieauszeichnungen der Republik vorstellen mag, die Scheiben (*Phalerae*) des Pferdegeschirrs der römischen Kaiserzeit haben jedenfalls keinen Auszeichnungscharakter mehr (Abb. 89). Die Verbindung zwischen den Reiterscheiben der Republik und den scheibenförmigen Orden der Kaiserzeit liegt lediglich darin, dass es sich in beiden Fällen um Abdeckplatten über Riemenverteilern handelt.

Der nichtadelige Ordenträger der römischen Armee trug seine Scheiben auf einem Riemengestell vor der Brust – dem Pferdegeschirr deshalb nicht unähnlich, weil man das ganze Arrangement geschlossen anlegen und abnehmen konnte. Der im Varuskrieg des Jahres 9 n. Chr. gefallene *Centurio* Marcus Caelius aus Bologna in Norditalien trägt die gesamte Palette der nichtaristokratischen Militärdekorationen (Abb. 86): den Halsring (*Torques*) in zwei Exemplaren, deshalb auch nicht um den Hals, sondern am Band getragen, zwei Armringe (*Armilla*) und ein Riemengestell für neun Scheiben (*Phalerae*), von denen vor der Brust fünf sichtbar sind und zu denen vermutlich auch die beiden kleinen Löwenkopfscheiben gehören, die über den Schultern aufrecht stehend dargestellt werden. Seine höchste Dekoration ist der goldene Bürgerkranz (*Corona civica*), der Eichenlaubkranz für die Rettung römischer Bürger – eine Auszeichnung, welche auch den aristokratischen Offizieren zukommen konnte.

Auf dem Gute Lauersfort bei Moers am Niederrhein entdeckte man 1858 einen bis heute einmaligen Fund, einen kompletten Satz römischer Orden (*Dona militaria*). Die Stücke waren vielleicht im Bataveraufstand 69/70 vergraben worden. Manche Ähnlichkeiten verrät der Vergleich dieser Scheiben (Abb. 87) mit dem Caeliusrelief (Abb. 86): Das Haupt der Gorgo, der Medusenkopf, war hier ebenso beliebt wie auf den Schilden. Andere Motive sind Iuppiter Ammon, Löwenköpfe, aber auch Themen aus der Welt des Bacchus (Mänaden) oder der Venus (Eroten). Die eigenartige ikonographische Welt dieser Silberscheiben hebt sich von der dynastischen Propaganda der Glasorden der Zeit zwischen Tiberius und Claudius ab, wenn man von dem allgegenwärtigen Medusenhaupt absieht (s. unten Kap. 5).

Die Auszeichnungen der Adelsoffiziere bestanden in der Kaiserzeit aus dem Goldkranz (*Corona*), der Goldlanze (*Hasta*) und der Fahne (*Vexillum*). Die Fahnenstangen waren vermutlich auch aus Gold; die Kränze wurden inhaltlich verschieden ausgeführt: Mauerkränze (*Corona muralis, Corona vallaris*) für die Eroberung von Städten und Festungen, Schiffskränze (*Corona navalis, Corona classica*) für Seesiege, und der traditionelle Bürgerkranz (*Corona civica*) als goldener Eichenlaubkranz für die Bewahrung des Lebens römischer Bürger in der Schlacht.

Der Grabstein des hoch dekorierten Sextus Vibius Gallus aus Amastris am Schwarzen Meer (Abb. 88) führt uns die Karriere eines sozialen Aufsteigers in den Jahren des Septimius Severus (193-211) vor. Gallus war *Centurio* ersten Ranges (*Primus pilus*) und danach Lagerpräfekt der *Legio XIII Gemina* in Apulum (Siebenbürgen) gewesen. Es handelt sich um den Aufstieg eines Mannes der Unterklasse als *Centurio* in den Ritterrang eines Lagerpräfekten. Er begann noch als *Centurio* mit den *Torques, Armillae* und *Phalerae*, also den Hals- und Armreifen sowie den Scheiben, wie sie der Grabstein des Caelius zeigt (Abb. 86), und erhielt als Lagerpräfekt der 13. Legion dann die Adelsdekorationen: zwei Mauerkränze, zwei Wallkränze, eine *Corona civica*, fünf Goldlanzen und zwei Fähnchen.

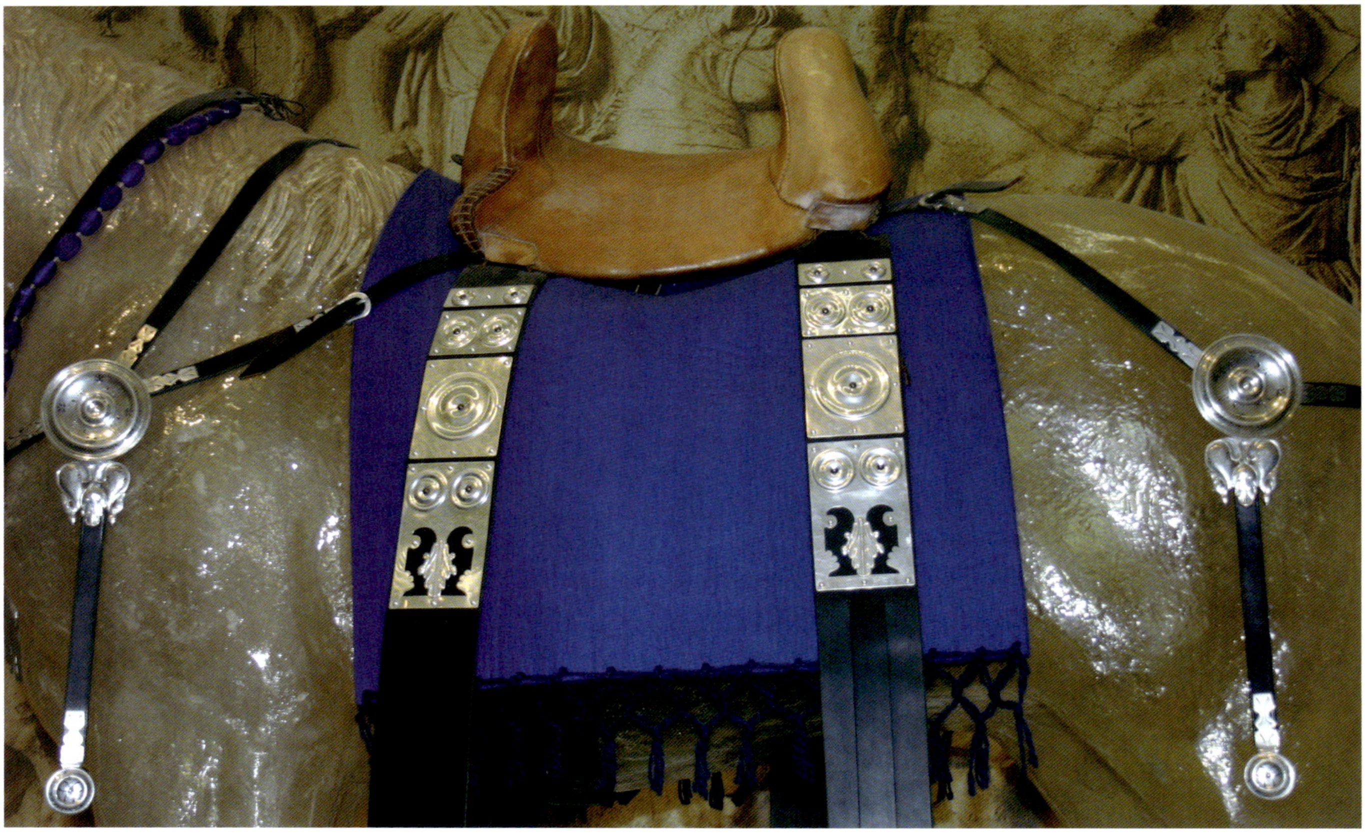

ABB. 89 Pferdegeschirr und Sattel. Rekonstruktion mit den Funden von Doorwerth, Niederlande. 1. Jh.

Zu den Auszeichnungen im Sinne einer hervorgehobenen Rangbezeichnung gehört ein goldener Ring, den anfangs nur einer der höheren Offiziere, der *Optio*, tragen durfte. Septimius Severus, der die Armee exzessiv förderte, erlaubte weiteren Dienstgraden das Tragen eines Goldringes (Abb. 90), ein Zeichen für die beginnende Nivellierung der Standesunterschiede im Heere – war der Goldring doch einst das Zeichen des Adelsstandes der Ritter gewesen.

Am Pferdegeschirr mit seinen Riemenverteilern und Anhängern dominieren Schmuckformen wie Anhänger in Blatt- oder Halbmondform, diese sicher als Amulette gemeint (Abb. 55; Abb. 89). Der Steigbügel war noch nicht erfunden. Wie man sich den römischen Sattel vorzustellen hat, wird von der Forschung diskutiert. Gut vier Varianten werden erörtert; diejenige mit starr angebrachten vier Sattelhörnern gilt im Moment als die am wenigsten wahrscheinliche. Im Sommer 2007 wurde auf einer Waffenkonferenz ein neuer Fund aus Carlisle in Nordengland angekündigt, welcher die Satteldiskussion weiter beleben werde.

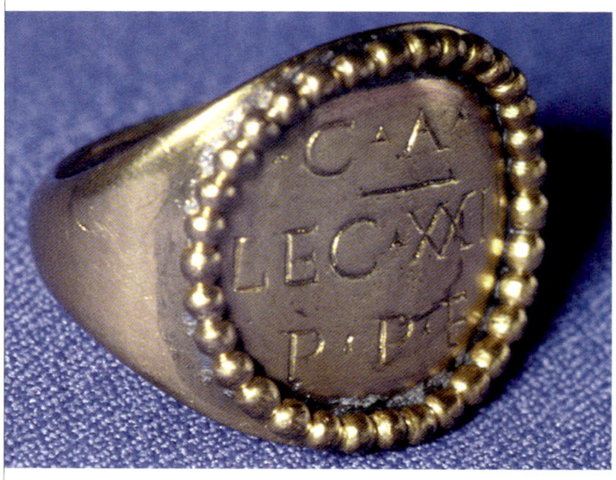

ABB. 90 Goldener Ring eines Waffenmeisters (*Custos armorum*) der Mainzer 22. Legion. Angeblich aus dem Mainzer Rhein. Zeit des Septimius Severus (193-211). Dm. der Platte mit Perlkranz 2,5 cm.

## Eigentumsmarken und Handwerkersignaturen

Mit der Berufsarmee des Augustus hätte man gerne die sehr moderne Vorstellung einer insgesamt und umfassend vom Staate organisierten und garantierten Ausrüstung verbunden. Dies hätte freilich eine Uniformität als Voraussetzung gehabt, wie sie in Europa erst seit dem späteren 17. und konsequent seit dem 18. Jh. aufkam. Die römische Armee strebte zwar eine gewisse Einheitlichkeit an, und man kann feststellen, dass im Laufe mehrerer Generationen nur langsam Typenwandel und Typenergänzungen auftreten; gleichwohl sind die individuellen Ausführungen innerhalb der Waffentypen unverkennbar, und sie werden von den Besitzerinschriften ergänzt, welche der methodische Ansatzpunkt der Diskussion sind. Ein Zwang zur Kennzeichnung bestand anscheinend nicht, aber es lag offensichtlich im Interesse vieler Soldaten, dies zu tun (Abb. 91). Der Soldat war für den Erwerb und für die Pflege der Ausrüstung verpflichtet, wobei man sowohl die private Beschaffung wie auch die Beschaffung durch die Armee (plus Kaution durch den Soldaten) für möglich hält. Daraus erklären sich auch individuelle Dekorformen, wie sie beileibe nicht alle durch Befehle von oben gesteuert werden konnten und auch sollten.

Die Werkstätten (*Fabricae*) der Legionen der frühen Kaiserzeit spielten eine wichtige Rolle. Waffen konnten nach den vielen eingeritzten und eingepunkteten Inschriften in die Hände mehrerer Träger geraten. Aber man ist sich auch einig, dass – mit wenigen Ausnahmen – nach dem Tod des Eigentümers die Waffen zur Legion zurückliefen. Die *Fabrica* einer Legion war weniger mit der Neuproduktion als mit Reparaturen beschäftigt. Nach Vegetius war der Lagerpräfekt (*Praefectus castrorum*) für die *Fabricae* verantwortlich. In den *Fabricae* dienten ein Offizier (*Optio fabricae*) und etliche Gefreite (*Immunes*). Ansonsten war für die einsatzfähigen Waffen ein Waffenmeister (*Custos armorum*) verantwortlich; auch er durfte seit Septimius Severus einen Goldring tragen (Abb. 90).

In Friedenszeiten gehörten Pflege und Produktion von Gerät zu den Mitteln, die Disziplin der Truppe zu stärken. Die Kombination des zivilen Marktes mit den militärischen *Fabricae* erlaubte in der frühen Kaiserzeit eine flexible Reaktion auf alle Ereignisse. In der Zeit nach der Militärreformation des Diocletian schuf man eine Kette von Waffenfabriken, welche die Rolle der früheren *Fabricae* übernahmen und nun sehr viel stärker ausfüllten.

In der Okkupationsphase kamen die Waffen aus Italien und Gallien. Danach verschob sich die Produktion in die grenznahen Provinzen. Langsam wurde man von Italien und Gallien unabhängig. Im 3. Jh. lag die Arbeit bei den Truppen selbst. Im 4. Jh. übernahm der Staat schließlich die Waffenproduktion als Planwirtschaft.

Die wenigen Handwerkersignaturen erwähnen den Ort nicht, wie z.B. die Signatur des Gaius Antonius auf dem Dolch aus Oberammergau (Abb. 71) oder die des Lucus Valerius auf dem *Gladius* aus Rheingönheim bei Ludwigshafen. Ein Quintus Nonienus Pudens hat den in Straßburg gefundenen *Gladius* signiert und nennt seinen

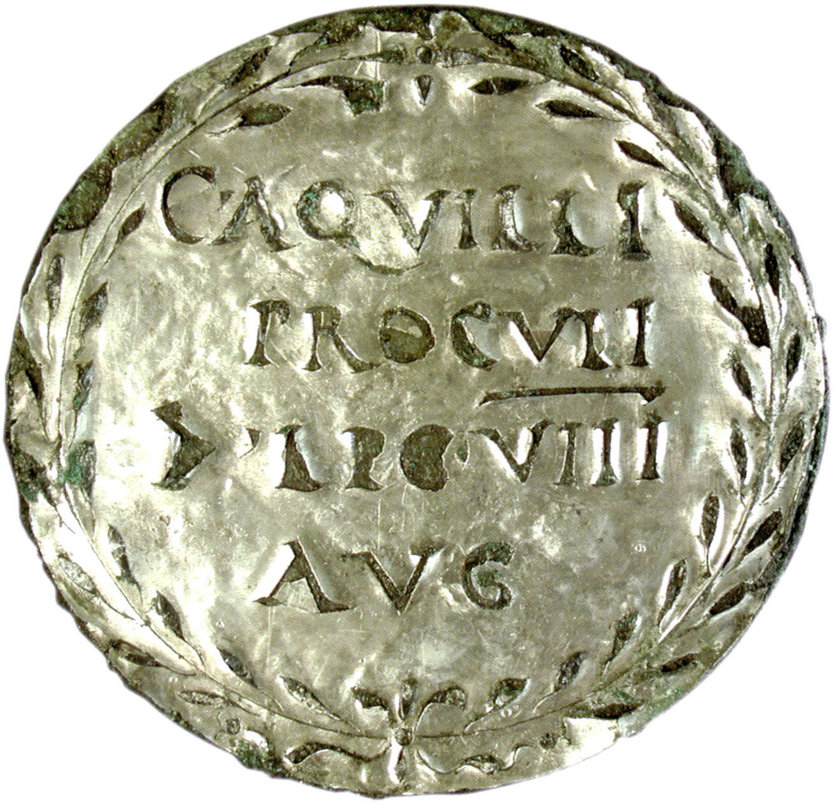


ABB. 91 Namensetikett des Gaius Aquillius Proculus, *Centurio* der 8. Legion. Einen *Centurio* ersten Ranges Aquilius nennt Tacitus (Historien 4,15) im Rahmen des Bataveraufstandes 69. Bronzescheibe mit Silberauflage. Aus Nimwegen, Kops Plateau.

Ort: *ad Aram*, also Köln vor dem Jahr 50. Das passt zur Annahme einer grenznahen Produktion nach der Okkupationsphase der frühen Kaiserzeit.

## Waffen in Aktion

Wenn man weder Mitglied einer Römergruppe noch sonst in antiken Fechttechniken ausgebildet ist, wird man sich bei der Frage der Wirkung antiker Waffen auf die vielen Stellen der alten Schriftsteller verlassen müssen. Zahlreiche Textquellen, darunter Caesar, Flavius Iosephus und Tacitus, beschreiben Kampfwunden. Vegetius betont die Überlegenheit der Stichtechnik vor der Hiebtechnik. Beschreibungen von Verletzungen sind schon in Homers Ilias üblich, oft mit präzisen und grausamen anatomischen Details. In der Römerzeit werden sie in der Spätantike häufiger, besonders bei Ammianus Marcellinus und Prokopios. Caesar berichtet beispielsweise von der *Gladius-Pilum*-Kampfweise (Bell. Gall. 1,25; 58 v. Chr.) oder von der Treffsicherheit von Pfeilgeschützen (*Scorpiones*; Bell. Gall. 7,25).

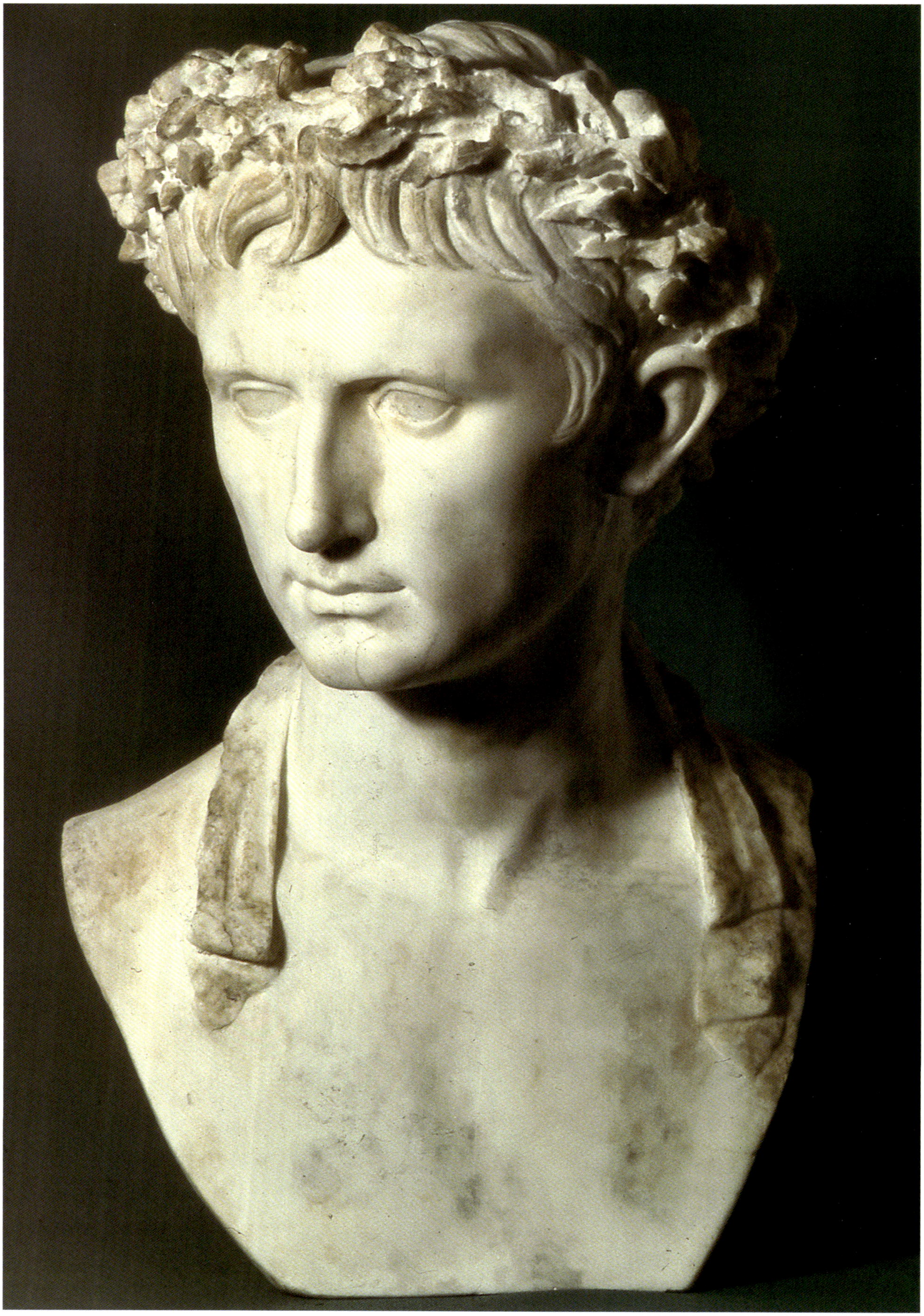

5

# Die Bildwelt der neuen Berufssoldaten: Siege, Glück und Dynastiesicherung

## Rom auf dem Weg zur Militärmonarchie

Seit dem Sieg von Zama über Hannibal und Karthago 202 v. Chr. war Rom unbestrittene Hegemonialmacht des Mittelmeerraumes. Die Phase des späten Hellenismus von der Schlacht von Zama bis zum Sieg Octavians über die Truppen des Marcus Antonius und der Kleopatra bei Actium 31 v. Chr. sah den Aufstieg Roms zur Weltmacht. Nacheinander eroberte Rom Makedonien, Griechenland, Kleinasien, Syrien und Ägypten. Aus der Westhälfte des Alexanderreichs wurde die Osthälfte des Römerreichs. Rom eroberte die hellenistische Welt bis zum Euphrat (Mesopotamien und das iranische Hochland blieben auf Dauer selbstständig) und wurde seinerseits kulturell vom hellenistischen Griechentum durchdrungen und verändert.

Mit der neuen Weltherrschaft ging der Niedergang des Senats Hand in Hand. Konnte der Senat der älteren Republik einem fremden Regenten noch wie ein Rat von Königen erscheinen, so traten immer mehr einzelne Feldherrn aus der Senatsschicht hervor, während die Menge der Senatoren zunehmend an Glanz verlor. Noch trat Lucius Aemilius Paullus, Sohn eines der beiden bei Cannae gefallenen Consuln, nach dem Sieg über Makedonien und nach seinem dreitägigen Triumph im November 167 v. Chr. in das Senatsregime zurück. Noch widerstand der Eroberer Karthagos (146 v. Chr.) und Numantias (134 v. Chr.), Publius Cornelius Scipio Aemilianus, allen Versuchungen, seine Stellung als erfolgreicher Heerführer politisch entscheidend in die Waagschale zu werfen; der Sohn des Makedonenbesiegers Aemilius Paullus besaß einen ausgleichenden Charakter, doch war es wohl auch der katastrophale Zustand der römischen Truppen in Spanien, der von allen Staatsstreichplänen abhalten musste, wagte Scipio doch mit diesen Truppen vor Numantia keinen Frontalangriff, sondern hungerte die Insurgentenfestung aus. Zuvor hatten Roms Senatoren als unerfahrene Heerführer gegen die lusitanischen Aufständischen unter Viriathus (147-139 v. Chr.) eine Serie von schmählichen, verlustreichen und ehrlosen Feldzügen geführt, und die häufigen Vertragsbrüche fügten dem römischen Ansehen großen Schaden zu.

Die Zukunft lag freilich beim Militär. Die sozialen Reformen des Tiberius Sempronius Gracchus scheiterten ebenso wie der auf Verfassungsänderungen bezogene Umsturzversuch des Gaius Sempronius Gracchus: Beide agierten in den Jahren 133-121 v. Chr. auf der Basis ihrer Ämter, aber ohne militärisches *Imperium*. Als Gaius Graccus 121 v. Chr. auf dem Aventin erschlagen worden war, schien die Dominanz der Senatsoligarchie vollständig wiederhergestellt. Doch genügten die Kriege gegen die Nordvölker der Kimbern und Teutonen (113-101 v. Chr.) und gegen die Numider unter Iugurtha in Nordafrika (111-105 v. Chr.), um die militärische Unzulänglichkeit der Optimatenpartei im Senat darzulegen, wenn sich auch Quintus Caecilius Metellus gegen Iugurtha achtbar geschlagen hatte.

Gaius Marius, Sohn eines Tagelöhners aus Arpinum im Liristal (heutige Provinz Frosinone), verdiente sich als Offizier unter Scipio Aemilianus in Spanien und an anderen Fronten seine militärischen Meriten. Sein revolutionäres Potential be-

ABB. 92 Porträt des *Princeps* Augustus. Marmor. Aus Italien. Der Kaiser trägt den Eichenkranz (*Corona civica*), der zu Ehren der Rettung römischer Bürger verliehen wurde. Bei Augustus, der seit 27 v. Chr. als ›Erneuerer der Republik‹ und als Retter aller Bürger galt, ist der Kranz als Ehrung für die Bewahrung des gesamten Staates zu verstehen.

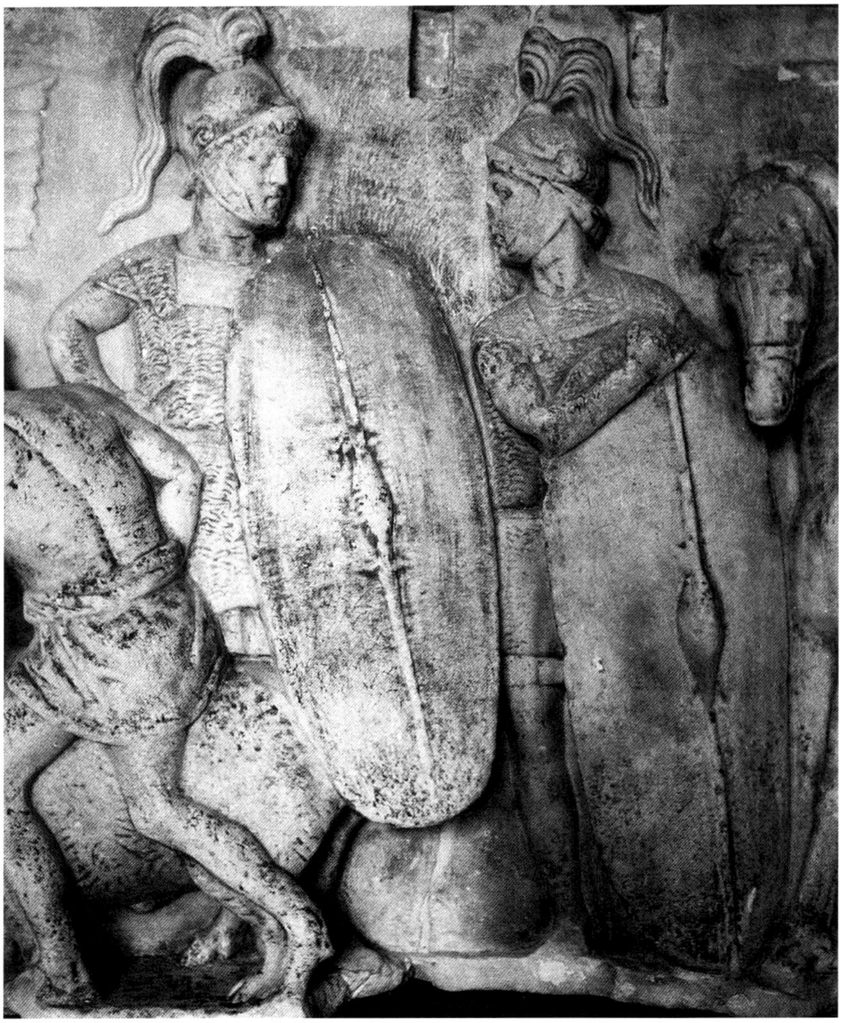

ABB. 93 Römische Legionäre aus der Zeit der Militärreform des Marius. Um 100 v. Chr. Marmor. Vom Denkmal der sog. Domitiusara.

stand darin, dass er mithilfe der *Plebs* und der Ritterschaft weit tragende politische Entscheidungen gegen den Senat bewirkte – darunter seine Wahl zum Consul 107 v. Chr., und dass er eine tiefgreifende Heeresreform in Gang setzte. Sein siebenmaliges Consulamt erinnert schon an die vielfachen Consulate, Volkstribunate und Imperatorentiteln der Monarchen seit Augustus und stand auf derselben Grundlage, dem *Imperium* über ein geübtes Heer. Marius war der erste jener spätrömischen Protomonarchen wie Sulla, Pompeius und schließlich Caesar, die das militärische Kommando am Senat vorbei oder mit dessen Zustimmung an die Staatsspitze führte.

Des Marius Militärreform ergänzte die hergebrachte Bürgerarmee durch eine angeworbene Söldnerarmee von römischen Proletariern als Zeitsoldaten von 16 Jahren Dienstzeit (Abb. 93). Den ausgemusterten Veteranen wurde die Versorgung versprochen; damit hatte man praktisch schon den Typus der Berufsarmee, der dann in der Kaiserzeit zur Regel wurde. In den hundert Jahren der Bürgerkriege zwischen Tiberius Gracchus und Octavians Sieg bei Actium (133-31 v. Chr.) entstand mehr und mehr ein Gefolgschaftsverhältnis zwischen den Soldaten und ihren Feldherrn; die Loyalität verlagerte sich vom Staat auf den Führer. Bezeichnenderweise starben von den Heerführern der späten Republik manche unter dem Eisen der Mörder, so der große Pompeius und Gaius Iulius Caesar. Es ist eine Ironie, dass sowohl Marius († 86 v. Chr.) als auch sein Gegenspieler Sulla (†78 v. Chr.), die beide Blutströme vergossen hatten, im Bett starben.

Leider haben wir aus der späten Republik kaum Originalfunde aus dem Bestand der römischen Heeresbewaffnung, welche einen gut interpretierbaren Bildschmuck tragen. Dies wird sich erst in der frühen Kaiserzeit ändern. Politische Symbolik auf Waffen scheint aber – nach den Reliefs von Sant' Omobono, Rom, zu schließen – in spätrepublikanischer Zeit in Rom bekannt gewesen zu sein. Ein Teil der Reliefs des Siegesdenkmals vom Capitol lässt sich aus Sullas Erfolgen erklären; der dort dargestellte Waffendekor ist vielsagend: Venus- und Victoriamotive sind auf Sulla Felix und auf Venus als seine spezielle Göttin beziehbar. Damit verbinden sich Hinweise auf die Kavallerie und Zitate aus Roms Frühzeit: Es sind dies die Dioskuren, die wohl auch an die Schlacht am See Regillus 499 v. Chr. erinnern sollen, wo Castor und Pollux dem Dictator Aulus Postumius gegen die Latiner zu Hilfe gekommen waren. Roma selbst schließlich steht als Schilddekor neben den Dioskuren (Abb. 94). Das Romamotiv ist auch eine Art Rückgriff auf die Städtesymbole der klassischen griechischen Hoplitenarmeen.

### Die Schlacht von Actium und ihre Folgen

Nach Caesars Ermordung 44 v. Chr. hatten sich im Kampf gegen die Caesarmörder die erfolgreichen Triumvirn Marcus Antonius, Lepidus und Octavian das Reich im Jahre 40 v. Chr. aufgeteilt, wobei nach Ausschaltung des Lepidus gleichsam ein Probelauf der spätantiken Reichsteilung erfolgte: ein Ostreich mit Marcus Antonius und ein Westreich mit Octavian. Antonius' Verbindung mit Ägyptens Königin Kleopatra überreizte seine politischen Möglichkeiten. Octavian veröffentlichte 32 v. Chr. ein Antonius kompromittierendes Testament und im ptolemäischen Krieg 32-30 v. Chr. wurden Antonius und

Kleopatra am 2. September 31 v. Chr. bei Actium geschlagen; die ägyptische Flotte wurde vernichtet und die 19 Legionen des Antonius übernommen. Nach dem Selbstmord von Antonius und Kleopatra annektierte Octavian Ägypten und war somit Alleinherrscher der Welt westlich des Partherreiches.

Octavian – ab 28 v. Chr. während seines sechsten Consulats Augustus (der Erhabene) genannt – lernte aus Caesars Fehlern und versuchte, zumindest äußerlich den Anschein zu wahren, als bestünde die Republik weiter fort (Abb. 92). Die beiden Consuln wurden weiter Jahr für Jahr gewählt. Der Senat bestand weiter. Es gab aber eine wichtige Zweiteilung: vom Senat verwaltete und vom Kaiser verwaltete Provinzen. Augustus ließ sich immer wieder das *Imperium*, die militärische Befehlsgewalt, zuerkennen; er stationierte die von ihm geschaffene Berufsarmee nur in den kaiserlichen Provinzen mit ihm direkt unterstellten Gouverneuren, und er war so automatisch der Mächtigste im Reich. Die Amtsgewalt des Volkstribuns (*Tribunicia potestas*) machte ihn unverletzlich an Leib und Leben. Er hatte eine eigene Finanzverwaltung (kaiserlicher *Fiscus*) und herrschte über die wichtigsten Grenzprovinzen. So konnte er es sich leisten, sich schlicht nur *Princeps*, der Erste im Staate, nennen zu lassen (Prinzipat).

Das römische Reich, ein in soziale Klassen gegliederter Ständestaat, unterhielt seit Augustus vom 1. bis 3. Jh. das erste modern durchdachte Berufssoldatentum der Geschichte. Zwischen Schottland und Palästina, zwischen Marokko und den Schwarzmeerküsten standen über 30 Legionen unter Waffen. Den regulären Bürgerlegionen standen Hilfstruppen und Spezialeinheiten zur Seite, ferner zwei große Mittelmeerflotten und eine Reihe von weiteren Flotten zur See und auf den großen Strömen. Insgesamt betrug der Umfang des römischen Heeres und der römischen Flotten weit mehr als eine viertel Million Mann; manche Schätzungen gehen noch erheblich höher und rechnen mit ca. 400 000 Mann.

### Der Sieg über Ägypten

Der Umgang mit dem Ägyptenthema war am Beginn der Kaiserzeit von den Erfahrungen des Bürgerkrieges und der Actiumschlacht geprägt. Die Bilderwelt der Augustuszeit ist voller Zitate des Sieges von Actium und seines Hauptgottes, des Apollo von Actium. Im Waffendekor der frühen Prinzipatszeit vermied man hingegen peinlich jegliche Anspielungen auf Ägypten, Actium, Kleopatra und Marcus Antonius; es liegt nahe, den Grund dafür in der schnellen und konfliktlosen Auflösung der Ostarmee des Antonius nach Actium zu suchen. Es wurden, soweit es die Quellen verraten, die meisten Soldaten des Marcus Antonius ausgezahlt oder in Kolonien angesiedelt; doch war der entscheidende Punkt, dass es Octavian und Agrippa gelang, dieses Problem schnell und friedlich zu lösen, bevor man den neuen Prinzipat durch die Schöpfung der reinen Berufsarmee sichern konnte.

Unter all den römischen Waffenteilen begegnet uns ein nennenswertes Ägyptenmotiv nur einmal, auf einer Helmwangenklappe aus dem Gebiet der 101 eroberten Dakerhauptstadt Sarmizegetusa Regia (Gradiştea Muncelului, Rumänien). Dort verlor ein römischer Soldat eine Wangenklappe seines Helms (Abb. 95). Typologisch gehört die Wangenklappe mit den angearbeiteten Ohren zu einem Kavalleriehelm des Typs Weiler-Guisborough. Das Dekormotiv ist ein Unikum: Ein Adler kämpft gegen eine Schlange, die klar als Kobra gekennzeichnet ist (die Römer

ABB. 94 **Roma auf Schild. Relief von Sant'Omobono, Rom. Dunkler Kalkstein. H. 80 cm. Frühes 1. Jh. v. Chr.**

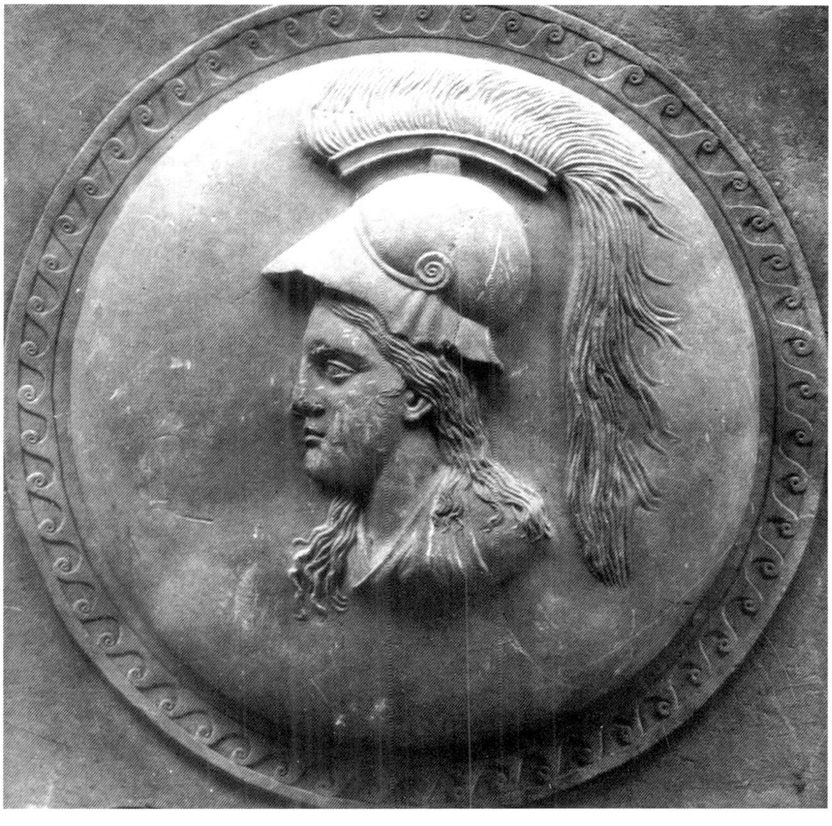

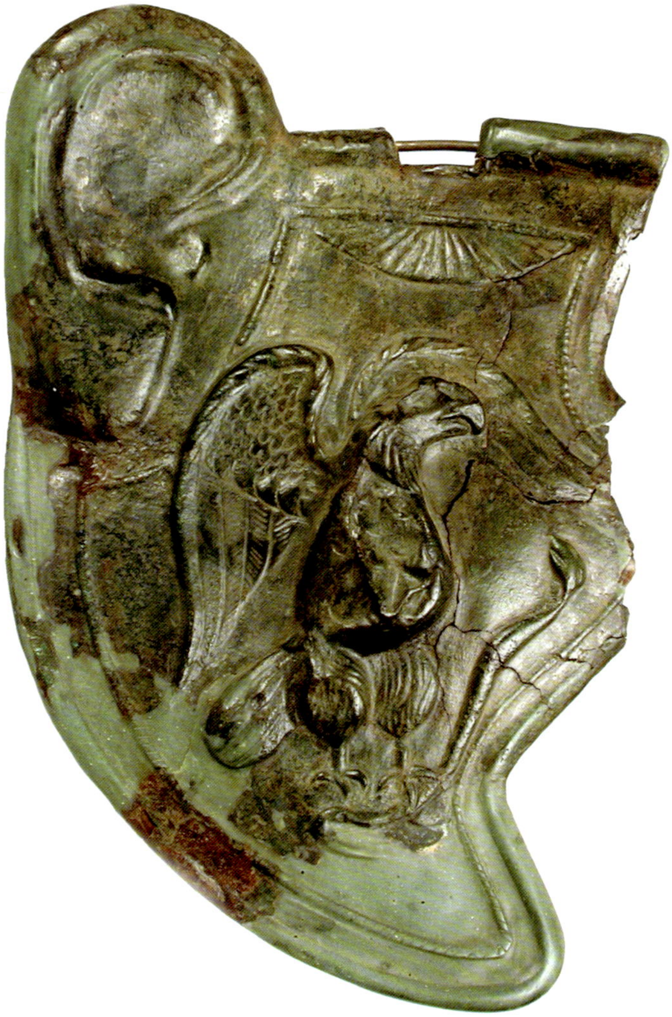

ABB. 95 Adler und Kobra. Wangenklappe aus Sarmizegetusa Regia, Rumänien. H. 17 cm. Bronze. 2. Jh.

kannten nur die afrikanische, nicht die indische Kobra). Noch hat der Vogel Iuppiters die Schlange nicht gepackt, aber allein seine Größe und seine dem Sieger entsprechende Bewegungsrichtung von links nach rechts lassen am Ausgang des Kampfes keinen Zweifel.

Können wir vermuten, was sich der römische Kavallerist des 2. Jhs. bei seiner extrem seltenen Themenwahl mit dem Kobrakampf gedacht haben mag? Deutlich und deshalb absichtlich ist der Hinweis auf Ägypten. Das dürfte in jener Zeit freilich als Symbol der Kraft und Stärke der römischen Adler wie der Gefahr durch eine prominente Giftschlange verstanden worden sein. Direkt antiägyptische Gefühle wären im 2. Jh. nicht mehr aktuell gewesen.

### *Aurea Aetas:* Das Paradies der Ranken und Tiere

Politische, aber auch geistige Strömungen lassen sich in ihrer Anspiegelung im Waffendekor am differenziertesten an den Gladiusscheiden ablesen. Der *Gladius* war der pointierteste Dekorträger und Inhaltsbote der Armee. Dies dürfte seinen Grund darin haben, dass er als Teil der *Gladius-Pilum*-Angriffstaktik der Legionäre für die römischen Erfolge als sprichwörtlich galt.

Reliefdekorierte *Gladii* stammen hauptsächlich aus den beiden germanischen Provinzen, von der Schweiz über das Elsass, den Mainzer Raum bis zum Niederrhein und der niederländischen Nordseeküste. Beachtenswert sind dabei weniger die Einzelfunde aus Britannien, der Germania magna, Italien oder Pannonien, sondern die Fundleere im sonstigen Römerreich. Letzten Endes steht damit das Rheintal von den Schweizer Bergen bis zur Nordsee als Operationsgebiet der römischen Armee stellvertretend für das ganze Reich.

Zu den wichtigen Themen auf diesen *Gladii* zählen besonders alle politischen Darstellungen. Mit den Bildern des *Princeps* und der Personen aus seiner Familie auf Kriegswaffen eröffnet die römische Armee ein in der Waffengeschichte neues Kapitel. Alexanders Makedonen, Hannibals Punier oder Kleopatras Ägypter mögen mannigfachen Waffenschmuck gekannt haben, das Bildnis der jeweiligen Souveräne oder Feldherrn war ihren Waffen nicht angeheftet.

Wie die Waffen der Legionen bei Actium dekoriert waren, können wir nicht einmal vermuten. Und auch die Probleme des neuen Augustus im ersten Dezennium seiner neuen Staatsform finden im Waffendekor keinen greifbaren Widerhall. Der Prinzipat erlebte seine erste tiefe Krise, als im Jahre 23 v. Chr. Augustus lebensgefährlich erkrankte, als die Verschwörung des Terentius Murena zu überstehen war, und als Augustus' Neffe Marcellus starb; Marcellus war der Sohn des Marcus Claudius Marcellus und der Augustusschwester Octavia. Ihn wollte Augustus zum Nachfolger aufbauen, und sein Tod war die erste der familiären Katastrophen, die noch kommen sollten.

Augustus musste die Familienpolitik neu konzipieren. Er sorgte dafür, dass sein alter Mitstreiter Agrippa, der Schöpfer der Berufsarmee und der erfolgreiche Liquidator der Antoniusarmee, im Jahre 18 v. Chr. die tribunizische Gewalt auf fünf Jahre und damit eine hervorgehobene Stellung erhielt. Zugleich adoptierte Augustus ein Jahr später die Söhne dieses Agrippa und seiner Tochter Iulia, Caius Caesar und Lucius Caesar, und brachte sie damit für seine Nachfolge in Stellung.

Es war dies das Jahr 17 v. Chr.: Rom feierte das Säkularfest. Horaz veröffentlichte ein Kultlied, das *Carmen saeculare*, und Rom propagierte den augusteischen Weltfrieden. Die vielfältigen Ranken sind als Symbol des blühenden Gedeihens zu verstehen. Die Ideen der glücklichen Zeiten (*Felicitas temporum*) und eines Goldenen Zeitalters (*Aurea Aetas*) sind in allen Bereichen der Kunst zu finden, von der Architekturdekoration bis zur Edelmetalltoreutik. Es ist deutlich, dass die Ranken der *Ara Pacis*, des großen Friedensaltars in Rom, dabei eine besonders wichtige Rolle spielten. Die Anspielungen auf den Antagonismus Apollo-Bacchus konnten durch Einbindung weiterer Götter und einen versöhnlichen Gesamtaspekt der augusteischen Ideologie dienstbar gemacht werden. Schon auf der *Ara Pacis* werden der Lorbeer Apollos und der Efeu des Bacchus in gemeinsamem Rankenwerk gezeigt.

Dabei können wir im Einzelfall den Weg der Motive nicht immer nachvollziehen. Immerhin ist deutlich, dass manche Schwertscheiden Motive der stadtrömischen Kunst zitieren, z.B. ein Fragment aus Vindonissa, Schweiz, mit dem Motiv der Schlange am Vogelnest, welches ein Zitat einer Szene der *Ara Pacis* in Rom ist. Ein *Gladius* aus Valkenburg, Holland, zeigt mit seinen Ranken ebenfalls eine deutliche Abhängigkeit von italischen Vorbildern. Etwas genauer, nämlich in augusteische Zeit, lässt sich die Rankenszene des *Gladius* aus Vrhnika/Nauportus, Slowenien, datieren (Abb. 96). Das Silbermundblech zeigt ein Rankenmotiv, der Reliefhintergrund ist gepunktet und wirkt deswegen dunkler. Aus einem Akanthuskelch wächst ein mehr oder weniger symmetrisches Rankengebilde mit zwei fliegenden Vögeln. Die routinierte Treibarbeit ermöglicht zusammen mit dem gepunkteten Hintergrund eine Datierung noch in augusteische Zeit. Die blühende Natur ist ein gutes Beispiel für die Symbole der glücklichen Zeiten. Von allen erhaltenen *Gladii* mit Rankenmotiven ist der Londoner Fund wohl der konventionellste (Abb. 97). Man sieht einen symmetrischen Rankenkandelaber mit Vögeln und Kleintieren. Wie die *Opus-interrasile-Gladii* war auch die Rankendekoration ein Ausweg für jene Soldaten, die sich – aus welchen Gründen auch immer – nicht für ein konkreteres politisches Thema entscheiden wollten.

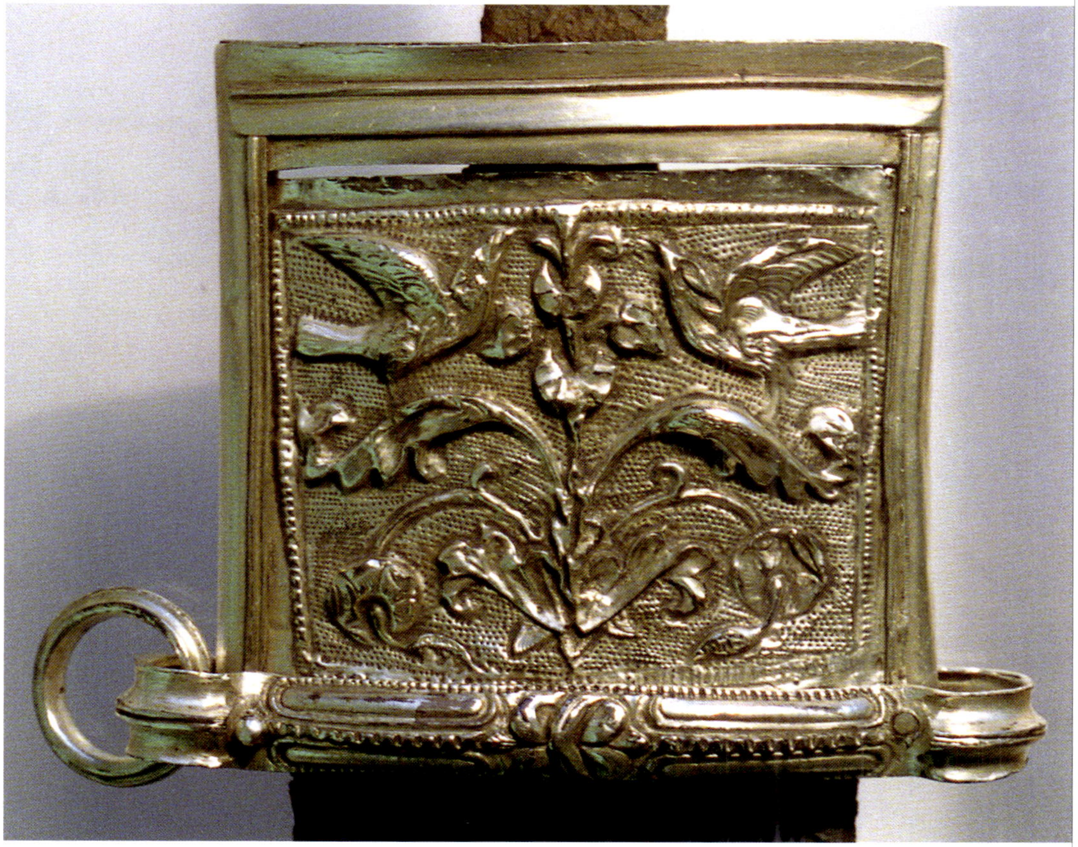

ABB. 96 Gladiusscheidenblech aus Vrhnika/Nauportus, Slowenien. Silber. H. 7 cm. Augusteisch.

## Hoffnungen der Dynastie: Die Augustusenkel Gaius und Lucius Caesar

Mit der Adoption seiner Enkel Caius und Lucius Caesar 17 v. Chr., im Jahr der Säkularfeier Roms, hatte Augustus demonstrativ den Weg einer gesicherten Dynastie angekündigt. Dieser Vorgang führte dazu, dass man bei der Nordarmee erstaunlicherweise auf die Thronfolgesituation regierte. Auf einem aus Bonn stammenden Gladiusrelief (Abb. 98) steht vor einem gepunkteten Hintergrund und über einer flach gewölbten Leiste in Frontalansicht die Dreiergruppe einer Frauenbüste zwischen zwei jugendlichen Männern als Panzerbüsten. Die Interpretation der Zentralperson schwankt zwischen Livia und Iulia, entsprechend variiert die Deutung der beiden Männer. Die Frage löst sich allerdings auch durch das Porträt der Frau, welches eine Stirnbauschfrisur aufweist. Die Frisur stimmt in dieser Form mit keinem bekannten Typus der Livia überein und kann schon deshalb nicht auf Livia bezogen werden. Für Iulia, deren Bildnis schlecht überliefert ist, könnte die Frisur hingegen zutreffen. Der Kopf passt mit dem schmalen, kleinen Stirnbausch und den kurzen Halslocken nur zur Profilversion des Iuliaporträts auf augusteischen Münzen, wo sie im Übrigen auch mit ihren beiden Söhnen, den Thronfolgern, abgebildet ist. Auf dem Bonner Relief lassen sich die Köpfchen von Gaius Caesar (links von Iulia) und Lucius Caesar mit Vorsicht mit den Typen V für Gaius Cesar und III für Lucius Caesar vergleichen.

Iulia war als Ehefrau – zuerst Agrippas und später des Tiberius – sowie als Mutter der Thronfolger Gaius und Lucius Caesar, die von Augustus adoptiert worden waren, direkt politisch einbezogen. Man darf bei Darstellungen des Kaiserhauses nicht außer Acht lassen, dass sie sich – wenn sie politisch wirksam sein sollten – auf den *Princeps*, den oder die Thronfolger sowie auf dynastisch wichtige Frauen der Familie konzentrieren mussten. Zum ehemaligen Grundprogramm des Bonner *Gladius* muss man deshalb sicher auch ein Relief des Augustus rechnen, etwa ein Medaillon nach Art des Divus Augustus auf dem ›Schwert des Tiberius‹ (Abb. 101). Die Darstellung auf dem Bonner *Gladius* ist als eine veritable Figurengruppe aus dem Kaiserhaus, ebenso wie die Skulpturengruppen in Metall oder Stein, zu beurteilen. Derartige Statuengruppen und Porträtgalerien waren neben den noch wichtigeren Münzen ein wesentliches Element dynastischer Propaganda.

Den Bonner *Gladius* kann man als eine Parteinahme für die von Augustus vorgesehene Nachfolgeregelung – zugunsten der Söhne von Agrippa und Iulia – im Sinne der Iulier verstehen, zumal die Seite der Claudier (Livia, Tiberius, Drusus) durch den Tod des Drusus 9 v. Chr. und durch die immer schwächere Stellung des Tiberius (6 v. Chr. Rückzug nach Rhodos, dort bis 2 n. Chr.) an Gewicht verloren hatte. Ein Bild der Iulia mit Gaius und Lucius Caesar käme für den Zeitraum von ca. 10 v. Chr. bis 2 v. Chr. in Frage.

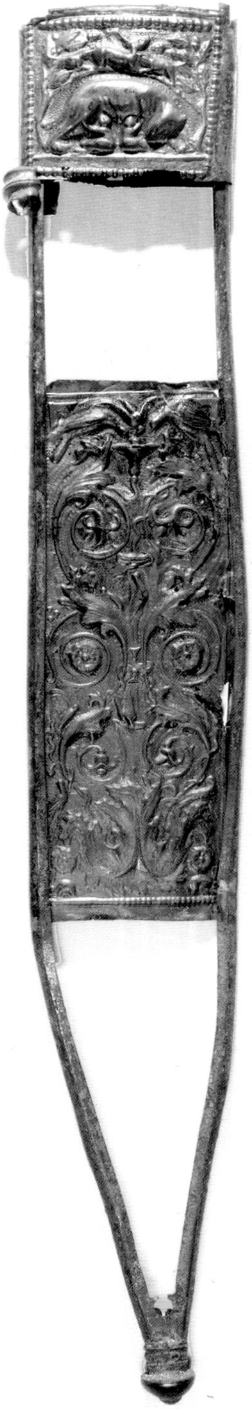

ABB. 97 Gladiusscheide aus der Themse in London. Bronze. L. 53,4 cm. *Lupa Capitolina* und Ranken. 1. Jh.

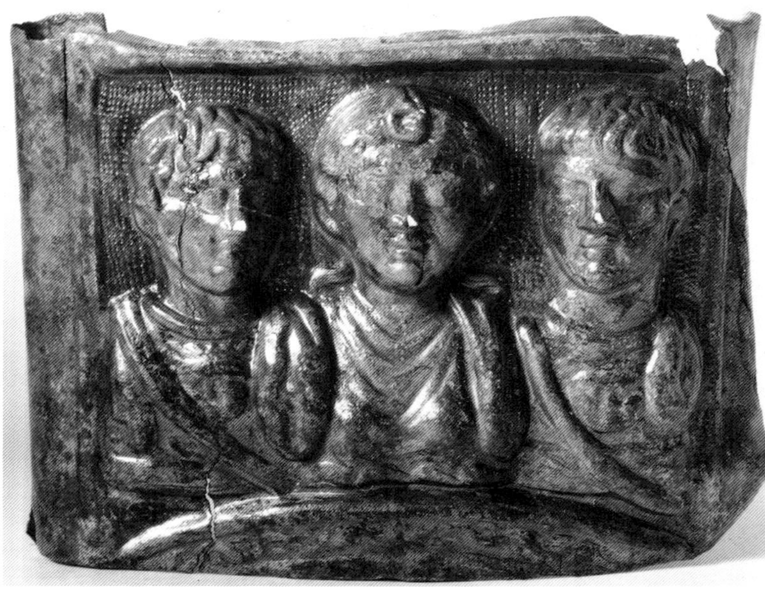

ABB. 98 Gladiusscheidenrelief aus Bonn. Iulia mit den Thronfolgern Gaius Caesar und Lucius Caesar. Bronze. H. 6,1 cm, 10-2 v. Chr.

Das Jahr etwa 10 v. Chr. ergibt sich daraus, dass eine derartige Dreiergruppe den Tod Agrippas 12 v. Chr., die Wiederverheiratung Iulias mit Tiberius und ein gewisses Alter der 20 und 17 v. Chr. geborenen Thronfolger Gaius und Lucius Caesar voraussetzen dürfte. Enddatum für die Fabrikation des Reliefs ist die Verbannung Iulias 2 v. Chr.; mit dem Tode des Lucius 2 n. Chr. und dem des Gaius 4 n. Chr. verlor die Darstellung ihre Aktualität. Der Träger des *Gladius* hatte spätestens 4 n. Chr. mit der Adoption des Tiberius und seiner Ernennung zum Thronfolger allen Grund, das Relief zu entfernen: Alle drei Personen des Bonner Gladiusreliefs waren tot oder verbannt.

Bemerkenswert ist die Frontalität der Dreiergruppe im Rahmen einer Gladiusdekoration. Auf den Koppeln (*Cingula*) wie auf den Orden (*Dona militaria*) ist die Frontalität öfter zu finden, auf den Gladiusscheiden selbst liegt mit dem Bonner Relief bislang das früheste Beispiel dieser Art vor.

Die Gladiusscheiden sind so aufgebaut, dass man bei Bedarf einzelne Bleche leicht auswechseln konnte. Das in der Porträtkunst allenthalben feststellbare Umarbeiten von großen Köpfen, aber auch von kostbaren Gemmen ist an den Resten der *Gladii* nicht zu bemerken, war auch nicht nötig und wäre technisch zu aufwendig gewesen. An einem wertvollen Edelstein lohnte sich die Umarbeitung, an einem Gladiusblech nicht. Man kann sich also denken, dass der Träger des Bonner *Gladius* mit der Bildnisgruppe der Iulia zwischen Gaius Caesar und Lucius Caesar dieses Relief spätestens im Jahre 4 n. Chr. angesichts der Adoption des Tiberius und der damit gegebenen neuen Nachfolgesituation entfernen und ersetzen ließ.

### Ein Bildprogramm: Das ›Schwert des Tiberius‹

Der Tod des Lucius Caesar im Jahr 2 und des Gaius Caesar im Jahre 4 zerstörte Augustus' dynastische Hoffnungen: Alle seine Pläne waren gescheitert, es war nur mehr der bei ihm wie bei späteren Historikern ungeliebte Tiberius übrig geblieben. Von nun an wird man immer wieder die beiden Namen Tiberius und Germanicus finden, der eine ab 4 Thronfolger und ab 14 Kaiser, der andere seit 13 und nach Tiberius' Regierungsantritt Befehlshaber der Nordarmee und Feldherr in den römischen Rachefeldzügen der Jahre 14-16 in Germanien, welche die verlorenen Legionsadler der Varusniederlage zurückholen und die militärische Schmach des Jahres 9 vergessen machen sollten.

Das ›Schwert des Tiberius‹ (Abb. 99) bietet eine Reihe bedeutender Motive: Auf dem Mundblech steht Germanicus vor Mars, Victoria und dem thronenden Kaiser Tiberius. Es folgen das Medaillon mit dem Porträt des Divus Augustus (Abb. 116), die rahmenden Eichenkränze (*Coronae civicae*) sowie unten ein Heiligtum (*Sacellum*) mit Legionsadler und zwei Feldzeichen über der Personifikation einer Provinz mit Doppelaxt, Speer und phrygischer Mütze (Abb. 102).

Auf dem Mundblech (Abb. 100) sitzt der regierende *Princeps* Tiberius halbnackt in Iuppiterart inmitten einer schräg gesehenen Dreiergruppe, mit einem stehenden Mars im Hintergrund und einer wie schwebend erscheinenden Victoria zu seiner Linken; sie wird auf ihrem Schild als ›Vic(toria)/Aug(usta)‹ bezeichnet. Auf dem Schild zur Linken des *Princeps* bietet die Inschrift ›Felicitas Tiberi‹ eine zusätzliche Erläuterung der Hauptperson und seines Regierungsprogrammes. Vor Tiberius steht ein junger Feldherr, der dem *Princeps* eine kleine Victoria entgegenhält. Sein Profil ist so kennzeichnend, dass man ihn als Germanicus, Oberkommandierender des Heeres in Germanien, ansehen muss. Als Zeichen des Triumphes überreicht Germanicus dem *Princeps* die kleine Victoria.

Im Jahre 14 wäre mit der Meuterei der pannonischen und rheinischen Legionen beim Regierungsantritt des Tiberius für eine Siegesdemonstration dieser Art kein Anlass gewesen, vielleicht auch noch nicht mit dem Einfall ins Land der Marser im gleichen Jahr. Anders steht es seit der im Jahre 15 gelungenen Rückgewinnung des Adlers der 19. Legion (Tacitus, Ann. I 60). Noch wahrscheinlicher ist eine Datierung auf die Zeit 16/17, nach der Rückgewinnung des zweiten varianischen Adlers (Tacitus, Ann. II 25), und vor Germanicus' Abberufung und seinem im Jahre 17 gefeierten Triumph in Rom.

Der stehende Feldherr mit Victoria auf dem ›Schwert des Tiberius‹ muss Germanicus sein. Für die Frühzeit des Tiberius käme allenfalls noch sein eigener Sohn Drusus II (der jüngere Drusus) in Frage; im Porträtvergleich muss hier aber Germanicus zu erkennen sein, weil das unverkennbare Profil des Tiberiussohnes Drusus nicht gemeint sein kann. Mit der Deutung auf Germanicus ergibt sich die Datierung um das Jahr 16/17.

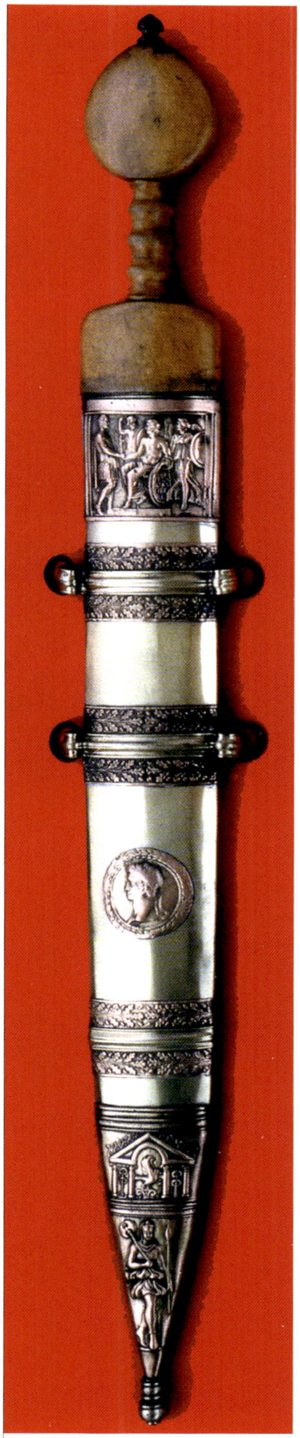

ABB. 99 ›Schwert des Tiberius‹ aus Mainz. Eisen, Bronze, teilvergoldet. L. 57 cm. 16/17 n. Chr.

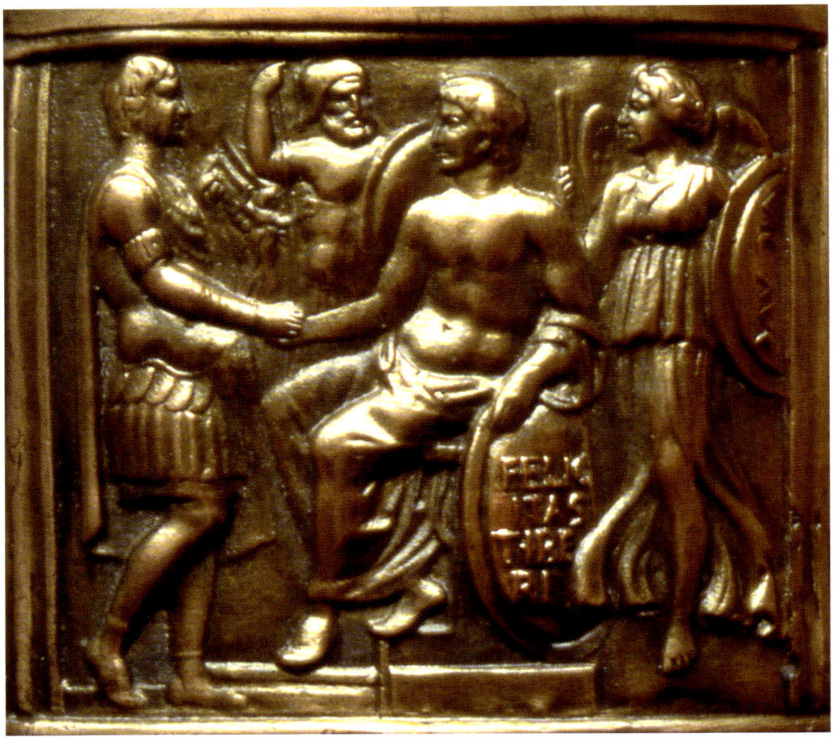

ABB. 100 Mundblech vom ›Schwert des Tiberius‹. Germanicus vor Mars, Tiberius und Victoria.

Nur vor der Abberufung des Germanicus aus Germanien und vor seinem Triumph in Rom ist die Komposition sinnvoll.

Die Scheidenklammern überdecken jeweils doppelte Reliefbänder mit Eichenmotiv der *Corona civica* (*ob cives servatos*). Unten erscheint das breite Eichenband allein. Das Medaillon mit dem Divus Augustus in der Mitte (Abb. 101) ist also oben und unten mehrfach von der *Corona civica* eingerahmt. Den Augustus direkt schmückt allerdings der triumphale Lorbeerkranz.

Die Tempelfassade unten (Abb. 102) meint ein Lagerheiligtum mit dem Legionsadler in der Mitte und zwei Feldzeichen an der Seite. Die lyraförmigen Simaornamente auf dem Dach sind im Übrigen ein Kennzeichen der Mainzer Provinzialkunst augusteischer Zeit. Dieses Detail wäre bei einer Herstellung des Schwertes in Rom kaum vorgekommen; es ist ein Argument für die Herstellung

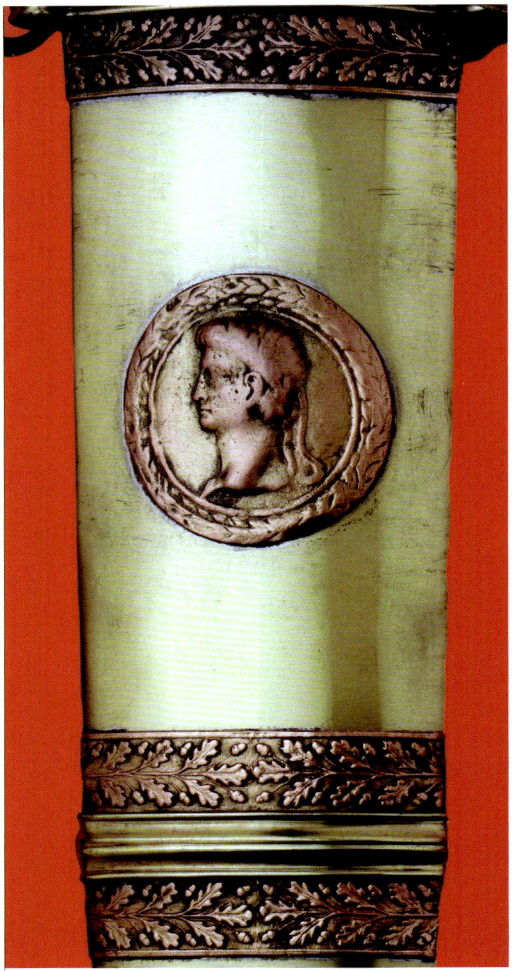

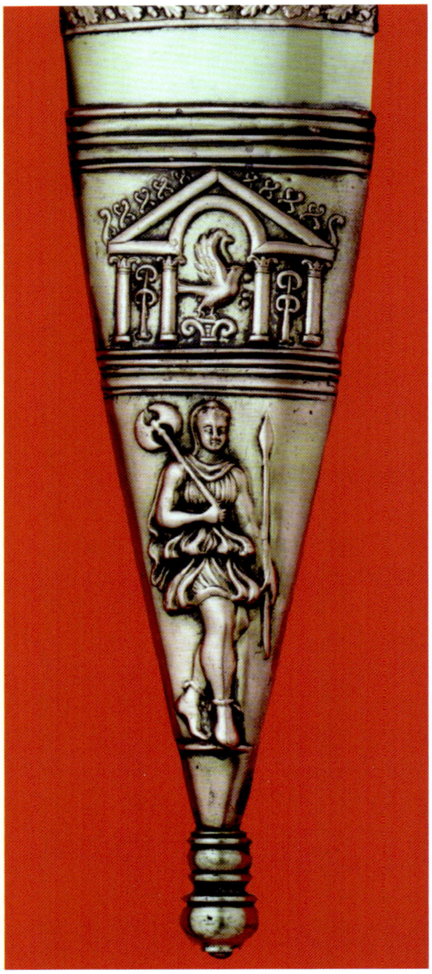

ABB. 101 Augustusmedaillon vom ›Schwert des Tiberius‹.

ABB.102 Feldzeichentempel und Provinzpersonifikation vom ›Schwert des Tiberius‹.

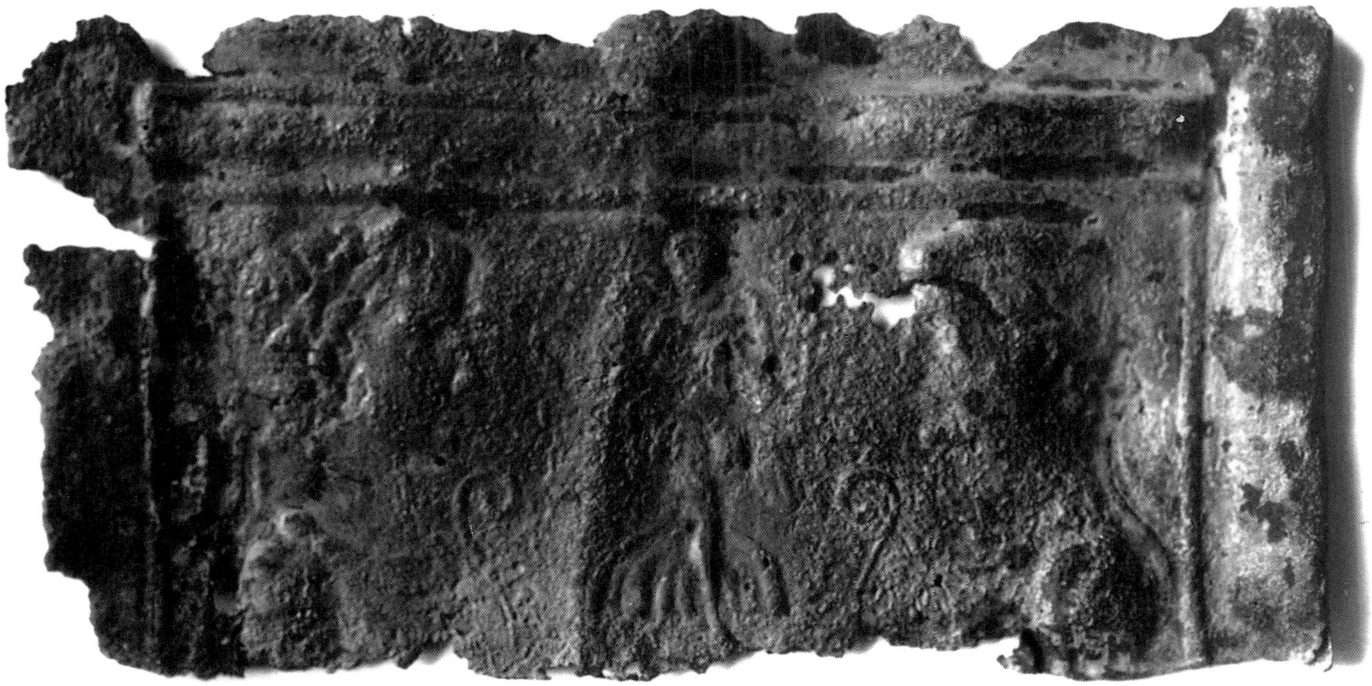

des *Gladius* im Rheinland. Bei der amazonenartigen Personifikation mit Doppelaxt und Speer (Abb. 102) hat man an die Provinz Vindelicia gedacht, weil in der horazischen Ode IV 4 anlässlich der Siege des Drusus über die Raeter und Vindeliker von der Amazonenaxt die Rede ist (Hor., Carm. IV 4, 16-22). Die Doppelaxt hat man bis in die spätere Antike nicht nur mit den östlichen Amazonen, sondern auch mit Gallien verbunden. Deshalb dürfte die Erklärung der Figur auf dem Mainzer *Gladius* als Vindelicia und damit als Zitat der Alpenfeldzüge des Drusus und Tiberius richtig sein.

Schon unter Augustus wie auch am Beginn der Regierungszeit des Tiberius finden sich also Gladiusdekorationen mit dynastischen Themen. Der Träger des 'Schwertes des Tiberius' kann ein Soldat bis zum Range eines *Centurio* gewesen sein. Der auf der Mundblechrückseite lesbare Name *Aureli* (Besitz des Aurelius) sagt über den sozialen und militärischen Rang des Trägers nichts aus.

Einen gemeinsamen Auftritt von Tiberius und Germanicus finden wir noch einmal auf einem Schwert, einem Gladiusscheidenrelief aus Vindonissa in der Schweiz (Abb. 103). Es ist ein Einzelfund, dessen bildlichen Kontext wir nicht kennen, weil sich weder vom Rest der Waffe noch vom *Cingulum* etwas erhalten hat. Man erkennt zwei Panzerbüsten mit Kranz und *Paludamentum*, beide mit *Lituus*: links Tiberius, rechts Germanicus, dazwischen eine Victoria. Wenn hier Tiberius und Germanicus zusammen erscheinen, dann dürfte es sich vielleicht um einen Bezug auf die Zeit vor 14 n. Chr. handeln, als beide Thronfolger waren. Für den *Princeps* Augustus wäre an anderer Stelle des *Gladius* und des *Cingulum* genügend Platz gewesen. Wenn man das Relief, was aus stilistischen Gründen natürlich möglich ist, in die Zeit zwischen 14 und 19 datiert, dann wäre es eine sehr betonte Parteinahme für Germanicus, der mit dem *Princeps* Tiberius praktisch gleichgestellt erschiene. Ein Datum zwischen 4 und 14 wäre also wahrscheinlicher. Unabhängig davon stellt das Fragment in jedem Fall eine weitere interessante Version des Interesses der Nordarmee an den Nachfolgefragen dar.

Diese Stellungnahmen zur Tagespolitik sind auffallend, allerdings vor dem Hintergrund der Berufssituation der Soldaten verständlich: Man hatte in der Armee ein vitales Interesse daran, dass die Stellung des *Princeps* als Institution weitergeführt würde, garantierte doch das neue Kaisertum die Existenz der Berufsarmee.

### Die Fellhelme im römischen Heer

Auf römischen militärischen Grabreliefs des 1. Jhs. fielen schon seit jeher einige Helme auf, deren Kalotte mit einer als Haar oder Fell deutbaren Form geschmückt war (hier kurz als Fellhelm

ABB. 103 Gladiusblech aus Vindonissa, Schweiz. Tiberus (links), Victoria und Germanicus. H. 4,5 cm. 4-14 n. Chr.

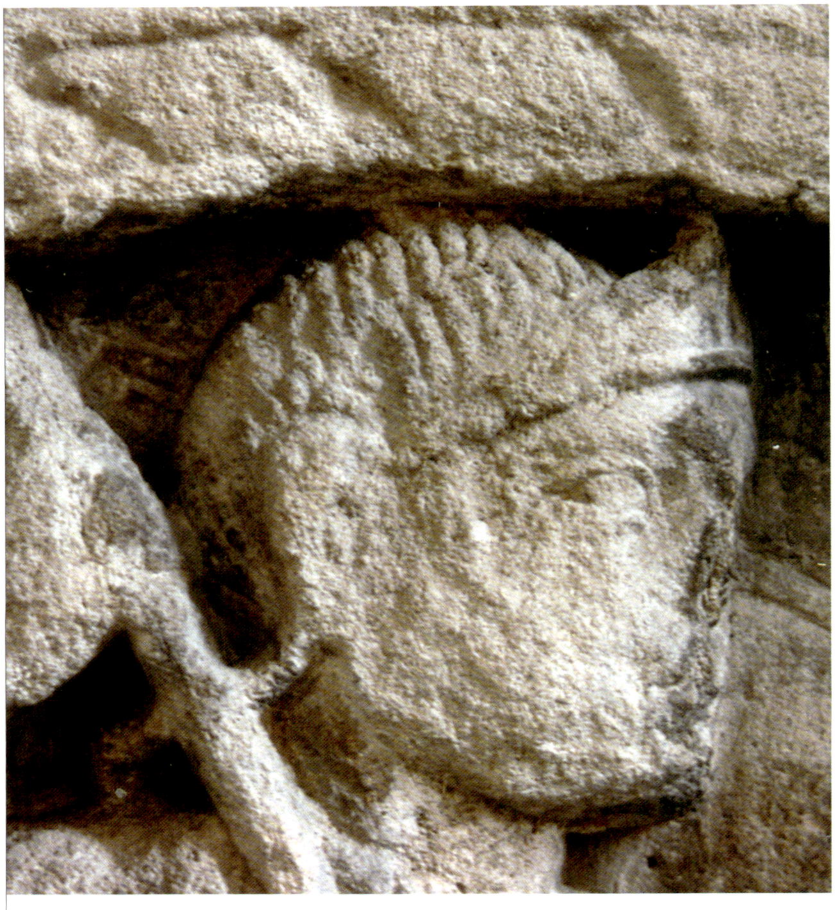

ABB. 104 Reitergrabrelief des Annauso aus Mainz. Kalkstein. H. des gesamten Reliefs 128 cm. 1. Jh.

bezeichnet). Die Träger sind meist Kavalleristen oder ihre Reitknechte (Abb. 104). In Einzelfällen erstreckt sich dieser Überzug sogar auf die Wangenklappen. Die Fundschwerpunkte liegen gleichmäßig verteilt im niedergermanischen Raum um Köln/Bonn und im obergermanischen Gebiet um Mainz; außerhalb des Rheinlandes finden sich noch Beispiele in England, Belgien und Frankreich. Auch auf einigen Reliefs aus Italien wird dieser Helmtypus gezeigt.

Da die Bemalung heute fehlt, kann man nicht sicher sein, ob die Reliefs Helme mit echtem Haar oder echtem Fell zeigen, oder ob wir hier auch die Metallversionen sehen, die man inzwischen durch einige Funde kennt. Dazu gehört das Exemplar von Koblenz-Bubenheim, Rheinland-Pfalz, ein Eisenhelm mit einer bronzenen Haarkalotte (Abb. 55 links). Die Fundumstände sind leider fast unbekannt, der Helm kann vom Typ her in das mittlere 1. Jh. datiert werden. Das Grab von Weiler in Ostbelgien, ein zweites Beispiel, lässt sich als Ensemble etwa in die Jahre 10-50 datieren. Der Helm, der nach diesem Grab als Typ Weiler bezeichnet wird, besteht aus Eisen; ihm ist eine Haarkalotte als Bronzerelief aufmontiert. Die Wangenklappen sind glatt. Eine prunkvollere Variante ist der Helm von Xanten-Wardt, Nordrhein-Westfalen (Abb. 105). An diesem Eisenhelm mit Bronzeüberzug sind auch die Wangenklappen mit einem Haardekor versehen. Die Porträtbüste (*Imago clipeata*) über der Stirn zeigt eine Männerbüste im Panzer mit Lorbeerkranz, am ehesten Tiberius ( Abb. 120). Man kennt also aus dem Rheinland und aus dem Trierer Land drei Beispiele dieser Art aus der Zeit um oder kurz vor der Mitte des 1. Jhs.

Ob solche Helme Metallversionen von Helmen mit echtem, organischen Überzug sind, hatte man sich seinerzeit schon beim Fund von Koblenz-Bubenheim gefragt. Dass die real mit Haaren oder Fell überzogenen Helme die Originalerfindung waren, die mit Metallhaarteilen überzogenen Helme hingegen sekundär, hat sich inzwischen durch Funde aus Niedergermanien bestätigt.

Es sind dies die Stücke aus Xanten-Wardt, Nordrhein-Westfalen (Abb. 106), und aus Nimwegen, Gelderland (Abb. 152). Diese Fellhelme haben ein Muster aus länglich geflochtenen Streifen. Es ist bei den zwei am besten erhaltenen Exemplaren eher ornamental als naturalistisch; einer der Funde aus Nimwegen zeigt einen Überzug der Kalotte aus Bären-, Menschen- oder

Pferdehaar, der Xantener Helm trägt Rosshaar. Das Flechtwerk soll einen Gewebeeindruck machen, aber keine Locken imitieren, wie dies bei den anderen Kalottenhelmen der Fall ist. Es besteht aber dennoch ein Zusammenhang.

Der Überzug des Xantener Helmes (Abb. 106) war festgenietet und zum Ansehen bestimmt; er war also keine Unterlage für einen zusätzlichen metallenen Überzug. Es handelt sich außerdem nicht um einen Maskenhelm, sondern um einen Kampfhelm. Zu überlegen ist noch, ob das fest zusammengeflochtene Haargespinst als eine Art Perückenunterlage zum Einflechten einzelner weiterer Haarbüschel gedient haben kann, die man nach Art des heutigen Einhäkelns damit hätte verbinden können.

Der Xantener Helm ist nicht direkt datiert; die Nimwegener Exemplare stammen aus Gruben claudisch-neronischer Zeit auf dem Kops Plateau. Man wird also diesen Typ in die Mitte des 1. Jhs. (oder natürlich auch früher) setzen können. In Nimwegen haben sich die Textilfasern durch die Lagerung im Boden durch Eisenkorrosion mineralisiert. Man benutzte einen Rosshaarüberzug, dazu Schafwolle am Kopfband; die Ornamente wurden aus Haaren geformt und dann aufgeklebt. Durch die eisernen, ehemals silberblechüberzogenen Masken der Funde von Nimwegen (Abb. 152) wissen wir, dass sich unter den Fellhelmen sowohl Kampfhelme als auch Maskenhelme der Turnierrüstung befanden.

## Alexanderepigonen

Helme mit Fell, Haar oder organischem Überzug begegnen uns in der Porträtkunst der frühen Kaiserzeit an einer Darstellung des Germanicus sowie lange davor an einer Darstellung Alexanders des Großen. Der Kopf der Sammlung Erbach im Odenwald (Abb. 107) ist als Porträt noch zu Lebzeiten des Germanicus entstanden. Mit einem Datum noch vor 19 befinden wir uns unmittelbar nahe jener Zeit, in welcher wir auf der einen Seite die Maskenhelme von Haltern und Kalkriese kennen, in der andererseits aber auch

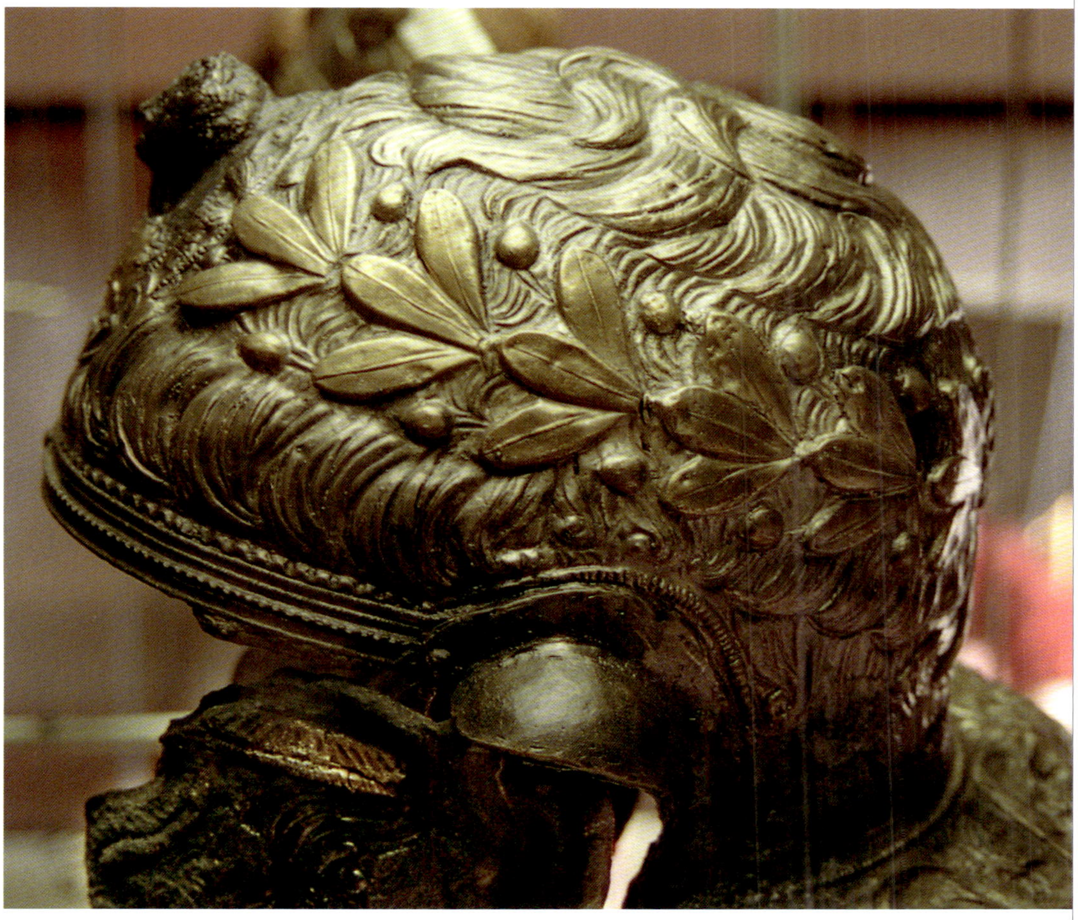

ABB. 105 Prunkhelm aus Xanten-Wardt am Niederrhein. Reiterhelm des Typs Weiler mit metallener Haarkalotte. Eisen mit Bronzeüberzug, Feuervergoldung. H. 19,3 cm. 1. Jh.

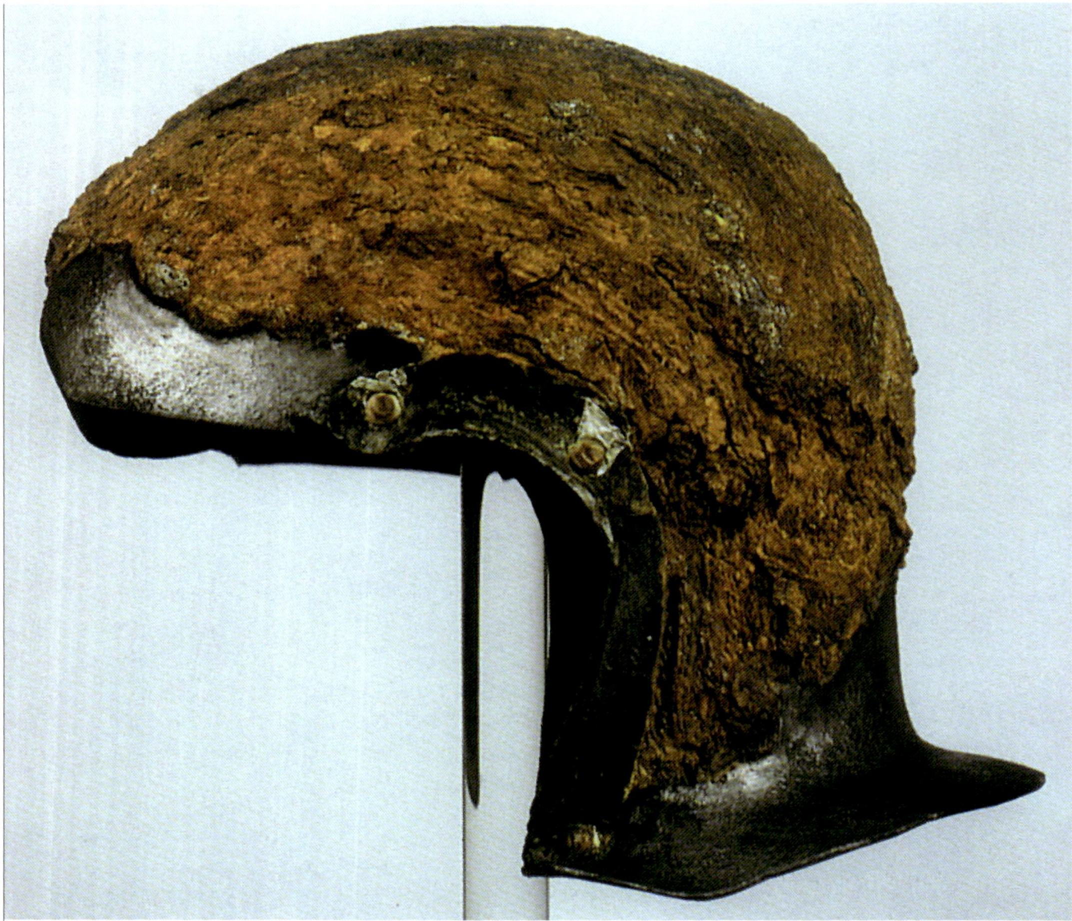

ABB. 106 Eisenhelm des Typs Weiler mit Rosshaarüberzug. Baggerfund aus Xanten-Wardt, Nordrhein-Westfalen. H. 20,3 cm. 1. Jh.

ABB. 107 Germanicus im Fellhelm. Fundort unbekannt, aus Italien. Marmor. H. 42 cm. Vor 19 n. Chr.

die Genese der Helme mit organischem Material zu vermuten ist.

Der Fellhelm des Germanicusporträts Erbach geht anscheinend auf ein Vorbild der Alexanderzeit zurück. Münzen des Seleukos I. (Abb. 109) zeigen Alexander mit einem tierfellbezogenen attischen Helm. Man deutet es gewöhnlich als Stierfell, was dem Ohr und dem Horn wie auch der Struktur des Fells einigermaßen gerecht wird. Aber es kam wohl auch nicht auf Naturalismus an. Nach einer anderen Theorie sei es ein attischer Helm, mit einem Pantherfell überzogen, dem die Stierohren und Stierhörner angefügt worden seien. Welche Version man auch bevorzugt – es ist auf jeden Fall eine mit dem Gott Dionysos zu verbindende Waffenmaskerade, und das ist bei Alexander kein Wunder: Seine Dionysossymbolik ist mit seinem Indienfeldzug und einem allgemeinen Welteroberungsdrang zu verbinden. Dazu kommt das Raubtierfell um den Hals, welches die Assoziation mit Herakles wie mit Dionysos unterstützt.

Auf jeden Fall ist es ein attischer Helm mit genau passend gearbeitetem Fellüberzug. Einen entsprechenden attischen Helm (freilich ohne die Hörner und Ohren) trägt das Germanicusporträt; auch sind die Helme des Typs Weiler Weiterentwicklungen des attischen Helms. Beim Porträt des Germanicus in einem alexanderähnlichen Fellhelm dürfte es sich kaum um ein Zitat eines schon in der Armee vorhandenen Helmtyps handeln. Eher ist der Fellhelm bei der Armee populär geworden, weil ihn der Feldherr in Anlehnung an den Alexanderhelm einführte.

Ob es klug von Germanicus war, sich in einem alexandertypischen Helm darstellen zu lassen, sei dahingestellt. Nach der Wiener Gemme mit dem Leinenpanzer Alexanders des Großen (Abb. 110) ist die Annahme eines bewussten Zitates jedenfalls möglich. Schon immer hat man bemerkt, dass hier direkt auf die Waffen Alexanders des Großen angespielt wird – trägt Germanicus doch einen Leinenpanzer genau jener Art, wie ihn Alexander auf dem pompejanischen Kampfmosaik zeigt (Abb. 160). Die Blitzbündel auf den Schulterklappen sind zwar ein geläufiges Motiv griechischen und römischen Waffendekors, aber die *Ägis*, das schlangengesäumte Fell unter dem Mantel, repräsentiert wiederum einen enormen Anspruch, weil sie ein göttliches Requisit war, Iuppiter und Minerva zukommend.

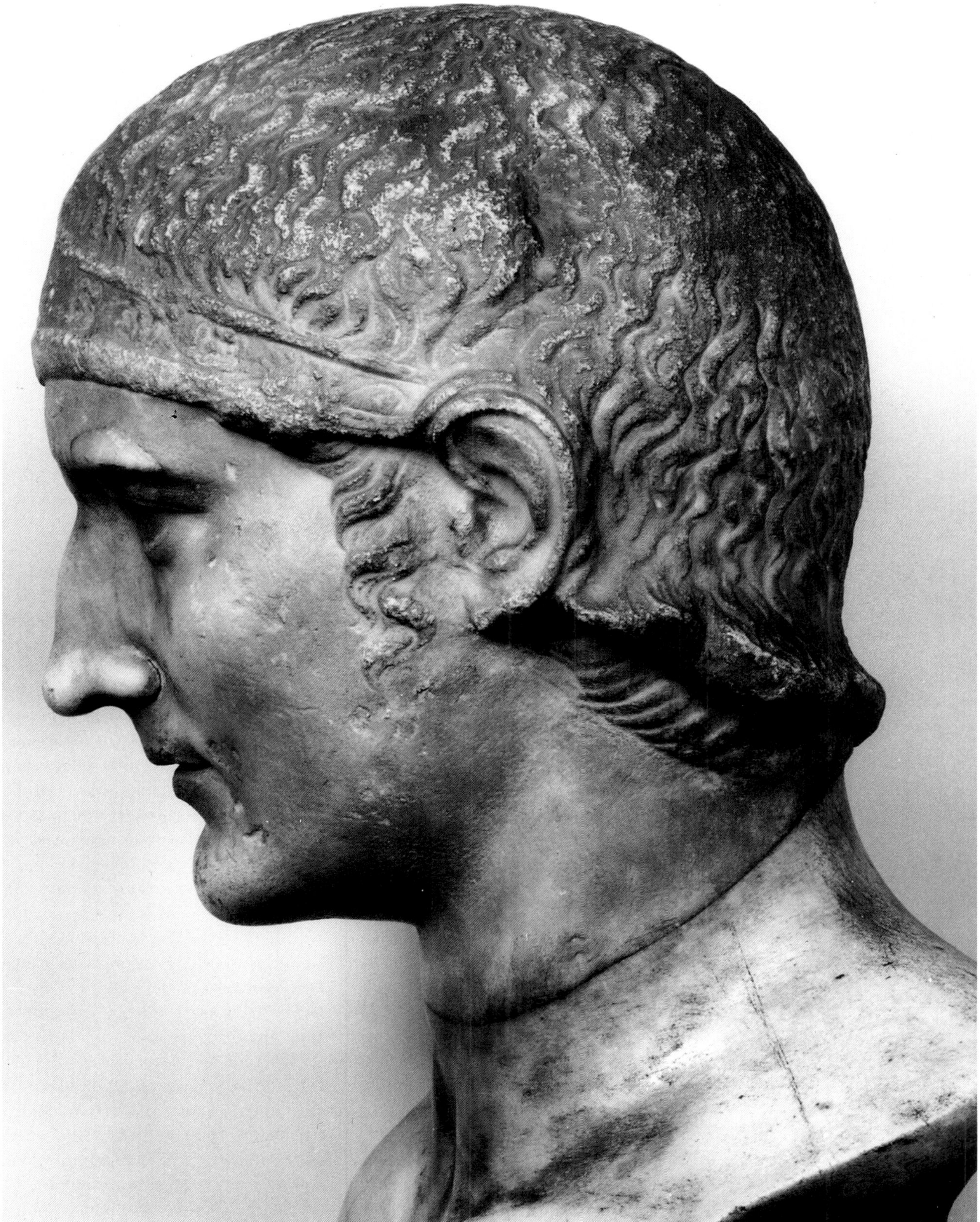

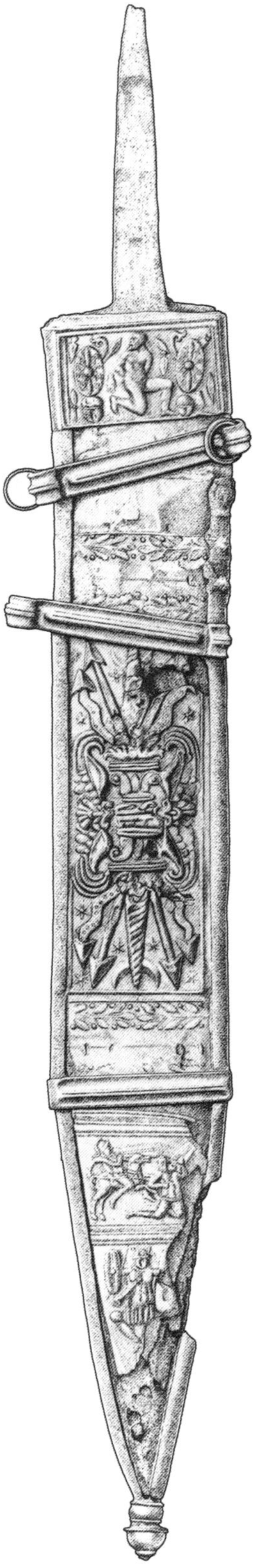

ABB. 108 *Gladius* aus dem Legionslager von Vindonissa. Eisen, Bronze, teilvergoldet. L. 70 cm. 20-30 n. Chr..

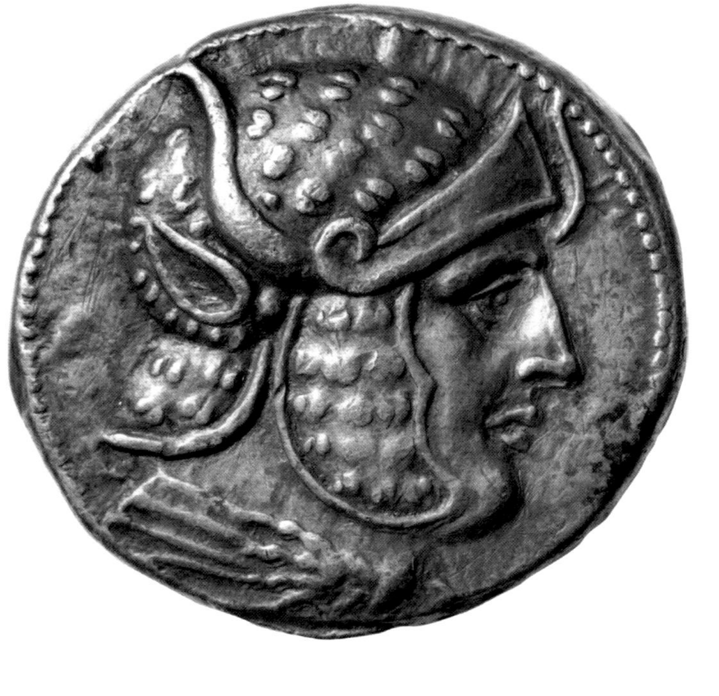

ABB. 109 Alexander im Fellhelm. Silber. Tetradrachme des Seleukos I. Nikator (305/281 v. Chr.).

Der Germanicussohn Caligula trat später gern in einem Panzer Alexanders des Großen auf (Sueton, Caligula 52), und zwar jenem direkt aus dem Grabe Alexanders des Großen. Man kann sich aber fragen, ob wirklich erst Caligula den Panzer aus dem Grab Alexanders in Alexandrien holte; es könnte schon Germanicus gewesen sein, der sich entsprechend als Alexander kostümierte. Die Wiener Gemme wäre dann eine Darstellung des Germanicus im echten Panzer Alexanders des Großen, vermehrt durch die *Ägis*.

Einem Mann wie Germanicus, der Aratos Astronomiebuch ›Phainomena‹ in lateinische Hexameter übersetzte, und der den *Princeps* Tiberius mit einem Ägyptenbesuch provozierte, wäre ein Bezug auf hellenistische Herrscherposen und Königsattribute zuzutrauen. Er wollte sich als zukünftiger *Princeps* vorstellen; sein Auftreten im Osten des Reiches ist unter diesem Aspekt verstehbar.

Die *Imitatio Alexandri* (Alexandernachahmung) des Germanicus ist ein Thema der antiken Publizistik wie der archäologischen Hermeneutik. Dass Germanicus dabei nicht allein stand, machte den Vorgang politisch deshalb nicht weniger brisant. Als Motive gelten und galten: die Sehnsucht (*Cupido*, als Zitat von Alexanders *Póthos*), das Schlachtfeld auf dem Teutoburger Wald zu sehen (Tacitus, Ann. I 61,1); die Ozeanexpedition (Tacitus, Ann. II 23f.), die mit dem *Póthos* Alexanders, den Ozean zu erreichen, zu vergleichen war (Parallele des südlichen zum nördlichen Ozean); das Preisgedicht des Albinovanus Pedo auf Germanicus und seine Feldzüge im Norden mit einem direkten Alexandervergleich; das Luxusbankett für die Nabatäer in Alexandria und der Goldkranz für Germanicus (Tacitus, Ann. II 57,4; II 78); der angebliche Kleiderluxus und die angebliche Hinwendung zu Magie und Zauberei; schließlich der problematische Besuch in Ägypten. Noch das Begräbnis des Germanicus gab zu Alexandervergleichen Anlass (Tacitus, Ann. II 73).

Die Probleme, welche das Verhalten des Germanicus beschworen, lagen auch darin, dass er als Sohn des Drusus Maior und der Antonia Minor, der Tochter des Marcus Antonius, zugleich ein leiblicher Enkel des Verlierers von Actium war. Bei jedem Alexandermotiv konnten die Zeitgenossen bei Germanicus unter Umständen nicht nur den Makedonen, sondern vielleicht auch Marcus Antonius zitiert finden.

Der Fellhelm nach Art Alexanders scheint also plötzlich in der frühen Kaiserzeit wiederaufzutauchen; er wird von Germanicus getragen. Dieses Germanicusporträt und einige Fellhelmzitate auf Reliefs in Italien, wo man sich die Motive sicher nicht von der Nordarmee holte, verraten die Herkunft dieser Form aus Rom. Die Verbindungsstränge vom Hellenismus (Fellhelm Alexanders) zu den Fellhelmen Italiens und der Nordarmee laufen eben in Rom und in der Person des Germanicus zusammen. Es ist deshalb wahrscheinlich, dass der Vorgang im Rahmen der vielfältigen Alexanderanspielungen des Germanicus zu verstehen ist. Dann wäre auch verständlich, dass sich der Fellhelm im Bereich der Rheinarmee noch für

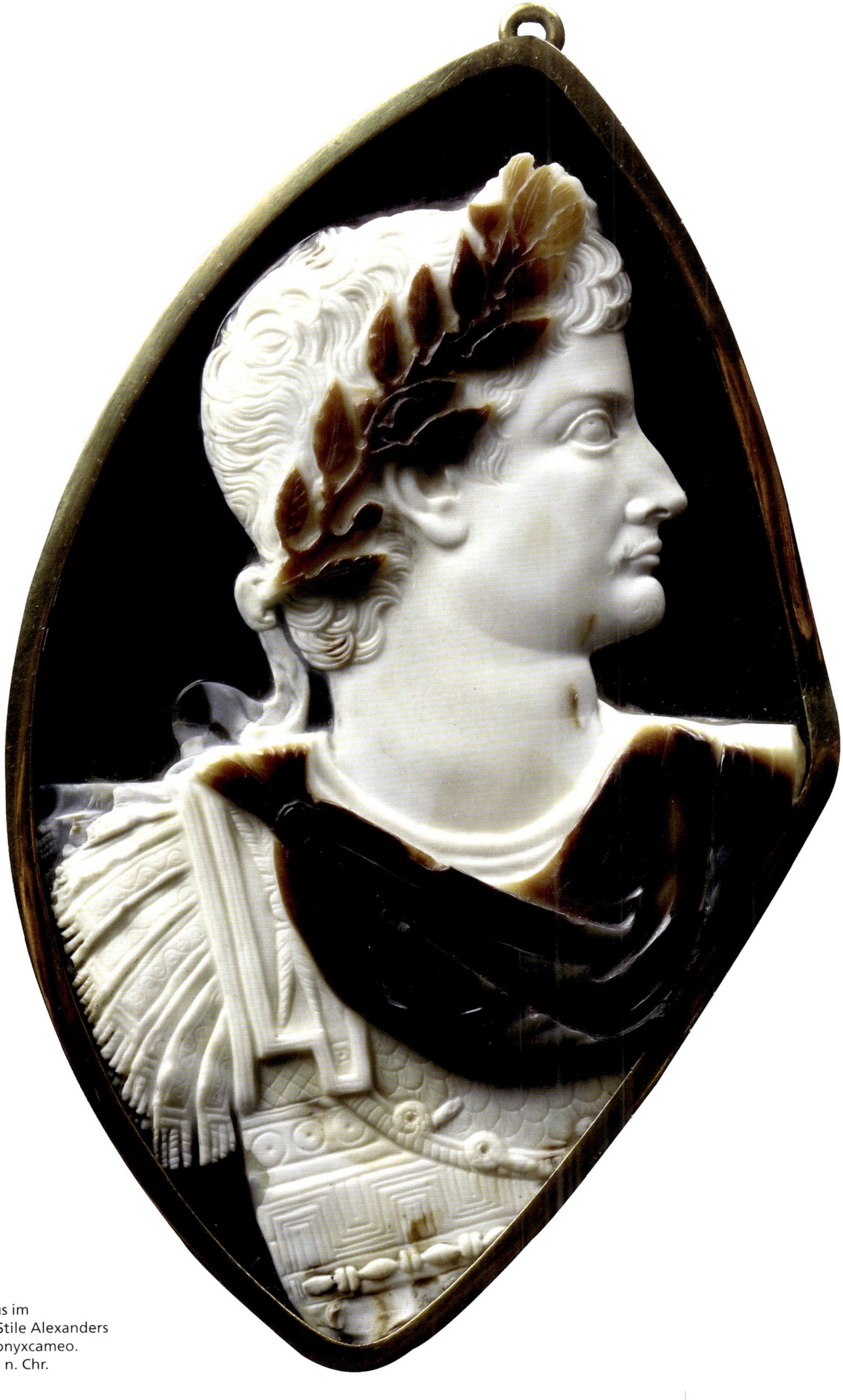

ABB. 110 Germanicus im Leinenpanzer im Stile Alexanders des Großen. Sardonyxcameo. H. 13,8 cm. Vor 19 n. Chr.

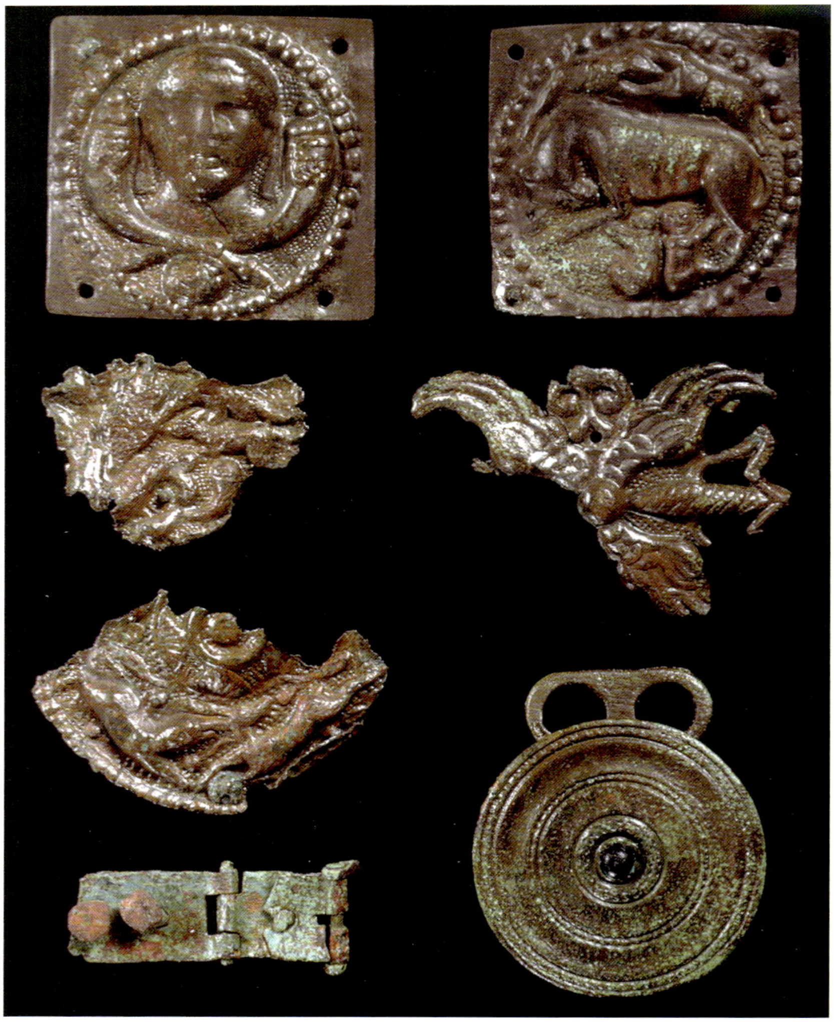

ABB. 111 Cingulumbeschläge eines *Gladius* aus dem Legionslager von Vindonissa. Bronze, teilvergoldet. 20-30 n. Chr.

eine Zeit hielt, bis er wieder aus dem Repertoire verschwand. Im Rahmen der Maskenhelme, deren Typologie ebenfalls in augusteischer Zeit beginnt, zitieren einige Helme des späten 1. und des 2. Jhs. noch einmal das Alexanderporträt (Abb. 154). Die von Germanicus inszenierte Fellhelmmode ist freilich Episode geblieben.

Andere römische Feldherrn und Kaiser übten sich auch in den Alexandermoden, vor allem Pompeius, der sogar die Frisur des Makedonen imitierte, und Caracalla, der sich als Neuen Alexander verstand. Augustus siegelte zuerst mit der Sphinx, dann mit dem Bilde Alexanders des Großen und danach mit seinem eigenen Porträt, geschnitten vom berühmten Gemmenkünstler Dioskurides (Sueton, Augustus 50). Diese Abfolge enthält ein Programm: Die Sphinx ist Zeichen Ägyptens, das Octavian zusammen mit Marcus Antonius überwand. Der Ägyptenerobererer und Reichseiniger Augustus sah sich als Nachfolger der Pharaonen und des in Alexandrien begrabenen Makedonenkönigs.

**Der *Gladius* von Vindonissa**

Das ›Schwert des Tiberius‹ war ohne das zugehörige *Cingulum* (Koppel) gefunden worden. Den Idealfall, bei dem man beide Teile zusammen vor sich hat, bietet uns ein Fund aus Vindonissa im Aargau: Er kam dort im Legionslager zutage (Abb. 108; Abb. 111). Der *Gladius* lag in einer Grube mitten im Wohnbereich einer Kaserne, war also ein Verwahrfund des Eigentümers oder eines Diebes. Die Waffe ist komplett mit Teilen des *Cingulum* erhalten. Die Scheide trägt oben das Relief mit dem gefangenen Kelten zwischen zwei Tropaia, in der Mitte ein Blitzbündel mit Sternen, dazwischen *Coronae civicae*, sowie unten ein Reiterrelief mit Tropaion, wobei der Reiter gegen einen Kelten kämpft. Die Cingulumbeschläge zitieren den Kaiser Tiberius zwischen Füllhörnern über Globus, die römische Wölfin mit den Zwillingen sowie Tierszenen (Abb. 111).

Zu der sonst in Vindonissa gebräuchlichen Gladiusdekoration gehören Mundbleche mit einer Tiberiusbüste im Clipeus über Adler zwischen zwei Eroten (Abb. 22), weitere Mundbleche mit der Keltentrophäe sowie mit Roma und Victoria (Abb. 16). Ähnlich wie an einem *Gladius* aus Straßburg (Abb. 112) war auch in Vindonissa das Blitzbündel Iuppiters als Schmuck der Hauptzone geläufig.

Der ganz erhaltene Vindonissagladius bestätigt die Gleichzeitigkeit einiger von anderen Fundplätzen bekannter Cingulumdekorationen, die des Tiberius zwischen Füllhörnern über Globus (Abb. 113) sowie die mit einer Lupa Capitolina (Abb. 114). Dabei ist durch das Tiberiusporträt der zeitliche Rahmen vorgegeben; der Kopf lässt sich nur auf Tiberius beziehen, und das Grab von Chassenard (Abb. 9) bestätigt den Zeitansatz. Der neue *Gladius* von Vindonissa bringt ein weiteres Element ins Spiel: Auf dem Schwert selbst konnte der *Princeps* fehlen, dieses Thema konnte aber durch das *Cingulum* ergänzt werden.

Die *Cingula* mit Tiberius über Globus zwischen zwei Füllhörnern fanden sich bisher außer in Vindonissa auch in Ehingen-Rißtissen, Baden-Württemberg, also – abgesehen von Chassenard, Frankreich – relativ nah beieinander (Abb. 113). Etwas weiter waren die Lupableche verbreitet, die auch an der Donau (Oberstimm), am Niederrhein und in Britannien vorkommen. In Britannien schmückt die capitolinische Wölfin einen *Gladius* aus London (Abb. 97). Ein zweites Lupablech von einer Schwertscheide stammt aus Valkenburg, Süd-Holland, was dafür spricht, dass man mit einer weiteren Verbreitung dieses Motivs auch auf den Schwertscheiden und nicht nur auf den *Cingula* rechnen darf; den Tiberius auf Globus und Füllhörnern gab es hingegen nur in der Version für die *Cingula*.

In der Münzprägung des Tiberius ist um 22/23 eine Neuorientierung festzustellen, darunter zwei Emissionen mit dem Porträt und eine weitere mit dem Namen des jüngeren Drusus, des Sohns des Tiberius. Seit 22 hatte Drusus II die *Tribunicia potestas*, war also als Thronfolger vorgesehen. Durch die Geburt der beiden Zwillinge, der Drusussöhne Tiberius Gemellus und Germanicus Gemellus (geboren vermutlich im Dezember 19), wurde die Dynastieabfolge von Tiberius über seinen Sohn Drusus zu den *Gemelli* (Zwillingen) gesichert und präsentiert. Der Tod des Drusus (schon im September 23) und des Germanicus Gemellus machte diese Pläne zunichte.

Tiberius war gezwungen, wieder auf die Söhne des ungeliebten Rivalen Germanicus (†19) als potentielle Nachfolger zurückzugreifen. Tiberius, der unter den dynastischen Konstruktionen des Augustus lange Jahre selbst zu leiden hatte, fand sich in eben der Position des Augustus wieder: Die eigenen Kinder und Enkel starben, und alle dynastischen Pläne mussten neu aufgestellt werden.

## Die abgeschnittenen Hände und der Sacroviraufstand

Im Jahr 21 erschütterte ein Aufstand den Nordwesten in Gallien und Obergermanien: die Rebellion des Haeduers Iulius Sacrovir. Die Insurrektion wurde von C. Silius Largus, einem der beiden Legaten des Heeres am Rhein, mit den Truppen von Mainz, Straßburg und Vindonissa in den Kämpfen bei Augustodunum/Autun beendet. Es hat den Anschein, als würde die Kombination der dynastischen Propaganda mit starker antikeltischer Tendenz genau in die Zeit nach dem Sacroviraufstand 21 und dem Tod des Thronfolgers Drusus II 23 passen: Die Zeit 22/23 dürfte ungefähr das Datum der Vindonissaedition dekorierter *Gladii* gewesen sein. Die 13. Legion von Vindonissa war von der Lage her die nächste am Aufstandsgebiet des Iulius Sacrovir und dürfte auch einen Gutteil der Kämpfe bestritten haben.

Der gefangene Kelte des Scheidenmundblechs der Vindonissa-Serie (Abb. 115) kniet zwischen zwei Tropaia. Diese Trophäen sind durch jeweils einen Karnyx auf Keltisches bezogen. Die im Raum verteilten Dolche, Speere und Helme ergänzen die Darstellung, die wie ein Zitat von Triumphalarrangements wirkt, wo so oft ein Tropaion in der Mitte von kauernden, gefesselten Gefangenen umgeben ist. Eine Besonderheit hebt die Szene allerdings heraus: Die abgeschnittenen Hände hinter dem Kelten und rechts unten in der Ecke der Szene. Deutlich sind jeweils rechte Hände zu erkennen, die in der Höhe des Handgelenks glatt abgeschnitten sind und die keinerlei Dekor oder Beiwerk zeigen. Dieses Motiv scheint singulär zu sein, es kommt nur auf allen sechs Gladiusreliefs dieser Serie vor. Die Fundverbreitung reicht von Baden und Vindonissa in der Schweiz nordwärts bis Valkenburg in Holland und ostwärts bis nach Poetovio in Slowenien.

Die abgeschnittenen Hände und die keltischen Waffen sind die entscheidenden Hinweise auf die Interpretation dieser Keltensiegescharade. Nach oben gerichtete Hände kennt man von militärischen Feldzeichen seit der Zeit des Augustus, auch gibt es die Handreichung (*Dextrarum iunctio*) auf Münzen. Schließlich sind Hände als

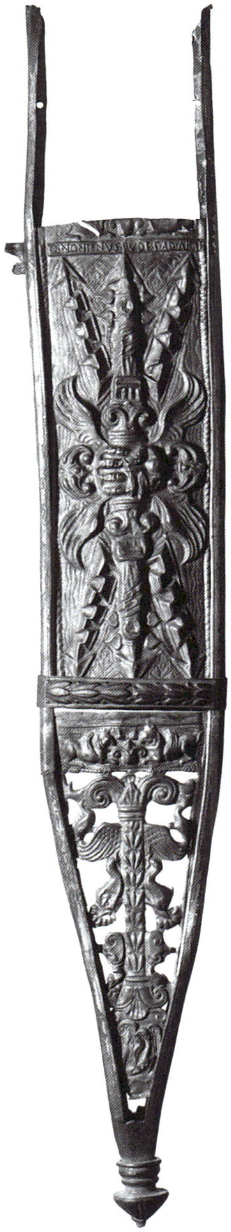

ABB. 112 Gladiusscheide aus Straßburg. Bronze, L. 54 cm. 1. Jh.

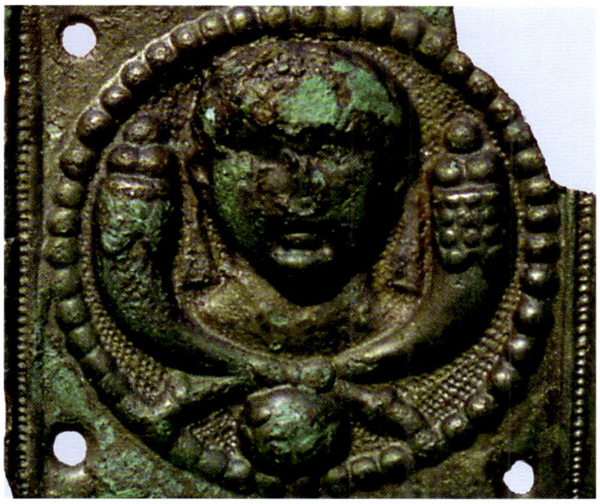

ABB. 113 Cingulumbeschlag von Ehingen-Rißtissen. Tiberius. Bronze. H. 4,7 cm.

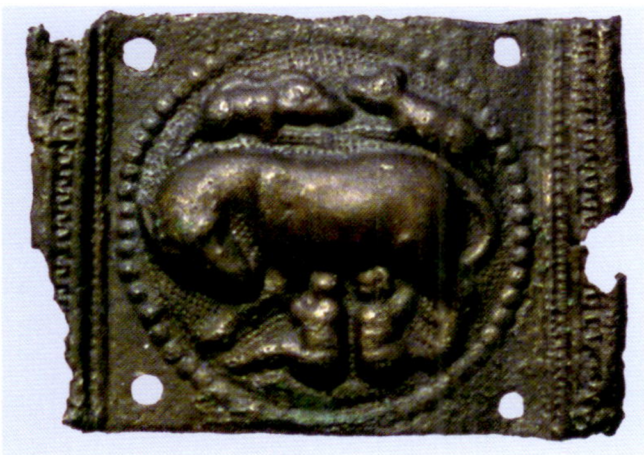

ABB. 114 Cingulumbeschlag von Ehingen-Rißtissen. Die römische Wölfin mit den Zwillingen. Bronze. H. 4 cm.

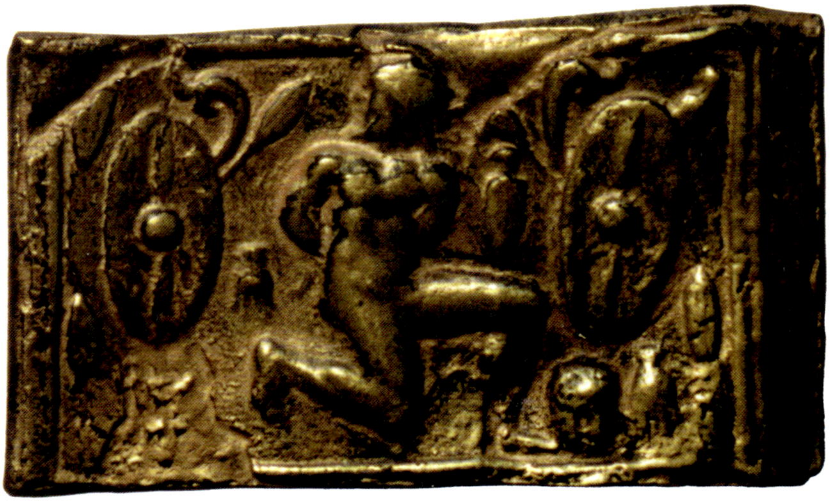

ABB. 115 Keltenrelief von einem *Gladius*. Aus Baden, Aargau, Schweiz. Bronze. H. 4,5 cm.

Objekte erwähnenswert, die man als Zeichen der Freundschaft übergab. Immer handelt es sich – soweit ikonographisch definierbar – um die erhobene oder gerade nach vorne gestreckte Hand. Auf den Gladiusreliefs ist die Bedeutung umgedreht: Die nach unten gerichtete Hand ist negativ, als Umkehrung des Fidessymbols, also als Symbol der *Perfidia* (Treulosigkeit) zu verstehen. Außerdem ist das Motiv eine Anspielung an die damals schon historische Keltensitte der ›têtes coupées‹, der abgeschnittenen Köpfe. Die starke antikeltische Tendenz dieser Gladiusdekoration ist auffallend.

Vielleicht hat man sich auch an die Ereignisse der spanischen Kämpfe in den Jahren der Republik erinnert. In den lusitanischen Kämpfen 141 v. Chr. ließ der römische Befehlshaber Servilianus 500 gefangenen Insurgenten die Hände abhauen. Im Jahre 140 v. Chr. musste der Insurgentenführer Viriathus dem Römer Caepio alle Überläufer, darunter den eigenen Schwiegervater, ausliefern; Caepio ließ sie hinrichten oder ihnen die Hände abschlagen. Während der Belagerung von Numantia 134 v. Chr. erschien Scipio Aemilianus vor der Stadt Lutia und erzwang die Auslieferung von 400 tapferen jungen Männern, den Führern der Aufstandsbewegung: Ihnen wurden die Hände abgehauen. Es ist durchaus möglich, dass die Dekorateure der Waffen aus Vindonissa diese barbarischen Ereignisse noch in Erinnerung hatten. Tacitus beschreibt in den Annalen (3,40-46) den Verlauf des Sacroviraufstandes, erwähnt dieses Motiv jedoch nicht; vielleicht war es wirklich nur eine historische Reminiszenz der Gladiushersteller und ein Symbol der gallischen Untreue.

Die Keltenkämpfe waren dem Besteller des Vindonissagladius so wichtig, dass er einen Reiterkampf unten oberhalb des Tropaionbildes setzen ließ; der Reiter kämpft gegen einen Kelten (Abb. 108). Die Keltenkämpfe erlangten in der Zeit des Tiberius einen neuen Rang in der römischen Reliefkunst. Dazu gehören Werke wie der Bogen von Orange im Rhônetal, der nach dem Sieg über Sacrovir in den zwanziger Jahren errichtet wurde, und der mit Kampfszenen und Beutewaffenhaufen das gesamte optische Panorama dieser Triumphalkunst vorführt. Zugleich werden am Rhein und im Trierer Land in der Sepulkralkunst wieder sehr oft Kampfszenen gezeigt, meist Reiterkampfszenen, und in vielen sind Keltenkämpfe erkennbar.

Der Sacroviraufstand führte in Rom zu wilden Gerüchten, dass sich ganz Gallien erhoben habe – was nicht stimmte – und dass der Abfall Spaniens zu befürchten sei. Nach dem Schock des Rückzuges aus Germanien war die Abwehr der keltischen Insurgenten für die Armee wie für die Menschen in Italien dringend notwendig – und all dies spiegelt sich in den Siegesbildern auf Waffen, Ehrenbögen und Grabmälern.

### Kaisermedaillons und Familienbilder

Die republikanischen Armeen werden keineswegs Bilder ihrer Feldherrn, der Träger des jeweiligen *Imperiums*, auf die Waffen gesetzt haben; dies verbot schon die begrenzte Amtszeit der jeweiligen Befehlshaber. Mit dem neuen Prinzipat des Augustus, mit der Konzentration der imperialen Gewalt auf seine Person und dem Bezug der Armee auf eine Person, war eine neue Situation eingetreten. Bereits in der Zeit des Augustus erscheinen die ersten Bilder des *Princeps* auf den Waffen – zuerst Profilporträts nach dem Vorbild der Münzemissionen. Wieder war der *Gladius* unter den Waffen der entscheidende Bildträger. Auf dem Schlachtfeld der Varusniederlage bei Kalkriese fand man die älteste dieser kleinen Scheiben von Gladiusdekorationen: ein Bild des Augustus mit dem Augurenstab des Priesters, dem *Lituus*.

Kleine Medaillons mit der Profilansicht des Geehrten sind dann in frühtiberischer Zeit öfter belegt, seien es Bilder des Augustus wie auf dem ›Schwert des Tiberius‹ (Abb. 116) oder auf Schwertern aus Vindonissa, seien es Bilder des neuen *Princeps* Tiberius, der ebenso wie Augustus mit dem Priesterstab erscheint. Die Lorbeerkränze des Medaillonrandes oder auf dem Haupt des Kaisers sind Triumphalzeichen.

Auch auf den frühen *Cingula* scheinen solche Medaillons gesessen zu haben. Der Augustus als Priester mit Kanne und *Lituus* des Mainzer Knopfes (Abb. 117) gehört nach dem Vergleich mit Münzen noch in mittel- bis spätaugusteische Zeit; er lässt erkennen, wie gut solche Dekorationen am Beginn der Kaiserzeit gewesen waren. Im Laufe der Jahre wurden die Reliefknöpfe auf den *Cingula* sehr viel flüchtiger.

Ein iulisch-claudischer Prinz auf einer Helmwangenklappe aus Frankfurt-Heddernheim ist hingegen alles andere als flüchtig gearbeitet (Abb. 118). Das Porträt eines jungen Mannes im Lorbeerkranz mit einem *Torques* gehört zu den sorgfältigsten Bildnissen auf römischen Waffen. Von den Prinzen des iulisch-claudischen Hauses passt das Porträt am besten zum jugendlichen Nero der letzten Jahre des Claudius, als Neros Stellung im Jahre 53 durch die Heirat mit Claudius' Tochter Octavia und seiner Adoption gefestigt worden war.

Unter Tiberius treten die ersten Frontalbildnisse des *Princeps* auf, bezeichnenderweise im Rahmen der Vindonissawaffen der zwanziger Jahre. Neben den schon gezeigten Cingulumdekorationen mit dem Bildnis des *Princeps* als Universalherrscher über dem Himmelsglobus und zwischen Füllhörnern (Abb. 113) erscheint nun Tiberius als Schildbüste (*Imago clipeata*), gehalten von zwei Amores über einem Adler (Abb. 22). Ein nicht zur Vindonissaserie gehörender *Gladius* aus Mainz variiert und verdoppelt das Motiv (Abb. 119): Die Amores oben halten einen Schild ohne Porträt, das Bildnis erscheint dafür in der zweiten Reihe, diesmal von Victoren gehalten.

Für den Feldherrn im Stirnmedaillon des Prunkhelms aus Xanten-Wardt (Abb. 120) hat man fast alle prominenten Namen von Tiberius über Germanicus bis Claudius genannt; es dürfte sich vermutlich doch um einen Tiberius handeln,

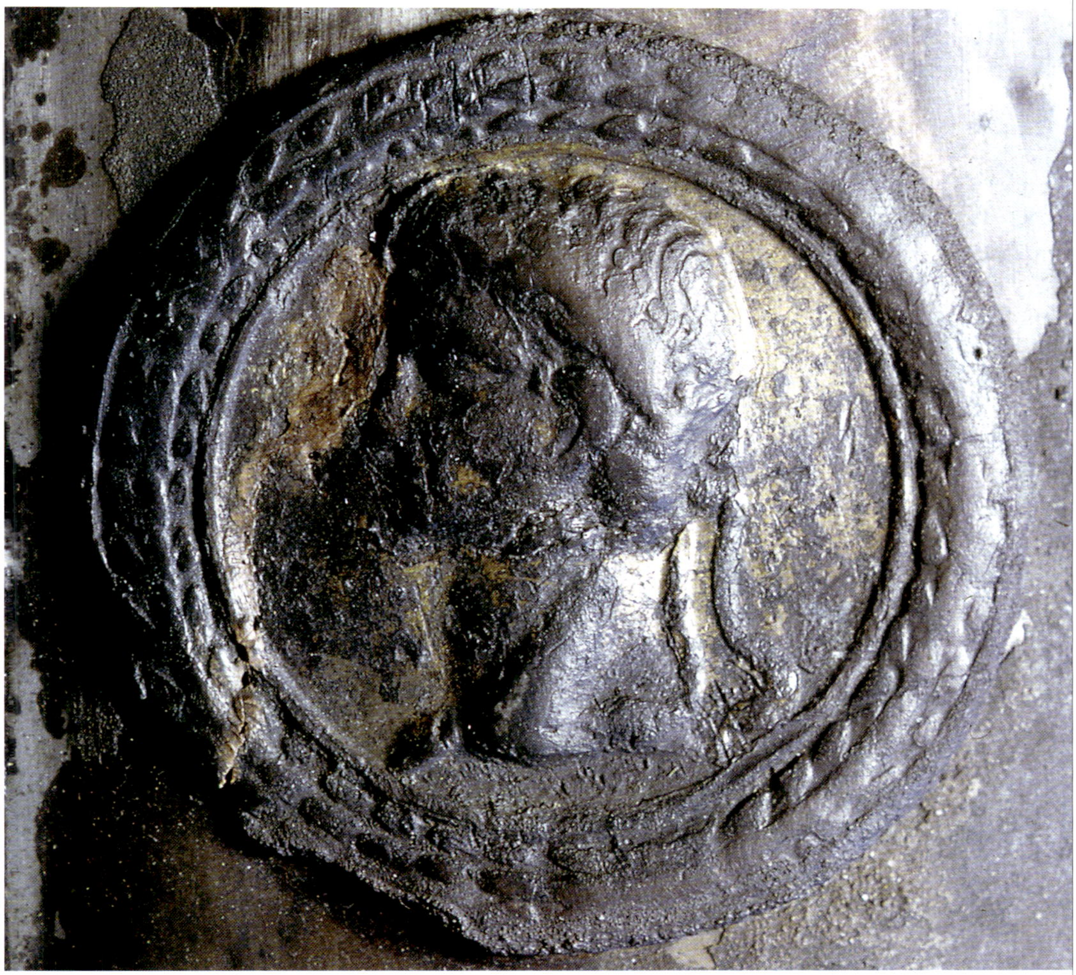

ABB. 116 Augustus. Medaillon vom ›Schwert des Tiberius‹ (Abb. 5,20).

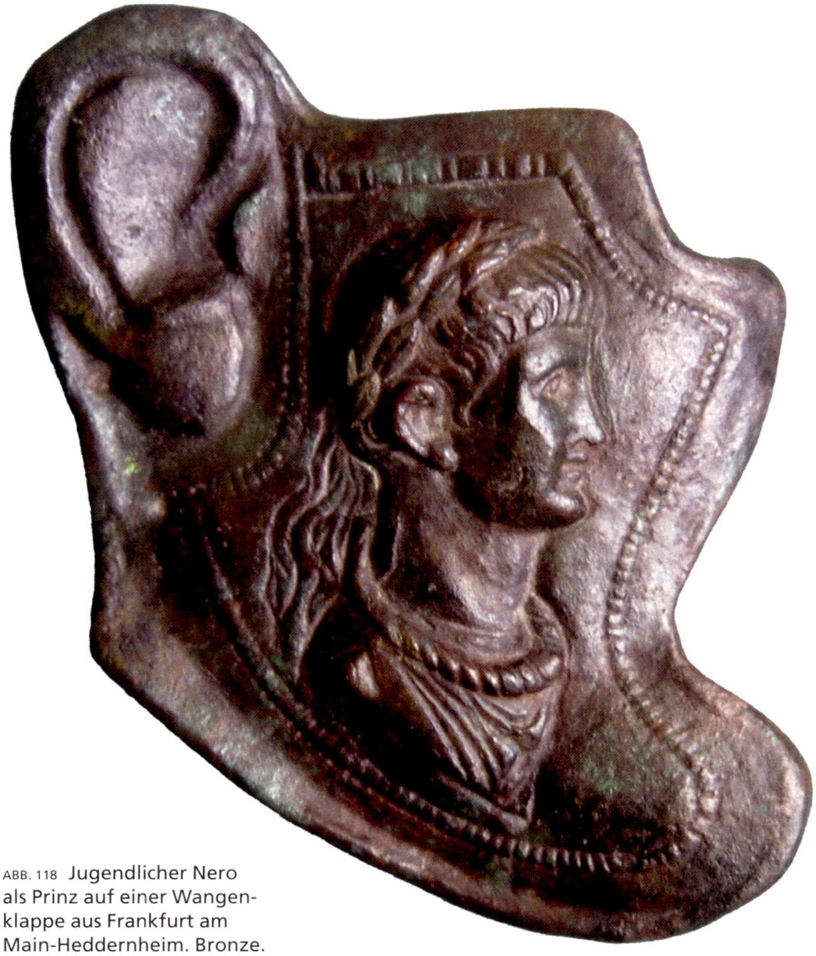

ABB. 118 Jugendlicher Nero als Prinz auf einer Wangenklappe aus Frankfurt am Main-Heddernheim. Bronze. H. 16,5 cm. Um 50 n. Chr.

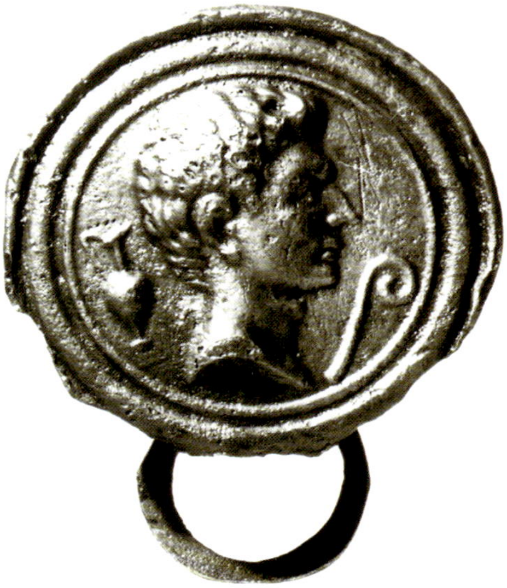

ABB. 117 Jugendlicher Augustus mit Opferkanne und Priesterstab. Cingulumdekoration. Bronze. Dm. 28 mm. Fundort unbekannt. Mittel- bis spätaugusteisch.

wenn man auch die Maßstäbe der Porträtforschung kaum an die kleinen Köpfchen anlegen kann. Sollte die an den Glasorden geübte Namensverteilung zutreffen, dann passt das Xantener Köpfchen am besten zu Tiberius. Im Übrigen ist das Motiv des Feldherrn Tiberius mit Beutewaffen auch sonst bekannt gewesen; es ist das Thema der Feldzeichenscheibe von Niederbieber (Abb. 38).

Ein Parallelphänomen der dynastischen Propaganda im Bereich der Nordarmee sind die Glasorden, die sich auf die drei *Principes* Tiberius, Caligula und Claudius verteilen. Die Verbreitung dieser Orden mit einer Konzentration auf die Rheinzone und mit einigen wenigen Funden aus dem nördlichen Balkan, Italien und Britannien unterscheidet sich kaum von der Verbreitung dekorierter *Gladii*. Auf den tiberischen Orden spielt die Nachfolgeproblematik mit Tiberius zwischen Drusus II und Germanicus eine Rolle, die man mit den Gladiusreliefs in Parallele setzen kann. Auf die tiberische Nachfolgeproblematik beziehen sich im Übrigen die meisten der Orden: Tiberius allein (acht Exemplare; Abb. 121) oder Tiberius mit zwei Thronfolgern (17 Stücke). Die vier Beispiele mit Agrippina der Älteren und die Orden mit Germanicus allein (drei Exemplare) hat man zu Recht schon der Zeit ihres Sohnes Caligula zugeschrieben, der selbst auf zwei Phaleren erscheint. Claudius wiederum betont seine Fruchtbarkeit als Vater von drei Kindern (acht Stücke; Abb. 122).

Die Religionsymbolik konzentriert sich auf das Abschreckungsmotiv der Gorgo-Medusa. Merkwürdig ist, dass die Gorgo auf den Orden wie auf den Panzern unseres Zeitraumes eine wichtige Rolle spielt, auf den Schwertern hingegen überhaupt nicht.

### Triumphe

Direkte Triumphdarstellungen sind auf Waffen nicht zu erwarten. Der Triumphzug als transitorisches Medium war für eine statische Darstellung denkbar ungeeignet. Selbst in der großen Reliefkunst ist man dem Thema ausgewichen; die beiden sich als halbwegs realistisch ausgebenden kleinen Friese vom Titusbogen in Rom und vom Traiansbogen in Benevent reduzieren das Ganze auf eine abgekürzte trockene Reihe von Szenen mit puppenartigen, kleinen Figuren. Die hinreißendsten antiken Triumphbilder, die beiden malerischen Reliefs vom Titusbogen auf dem Forum in Rom, sind posthume Rekonstruktionen und allegorische Apotheosebilder.

Triumphalelemente durchziehen dennoch auch den Waffenschmuck. Die dem Triumphator folgende, waffenlose Armee des Zuges trug Lorbeerkränze, und so findet man den Lorbeerkranz neben dem Eichenkranz auch als Motiv des Waffendekors. Wenn Victorien das Bildnis des Kaisers flankieren oder ihn begleiten, so sind dies zwar nicht Bilder aus dem realistischen Triumphzug, wohl aber Bilder jenes ikonographischen Universums, welches der Triumphator als glückverheißender *Felix vir* erschuf: All die blühenden Ranken verkörpern das durch die römischen Triumphe garantierte Gedeihen der Welt.

Selten ist auf Waffen eines bestimmten Ereignisses gedacht worden, vergleichbar den Siegesemissionen auf Münzen, auf denen ›Aegyptus

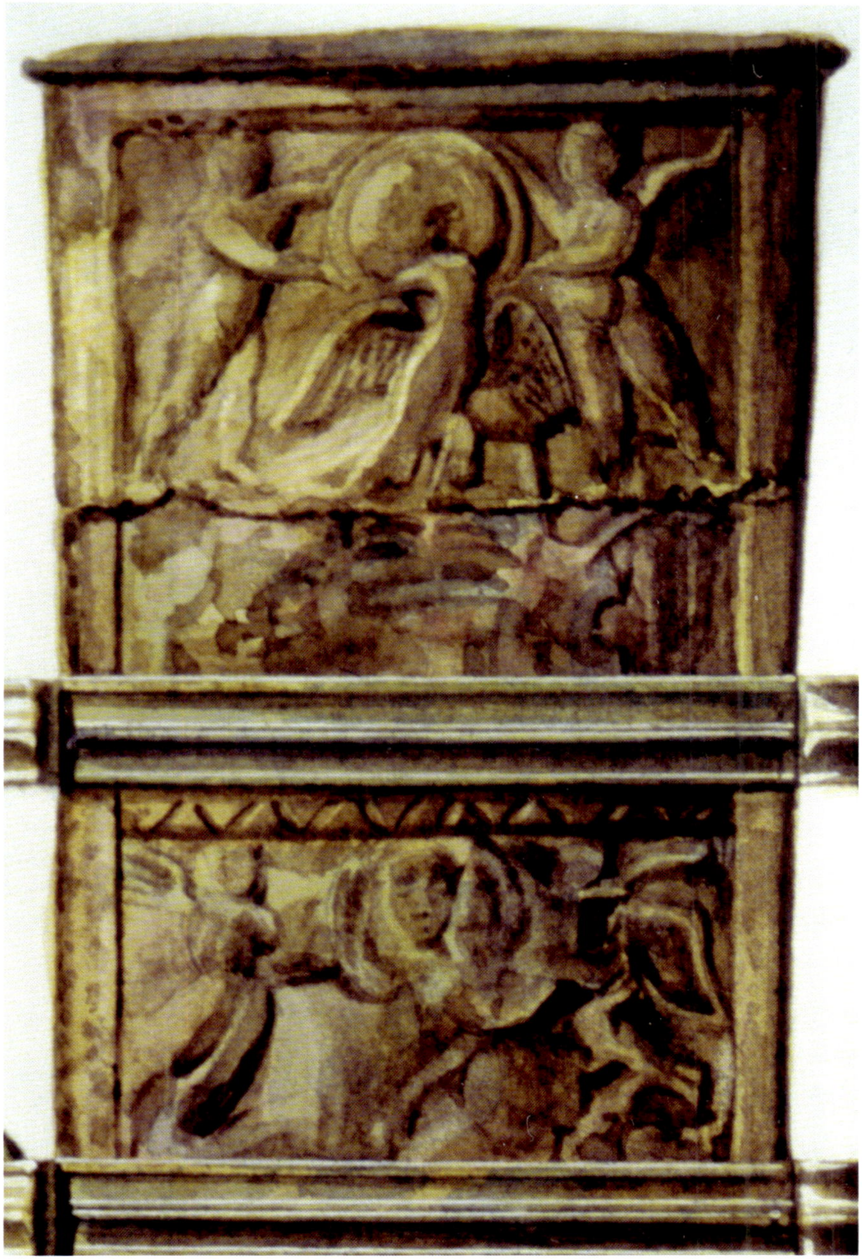

ABB. 119 Gladiusfragment aus dem Mainzer Rhein. Amores, Schild, Adler, Porträt (wohl Tiberius) zwischen Victorien. Bronze. Br. 8 cm.

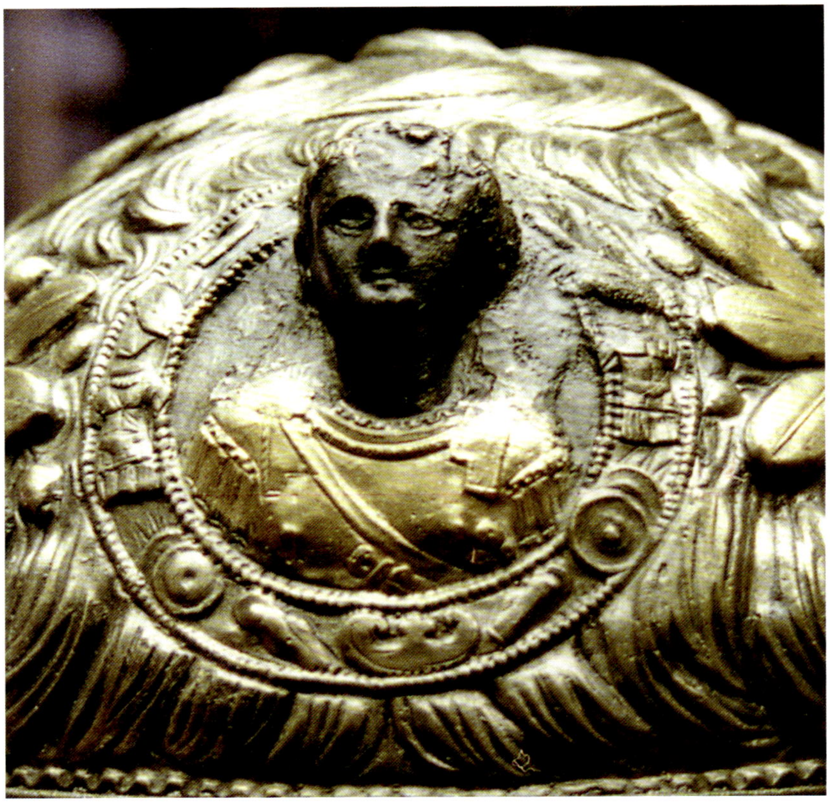

capta‹ (Ägypten ist erobert), ›Gallia devicta‹ (Gallien ist besiegt) und ähnliche Devisen die römischen Siege propagierten. An einer entlegenen Stelle findet sich ein Hinweis auf Siege in Britannien. Ein kleines Silberrelief aus einem Hortfund bei Pola in Istrien (Abb. 123) ist zwar stilistisch nicht sehr elegant, lässt sich aber – auch wegen der Teilvergoldung – gut in das 1. Jh. einordnen. Von der Form her ist es ein Pugiobeschlag. Aber das Problem für eine Zuordnung liegt in den Maßen. Mit 13 cm ist es viel zu klein für einen normalen Dolch. Die Pugioscheiden sind alle mehr als 20 cm lang. Das Relief war vielleicht Teil einer Spielzeugwaffe für ein reiches Kind, oder es war Teil einer Statue.

Die Gestaltung der Reliefzonen orientiert sich freilich an Gladiusscheidendekorationen. Das Motiv des Mars und der Victoria findet sich auf einem *Gladius* der Flavierzeit aus Mainz wieder, welcher vielleicht auf den jüdischen Sieg anspielt (Abb. 125). Das Trennmotiv der beiden Greifen

ABB. 120 Stirnmedaillon vom Prunkhelm aus Xanten-Wardt (vgl. Abb. 105). Wohl Tiberius im Waffenkranz. Bronze, Feuervergoldung. 1. Jh.

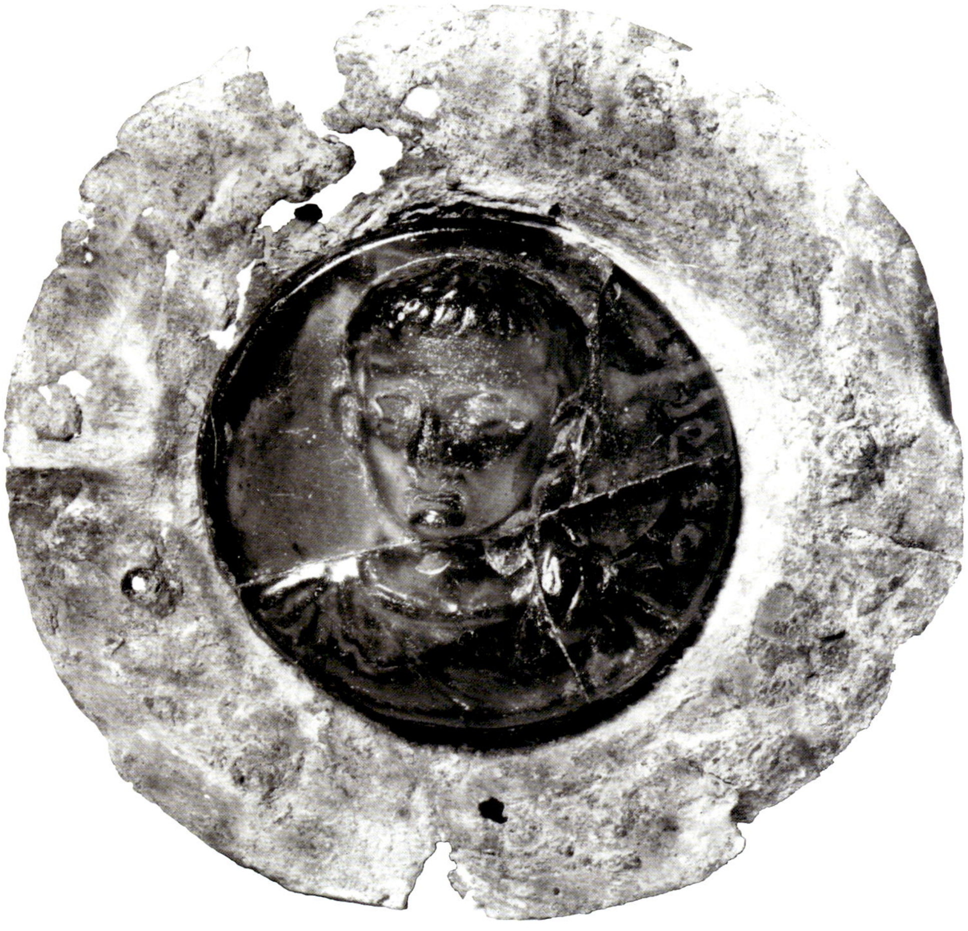

ABB. 121 Glasorden. Tiberius. Aus Vindonissa. Blaues Glas, Bronze. Dm. 7 cm, Glasmedaillon 3,8 cm.

mit einem Dreifuß in der Mitte ist ein Zitat der Augustusikonographie (Greif Apollos) und kommt sehr ähnlich auch als Trennmotiv auf einem römischen *Gladius* aus Poetovio in Slowenien vor.

Victoria schreibt auf den Schild ›DEVIC / BRITT‹, was kaum anders als ›Devicta Brit(t)annia‹ (Britannien ist besiegt) zu lesen ist. Am wahrscheinlichsten ist der Bezug auf Claudius und seinen Britannientriumph des Jahres 44 n. Chr. Allenfalls wäre noch eine Erinnerung an die wenig rühmlichen militärischen Aktivitäten unter Nero in Britannien mit dem Sieg über Boudicca 61 und dem Massenmord an den Druiden möglich; wahrscheinlicher bleibt aber der Triumph des Claudius.

Die Spuren von dynastischer Legitimation finden sich zum letzten Mal in den ersten Jahren der Flavierdynastie (69-96). Ihr Begründer, Titus Flavius Vespasianus, war ein verdienter Heerführer. Geboren im Jahre der Varusniederlage 9 als Sohn eines Zollbeamten im Sabinerland war sein Aufstieg das exemplarische Beispiel für den Niedergang der stadtrömischen Senatsaristokratie, in der nach dem Ende der Iulier und Claudier keine Familie ähnlicher Potenz übrig geblieben war. Den Purpur gewann er, weil ihn seine Legionen 69 im Orient zum Kaiser ausriefen. Wie Caesar und wie Octavianus musste er sich die Herrschaft erst durch einen Bürgerkrieg erkämpfen.

Da man in Rom freilich keinen Triumph über Römer feiern durfte, griff Vespasian zum bereits bei Caesar bewährten Mittel: Dieser feierte seinerzeit den Triumph über alle Fremdvölker, die man vorführen konnte – nur, um nicht Cato oder Antonius erwähnen zu müssen. Deshalb spielten die Flavier den jüdischen Sieg ungemein hoch. Der durchaus gefährliche jüdische Aufstand seit 66 hatte Vespasian 67 den Oberbefehl in Palästina verschafft, und er eroberte bis 68 das Land mit Ausnahme von Jerusalem. Diese Stadt, eine der großen Festungen des Ostens, wurde dann von seinem Sohn Titus erobert. Im Jahre 71 feierten die Flavier in Rom ihren jüdischen Triumph, der das Publikum der Hauptstadt auch die Bürgerkriege des Vierkaiserjahres 69 vergessen lassen sollte.

Die Kämpfe im Osten haben ihre Spuren auf den Waffen der Zeit hinterlassen. Man hat wegen der Palme vor der Victoria mit dem Schild auf einem Mainzer *Gladius* (Abb. 125) eine Beziehung dieser Darstellungen auf den jüdischen Triumph der Flavier herzustellen versucht. Zwar ist dieser Sieg nicht *expressis verbis* gekennzeichnet, auf eine Darstellung der *Iudaea capta* oder

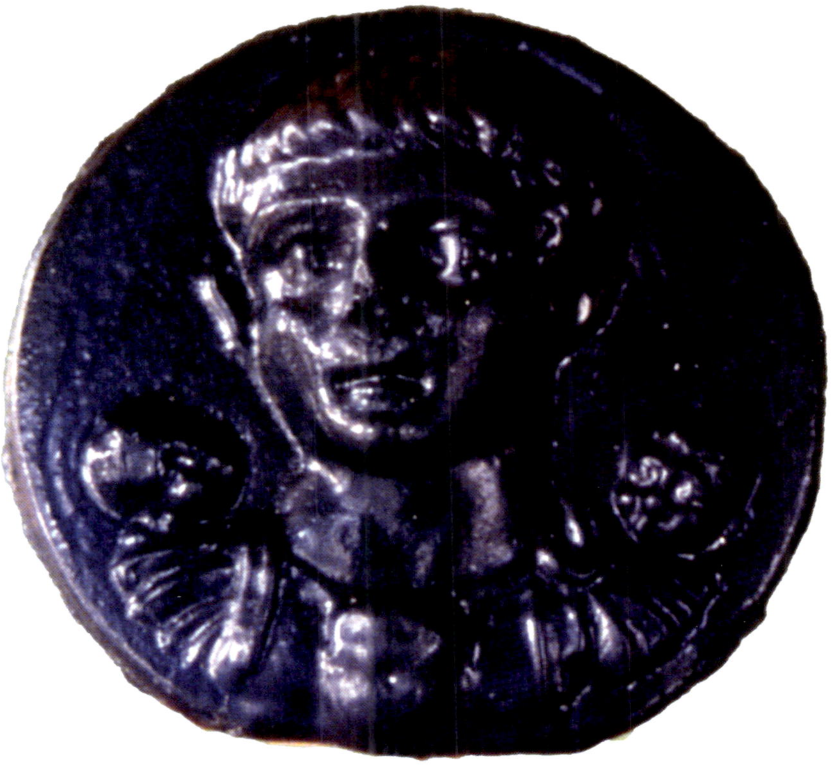

ABB. 122 Glasorden. Claudius mit seinen drei Kindern. Aus Vindonissa. Blaues Glas. Dm. 3,8 cm.

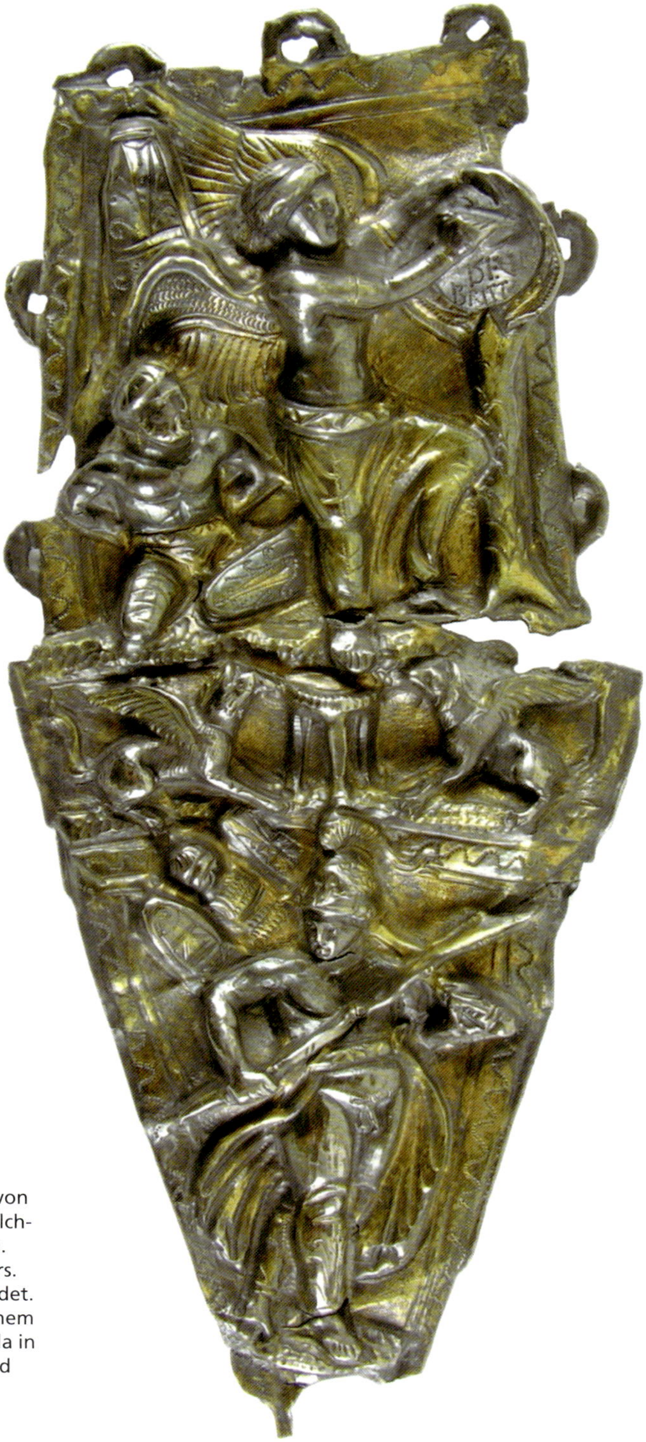

ABB. 123 Beschlag von einer kleinen dolchähnlichen Waffe. Victoria und Mars. Silber, teilvergoldet. H. 13 cm. Aus einem Hortfund bei Pola in Istrien. Wohl bald nach 44 n. Chr.

*Iudaea devicta* nach dem Vorbild der Münzen ist verzichtet worden. Angesichts der vielen Victorien und Palmzweige auf den *Gladii* des Typs Pompeji könnte man auch an eine allgemeine Siegessymbolik denken, und dies scheint auch der Tenor der gesamten Gruppe dieser flavischen Schwerter zu sein: Victoria, Mars, Gefangene und Tropaia, *Vexilla*, Halbmonde und Sterne, Tropaia und Kränze, und immer wieder die Palme und der Palmzweig.

Auf einer Gladiusdekoration in Nimwegen (Abb. 124) ist allerdings die Eroberung Jerusalems und der Sieg der Flavier in *Iudaea* direkt zitiert worden. Dargestellt sind Mars und ein Gefangener in orientalischer Tracht vor einer hohen, turmähnlichen Befestigung, die oben eine Art Zinnen zu tragen scheint. Die einzige römische Stadteroberung von Rang der zweiten Hälfte des 1. Jhs. ist im Orient die Eroberung Jerusalems des Jahres 70 gewesen. Man kann deshalb die Szene auf dem Nimwegener Gladiusblech als Darstellung des Tempelberges mit der Burg Antonia deuten. Ideologisch wären solche Zitate wohl sinnvoll, denn ebenso wie die Frage der Legitimation auf den *Gladii* der beginnenden Prinzipatszeit eines der wichtigsten Themen gewesen war, konnten für den dynastischen Anspruch der Flavier Waffendekormotive mit Hinweisen auf den Sieg über die jüdische Insurrektion hilfreich sein.

Während freilich unter Augustus Motive der Schlacht von Actium nie auf die Waffen gesetzt wurden, war man nun mit dem Thema der Eroberung Jerusalems nicht mehr so zurückhaltend.

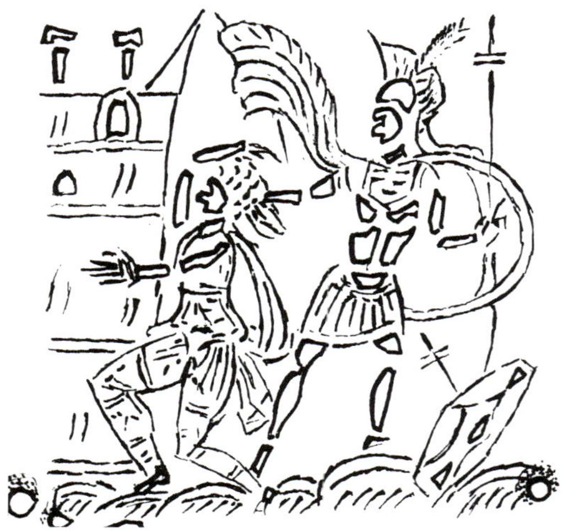

ABB. 124 Gladiusscheidenblech aus Nimwegen. Römischer Soldat und besiegter Jude vor der Kulisse Jerusalems. Bronze. H. 8,9 cm. Nach 71 n. Chr.

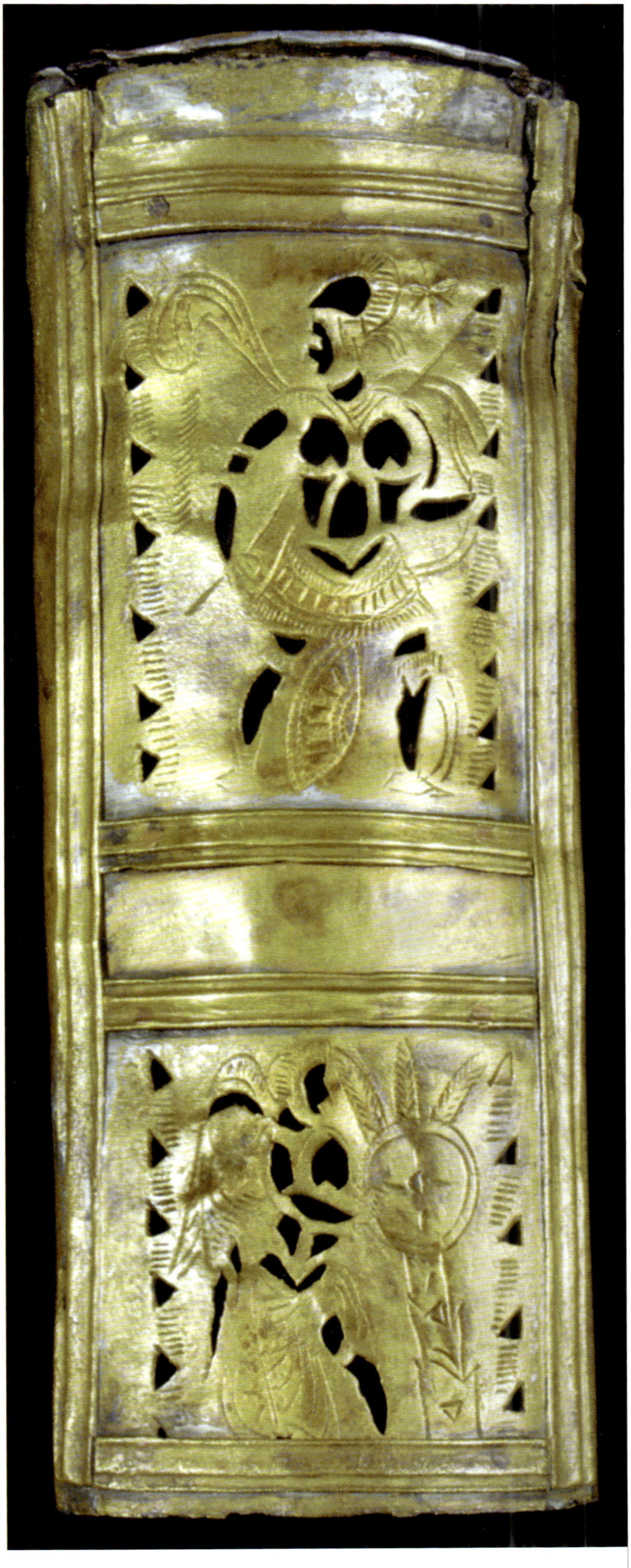

ABB. 125 Beschlagbleche von einem *Gladius* aus Mainz. Mars und Victoria mit Schild und Palmbaum. Bronze. Br. 5 cm. L. insgesamt 51 cm. Nach 71 n. Chr. Ehem. Slg. Guttmann, Berlin.

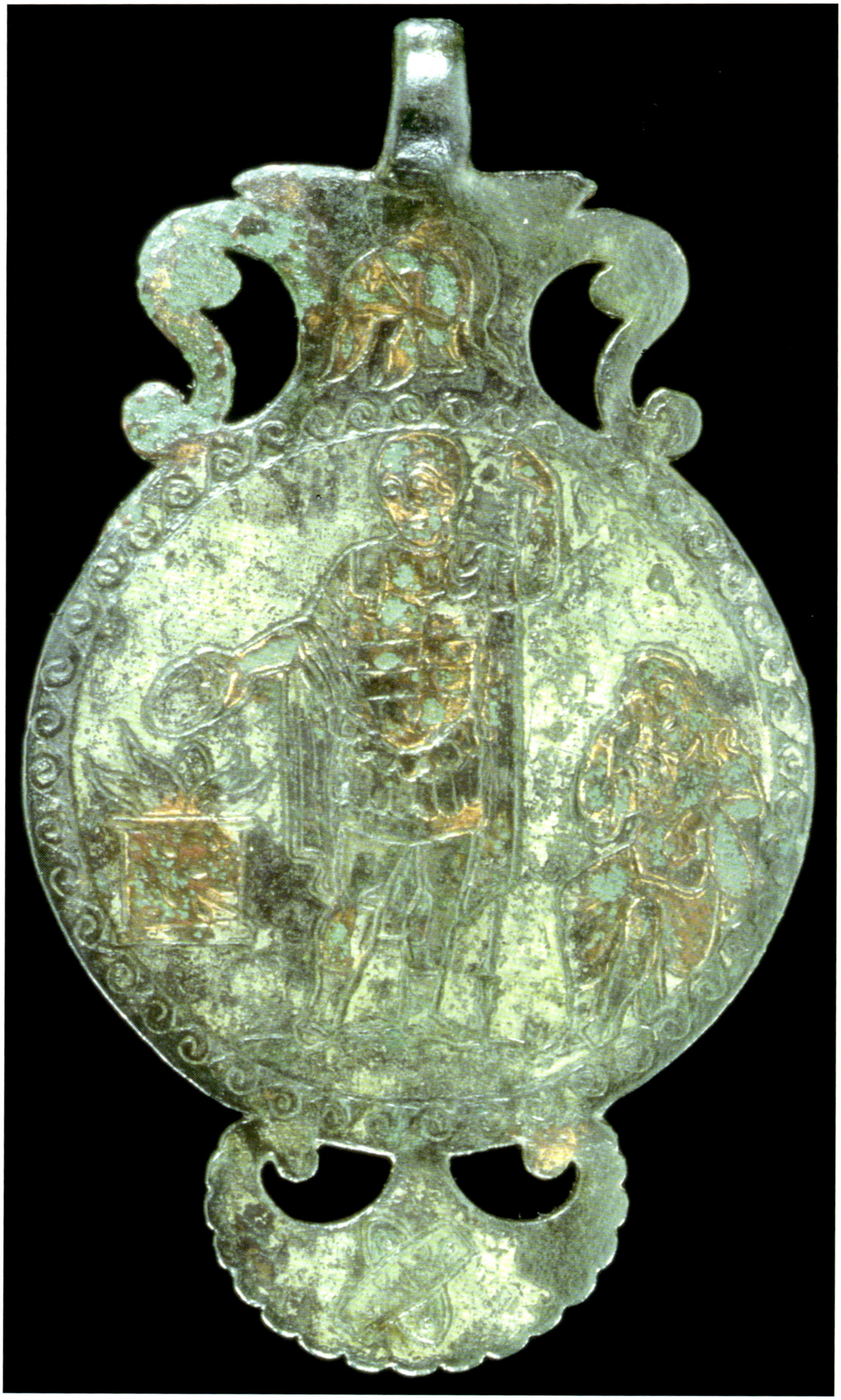

ABB. 126 Rom beschwört den Sieg in erfolgloser Zeit: Ein Pferdegeschirranhänger zeigt einen Kaiser in Feldherrntracht beim Opfer. Auf dem Altar unter seiner Spendeschale lodern Flammen, neben ihm kauert eine trauernde Provinzpersonifikation. Aus den Balkanprovinzen. Bronze; ziselierte Linien mit Kupferauflagen und einem Weißmetallüberzug des Hintergrundes. H. 11,7 cm. 3. Jh.

6

# Rom in der Defensive

## Die Legionärsausrüstung der Zeit des Septimius Severus

Im Laufe des 2. Jhs änderte sich die Bewaffnung der Legionen in wesentlicher Weise. Seit Kaiser Hadrian (117-138) war die Grenzpolitik der Römer defensiv geworden. Bezüglich ihrer Waffen stellten sich die Römer auf die Feinde im Osten (Iranier) und Norden (Germanen) ein (Abb. 128). Das kurze Stichschwert (*Gladius*) verschwand, und das mit ihm taktisch zusammenhängende Wurfgeschoss (*Pilum*) verlor an Bedeutung, wenn es auch bis zum 3. Jh. bei Prätorianern und Legionären nachgewiesen werden kann. Die Legionen übernahmen nun auch die Lanze (*Hasta*) und vor allem das längere Schwert (*Spatha*) – beides Waffen, welche schon früher von ihren Hilfstruppen benutzt worden waren.

Das Schwert wurde zunehmend nicht am Koppel (*Cingulum*), sondern am Schultergurt (*Balteus*) getragen. Die Schutzwirkung des Helmes wurde mehr und mehr betont; manche Helme hüllten den Kopf ganz ein. Auch die langen Hosen (*Bracae*) wurden immer gebräuchlicher. Man hat die Änderungen dieser Zeit im Vergleich zur frühen Kaiserzeit geradezu eine Bewaffnungsrevolution genannt.

Die beachtlichen Solderhöhungen unter Septimius Severus (192-211) und seinem Sohn Caracalla (211-217) hatten neben anderen Maßnahmen die Stellung der Armee im Reichsgefüge sehr verstärkt. Zugleich wurde die teuer gewordene Armee im Verlauf der chaotischen Jahrzehnte des 3. Jhs. zu einer wirtschaftlichen Belastung. Das Einkommen der Soldaten hatte sich durch die extrem promilitärischen Maßnahmen der severischen Kaiser verdoppelt, ohne dass eine Steigerung der Staatseinnahmen vorlag. Die Maxime des kaiserlichen Feldmarschalls Raimund von Montecucculi (1609-1680): ›Zum Kriegführen gehören drei Dinge: Geld, Geld und noch einmal Geld‹ hatten sich die Severer bereits zu eigen gemacht. Auch wenn man annimmt, dass ein Teil der Soldzahlungen in Naturalien stattfand, weil man einfach nicht genügend Bargeld zur Verfügung hatte, so stand doch seit den Jahren um 200 zu Buche, dass man praktisch die gesamten Staatsausgaben für das Heer aufwandte, ohne dass dieses dem Auftrag, das Reichsgebiet zu schützen, noch gerecht werden konnte.

## Das Reich in Bedrängnis

In den Geschichtsbüchern stehen die Jahre der Kaiser Hadrian und Antoninus Pius (117-161) als eine Zeit des Friedens in der europäischen Welt, als Vollendung des römischen Weltfriedens und der Sicherheit. Diese Sicht der Dinge ist gewiss zu vordergründig. Schon die Änderung der römischen Außenpolitik unter Hadrian, die Abkehr von dem immerwährenden Offensivcharakter der römischen Militärgrenzen, war ein Epochenwechsel. Hatte Hadrians Vorgänger Traian (98-117) noch eine Landkarte geschaffen, die bis heute in den Atlanten als ›Das Römerreich in seiner größten Ausdehnung‹ figuriert (Abb. 14), so korrigierte Hadrian sofort die überdehnten Grenzen. Mesopotamien wurde wieder geräumt, Dakien (vor allem Siebenbürgen) musste man jedoch halten, weil man die dortigen Goldbergwerke brauchte. An den Germanengrenzen an Rhein und Donau hatte auch Traian keine Offen-

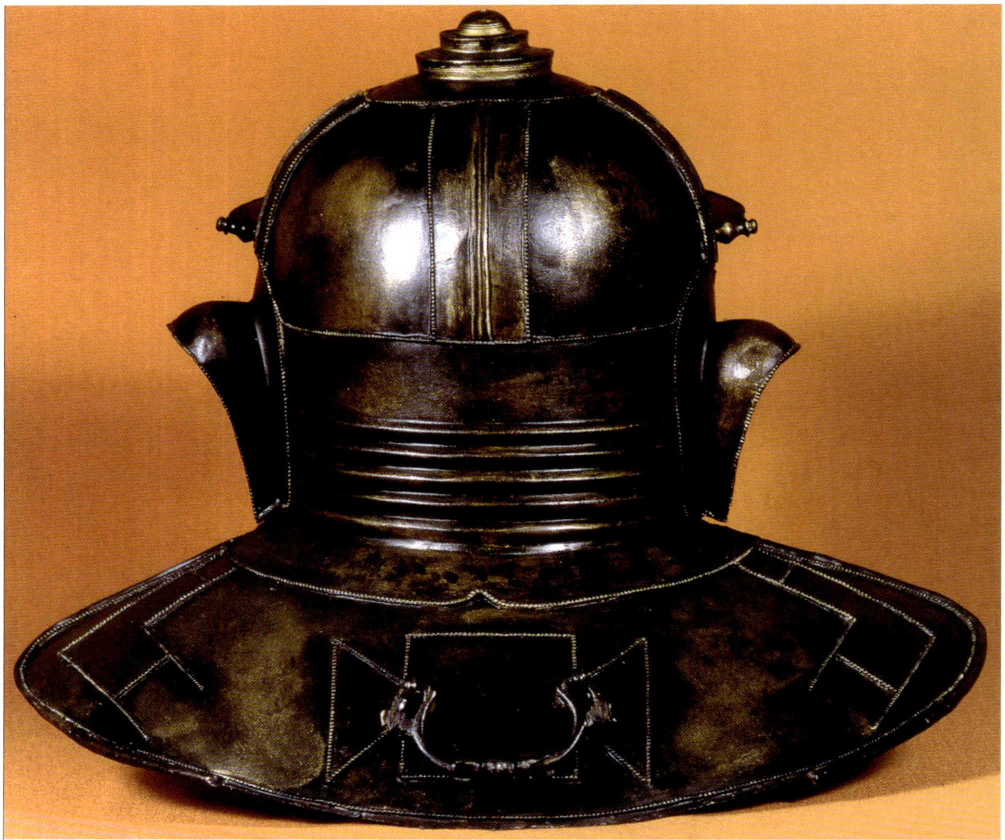

ABB. 127 Reich verzierter Legionärshelm von Kalkar-Niedermörmter, Nordrhein-Westfalen. Kiesbaggereifund. Bronze mit partiellem Weißmetallüberzug. H. 30 cm. Spätes 2. Jh. n. Chr.

siven geplant; Hadrian nahm endgültig von der Denkweise Abschied, dass man theoretisch die römischen Grenzen immer weiter hinausschieben wolle und könne.

Damit war man freilich auf römischer Seite bereits unmerklich einen Schritt zurückgewichen. Das halbe Jahrhundert des so berühmten römischen Kaiserfriedens, der *Pax Romana*, unter Hadrian und Antoninus Pius war eine trügerische Ruhe. Kaum hatte Marcus Aurelius den Kaiserthron bestiegen (161-180), begann eine ununterbrochene Reihe von Kriegen im Osten und Norden. Außerdem hatte das Reich seit 165 unter einer aus dem Orient eingeschleppten Epidemie zu leiden, die als ›Pest‹ bezeichnet wird, deren Charakter man aber nicht genau kennt. Die Bewegungen der Nordvölker in den Jahren um 170 erscheinen wie der Beginn der großen Völkerwanderung. Auf breiter Front gerieten von der Nordseeküste bis zum Schwarzen Meer die Völker in Bewegung. Meist waren es Germanen (Chauken, Chatten, Markomannen, Quaden); an der Donaumündung und am Schwarzen Meer traten die indogermanischen Sarmaten, das Nachfolgevolk der Skythen, als Hauptgegner auf. Die außenpolitischen Probleme des Reiches gingen mit einer merklichen Klimaverschlechterung seit dem späten 2. Jh. einher.

Die Konflikte mit den Markomannen, Quaden und anderen Nordvölkern konnte Rom in den Jahren 166-180 noch ohne Gebietsverluste, wenn auch mit größter Mühe, überstehen; eine Gebietsausweitung in das Germanengebiet nördlich der Donau war bereits nicht mehr möglich. In den Jahren nach 250 verlor Rom dann zum ersten Mal nach der Niederlage gegen Arminius 9 n. Chr. wieder weiträumige Provinzen. Den Rückzug aus Mesopotamien durch Hadrian kann man noch als klugen strategischen Schachzug werten. Nun aber erleidet Rom empfindliche Gebietsverluste. Kaiser Aurelian war gezwungen, zur Stabilisierung der Ostgrenzen um 271 die vorgeschobene Provinz Dakien (Dacia) aufzugeben und den Goten zu überlassen (Abb. 126).

Im Westen verlor Rom um 260 das ganze Gebiet seiner Provinz Obergermanien rechts des Rheins. Der obergermanisch-rätische Limes zwischen Rheinbrohl am Rhein und Eining an der Donau wurde geräumt. Man hat sich den Vorgang früher als einen heroischen Ansturm der Alamannen auf breiter Front vorgestellt. In einzelnen Fällen mag das auch so gewesen sein. Im Kastell Neuwied-Niederbieber, Rheinland-Pfalz, haben die Ausgräber seinerzeit den römischen Feldzeichenträger neben seiner Standarte gefunden (Abb. 6; Abb. 38), und man ist versucht, das

Bild der anrennenden Germanen in diesem Falle zu akzeptieren. Inzwischen nimmt man den sog. Limesfall und den römischen Rückzug aus dem rechtsrheinischen Obergermanien freilich als einen längeren Vorgang an.

Das Jahr 260 markierte einen katastrophalen Wendepunkt in der römischen Geschichte. Von den beiden regierenden Kaisern wurde der ältere, der Vater, Valerianus (253-260), im Jahre 260 von den Persern gefangen genommen – ein in der römischen Geschichte einmaliges Ereignis, das von der persischen Propaganda entsprechend vorgeführt wurde. Sein im Westen regierender Sohn Gallienus (253-268), ab 260 Alleinherrscher, sah sich unlösbaren Problemen gegenüber. In Köln erhob sich der Usurpator Postumus und gründete das 14 Jahre dauernde Gallische Sonderreich, bestehend aus Gallien, Britannien und zeitweise Spanien. Gleichzeitig hatte Gallienus an der Donau gegen weitere Usurpatoren zu kämpfen. Teile der Grenzen an Rhein und oberer Donau waren in den Jahren 259/260 von Truppen entblößt. Vom Usurpator Postumus wie auch vom Kaiser Gallienus weiß man, dass sie gezwungen waren, vielfach germanische Söldner zur Auffüllung der militärischen Lücken anzuwerben.

Als man sich auf römischer Seite um 260 zum militärischen Rückzug aus dem Raum rechts des Rheines entschließen mußte, war dies nur der letzte Schritt eines längeren Prozesses, der nur teilweise auf germanischem Druck beruhte. Die innerrömischen Wirren machten die alamannische Landnahme Südwestdeutschlands erst möglich.

### Größere Helme …

Die römische Armee bemühte sich, auf die konkreten Kampferfahrungen mit verbesserten Waffen zu reagieren. Den langen Sichelschwertern der Daker begegnete man mit einem eisernen Armschutz nach Art der Segmentpanzer und mit der Kreuzbügelverstärkung des Helmes (Abb. 77). Wiederholte Kampferfahrungen sammelte man im Osten mit orientalischen Gegnern unter Nero, unter Traian und schließlich in den Partherkriegen des Lucius Verus. An der Nordgrenze schien man nach den begrenzten Chattenkriegen Domitians keine größeren Germanenkriege erwarten zu müssen, was sich durch die Ereignisse ab 166 (Chatteneinfall, Markomannenkriege) radikal änderte.

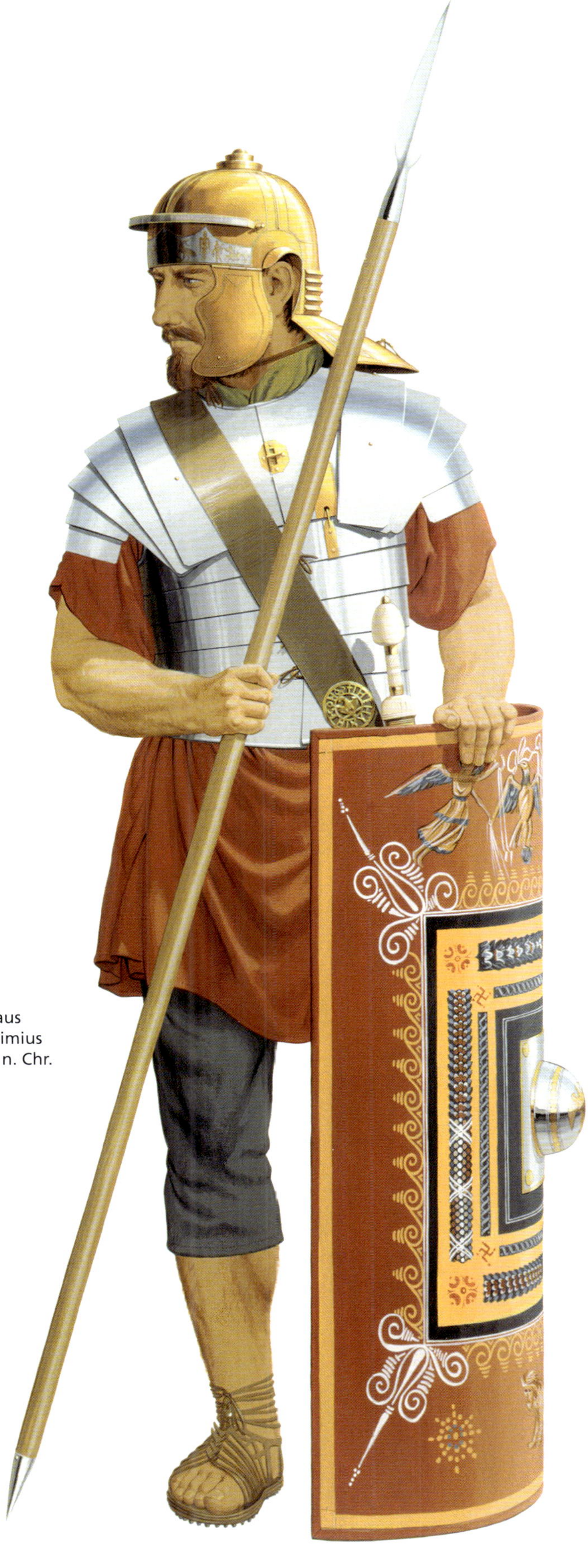

ABB. 128 Legionär aus der Zeit des Septimius Severus. Um 200 n. Chr.

Die Armee führte Helmtypen mit immer größeren Schutzflächen ein. Der späte Helm des Typs Weisenau präsentiert sich in der Version des Fundes von Kalkar-Niedermörmter (Abb. 127). Der Nackenschirm ist noch breiter geworden, er ist außerdem schräg nach unten gezogen und schützt den empfindlichen Nackenbereich noch besser. Die Ohrschutzbleche sind merklich größer geworden. Im Fundzustand wird die Zweifarbigkeit der reichen linearen Dekoration nicht mehr recht sichtbar; in der Rekonstruktion tritt sie deutlicher hervor (Abb. 128). Hier wie auf den Dekorationen des Nackenschirms strebte man die traditionelle Gold-Silber-Farbwirkung an. Vertraute Motive (Adler, Feldzeichen) stehen neben Seekentauren und Delphinen, Meeresmotiven, die man mit der bei Xanten stationierten 30. Legion verbinden darf. Das Zeichen der *Legio XXX Ulpia Victrix* war der Meergott Neptunus. Die Legion erhielt 197 zusätzlich den Beinamen *Pia fidelis*, welcher in der gepunkteten Inschrift vorne auf dem Stirnbügel noch fehlt. Der Helm gehört also in die Jahre vor 197. Wegen des reichen Schmuckes hat man sogar erwogen, ihn einem Legionsreiter und nicht einem Legionär zuzuschreiben. Mit dem Helm von Kalkar-Niedermörmter findet der Helmtypus Weisenau seinen Abschluss.

ABB. 129 Eiserner Infanteriehelm aus Neuwied-Niederbieber. Namensgebend für den Typ Niederbieber. Eisen mit Bronzebeschlägen. H. 30,5 cm. Erste Hälfte 3. Jh.

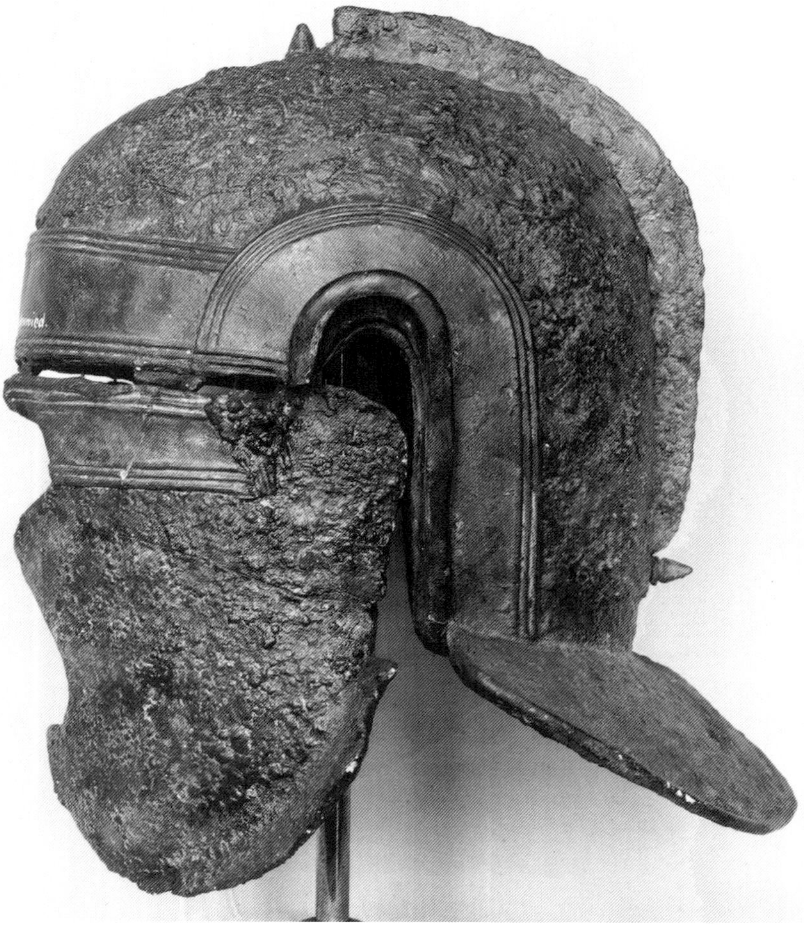

Die Weiterentwicklung sehen wir am Helmtypus Niederbieber, benannt nach einem Fund im Limeskastell Neuwied-Niederbieber, das 260 geräumt werden musste (Abb. 129). Der große, schräg abfallende Nackenschirm ist geblieben, ebenso wie die kreuzförmigen Verstärkungen der Kalotte. Die Wangenklappen hat man nun so groß und gewölbt gestaltet, dass sie gerade einen kleeblattförmigen kleinen Raum für Augen, Nase und Mund freilassen: Der Kopf ist fast ganz eingepackt. Dies ist der typologische Endpunkt des prinzipatszeitlichen Infanteriehelmes. Der Neubeginn in der Spätantike wird der leichte Kammhelm sein, ein grundlegend neues Konzept (s. unten Kap. 8).

Zu den Varianten des Typus Niederbieber für die Kavallerie zählt auch ein anderer, prächtiger Helm aus Frankfurt am Main-Heddernheim (Abb. 130). Auffallend treten die von den Paraderüstungen übernommenen großen Schlangen in Erscheinung, die als ›gute Geister‹ (*Agathoi daimones*) zu verstehen sind. Der Gravurschmuck ist mit einer blitzschleudernden Minerva sowie mit den vier Jahreszeiten oben um dem Helmbuschknauf recht individuell.

Zugleich wurden im später 2. und im frühen 3. Jh. die Reiterhelme des Typus Weiler-Guisborough weiterentwickelt. Man hat zwar die mit einer Haarkalotte versehener ›Fellhelme‹ nicht weitergeführt (vgl. Abb. 105); die Helme dieses Typs zeichnen sich aber weiterhin durch Eigenarten wie den giebelförmigen Stirnbügel aus (beispielsweise auch beim eponymen Helm von Guisborough; Abb. 133), ohne dass man genau sagen kann, warum sich dieses Zeichen des hellenistischen attischen Helmes in die Kaiserzeit hinüberretten konnte.

Den unübertroffenen Endpunkt der Entwicklung des Weiler-Guisborough-Typs stellt der Kavalleriehelm von Theilenhofen dar (Abb. 131; Abb. 132). Der Bronzehelm wurde in der Siedlung (*Vicus*) beim Kastell Theilenhofen (Iciniacum) in Bayern gefunden. Nach einer Münze in dem Gebäude kam er nach 189 unter die Erde; vermutlich geschah es beim großen Alamannenan-

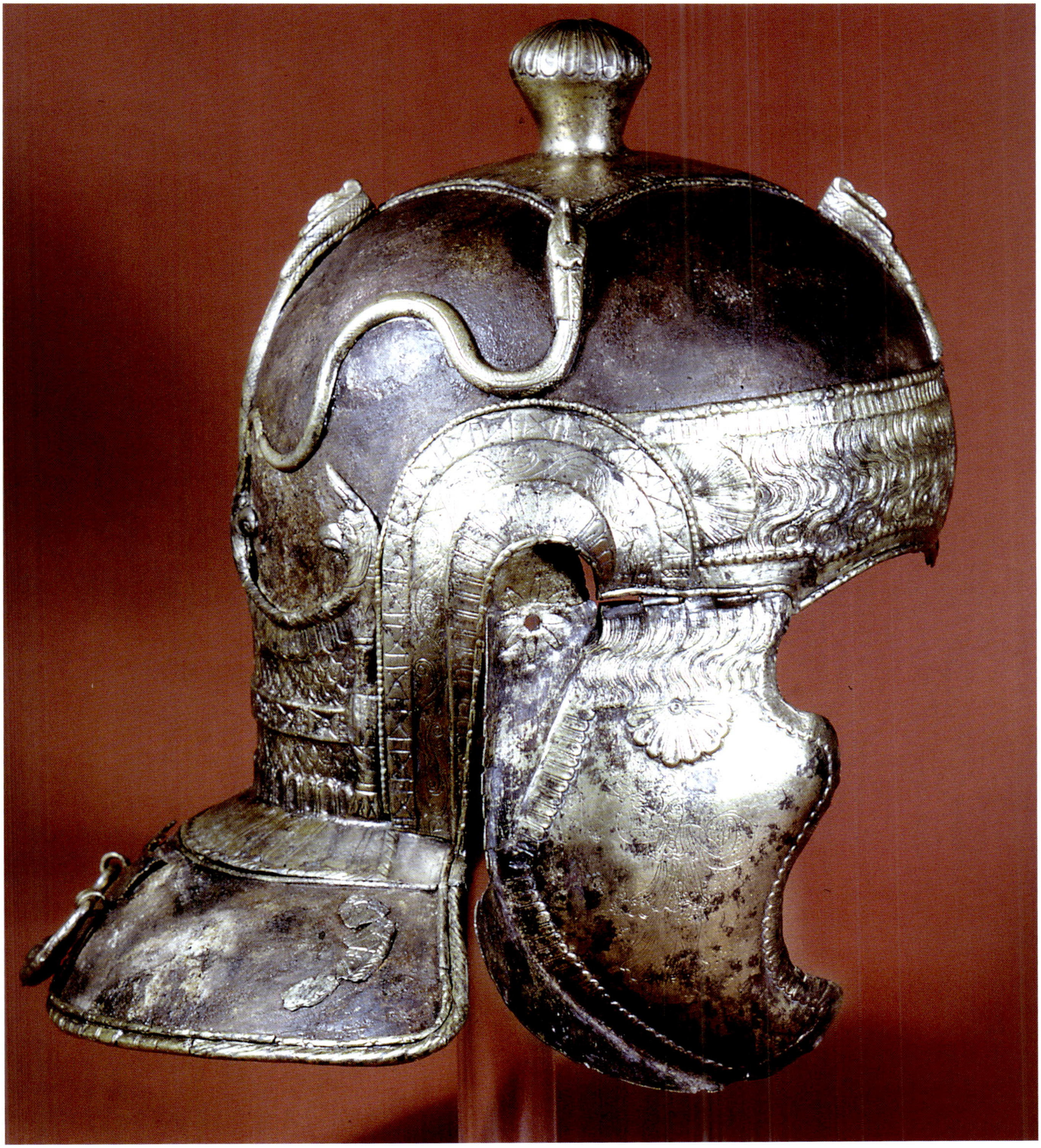

ABB. 130 Reiterhelm aus Frankfurt am Main-Heddernheim. Schlange, Pelta mit Greifenköpfen. Gravurdekor: Minerva, vier Jahreszeiten. Eisen, Bronze. H. 31,7 cm. Frühes 3. Jh.

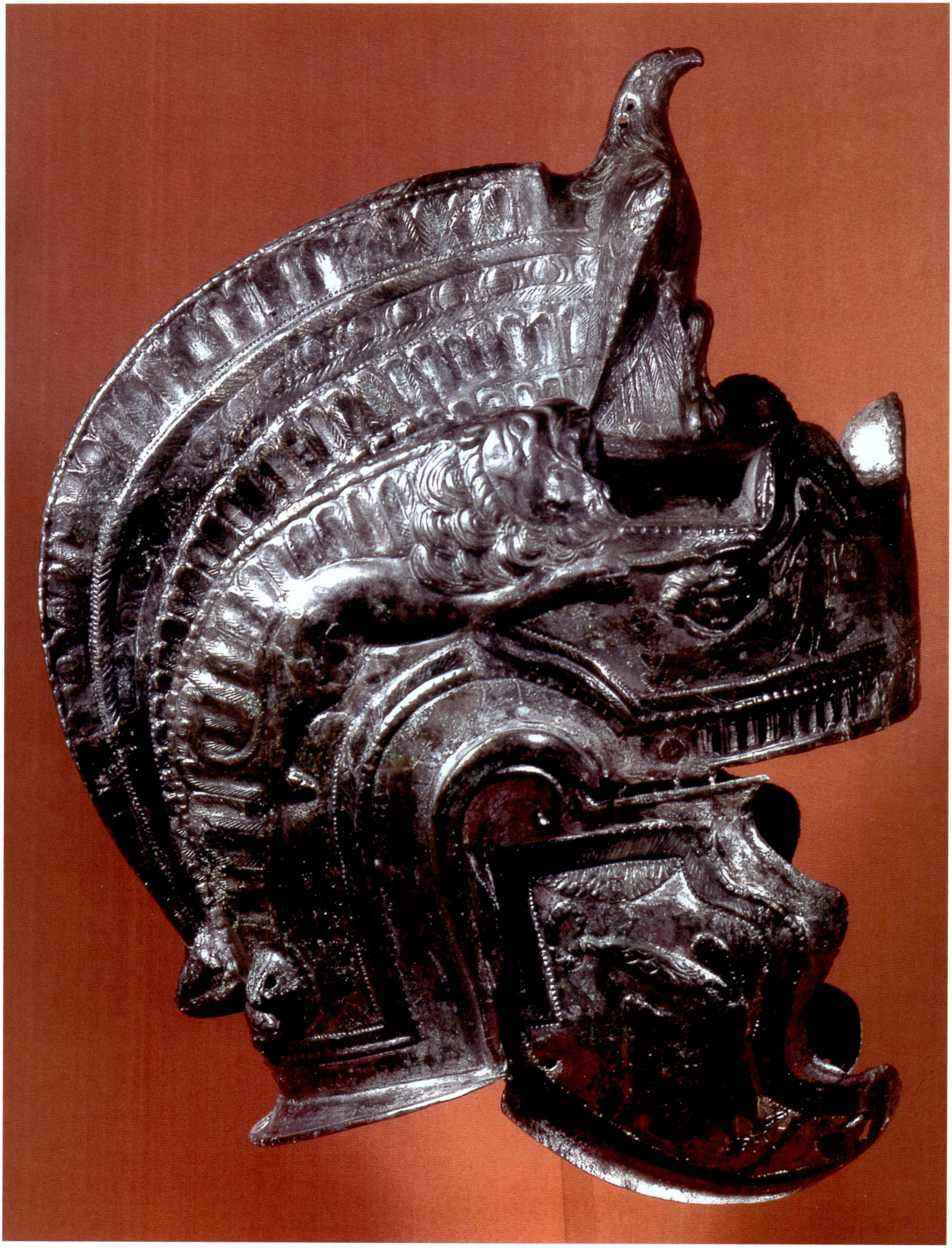

griff 233/234. Der erste bestimmende Eindruck sind die drei Kalottenverzierungen mit zwei seitlichen Löwen und einem zentralen Helmbusch mit vorgesetztem Adler. Dieses dreiteilige Helmkammensemble zitiert den klassischen Helm der Athena Parthenos auf der Athener Akropolis, den die römischen Handwerker auch bei einigen Minervabildern auf Paraderüstungen aufgreifen (Abb. 168). Die Farbeffekte des Helmes mit der goldfarbenen Bronze und den versilberten Teilen entsprechen der römischen Waffentradition. Wie bei den Paraderüstungen (s. Kap. 7) ist der Helm hier freilich ganz mit Schmuck bedeckt: Adler mit Kränzen auf den Wangenklappen, Schlangen und Medusenköpfe am Stirnbügel (neben den dort einziselierten Feldzeichen mit Mars und Victoria), Adler und Löwen an den Kämmen, und in der Profilansicht der beherrschende Effekt der Metallfedern.

Löcher am Adlerhals und an den Kammenden waren wohl für weiteren Feder- oder Haarschmuck gedacht, was dem Helm einen noch theatralischeren Effekt gegeben haben muss. Mehrere eingepunktete Inschriften verraten, dass er durch etliche Hände ging, also als Erbe unter Kameraden geschätzt war, was man verstehen kann. Dabei war er kein Helm für einen hohen Offizier, wie man an den Namen ablesen kann. Der Limes bei Theilenhofen war kein Zentrum römischer Besiedlung. Ein gut bezahlter Soldat hat sein Geld in einen Prunkhelm investiert, um die Kameraden zu beeindrucken.

Neben den Metallgefäßen sind es die Rüstungsstücke, an denen der Liniendekor der römischen Kaiserzeit besonders gut zu studieren ist. Der verzierte Reiterhelm aus Guisborough (Abb. 133) zeigt sowohl durchgezogene (einziselierte) wie auch punktierte Linien. Seine Themen sind Mars im Zentrum, flankiert von jeweils zwei Minerven und zwei Victorien. Die beiden Riesenschlangen in den Zwickeln sind jene besonders auf Paraderüstungen (s. Kap. 7) üblichen und auch am Helm von Heddernheim (Abb. 130) erscheinenden guten Schutzgeister.

Minerva und die vier Jahreszeitenbüsten erscheinen in Ritzdekor, wie er auch den Stirnbügel des Helmes von Theilenhofen in einem recht fließenden Stil füllt (Abb. 132). Auf einer Wangenklappe aus Carnuntum ist der Mars mit Tropaion als flotte, schnelle Skizze hingeworfen, die fast wie ein Wandgraffito wirkt (Abb. 134). All diese kleinteiligen Schmuckelemente sind interne Motive, die ein germanischer Feind nie recht zu Gesicht bekam, und die ihn auch nicht beeindruckt hätten. Sie sollten aber im Gespräch und in der Aktion unter Kameraden ihre Wirkung entfalten.

### … und längere Schwerter

Zwar blieb dem Heere das *Pilum* erhalten – noch ist es bei den Prätorianern und den Legionen zu finden –, doch verschwand im Laufe des 2. Jhs. der *Gladius*, und damit vollzog man eine Abkehr von der althergebrachten Kampftaktik des Zustoßens. Man entschied sich für das längere Hiebschwert, die *Spatha* (Abb. 135). Schwerter, die mit Griff einen Meter messen konnten, sind nun möglich. Fundorte wie South Shields (England) und Straubing (Bayern) liegen noch an der römischen Nordgrenze, doch Fundortnamen wie Vimose, Jevnaker, Nydam, Podlodów oder Hromówka verraten schon, dass viele dieser Langschwerter aus Germanien stammen. Die Scheiden sind nun bis auf das nun eckige, halbrunde oder in Form einer *Pelta* (Amazonenschild) gestaltete Ortband schmucklos.

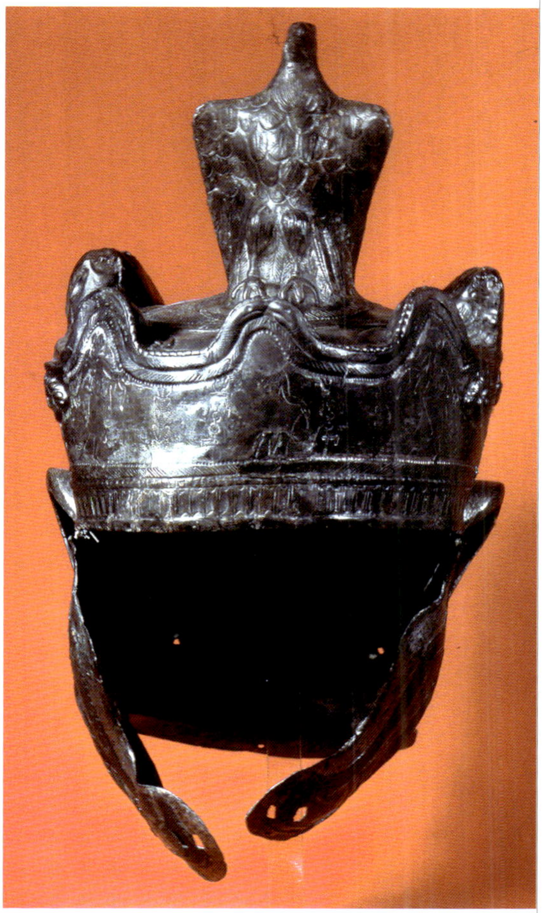

ABB. 131; ABB. 132 Kavalleriehelm des Typs Weiler-Guisborough. Aus der Siedlung beim Kastell Theilenhofen *(Iciniacum)* in Bayern. Bronze, versilbert. H. 39 cm. Frühes 3. Jh.

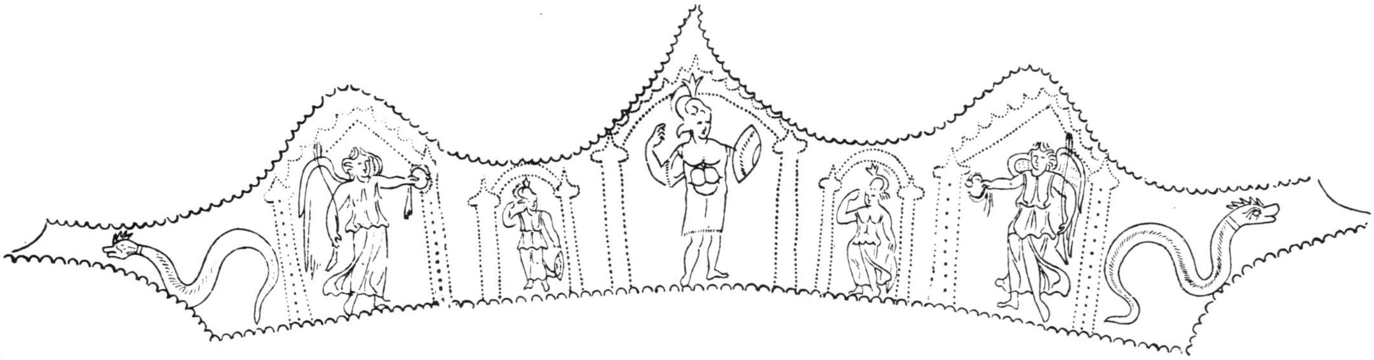

ABB. 133 Stirnbügeldekor des Reiterhelms aus Guisborough, England. Bronze. Spätes 2./frühes 3. Jh.

ABB. 134 Wangenklappe Typ Guisborough aus Carnuntum, Niederösterreich. H. 12,8 cm. Spätes 2./frühes 3. Jh.

ABB. 135 Langschwerter (*Spathae*) der Zeit vor 278 aus dem Baggerfund aus dem Rhein bei Neupotz in der Pfalz. Eisen. Das längste Schwert hat eine Klingenlänge von 77 cm.

Vom späteren 2. Jh. an darf der *Gladius* als abgelöst gelten. Es folgen dann mit einer Gruppe von inzwischen mehr als 40 *Spathae* Inkrustationsmotive, die teilweise naturalistisch, teilweise extrem stilisiert sind. Man könnte sich denken, dass hier einige Varianten der Dekorationen des *Gladius* Typ Pompeji einen späten Einfluss ausübten, doch sicherlich sind auch andere Wurzeln dieses Dekors anzunehmen. Die Rolle von Waffendekor aus der Übergangszeit der ersten Hälfte des 2. Jhs. ist nicht genau einzuschätzen. Besonders die mehr naturalistischen Dekorationen wie Mars, Minerva und Victoria auf den *Spathae* (Abb. 136) sind als um ein Jahrhundert oder mehr versetzte Nachläufer der *Gladii* des Typs Pompeji verständlich.

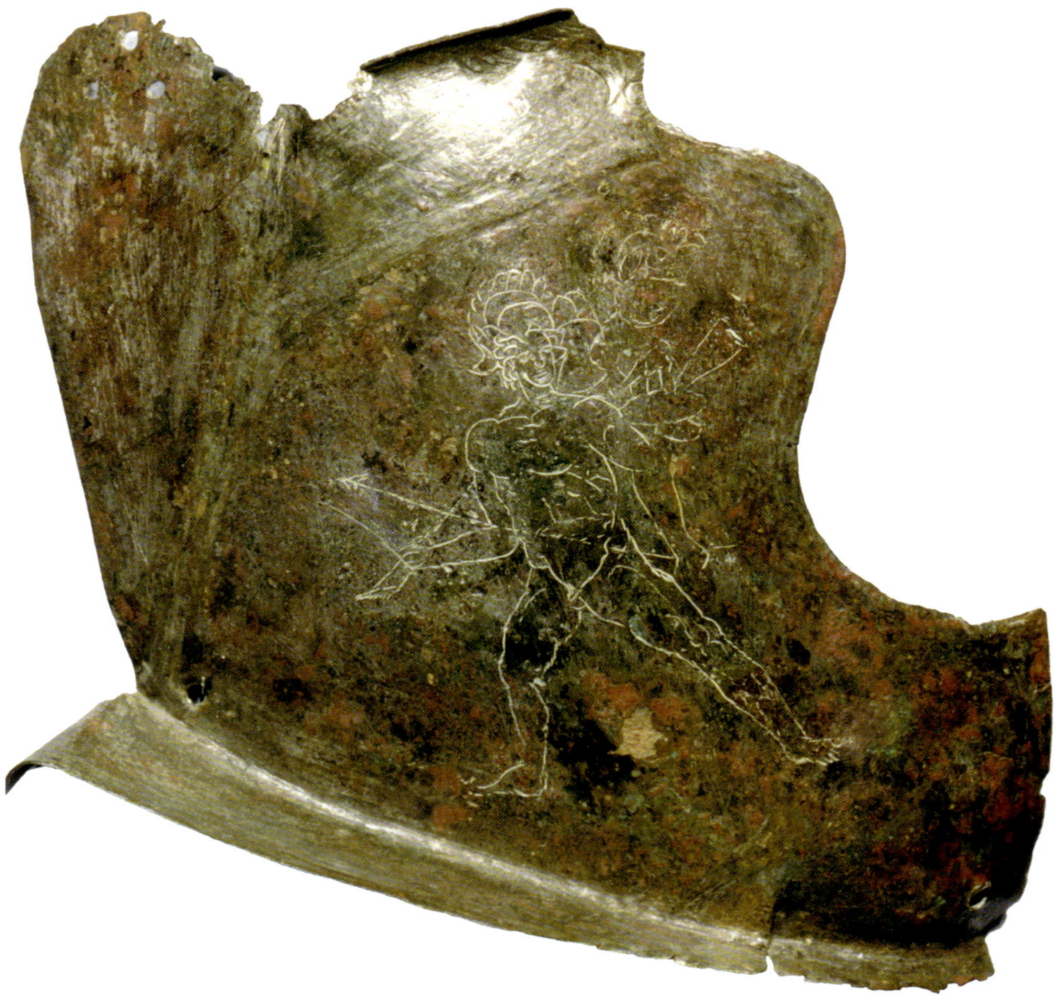

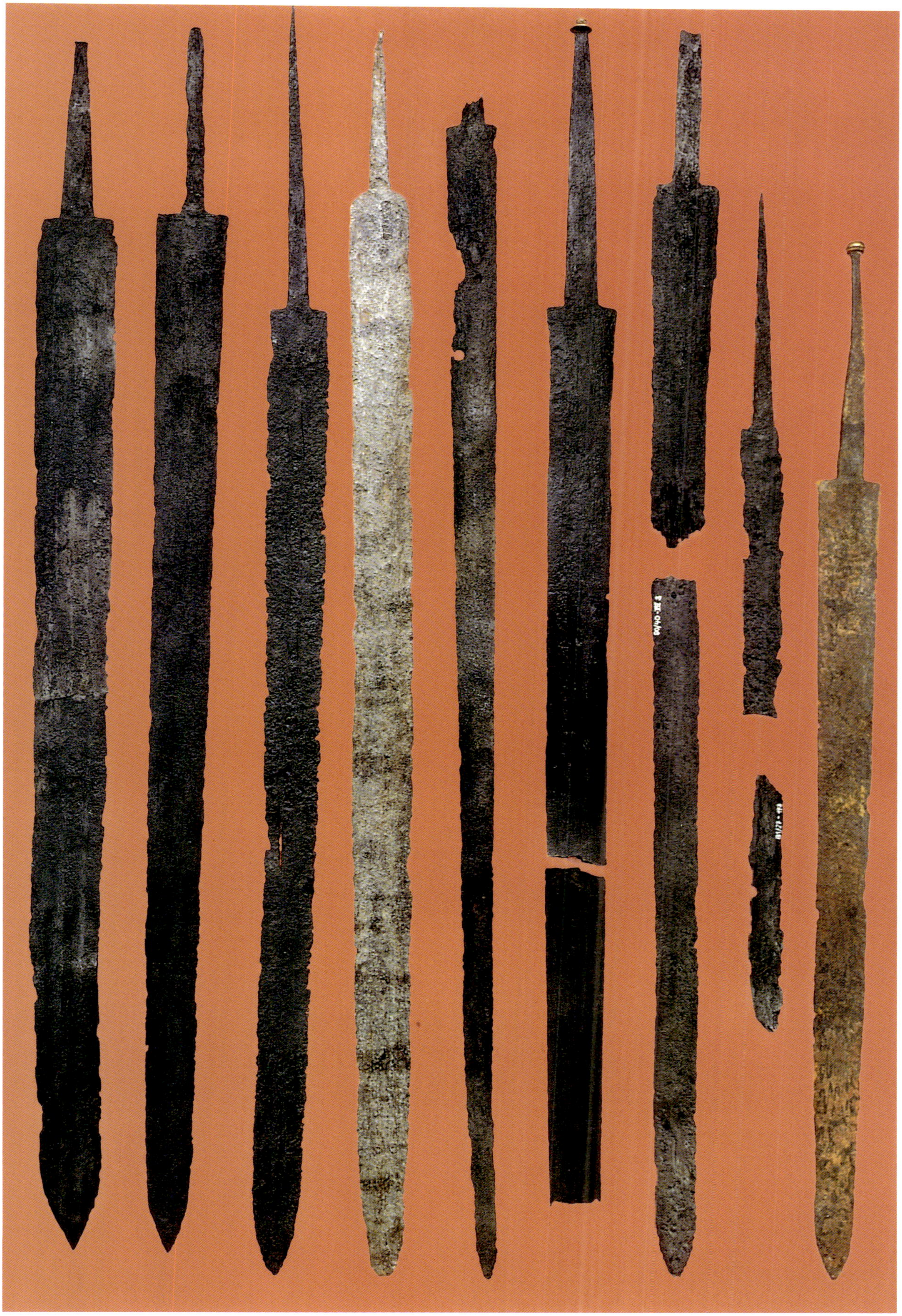

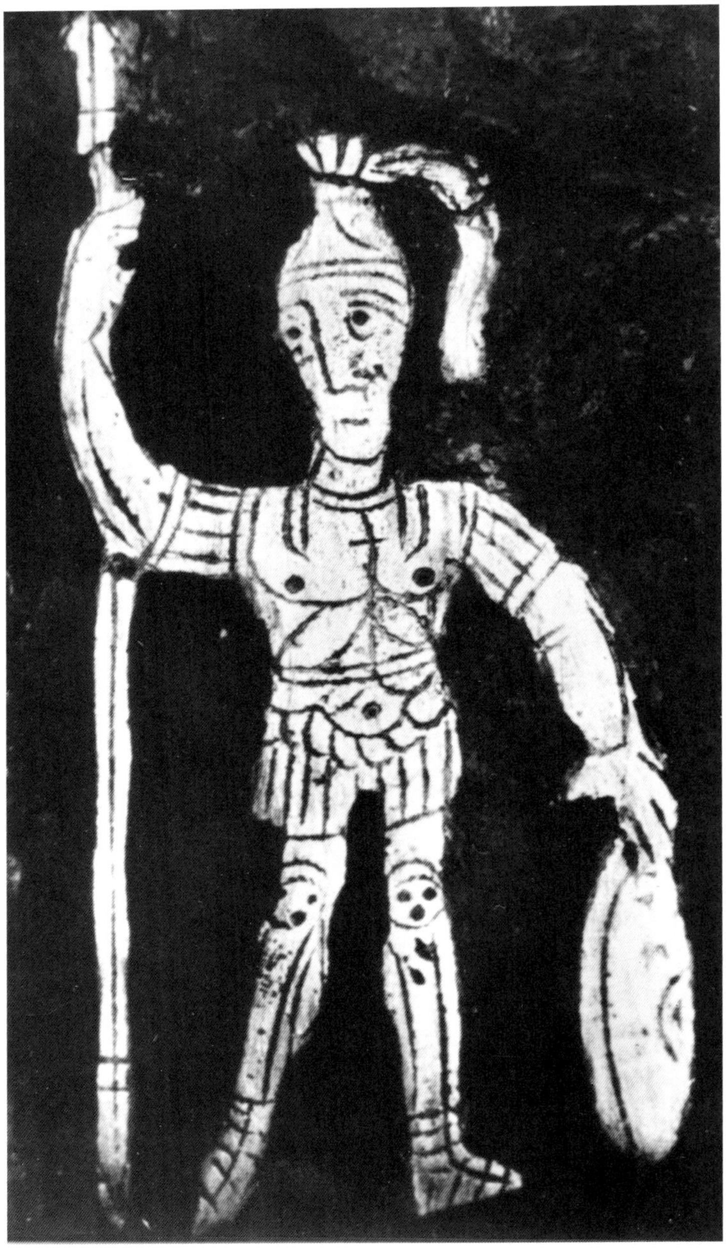

ABB. 136 Mars. Einlegearbeit aus Bronze in eine Eisen-*Spatha*. Aus Newstead, England. 3. Jh.

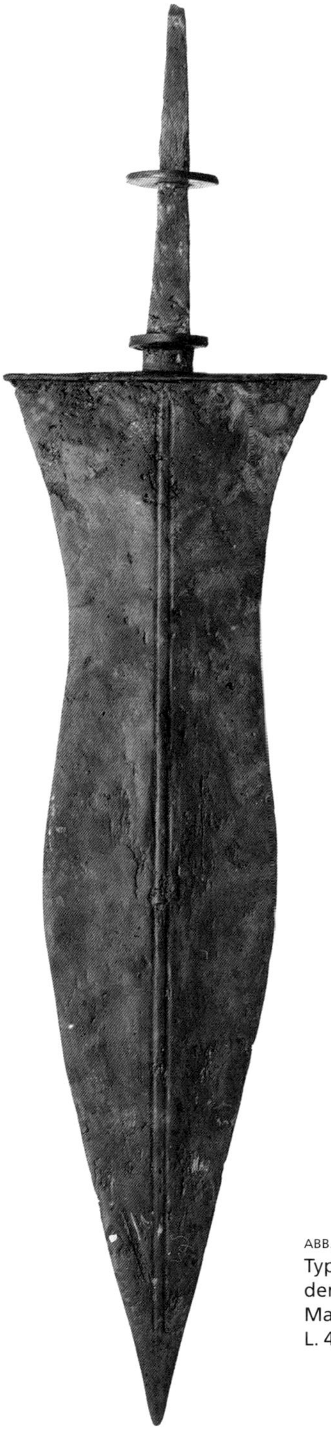

ABB. 137 Dolch des Typs Künzing von der Löhrstraße, Mainz. 3. Jh. Eisen. L. 45,5 cm.

Eine flache, doppelfarbige (Gold-Silber-Effekt) und inkrustationsähnliche Gestaltung kannte man auch von Schildbuckeln (Abb. 142). Die Metallinkrustation war im Übrigen im mittleren 2. Jh. auch an zivilen Metallarbeiten sehr in Mode. Singulär ist freilich die extreme Stilisierung einiger Victorien auf *Spathae*, die bis auf wenige Ausnahmen in Germanien und nicht im Römerreich gefunden wurden.

Der Dekorationsdolch des 1. Jhs. verschwindet in der mittleren Kaiserzeit, was mit dem Formwandel des *Cingulum* wie auch mit einem Wunsch nach einer kurzen echten Kampfwaffe zusammenhing. Im 3. Jh. findet man dann einen echten Kampfdolch im Typus Künzing (Abb. 137), benannt nach dem Hortfund von Künzing in Bayern, welcher 41 Dolche und mindestens 29 Dolchscheiden enthielt. Diese Dolche mit einer Klingenlänge von 25 bis über 30 cm waren echte Kampfwaffen. Ihre Scheiden bestanden vermutlich aus Leder mit einem Metallrahmen, und der einzige Schmuck war wohl die Farbe. Im Hort von Künzing sind außerdem abgebrochene und dann als Kurzschwert nachgeschärfte *Spathae* enthalten.

Im Laufe des 2. Jhs. übernahmen die Römer eine weitere Kurzschwertart, das sog. Ringknaufschwert (Abb. 138). Kennengelernt hatte man es über das Schwarzmeergebiet und über die Sarmaten, vermutlich im Rahmen der Dakerkriege. Man kann besonders mithilfe des germanischen Fundmaterials einige Typen unterscheiden: Die kürzesten sind mit einer Länge bis 47 cm nur etwas größer als Dolche; die längsten erreichen bis zu 70-80 cm.

ABB. 138 Verzierte Ringknäufe und Parierstangen römischer Ringknaufschwerter. Rechts vom Bodensee, die beiden links und in der Mitte aus Germanien. Eisen mit Niellotauschierung. H. des Griffes links 16 cm.

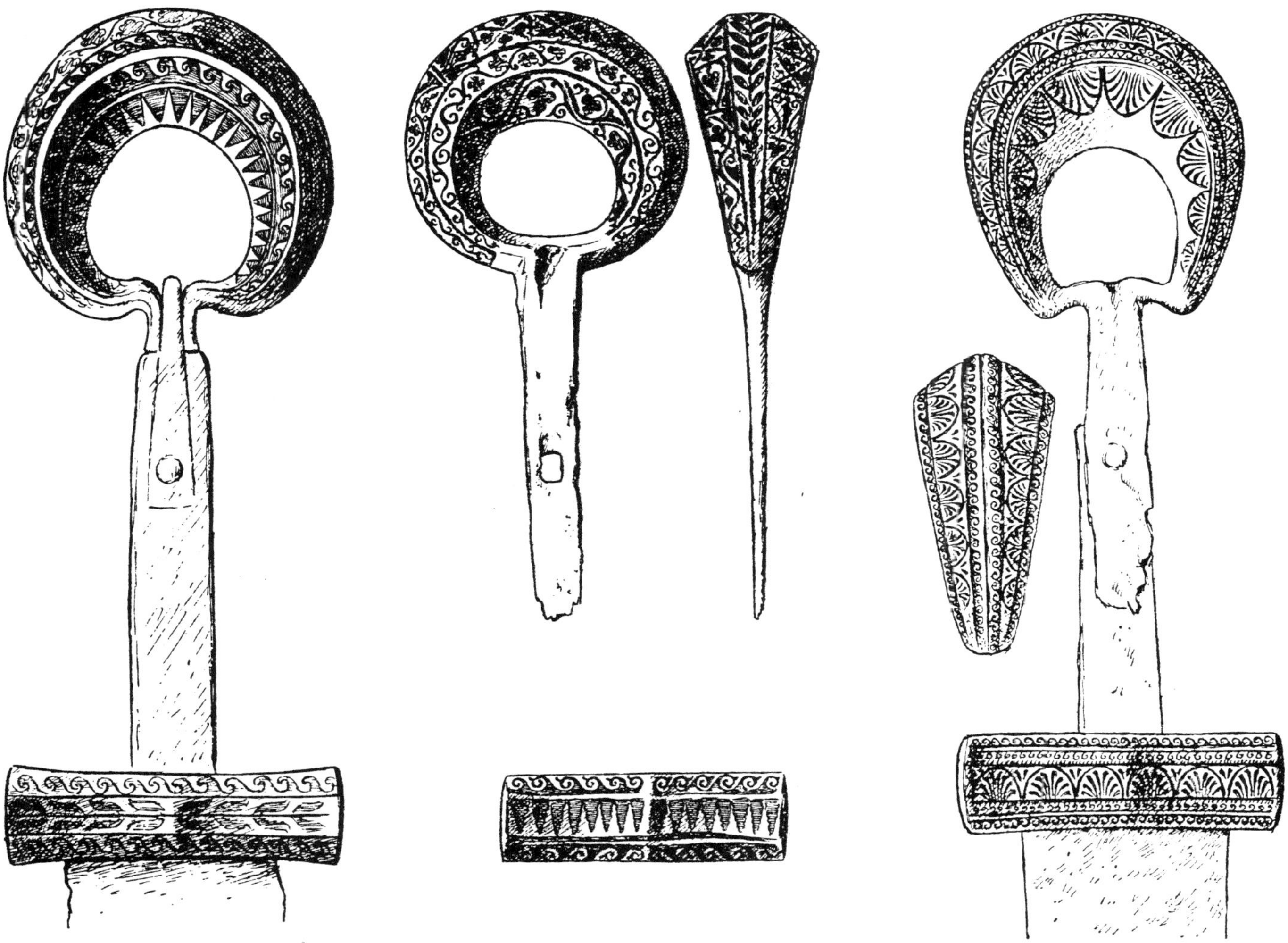

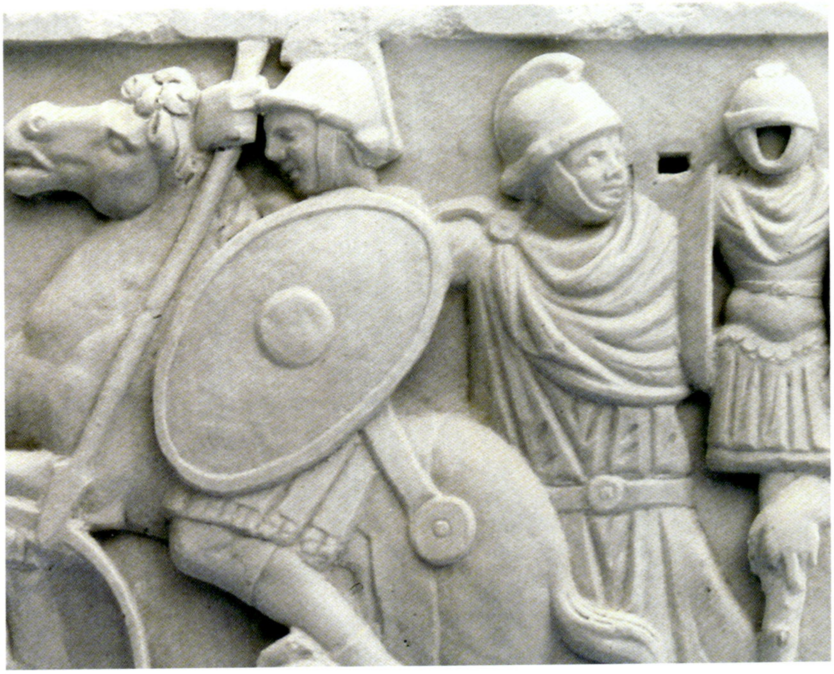

ABB. 139 Ringschnallencingulum und Dosenortband. Seitenrelief des großen Schlachtsarkophag Ludovisi aus Rom. Marmor. Mitte des 3. Jhs.

Die eisernen Ringknäufe und Parierstangen sind dekoriert, in Tauschierungs- und Inkrustationstechnik, in Kupfer, Bronze, aber auch in Silber oder gar Gold. Figuralthemen fehlen, man bevorzugt Pflanzenmotive oder geometrische Muster; sehr verwandte Schmuckelemente findet man zu gleicher Zeit, im 2. bis frühen 3. Jh., auch an medizinischen Instrumenten und an Tintenfässern. Die Ringknaufschwerter wurden vermutlich nur noch im ersten Drittel des 3. Jhs. verwendet. Dazu passt, dass sie im Fundmaterial der Pfälzer Schiffswrackfunde von Neupotz und Hagenbach nicht mehr vertreten sind.

Bei den Germaner hat man seit dem 2. Jh. verstärkt römische Langschwerter des Spathatyps ebenso wie die kürzeren Ringknaufschwerter importiert, und dies in einem Maße, dass man sich gefragt hat, wie die Römer das Problem des Waffenexports behandelt hatten. Richtig ist, dass man von Rom aus zu verhindern suchte, dass Waffen an direkte Feinde geliefert wurden. Da aber immer Grenzstämme in freundschaftlichem Verhältnis zu Rom standen, lieferte man ihnen auch Waffen. Der germanische König von Mušov (Muschau) in Mähren, ein Römerfreund, hatte germanische Waffen, aber auch einen extrem feinen und teuren römischen Schuppenpanzer. In der Spätantike des 4. Jhs. und im *Codex Iustinianus* (6. Jh.) waren Waffenexporte in die Länder der Nordvölker dann generell verboten.

In der mittleren Kaiserzeit löste die *Spatha* den *Gladius* ab. Damit veränderte sich auch die Schwertscheidenform. An den Schwertdarstellungen der Traianssäule und der Marcussäule kann man den Übergang vom spitzen zum halbrunden Ortband sehen. Im Endeffekt verlagerte

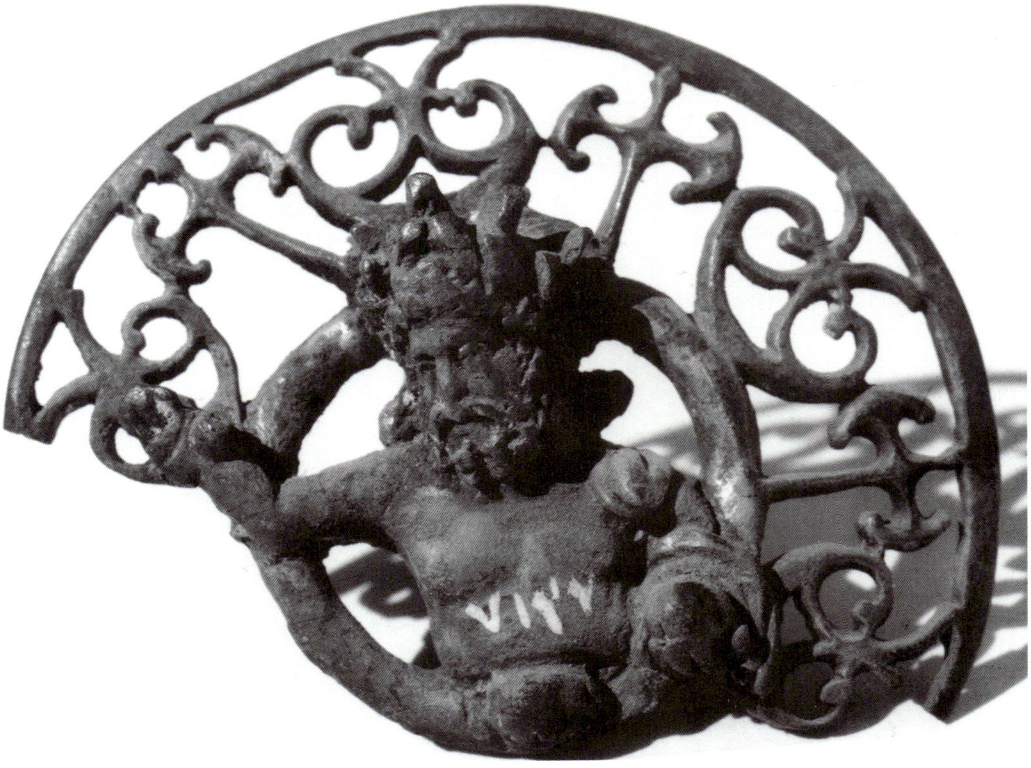

ABB. 140 Schwertriemenbeschlag. Kaiser Septimius Severus (193-211) als Sonnengott. Aus Syrien. Silber, vergoldet. Dm. 5,5 cm.

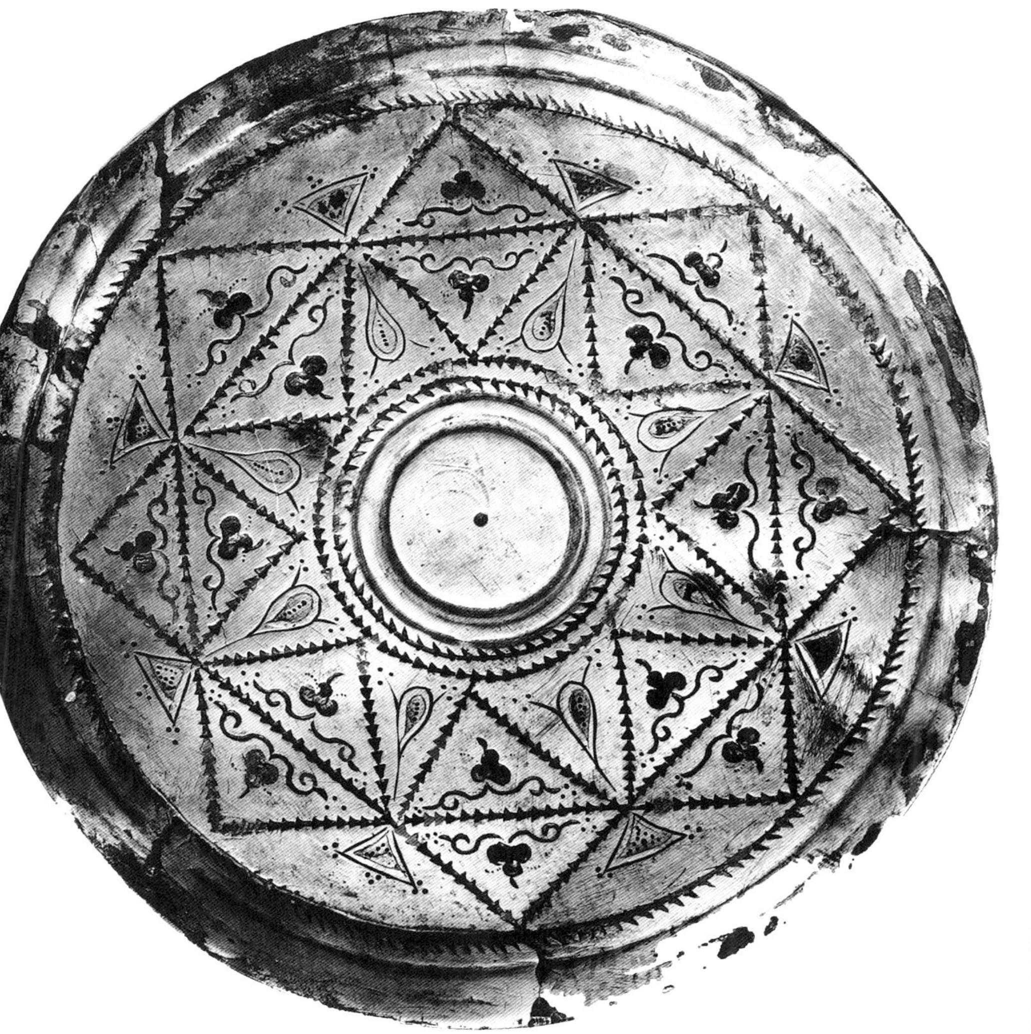

ABB. 141 Silbernes Dosenortband. Aus Köln, Gräberfeld vor dem Severinstor. Silber mit Niellodekor (Schwefelsilber). Dm. 11 cm. Erste Hälfte 4. Jh.

sich der Schwertscheidenschmuck von dem zentralen Schwertscheidenbereich, wo er noch beim *Gladius* dominierte, auf das Ortband und den Schwertgurt (*Balteus*).

Ringschnallencingula und Rahmenschnallen-*Cingula* kamen im frühen 3. Jh., wohl unter Caracalla, in Mode. Sie verschwanden um 300 wieder, und die Schnalle mit beweglichem Dorn wurde wieder eingeführt. Am *Cingulum* führten die Scharnierbeschläge die Tradition des frühkaiserzeitlichen Cingulumschurzes in neuer Form fort. In der Hauptstadt Rom konnte man dieses Detail bei den dortigen Truppen, z.B. den Kaiserreitern (*Equites singulares*) sehen; auf den Seiten des großen Sarkophags Ludovisi kehrt es wieder (Abb. 139). Auf den *Cingula* erscheinen nun häufig – besonders im Donauraum – in großen Buchstaben aufgesetzte Segenswünsche wie ›Utere felix!‹. (Zum glücklichen Gebrauch!). Der mit max. 11 cm recht breite Schwertgurt (*Balteus*) trug nun gerne in Durchbruchsarbeit gestaltete Texte wie die Anrufung Iuppiters, verteilt auf drei Bronzebeschläge: ›Optime Maxime Conserva Numerum Omnium Militantium‹ (›Iuppiter, du Bester und Größter, beschütze die Schar aller Kämpfer‹. Abb. 11). Runde Durchbruchsbeschläge des Schwertgurtes trugen Militärmotive (Feldzeichen), aber auch Religionspolitisches: Kaiser Septimius Severus ließ sich als Sonnengott Sol abbilden und förderte auf diese Weise den Kult des Sonnengottes von Emesa (*Iuppiter Heliopolitanus;* Abb. 140).

Das Dosenortband an der Spathascheide war die beherrschende Form im 4. Jh., war aber be-

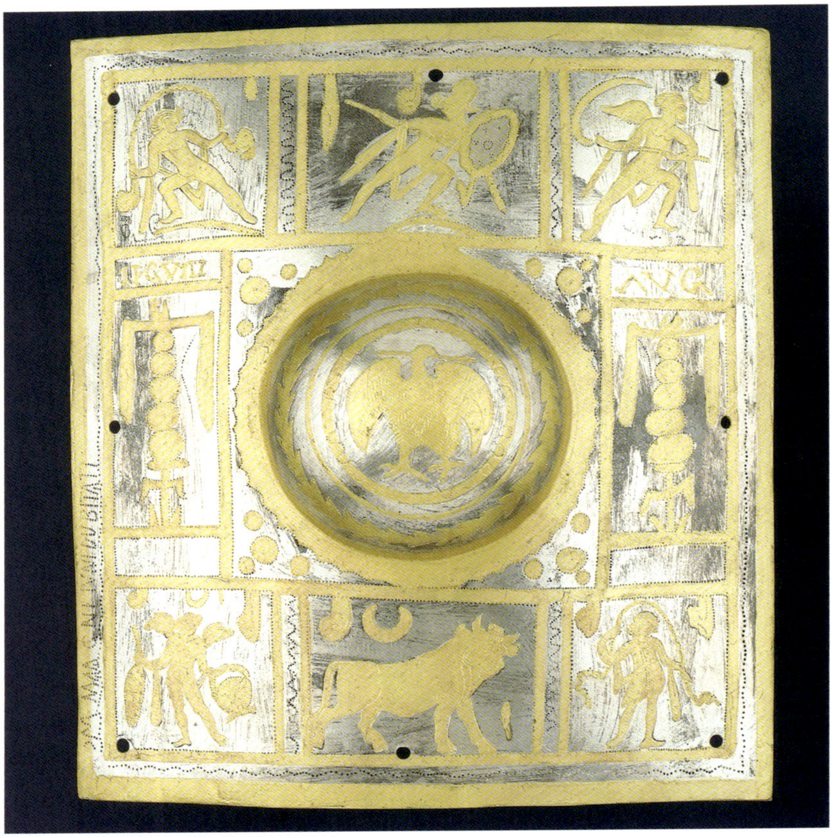

ABB. 142 Schildbuckel mit Inschrift der *Legio VIII Augusta*. Adler, *Signa*, Mars, Stier und vier Figuren. Sternbild Stier/*Taurus* als Wappenzeichen der 8. Legion. Aus dem Tyne bei South Shields, Nordengland. Bronze, Weißmetall. H. 27,5 cm. 2. Jh.

reits in den Jahren um 250 in Gebrauch (Abb. 139). Die durch den Kölner Fund bekannte Kombination von Silber mit Niello, also der Schwarzweißeffekt (Abb. 141), ist nur eine von mehreren Dekormöglichkeiten auf diesen großen runden Scheiben. Daneben fanden sich ornamentierte bronzene Ortbänder sowie Bronzeortbänder mit Gold- und Silberauflagen; die größte Gruppe mit bisher fast 30 Belegen besteht aus Eisen mit Silber- oder Buntmetalldekor. Figürliches vermied man, obwohl die recht großen Rundflächen für Porträts sehr geeignet gewesen wären; vermutlich hat man es wegen der im 3. Jh. so häufig wechselnden Kaiser vermieden, sich festzulegen. Beherrschend waren geometrische Motive und Pflanzen, eingebunden in ein System strenger Symmetrien. Diese Dekorwelt einer ausgewogenen Komposition ist merkwürdig für einen Schwertdekor, spiegelt aber etwas von der Sehnsucht der Zeit nach Ordnung wider.

### Verzierte Schilde

Die Farben und großen Symbole der Schilde zielten auf den Feind. Dieser kraftvollen Fernwirkung steht beim Schildbuckel eine Vorliebe für kleinformatige Metallarbeiten mit Liniendekoration (Gravur, Ziselierung) gegenüber. Es finden sich sowohl silhouettenartig gegeneinandergesetzte Flächen (Abb. 142) wie auch lineare Verzierungen (Abb. 144). Das Dekorspektrum dieser Schildbuckel umfasst alle Techniken des Liniendekors, von der ungebrochenen Linie über die Punktierung zur feinen Strichelung und zum Gebrauch der runden Punze.

Der Schildbuckel der *Legio VIII Augusta* aus dem Tynefluss bei South Shields, Nordengland (Abb. 142), bietet eine Farbwirkung, bei der die Figuren und Attribute mit hellem Metall (Weißmetall) überzogen sind und so gegen den goldfarbenen Hintergrund der Kupferlegierung abgesetzte Flächen bilden. Solche zweifarbigen Silhouettenbilder hat man dann durch eine Binnenzeichnung mit feinen Linien ergänzt.

Unter den runden Schildbuckeln findet man eine Gruppe dekorierter Schildbuckel aus Britannien, Germanien, Pannonien und Dakien aus der zweiten Hälfte des 2. Jhs. (Abb. 143). Das Dekorspektrum dieser Schildbuckel umfasst wiederum alle Techniken des Liniendekors, von der ungebrochenen Linie über die Punktierung zur feinen Strichelung und zum Gebrauch der runden Punze. Etliche dieser Schildbuckel sind, wenn Weißmetallüberzug im Figurenbereich feststellbar ist, auch zur Silhouettengruppe zu rechnen. Andere zeigen einen reinen Liniendekor (Abb. 144).

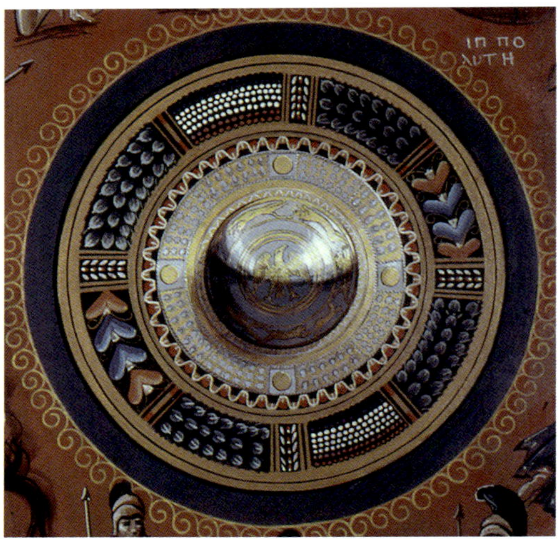

ABB. 143 Adler und laufende Tiere. Schildbuckel aus Százhalombatta/Ungarn. Bronze. Dm. 20,4 cm. Im Mittelpunkt eines Schildes nach dem Vorbild von Dura-Europos.

## Maximale Panzerungen

Die Schienenpanzer und Kettenhemden fanden weiterhin Verwendung. Die Panzerbeschläge von Schuppen- und Lamellenpanzern, die man früher ausschließlich den Paraderüstungen zuteilte, gehörten vermutlich zur normalen Ausrüstung der Legionen der Donautruppen. Kennzeichnend sind zweiteilige Reliefs oben auf der Brust (Abb. 145).

Eine dem *Draco* vergleichbare Neuerung in der römischen Armee des 3. Jhs. war die Eingliederung von Panzerreitern (*Cataphracti, Clibanarii*), die man seit den Partherkriegen des Crassus im 1. Jh. v. Chr. kannte. Auch in den Dakerkriegen Traians hatten sarmatische Panzerreiter als Verbündete der Daker eingegriffen (Abb. 146). In der Stadt Dura-Europos am Euphrat hat jemand einen solchen iranischen Panzereiter an eine Wand geritzt (Abb. 147). Im 3. Jh. haben die Römer dann diese Spielart der schweren Kavallerie übernommen (Abb. 148). Der Reiter trägt das Schwert nach Art des 3. Jhs. am

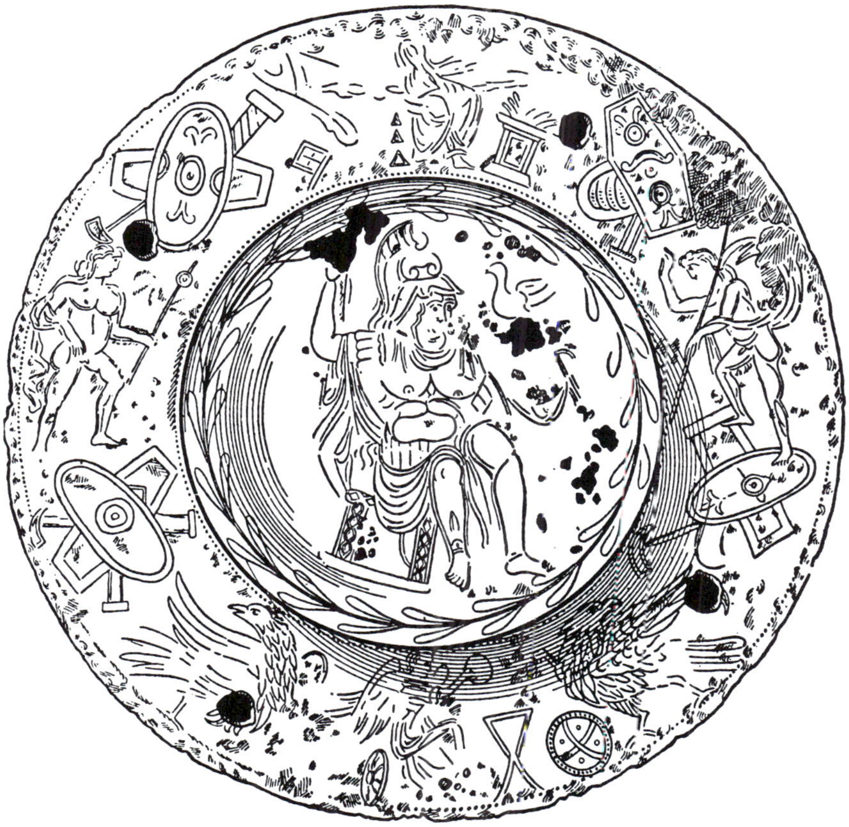

ABB. 144 Mars inmitten von Göttern und Waffen. Schildbuckel aus Kirkham, England. Bronze. Dm. 19 cm. 2. Jh.

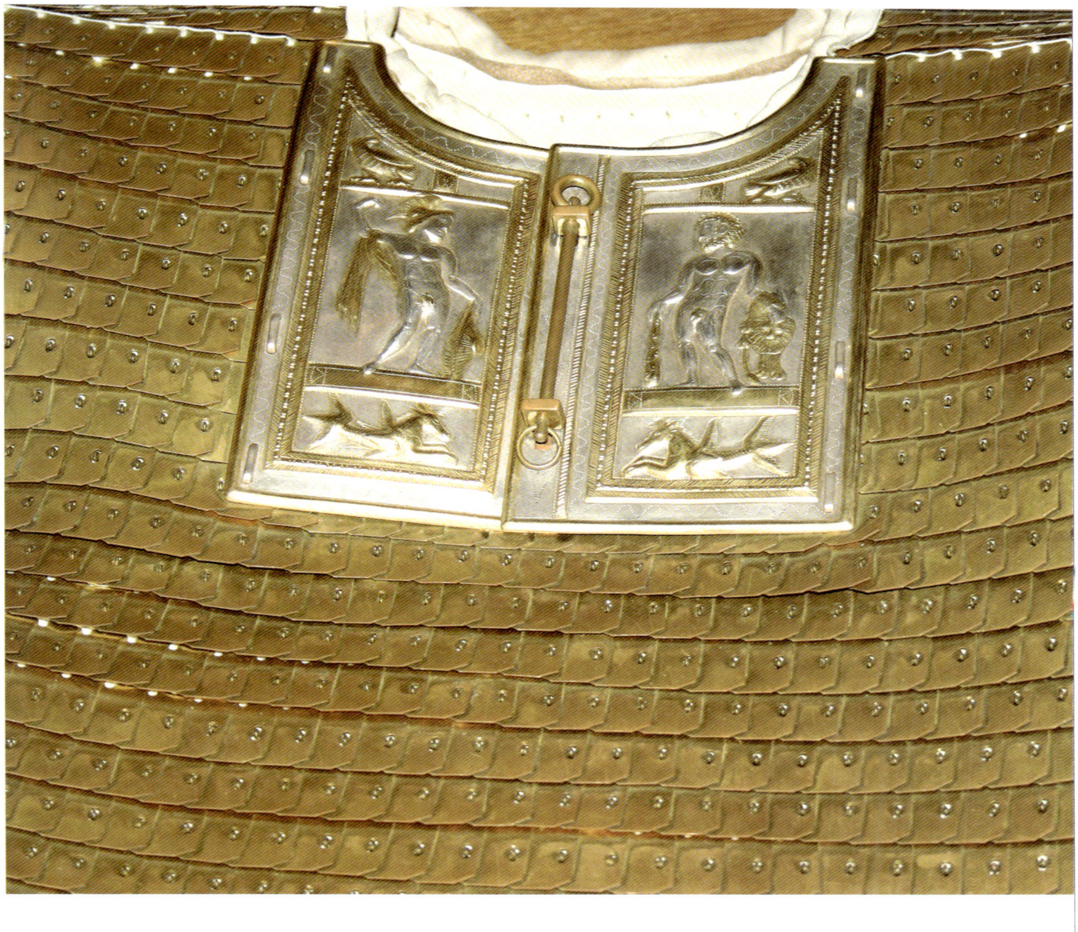

ABB. 145 Schuppenpanzer als Kampfpanzer mit zweiteiligem Panzerschließblech.

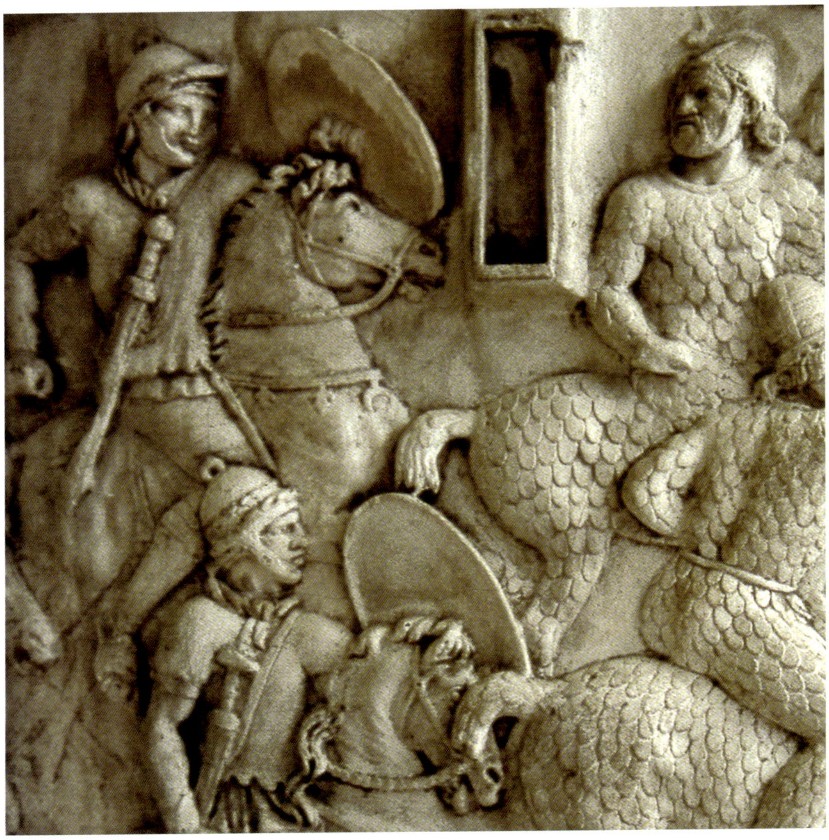

ABB. 146 Römische Kavallerie verfolgt gegnerische Panzerreiter. Erster Dakerkrieg Traians. Relief von der Traianssäule in Rom, Szene 37. Marmor. Aus dem Jahre 113.

Schwertriemen (*Balteus*), der mit Durchbruchsarbeiten verziert ist. Am langen Schwert (*Spatha*) fällt das für das 3. und 4. Jh. typische Dosenortband auf.

Eine Beschreibung der *Clibanarii* aus der Feder eines Historikers findet sich bei Ammianus Marcellinus (16,10,8), der den Einzug des Constantius II. in Rom nach dem Sieg über Magnentius im Jahre 353 beschreibt. Der syrische Romanautor Heliodoros bietet die detailreichste Beschreibung. Heliodor lebte im 3. Jh. und nennt sich im Schlusssatz seines Romans ›Aithiopikà‹ (Äthiopische Geschichten) einen Mann aus Emesa in Phönizien, aus dem Geschlecht des Sonnengottes Helios.

Der persische Satrap von Ägypten, Oroondates, stellt seine Panzerreiter auf (Heliodor 9,15; übertr. von R. Reymer, Zürich: Artemis 1950, S. 264f.): ›Denn diese Truppe ist von jeher die Elite des Perserheeres und wird deshalb als unerschütterliche Mauer in vorderste Linie gestellt. Sie besteht aus ausgesuchten Leuten von besonderer Körperkraft und ist folgendermaßen ausgerüstet: jeder Mann trägt einen aus einem Stück gemachten und eigens für ihn passenden Helm, der seinem Gesicht wie eine Maske genau nachgebildet ist und seinen Kopf vom Scheitel bis zum Nacken vollkommen bedeckt, mit Ausnahme einer Öffnung für die Augen. Seine Rechte hält eine Lanze, die länger ist als der gewöhnliche Speer. Die Linke ist frei für den Zügel. An der Seite hängt das Krummschwert. Nicht nur die Brust, sondern auch alle übrigen Körperteile sind durch den Panzer geschützt. Er besteht aus viereckigen Bronze- und Eisenplättchen von der Größe einer Spanne in jeder Richtung. Diese sind so zusammengefügt, dass eins mit dem Rand über das andere greift. Die einzelnen Glieder sind da, wo sie zusammentreffen, unterwärts mit Bändern ineinandergehakt und bilden ein Schuppenkleid, das sich ungezwungen um den Körper legt.

... [Dem Pferd hängt man] eine vom Rücken bis zum Bauch herabfallende Decke aus Eisengeflecht über, die es schützt und dank ihrer Schmiegsamkeit im Laufe nicht behindert‹.

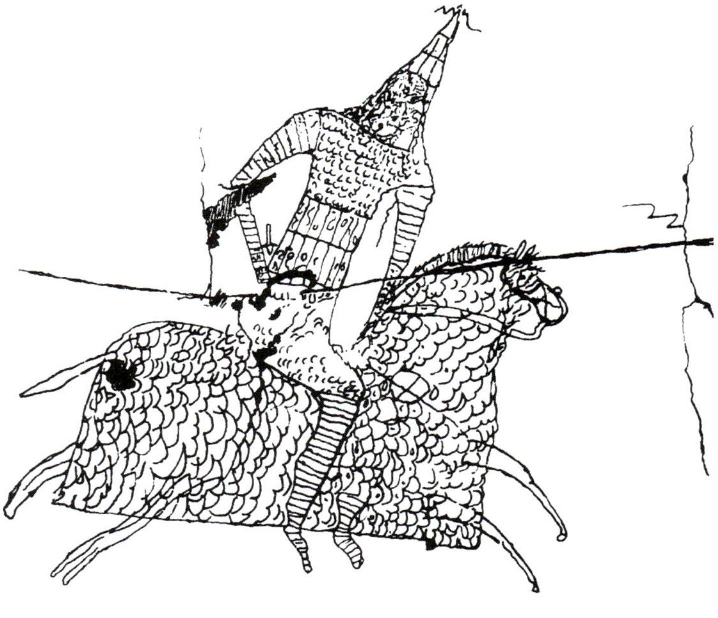

ABB. 147 Iranischer Panzerreiter. Wandgraffito in Dura-Europos am Euphrat. Vor 256 n. Chr.

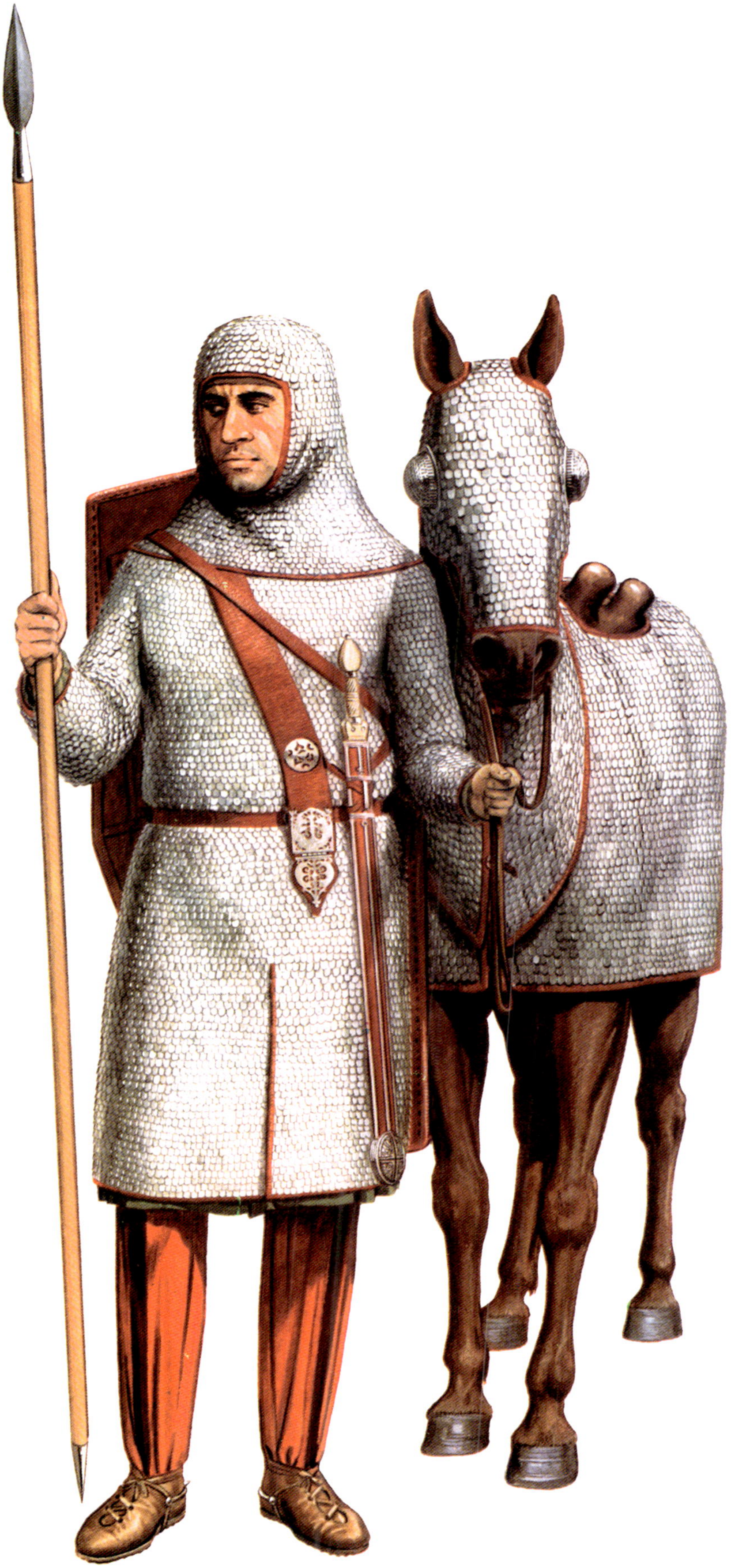

ABB. 148 Römischer Panzerreiter *(Cataphractus, Clibanarius)* des 3. Jhs.

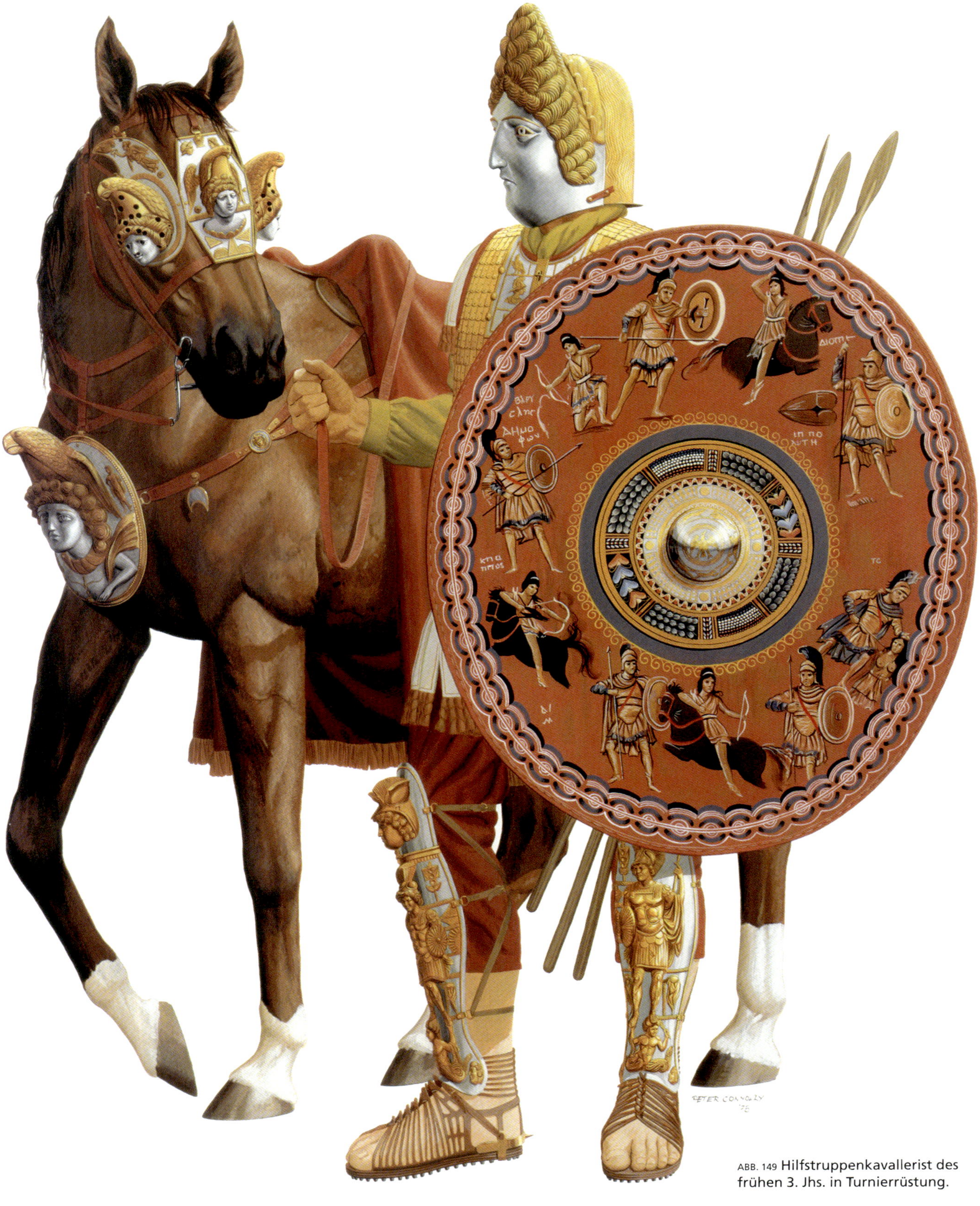

ABB. 149 Hilfstruppenkavallerist des frühen 3. Jhs. in Turnierrüstung.

# Paradewaffen der Kavallerie

Die römische Kavallerie hat Reiterspiele abgehalten, die auf Griechisch ›hippikà gymnásia‹ (Reiterübungen) genannt wurden. Die Pferde trugen dabei Augenschutzkörbe und andere Dekorstücke, die Reiter kostbare Panzer, bemalte Schilde, verzierte Beinschienen und besonders kostbare Helme (Abb. 149). Zahlreiche dieser sog. Paradewaffen sind als Einzelfunde oder als Teil von Hortfunden geborgen worden.

Die Helme sind Maskenhelme unterschiedlicher Art, welche Männer oder Frauen darstellen. Die Paradewaffen waren noch mehr als die römischen Waffen allgemein auf einen Gold-Silber-Farbeffekt hin gearbeitet, wobei – wie üblich – die goldene Farbe durch die Bronze oder das Messing, die Silberfarbe durch das helle Eisen sowie durch Verzinnung oder Versilberung entstand.

Für die römischen Turnierrüstungen hat sich im Deutschen der Ausdruck ›Paraderüstung‹ eingebürgert, der freilich ebenso wie das englische ›sports armour‹ nur einen Teil des Inhalts erfasst. In den letzten Jahrzehnten wurden die römischen Paradewaffen ausgesprochen populär. Der Fund einer eisernen Gesichtsmaske auf dem Schlachtfeld von Kalkriese trug zur Popularität dieser Waffengattung ebenso bei wie die vielen Rekonstruktionen im Rahmen der Römergruppen (Abb. 150). Erfolgreiche archäologische Ausstellungen wie 1978 in Nürnberg und München sowie 1996 in Carnuntum haben diese Prunkwaffen über ihre Rolle im Altertum hinaus beim modernen Publikum berühmt gemacht.

Wir besitzen einen Augenzeugenbericht über die römischen Turniere. Im Jahre 136 verfasste Titus Flavius Arrianus sein Buch über Militärtaktik (*taktiké*). Darin schildert er ausführlich, wie diese Turniere vor sich gingen, und welche Waffen getragen wurden. Arrianus' Schilderung liegt historisch genau in der Mitte zwischen den ersten greifbaren Bodenfunden von Paradewaffen in der Zeit des Augustus und dem Auslaufen dieser Sitte mit dem Ende der traditionellen prinzipatszeitlichen Armee im späteren 3. Jh.

Laut Arrian richtete man vor einer Tribüne auf dem Truppenübungsgelände einen quadratischen Platz ein. Die Reiter trugen vergoldete Helme aus Eisen oder Bronze. Zur Zierde dienten Helm-

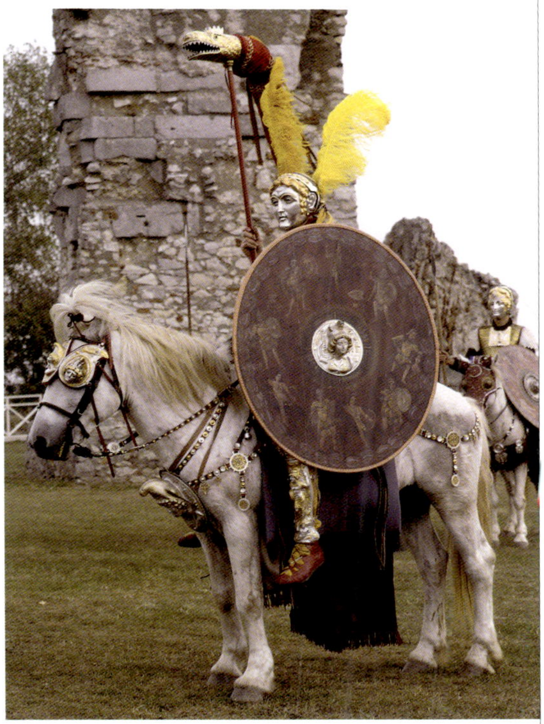

ABB. 150 Drachenstandarte. Kavallerist des 3. Jhs. der Römergruppe um Marcus Junkelmann. Aufnahme vor dem Heidentor in Carnuntum an der Donau, Niederösterreich.

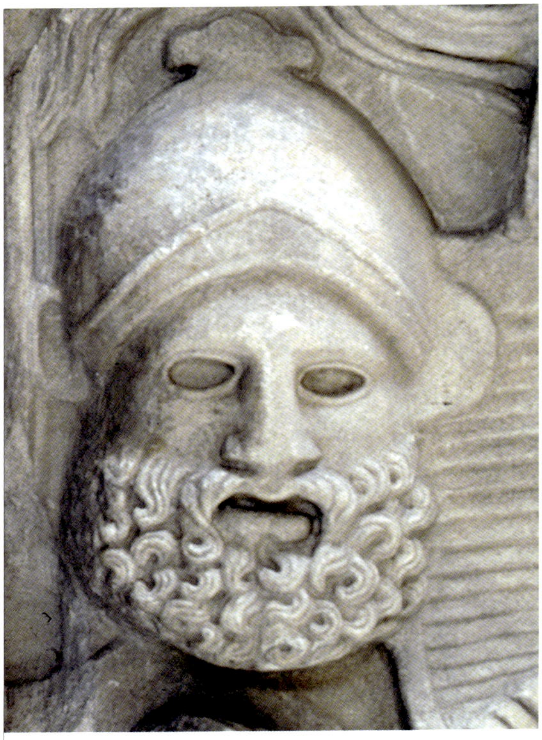

ABB. 151 Hellenistischer Maskenhelm. Marmorrelief aus dem Athenaheiligtum von Pergamon. Um 180 v. Chr.

büsche aus hellem (blondem) Haar, und das entscheidende Kriterium waren die Helmmasken, welche nur eine Öffnung für die Augen hatten, ›die den Blick nicht behindert und doch diese schützt‹. Die bunt bemalten Schilde waren leichter als die regulären Kampfschilde. Statt der Panzer trugen sie im Aussehen den Panzern gleichende bunte ›kimmerische Gewänder‹. Die Reiter waren in enge Hosen gekleidet. Die Pferde trugen Rossstirne, aber keine Seitenpanzerung. Die Augenschutzkörbe reichten gegen die Übungslanzen aus, denen die Eisenspitzen fehlten.

Die Reiter gruppierten sich, wobei sie Standarten trugen – nicht nur römische, sondern auch den skythischen Drachen (*Draco*; Abb. 150). Sie orientierten sich jeweils am eigenen Feldzeichenträger: ›So kommen die Abteilungen trotz mannigfachen Richtungswechsels, vielgestaltiger wiederholter Formationsänderungen und immer wieder in andere Richtung vorgetragener Scheinangriffe in verschiedensten Formen nicht durcheinander‹ (Arrian 35,7).

Die vielfältigen Reit-, Angriffs- und Wurfübungen hatten laut Arrian die Besonderheit, dass oft auf die regionale Herkunft verwiesen wurde. Arrian schildert eine ›kantabrische‹ (iberische) Attacke, einen Lanzenwurf nach keltischer Art, den man ›Xynema‹ nannte, ein Manöver mit langen Stangen und Schilden, welches auf Keltisch ›Tolugeton‹ hieß. Die Aufsitzübungen gipfelten im Aufsprung in voller Rüstung auf ein laufendes Pferd, was angesichts des noch nicht erfundenen Steigbügels höchste Ansprüche stellte und auch nur bei den relativ kleinwüchsigen römischen Pferden möglich war.

Der Initiative Hadrians schreibt Arrian zu, dass die Kavallerie Manöver der Reiterbogenschützen der Armenier und Parther trainierte und dass sie Schwenkungen und Kehrtwendungen sarmatischer und keltischer Lanzenreiter übte.

### Zwischen Pergamon und der Varusschlacht

Die Frage, woher diese Turniere kamen, kann nicht so sehr aus den vielfältigen Zeugnissen zu den antiken Kavallerien abgelesen werden; sie hängt vielmehr an der typologischen Interpretation der römischen Maskenhelme. Bei der immer noch diskutierten Frage der genauen Genese der Paradehelme mit Gesichtsmaske hat man schon immer auf den einzigen wirklichen greifbaren Vorläufer, den Maskenhelm auf den Waffenreliefs vom Athenaheiligtum in Pergamon aus der Zeit des Eumenes II. (197-159 v. Chr.), verwiesen (Abb. 151). Der dort dargestellte Gesichtshelm beweist freilich nur, dass im Pergamon der Jahre um 180 v. Chr. einmal ein solches Stück zur Kriegsbeute zählte; es ist nicht einmal sicher, ob

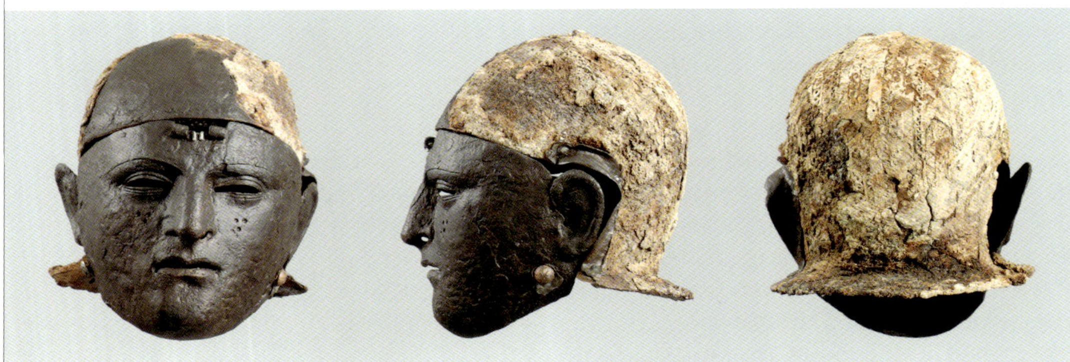

ABB. 152 Maskenhelm und Fellhelm. Aus Nimwegen, Kops Plateau. Eisen, mit Haaren. H. 20,4 cm. 1. Jh.

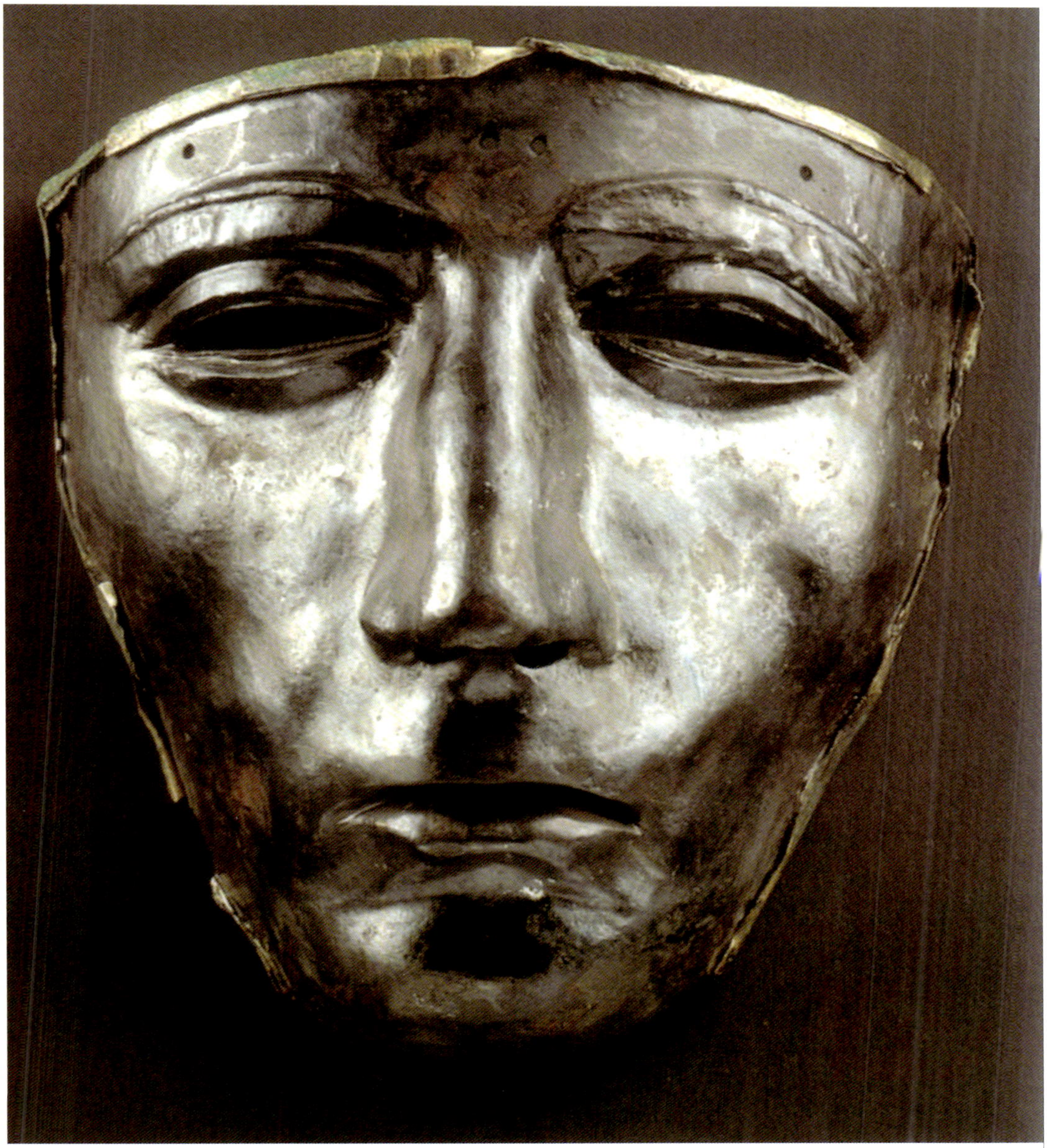

ABB. 153 Kalkriese, Stadt Bramsche, Niedersachsen. Eiserne Gesichtsmaske eines römischen Paradehelms vom Schlachtfeld. H. 16,9 cm. 1. Jh. v. Chr.

der Helm aus Kleinasien, dem Vorderen Orient oder aus Europa kam. Allerdings folgte er einer Tendenz: Auch an den Wangenklappen der Helme des sog. phrygischen hellenistischen Typs lassen sich anthropomorphe Elemente mit der Angabe von Bart und Mund feststellen. Die Zwischenglieder in den weit über hundert Jahren vom Hellenismus des frühen 2. Jhs. bis zur Zeit des Kaisers Augustus sind allerdings bisher nicht greifbar geworden.

In der Berufsarmee des Augustus kannte man jedenfalls bereits die Maskenhelme, wie zwei Funde aus dem römischen Katastrophengebiet im rechtsrheinischen Germanien bezeugen. Auf dem Schlachtfeld von Kalkriese hatten die germanischen Sieger einen silberplattierten römischen Paradehelm mit Gesichtsmaske nicht übersehen, doch nachdem man das Silber abgerissen hatte, fiel die eiserne Maske wieder zu Boden und wurde nicht mehr aufgehoben (Abb. 153). Eine zweite fragmentierte Eisenmaske fand man auf dem Gelände des nach der Varusniederlage im Jahre 9 von den Römern geräumten Legionslagers in Haltern, Westfalen. Vorstufen gibt es bei den Römern nicht. Man hat den Eindruck, dass mit der Schöpfung der Berufsarmee unter Augustus auch die Maskenhelme auftauchen.

## Maskenhelme

Nach der Schilderung Arrians bestanden die optisch herausragenden Elemente der Turnierrüstungen bei den Männern aus den Maskenhelmen und den panzerähnlichen ›kimmerischen Gewändern‹ (Arrian 34,2-4): ›Die Reiter treten [...] mit vergoldeten Helmen aus Eisen oder Bronze an, um schon dadurch die Blicke der Zuschauer auf

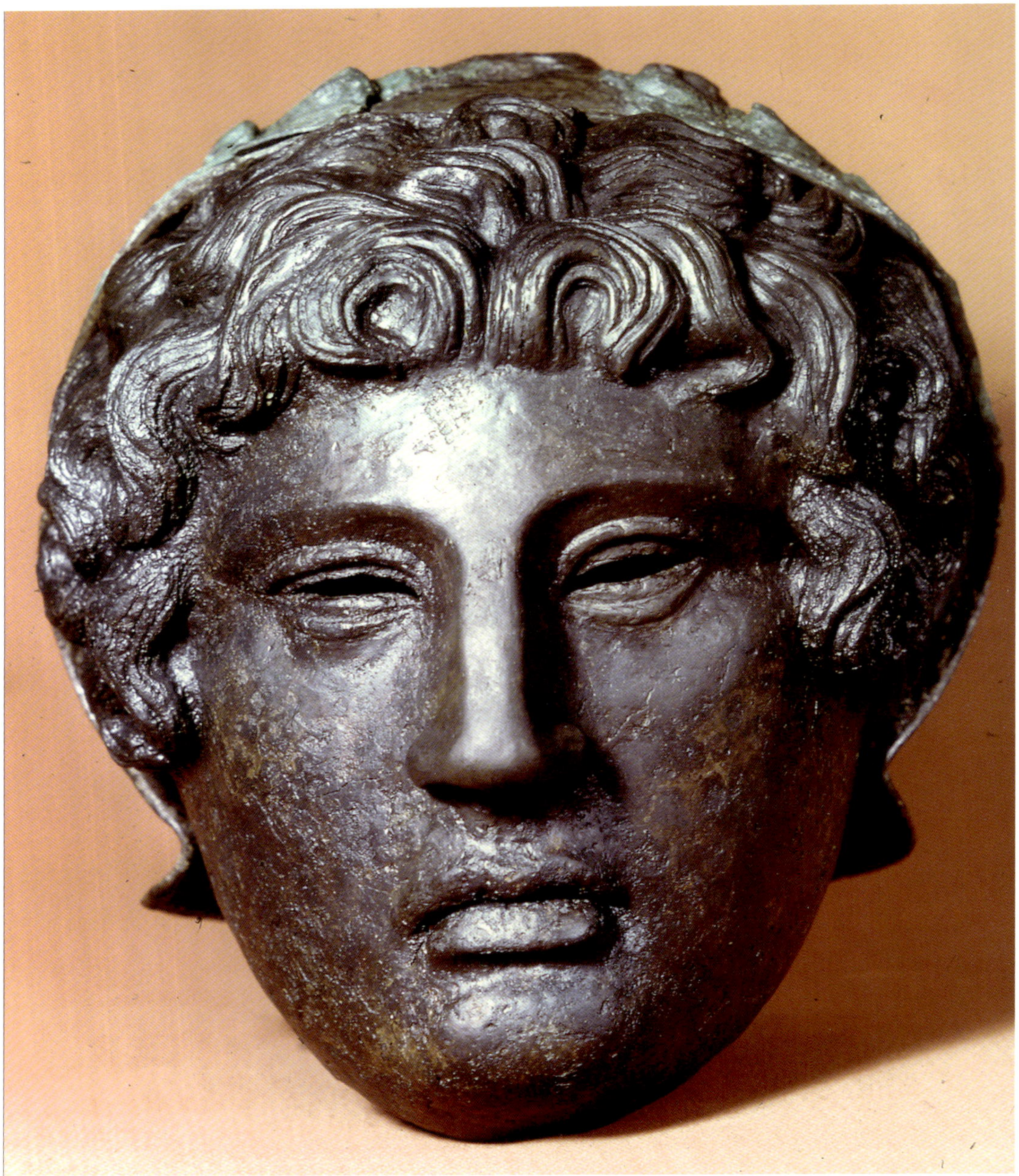

ABB. 154 Maskenhelm im Alexandertypus. Aus der Gegend von Hebron. Bronze. H. 24 cm. 2. Jh.

sich zu lenken. Diese Helme schützen im Gegensatz den für den Ernstfall bestimmten nicht nur den Kopf und die Wangen, sondern sind allseitig genau an das Gesicht des Reiters angepasst, mit einer Öffnung für die Augen, die den Blick nicht hindert und diese doch schützt. Von den Helmen hängen Helmbüsche aus hellen Haaren herab, die keinen praktischen Zweck haben, sondern nur zur Zierde dienen. Sie flattern beim Heranlaufen der Pferde, auch wenn nur ein schwacher Luftzug weht, und bieten einen hübschen Anblick‹.

Groß ist der Formenreichtum dieser Helme in den drei Jahrhunderten zwischen Augustus und der Reichskrise im mittleren 3. Jh. Man hat versucht, die Helme nach den technischen Gesichtspunkten der Scharniere zwischen Maskenteil und Hinterhauptteil zu gruppieren. Außerdem lassen sich einige Helme finden, bei denen ein eisernes Hinterhauptteil mit Haarangabe vorliegt. Andere bestehen nur aus Bronze.

Nach den neuen Funden aus den Niederlanden stehen einige frühe Maskenhelme in direktem Zusammenhang mit den gleichzeitigen Kampfhelmen mit Haarüberzug (Abb. 152). Doch während an den realen Helmen das Haarmotiv bald wieder verschwand, blieb es bei den Paradehelmen bis in das 3. Jh. erhalten.

Die Frage, ob die Maskenhelme nicht vielleicht auch im realen Kampf getragen wurden, lässt sich durch den Maskenfund von Kalkriese nicht bestätigen, war doch beim Varuszug auch der gesamte Tross vertreten. Doch auch wenn man die Fragen der Temperatur hinter der Maske und des sehr eingeengten Gesichtsfeldes nicht hoch bewerten sollte, so bleibt doch die Tatsache bestehen, dass es eine sehr große Typenmenge römischer Kampfhelme ohne Visier gibt, die es geraten sein lässt, die exotischen Maskenhelme eben nicht dem realen Kampf zuzuschreiben. Bei den von Arrian beschriebenen Turnierübungen, die durchaus hart waren, ergeben die Masken und die Augenschlitze einen Sinn: Sie sind bewusste Hindernisse, welche die Geschicklichkeit der Reiter prüften.

Aus der vielfältigen Menge der Maskenhelme heben sich zwei sehr auffällige Gruppen heraus: der Alexandertypus und die weiblichen Helmmasken. Das Bildnis Alexanders des Großen war seit Lebzeiten wie besonders seit dem Hellenismus in vielen Varianten über die gesamte Welt verbreitet. Kennzeichnend für die Alten wie für uns war Alexanders Haarmode der über der Stirn nach oben steigenden Locken (›Anastolé‹ genannt; Abb. 160). An einer Gruppe von Helmen des 2. Jhs. von der Rhein-Donau-Grenze bis nach Palästina (Abb. 154) findet man diese eindeutigen Hinweise, dass die Träger dieser Waffen eine Anspielung auf den Makedonenkönig ausdrücken wollten. Es ist nicht leicht, dieses Motiv zu beurteilen. Trugen die Alexanderhelme die Befehlshaber jener Turniergruppen, die unter einem gemeinsamen Feldzeichen antraten? Einige Helme zeigen die Physiognomien junger Männer eines ganz allgemeinen ›griechischen‹ Typs, z.B. vier Bronzemasken des Straubinger Hortfundes aus dem frühen 3. Jh. (Abb. 155).

Das Problem liegt darin, dass Arrian in seiner ausführlichen Schilderung kein Wort über die Alexanderphysiognomien verliert, und das ist umso auffälliger, als Arrian selbst eine ausführliche Alexandergeschichte verfasst hat. Daraus kann man nur den Schluss ziehen, dass für Arrian dieses Alexandermotiv entweder noch nicht existierte oder keine Bedeutung hatte, auch wenn etliche der ›Alexanderhelme‹ direkt in hadrianische Zeit datiert werden, also in die Zeit Arrians. Eine der bizarrsten Alexanderimitationen sollte freilich erst noch folgen, in der Regierungszeit Caracallas (211-217), eines Neuen Alexanders eigener Art.

### Kaiserinnen als Mütter der Heerlager

Die Frage wird durch die Existenz einiger weiblicher Helme nicht leichter. Diese teilen sich grob in zwei Gruppen auf. Die eine Variante, bekannt vor allem aus den Hortfunden von Eining und Straubing an der Donau (Abb. 156), sind Frauengesichter mit einer vorne spitz hochgezogenen, reichen Lockenfrisur, fast in der Art barocker Allongeperücken. Unter den realen Frauenfrisuren kann man nur die hochgetürmten Locken flavischer Zeit als eine wenn auch entfernte Analogie nennen – sind doch die Helme von Eining und Straubing gut ein Jahrhundert später entstanden.

Andere Helmmasken zeigen reife Frauen mit sorgfältig gelegten Haaren, manchmal mit Schmuck und Kranz (Abb. 157). Zur Theorie, hier seien Amazonen gemeint, passt keiner der weiblichen Helme. Amazonen werden im Altertum

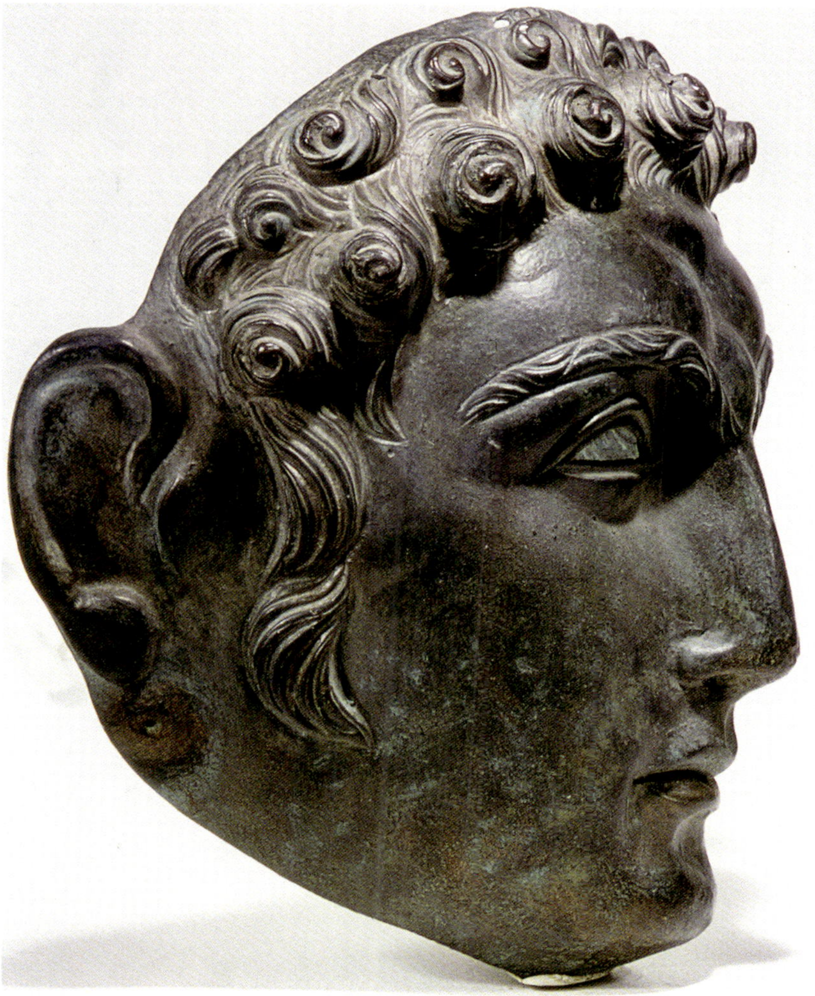

ABB. 155 Maskenhelmteil. Griechischer Typus. Aus dem Hortfund von Straubing. Bronze. H. 23,1 cm. Frühes 3. Jh.

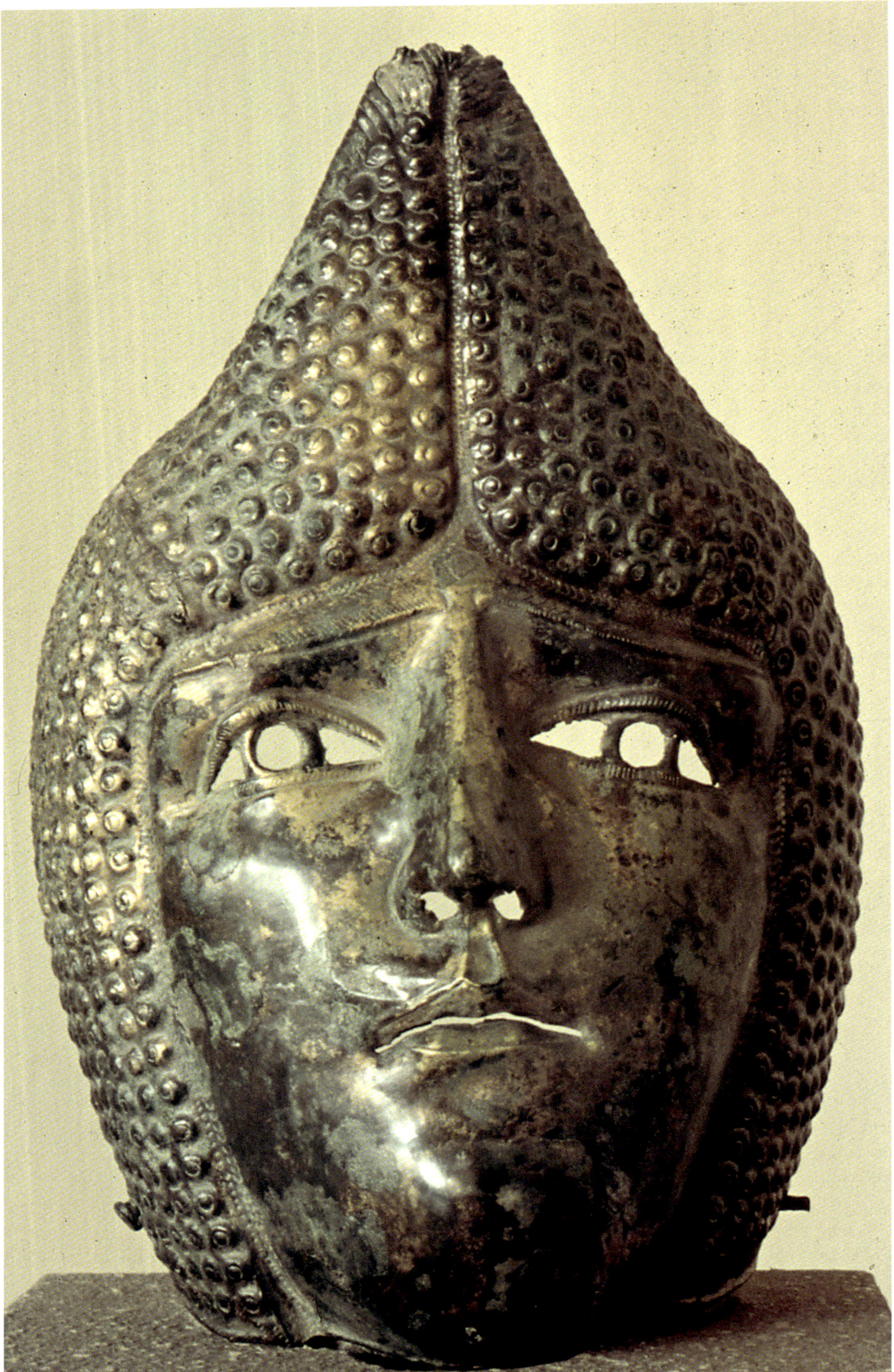

ABB. 156 Maskenhelmteil. Orientalischer Typus, weiblich. Aus dem Hortfund von Straubing. Bronze. H. 28,8 cm. Frühes 3. Jh.

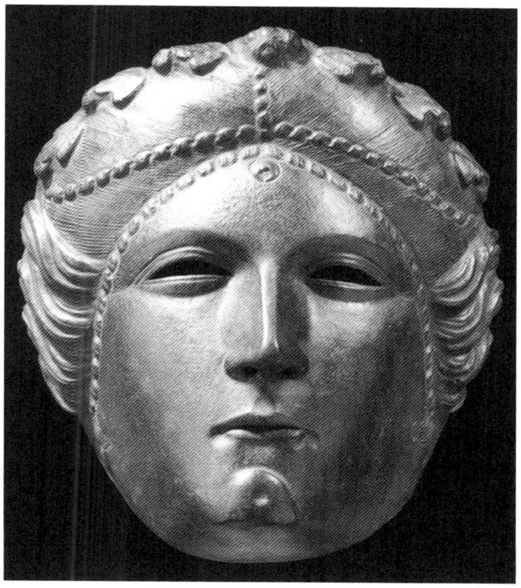

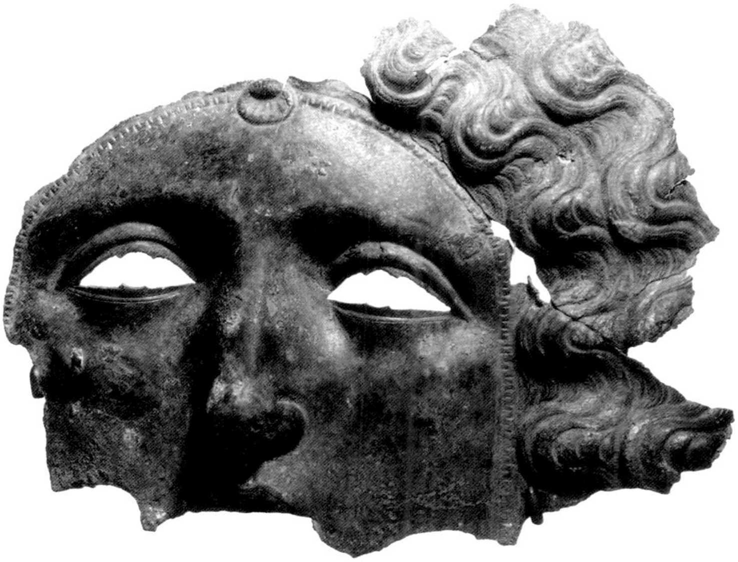

ABB. 157 Maskenhelmteil. Frau. Aus dem Olt bei Resca, Rumänien. Bronze. H. 23,5 cm. 2. Jh.

ABB. 158 *Mater castrorum.* Wellenfrisur der Faustina Minor an einem Maskenhelmfragment. Bronze, Herkunft unbekannt. H. 14 cm.

mit langen Haaren und manchmal mit einer phrygischen Mütze dargestellt. Außerdem erwähnt Arrian mit keinem Wort die weiblichen Helme – was aber zu erwarten wäre, wenn man tatsächlich so eindrucksvolle Kampfpaarungen wie Alexander mit einem Griechenheer und eine Amazonentruppe gewählt hätte.

Arrians Schilderung der Reiterturniere bekräftigt die Vorstellung von ganz ernsthaften und trotz aller Buntheit gar nicht theaterhaften Handlungen. Das Ganze war sehr gutes, ernsthaftes und kräftezehrendes Training. Arrian kommt auffallend deutlich auch auf polyethnische Elemente zu sprechen. Am Beginn seines Kapitels über die Reiterspiele unterstreicht er die Beiträge verschiedener Völker zum römischen Waffenwesen. Die keltischen Namen diverser Übungen werden zitiert. Die skythische (asiatische) Herkunft der Drachenstandarte spielt eine Rolle. Bogenschießübungen und Lanzenreitermanöver der Kelten und Parther, der Sarmaten und Armenier sollten auf Anordnung Kaiser Hadrians besonders geübt werden, dazu erklangen die jedem Stamm vertrauten Schlachtrufe: keltische bei den keltischen Reitern, getische bei den Geten, rätische bei den rätischen Reitern.

Ein direktes Motiv der Aufwertung der Frauen im militärischen Kontext ist die Rolle zweier Kaiserinnen der antoninischen und der severischen Dynastie. Sowohl Faustina Minor, Gattin des Marcus Aurelius, wie auch Iulia Domna, die Frau an der Seite des Septimius Severus, trugen den Ehrentitel der *Mater castrorum*, der Mutter der Heerlager. Faustina erhielt den Titel 174 während der Markomannenkriege, Iulia Domna 195, Iulia Mammaea 227. Diese Frauen des Kaiserhauses als *Matres castrorum* erscheinen dann auch neben Feldzeichen auf Münzen und fanden damit reichsweite Aufmerksamkeit über die Truppe hinaus.

Da diese *Matres castrorum* dann auch als Bilder im Rahmen der Fahnenheiligtümer und der Kommandanturen der Lager zu erwarten sind, könnte dies durchaus als Anregung zur Kreation des einen oder anderen Frauentypus der Turnierrüstungen gewesen sein. Soweit man die weiblichen Helmtypen überhaupt datieren kann, gehören sie in die zweite Hälfte des 2. und die erste Hälfte des 3. Jhs. Ganz exakte Porträtzitate von Frauen des Kaiserhauses sind nicht zu erwarten; allerdings liegt beispielsweise ein Helm von Nola (Campanien) mit seiner welligen Frisur nahe an der Haartracht Faustinas. Es ist dies kein Einzelstück, wie das Fragment eines solchen Helmes mit Faustinafrisur demonstriert (Abb. 158); das Motiv lässt sich noch an anderen Stücken mehr oder weniger deutlich aufspüren. Auch die Frisur der Iulia Domna findet man an einem Helm aus Kalenik in Bulgarien wieder, wenn auch in einer recht freien Variation. Bei einem Bezug auf den *Mater castrorum*-Titel braucht man sich nicht zu wundern, dass Arrian im Jahre 136 davon noch nichts wusste: Faustina wurde damit erst im Jahre 174 geehrt.

### Bunte Reiter, bunte Pferde

›Die Schilde, die sie tragen, sind nicht die kriegsmäßigen, sondern von geringerem Gewicht – da es ja bei diesen Übungen vor allem auf Schnelligkeit und Eleganz ankommt – und zur Augenweide bunt bemalt‹ (Arrian, Takt. 34,5). Den bunten Ovalschild aus Dura-Europos hat

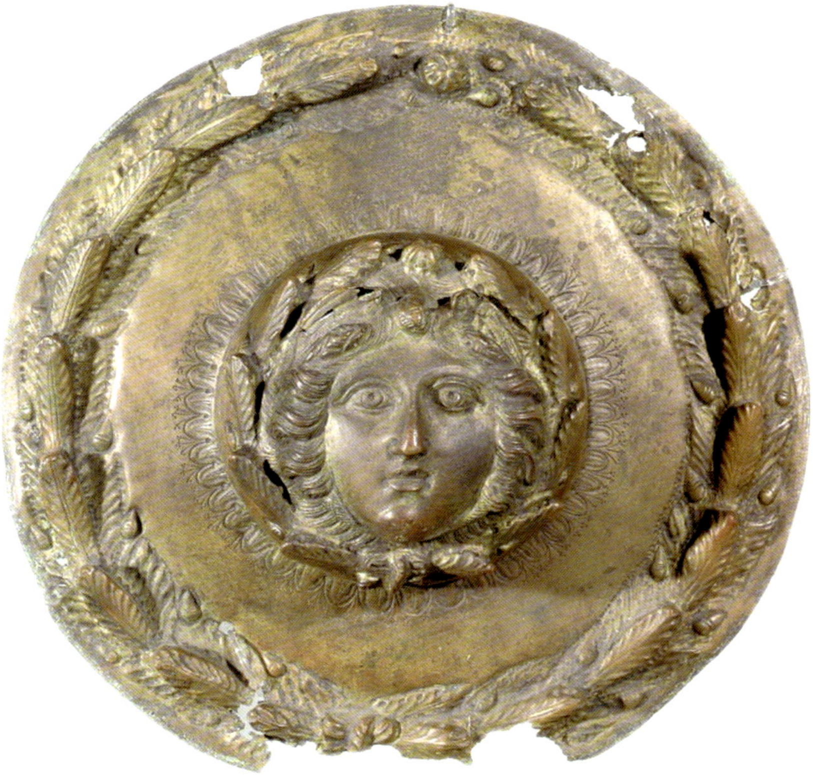

ABB. 159 Medusa in Eichenkränzen. Prunkschild-medaillon aus Blerick, Venlo, Niederlande. Bronze. Dm. 25,4 cm. 2. Jh.

man schon immer zur Rekonstruktion der Turnierrüstung herangezogen (Abb. 149). Die dort gezeigten Amazonenkämpfe demonstrieren außerdem, dass man sich in jenen Jahren die Amazonen eben nicht so vorstellte, wie es die weiblichen Maskenhelme vorführen. Die Schildbuckel bestanden entweder aus halbrunden Typen, wie sie auch die normalen Schilde schmückten, oder aus etwas aufwändiger gestalteten Reliefkompositionen (Abb. 159).

Die Panzer im Rahmen der Turnierrüstungen können aus Textilien wie aus Metall bestanden haben. Arrian sagt ausdrücklich, dass bei den mehr sportlichen Vorführungen ›kimmerische‹ bunte Gewänder statt Panzer getragen würden (34,6): ›Statt der Panzer tragen sie diesen völlig gleiche kimmerische Gewänder – scharlachrote oder purpurne oder auch ganz bunte‹. Im Verlauf der Veranstaltung freilich, als man einen regelrechten Kampf vorführte, habe man Eisenpanzer getragen (41,1): ›Hierauf rüsten sich die Reiter wie zur Schlacht mit eisernen Panzern, Helmen und Schilden, und zwar nicht mehr mit jenen von leichter Art‹.

Das ist ein ganz eindeutiges Zeugnis dafür, dass man teilweise Leinenrüstung trug, wie man die kimmerischen Gewänder übersetzen darf.

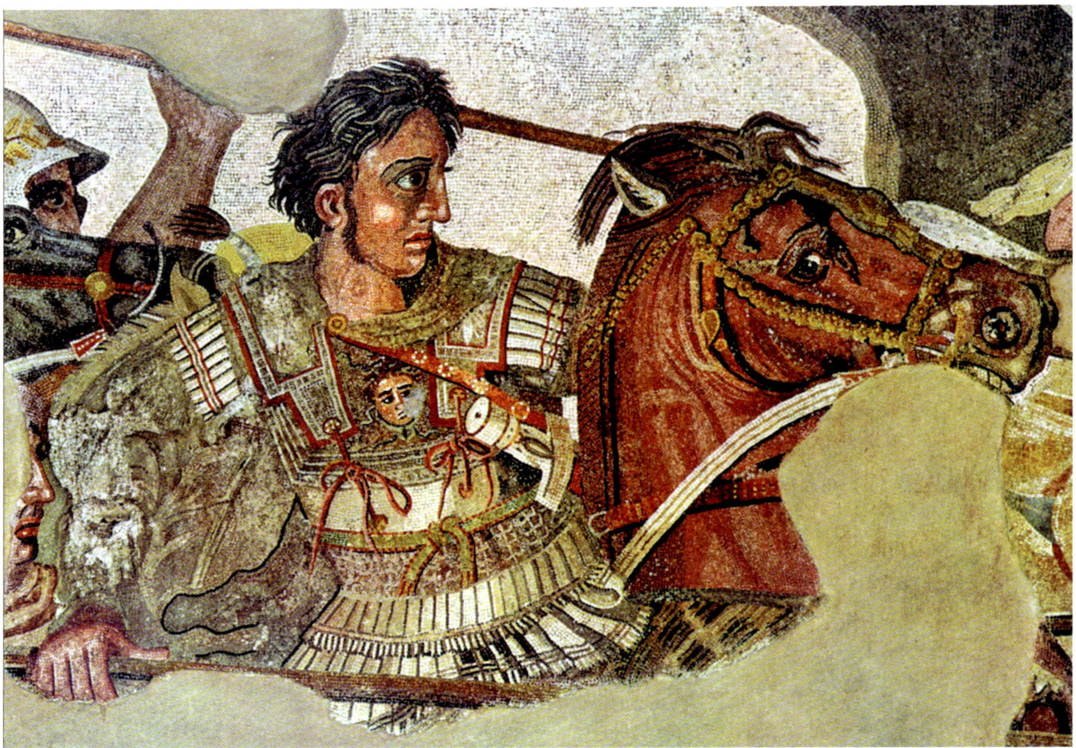

ABB. 160 Alexander der Große im Leinenpanzer. Pompeji, Casa del Fauno. Alexandermosaik. 1. Jh. v. Chr.

Die Kimmerier, für Homer ein mythisches Volk im dunklen Norden, waren als ein iranisches Reitervolk der südrussischen Steppe der archaischen Zeit im Gedächtnis geblieben; sie bewohnten vor den Skythen den Nordschwarzmeerraum. Im Zusammenhang der Zeit Arrians sind kimmerische Gewänder ebenso wie der skythische *Draco* Erinnerungen an große Reiterstämme der Vergangenheit. Hingegen konnte man bei einer Textilrüstung, soll heißen bei einem Leinenpanzer, ganz konkret an griechische Vorbilder anknüpfen. Der Alexander des Neapler Alexandermosaiks trägt solch einen Leinenpanzer (Abb. 160), der bei den Griechen seit archaischer Zeit bekannt war. Da Arrian ausdrücklich den Unterschied zwischen Textilausrüstung und Metallpanzern hervorhebt, muss man ihn wörtlich neh-

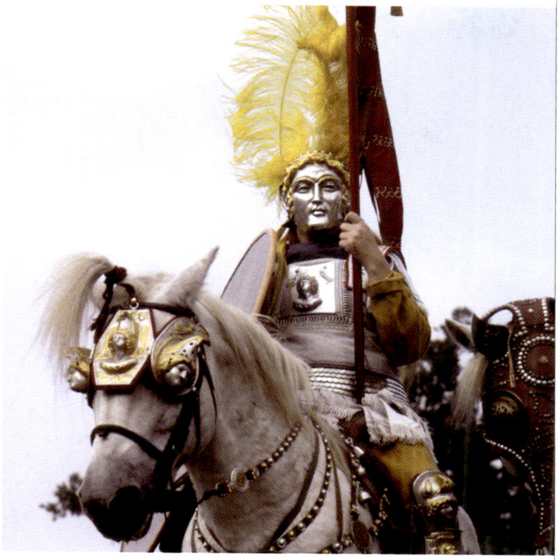

ABB. 161 Die Rüstung eines römischen Turnierreiters der Jahre um 200 nach Marcus Junkelmann in enger Anlehnung an die Beschreibung Arrians, darunter Maskenhelm mit gelben Federn, Leinenpanzer (›kimmerisches Gewand‹), Drachenfeldzeichen und reiches Pferdegeschirr mit Rossstirn. Aufnahme in Carnuntum an der Donau, Niederösterreich.

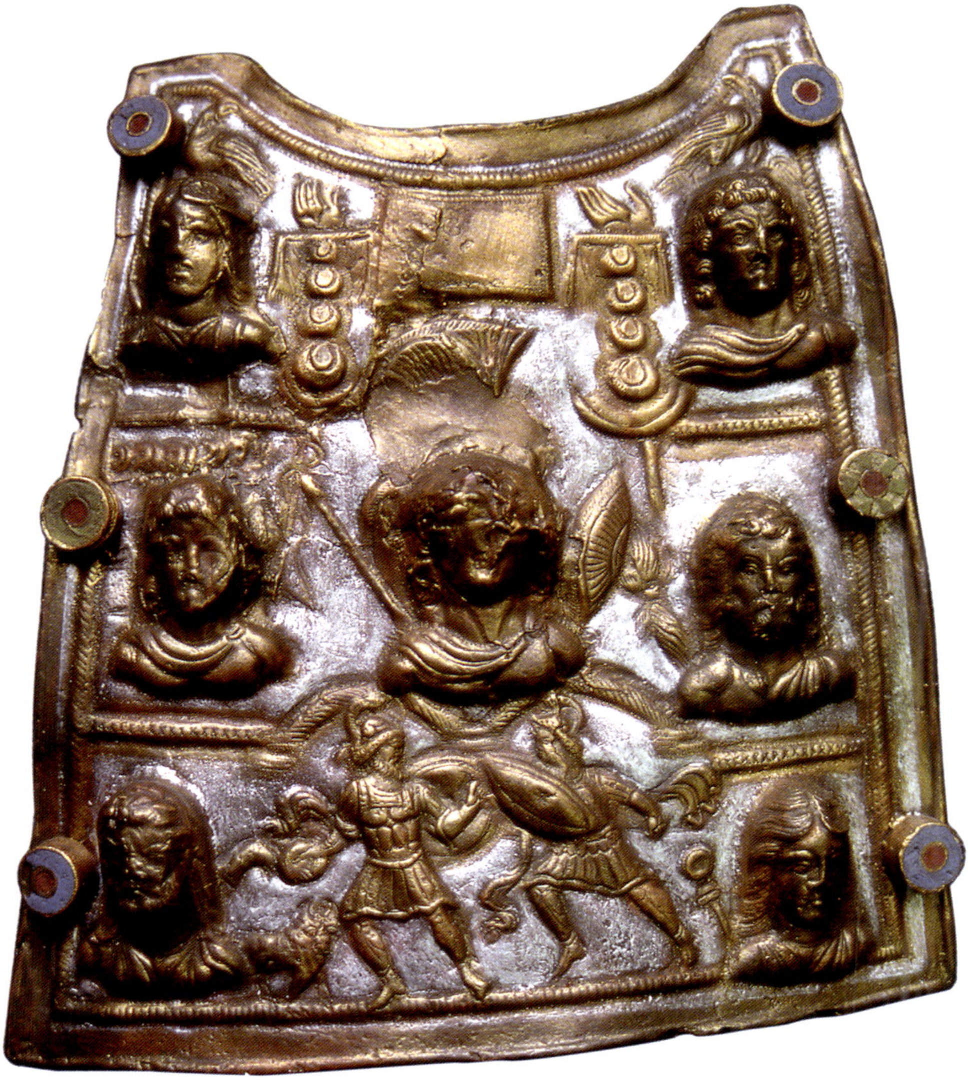

ABB. 162 Panzerbeschlag aus Ritopek, Serbien. Sieben Wochengötterbüsten, Kampfszene, Kohortenfeldzeichen, zwei Adler und Inschriften. Messing. H. 23 cm. Mitte des 3. Jhs.

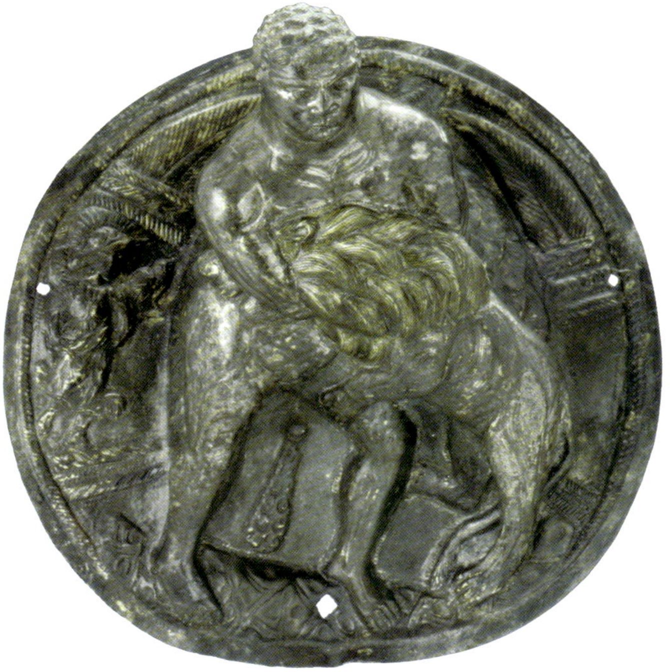

ABB. 163 **Herculesmedaillon. Hercules würgt den Löwen von Nemea. Fundort unbekannt. Bronze, teilvergoldet. Dm. 23 cm. Frühes 3. Jh.**

men und in das Ensemble der Turnierrüstung auch einen Leinenpanzer einfügen, wie dies Marcus Junkelmann zu Recht tat (Abb. 161). Im Laufe des 2. Jhs. kamen in der römischen Armee die ein- oder zweiteiligen Panzerbrustschließbleche auf, die ein Charakteristikum des späteren 2. und des 3. Jhs. blieben. Einigen sieht man die Zugehörigkeit zu Textilpanzern an: Am Panzerblech von Ritopek (Abb. 162) sind sechs bewegliche Emailknöpfe so an den Seiten montiert, dass man damit die Panzerplatte in einen Leinenpanzer einknöpfen konnte. Die Farben sind rot und grün (an den mittleren Knöpfen) sowie rot und blau (an den Knöpfen oben und unten). Die bunten Emailknöpfe umrahmen eine Platte, deren Gold-Silber-Farbwirkung auf dem Messing der Reliefteile und auf dem wohl verzinnten Reliefgrund beruhte. Die reiche Farbwirkung passt gut zu den von Arrian zitierten bunten ›kimmerischen‹ Gewändern. Andererseits neigt man inzwischen zur Ansicht, dass die Panzerschließbleche, vor allem die zweiteiligen, gut auch zur normalen Kampfausrüstung gehört haben dürften (Abb. 145). Man wird dies umso mehr in Betracht ziehen dürfen, als ja auch Arrian das Anlegen normaler Metallkampfpanzer im Rahmen dieser Turniere erwähnt.

Von den Beinschienen sagt Arrian kein Wort, und eigentlich könnte man deshalb versucht sein, die vielen schönen Beinschienen mit Reliefdekor der Kampfausrüstung zuzuschlagen – sozusagen als Wiedererweckung einer bis dahin nur dem *Centurio* eigenen Waffenart. Dass man freilich die dekorierten Beinschienen im Kontext von Paradewaffenhortfunden wie Eining und Straubing findet, spricht sehr dafür, dass man hier Turnierrüstungen vor sich hat. Außerdem sind einige dieser Beinschienen mit derart betontem Hochrelief dekoriert, dass man nicht umhin kann, hier Prunkstücke zu sehen. Manche Beinschienen waren mit Knieschonern kombiniert, z.B. im Fund von Straubing, andere zeigen kein Scharnier zum Knieschoneransatz. Sehr hohe Reliefs stehen ganz flachen gegenüber (Abb. 164; Abb. 170).

›Die Pferde sind mit Stirnplatten sorgfältig geschützt. Seitenpanzerung benötigen sie dagegen nicht, denn die bei jenen Übungen benutzten Lanzen haben keine eisernen Spitzen: Sie können daher zwar die Augen der Pferde verletzen, ihre Flanken dagegen kaum, zumal diese größtenteils durch den Sattel geschützt sind‹ (Arrian, Takt. 34,8).

Arrian erwähnt ein Detail nicht: Zum Repertoire der Paradewaffen gehören einige großformatige Medaillons, von denen die meisten rund sind. Man hat deshalb vermutet, dass es sich um Schildbuckel handeln könne. Bei einigen der runden Medaillons, besonders wenn sie auch noch am unteren Rand ein Befestigungsloch haben, ist diese Zuweisung akzeptabel (Abb. 163). Wenn jedoch die Grundfläche des Objektes leicht gebogen ist, wie dies beim ovalen Medaillon mit Ganymedesthema aus Carnuntum der Fall ist, dann kann man diese Werke als großformatigen Schmuck der Pferdebrust integrieren (Abb. 149; Abb. 165). Am Medaillon aus Carnuntum ergibt sich dies auch daraus, dass die drei Befestigungslöcher oben und an den Seiten, nicht aber unten angebracht sind.

Das Spektakulärste der römischen Pferdepanzerung waren freilich die Rossstirne, die Pferdestirnpanzer. Wir kennen etwa 80 römische Pferdestirnpanzer (griech. *Prometopídia*). Der kleinere dreiteilige Typus besteht aus einer kleinen Mittelplatte und zwei Augenschutzkörben (Abb. 149). In der größeren Version (Abb. 166) sind die drei Teile enger verbunden, die Seitenteile tragen neben den Augenschutzkörben auch noch Darstellungen. An den reichsten Varianten sind auch die Augenschutzkörbe in die Figuraldekoration integriert worden, wie z.B. im Falle der Funde von Straubing in Bayern oder Gherla in Rumänien.

Die Funde konzentrieren sich bisher auf die Nordgrenze. Das Fehlen der übrigen Militärgrenzen in diesem Fundspektrum ist aber nur Forschungssituation. Das gilt sicher für die untere

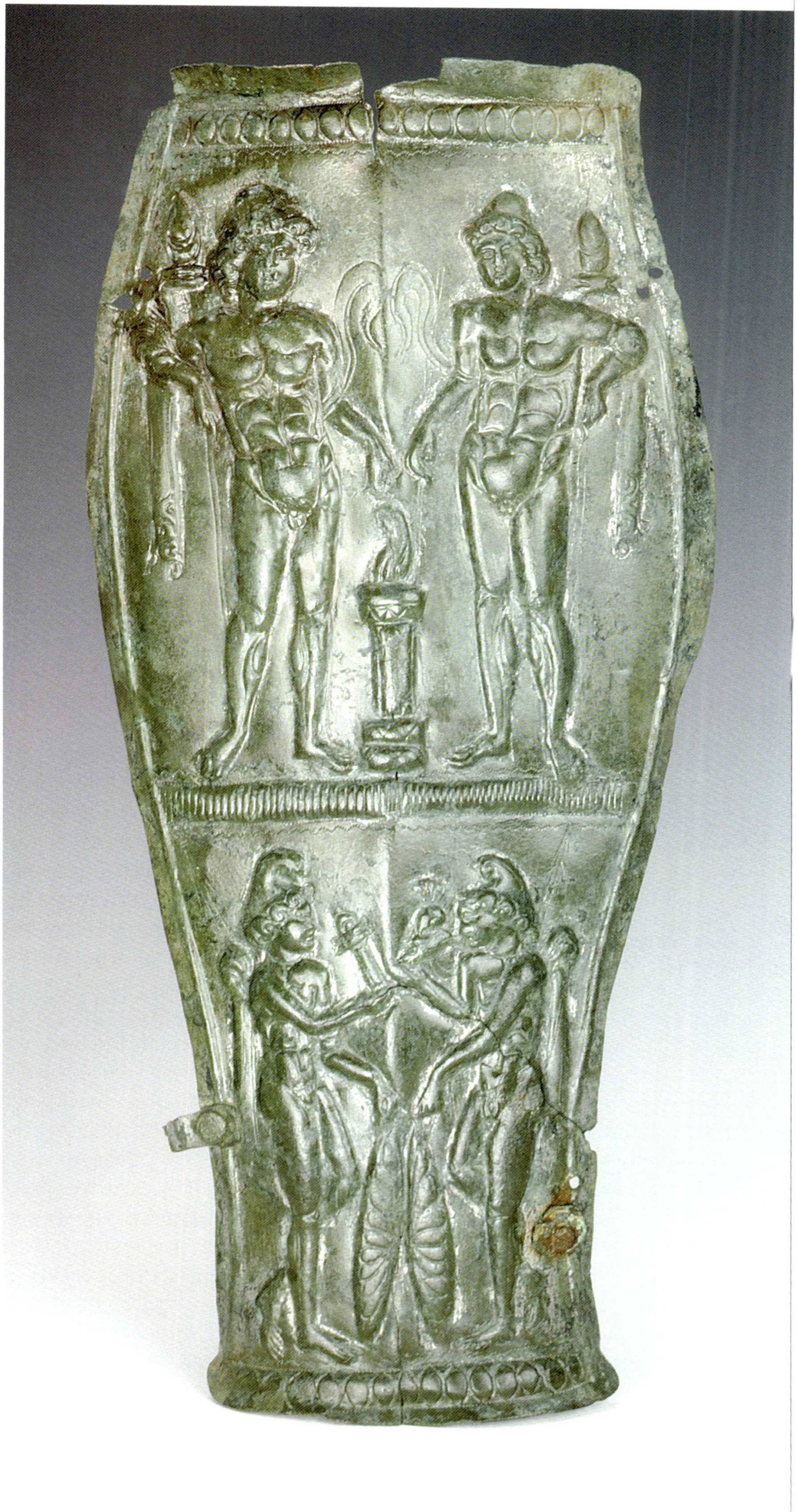

ABB. 164 Beinschiene. Dioskuren Castor und Pollux (oben), Donaureiter oder Kabiren. Bronze. Fundort unbekannt. H. 30 cm. 200-230.

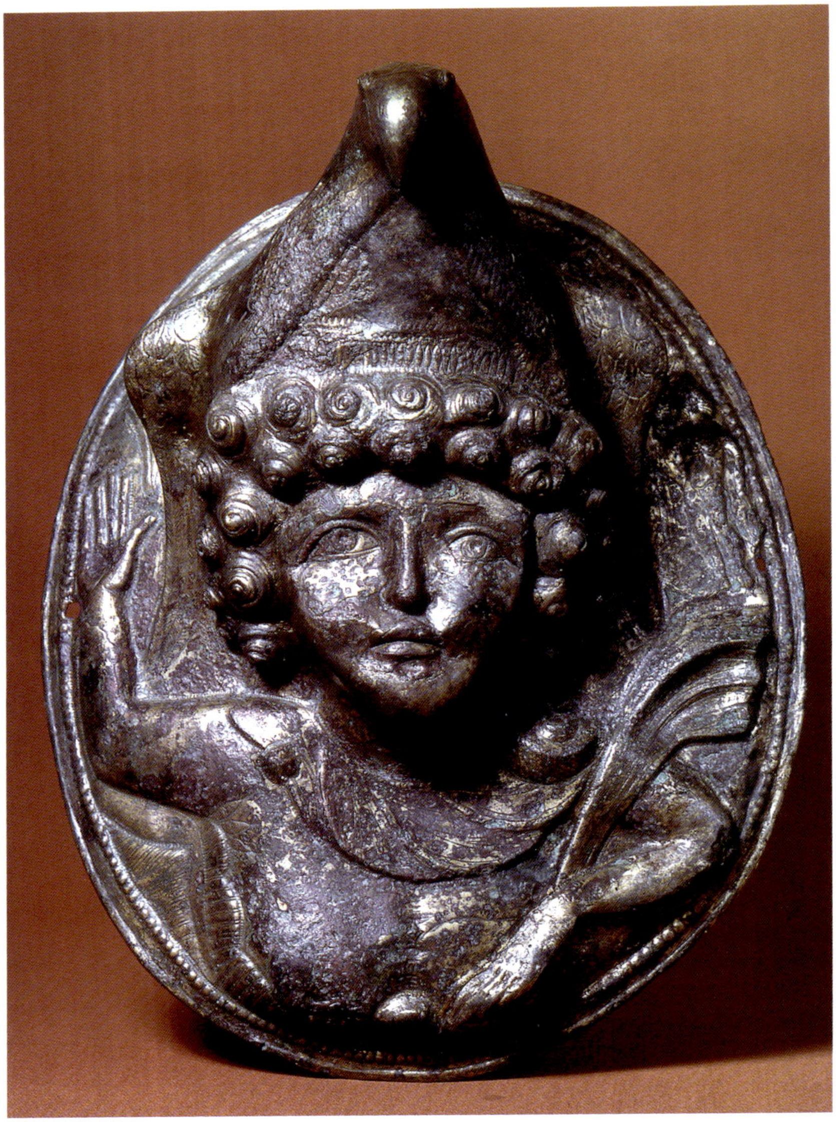

ABB. 165 Ovales Medaillon. Ganymedes. Aus Carnuntum, Niederösterreich. Bronze, teilvergoldet. H. 30,2 cm. 2. Jh.

Donau, wo man ein mit Deutschland vergleichbares Bild erwarten dürfte. Zahlenmäßig dominieren die großen Hortfunde. Allein die Horte von Straubing und Eining in Bayern haben über ein Viertel des Materials geliefert, und aus Deutschland kommen fast zwei Drittel des gesamten Fundbestandes. Dies liegt sicher einmal am Interesse an der Limesforschung, dann aber auch an den großen Hortfundhorizonten im Nordwesten in den Jahren 233/234, 259/260 und 275/277. Freilich sind ähnliche Fundaufkommen auch für die mittlere und untere Donau zu erwarten, wo es auch reiche Hortfundhorizonte gibt, wie man an den Silbergefäßhorten des 3. und 4. Jhs. n. Chr. ablesen kann.

Die Pferdestirnpanzer waren bereits im Hellenismus bevorzugte Dekorträger unter den Waffen. Die Panzerung der Kavalleriepferde wurde den Römern durch den Kontakt mit den parthischen Kataphrakten wie auch den sarmatischen Panzerreitern (Szene 31 der Traiansäule, aus dem Ersten Dakerkrieg) nahegebracht. Neben den Metallrossstirnen ist immer auch mit Lederkonstruktionen zu rechnen, wie das Beispiel aus Newstead vorführt (Abb. 167). Solche ledernen Pferdemasken hatten in Asien eine lange Tradition; frühe Beispiele gibt es schon im 5. Jh. v. Chr. aus einem der Kurgane (Grashügel) von Pazyryk im innerasiatischen Altaigebirge.

### Die Bilder auf den Paradewaffen

Die römischen Paraderüstungen bieten ein reiches und auf den ersten Blick auch vermeintlich vielfältiges ikonographisches Panorama. In der Tat ist die Menge der Themen auffällig, die nur einmal, zweimal oder wenige Male gewählt wurden. Hier zeigt sich der individuelle Geschmack der Besteller, was nicht zu einem Urteil über die gesamte Gattung führen darf. Ausgesuchte literarische Zitate wie Aeneas auf der Flucht aus Troia aus Vergils Aeneis auf einer Beinschiene aus dem Elsass oder wie das von Homer in der Ilias geschilderte Duell von Hektor und Aias auf dem Panzer von Ritopek (Abb. 162 unten) sind rein individuelle und einmalige Glanzpunkte, und über die Motive der Themenwahl kann man nur Vermutungen anstellen. Am Gesamtbild ändern sie nichts.

Das Astralmotiv Helios-Sol auf einem Brustpanzer des RGZM (Abb. 169) ist ein weiteres Beispiel dieser Art. Mögen die Astralzeichen von Sonne (Stern) und Mond (Halbmond) auch noch so häufig auf römischen Schilden erscheinen, so spielen sie dennoch auf den Paraderüstungen eine merkwürdig geringe Rolle. Der Sol des Mainzer Brustpanzers findet nur noch in zwei Denkmälern eine Parallele. Auch die Mondgöttin Luna und mit ihr das Lunulamotiv führen auf den Paradewaffen ein Schattendasein. Die Lunula wird weniger als Astralzeichen denn als Amulett zu werten sein. Die Dioskuren (Abb. 164) haben denn auch weniger als astrale *Gemini*, sondern als Schutzpatrone der Kavallerie zu gelten. Auch die seltenen *Capricorni* sind deshalb als Legionswappenbilder und nicht als Astralsymbole zu werten, soweit die militärischen Kunden der Waffenschmiede diese Bedeutungen überhaupt auseinanderhalten konnten und wollten.

Das Thema der römischen Wölfin mit den Zwillingen, der *Lupa Romana*, kommt insgesamt nur dreimal vor, und zwar immer als Nebenthema (Abb. 169). Auf den Militärgürteln des 1. Jhs. hatten wir das Motiv bereits ein paarmal gesehen, aber insgesamt ist es ein erstaunlich wenig zitiertes Bild; von einem Staatssymbol kann keine Rede sein.

Unter den mehr als 250 dekorierten Objekten dieser Gattung fehlen einige große Götter des gräko-römischen Pantheon wie Apollo, Neptun, Venus und Bacchus. Statt Venus sind immerhin manchmal kleine Amores zu finden. Ebenso bemerkenswert ist das Fehlen von Bacchus. Die vielen Seewesen und Delphine freilich stehen als Hinweis auf die Insel der Seligen und damit wie Ganymedes für ein Apotheosesymbol. Im Übrigen sind überhaupt jegliche Mysterienreligionen auf diesen Rüstungen statistisch nicht präsent. Die wenigen Ausnahmen wie die vermutlichen Donaureiter oder Kabiren auf der Beinschiene des RGZM (Abb. 164 unten) bestätigen nur die Regel. Angesichts der Stationierung der meisten Träger dieser Waffen an der Nordgrenze des Reiches zwischen Hadriansmauer und Donaumündung ist es ferner bemerkenswert, dass lokale Gottheiten auch keine Rolle spielen. Die vermeintlich für Reiter so geeignete gallo-römische Epona sucht man vergebens – was umso mehr auffällt, als Arrian die keltischen Reiter und ihre Manöver über alles lobt.

Die Statistik der Themen ergibt vielmehr eine auf den ersten Blick konventionelle Auswahl:

ABB. 166 **Dreiteilige Rossstirn aus dem Hortfund von Eining, Bayern. Bronze. H. 41,5 cm. Frühes 3. Jh.**

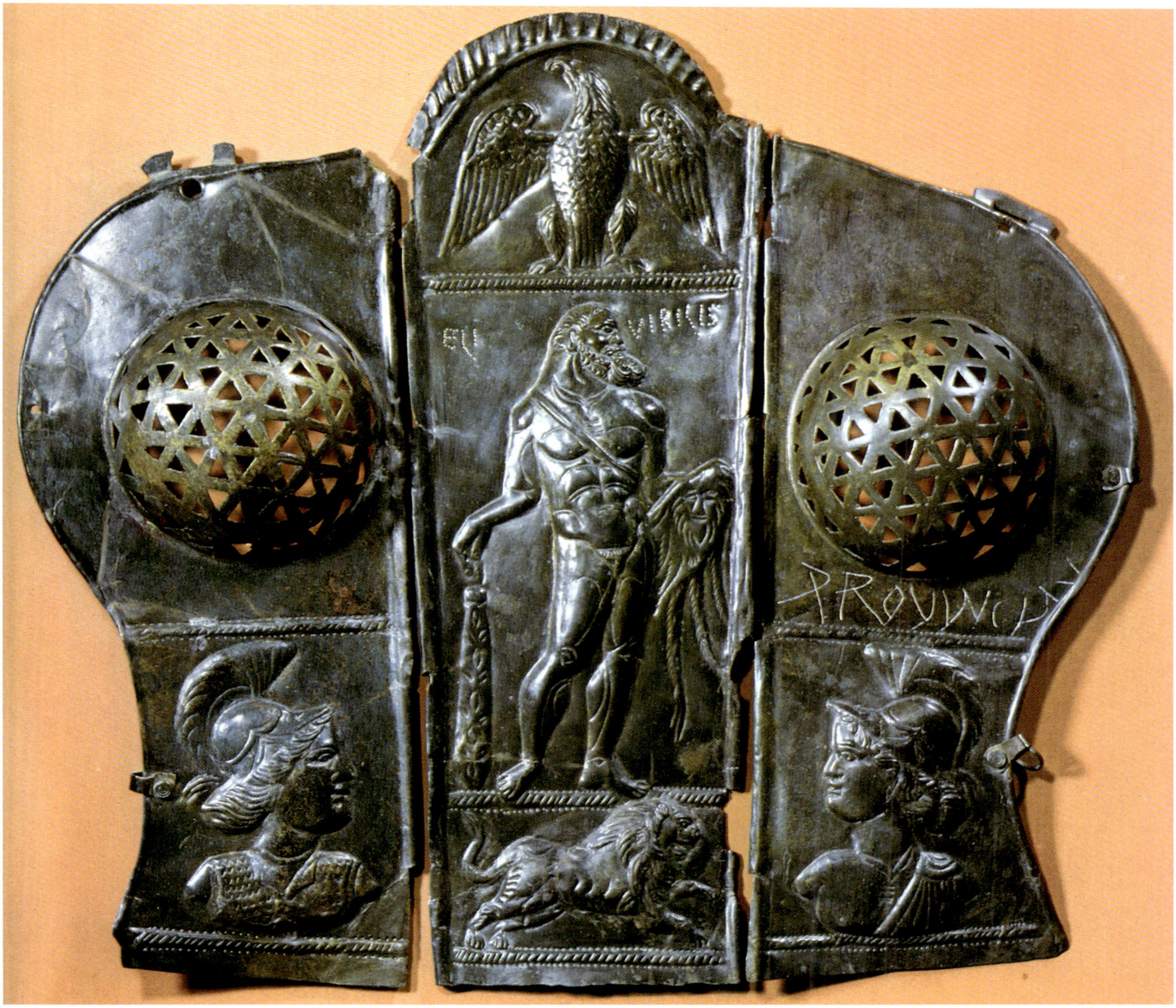

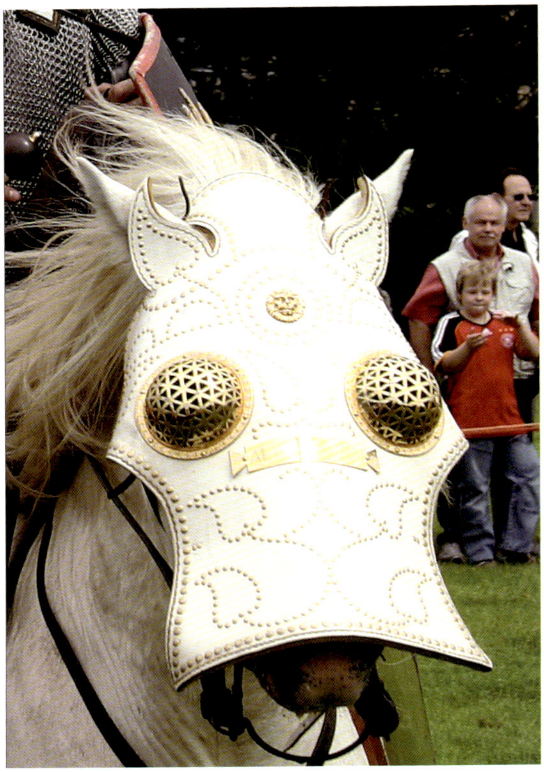

ABB. 167 Pferdekopfpanzer aus Newstead, Schottland. Rekonstruktion in Leder und Bronze. 1. Jh. Darbietung der *Ala I Thracum* auf den Xantener Römertagen ›Schwerter, Brot und Spiele‹, Juni 2007.

Mars, Minerva, Adler, Victoria und Schlangen sind die häufigsten Themen. Es sind sehr klassische Motive: Athena-Minerva (Abb. 168) und Ares-Mars (Abb. 170), Nike-Victoria und der Adler des Zeus-Iuppiter (Abb. 172) . Es sind die griechischen Götter der Kriegsführung, und es sind die griechischen Apotheosemotive vor allem im Adler des Zeus, der auch Ganymedes zum Himmel trägt, jenen Ganymedes, der zwölfmal als Hauptmotiv dieser Rüstungen erscheint (Abb. 165). Ganymedes spielt auch sonst in der römischen Ikonographie eine recht bemerkenswerte Rolle, in Malerei und Mosaik, auf Gemmen und Grabreliefs und eben auch auf den Rüstungen.

Auffallend sind eigentlich nur die recht oft auftretenden Seewesen und Delphine und vor allem die sehr häufigen Schlangen (Abb. 171). In den Seewesen zeigen sich keine Nachwirkungen der Actiumpropaganda, denn die hätte man eher auf den frühen Schwertern erwarten können, wo

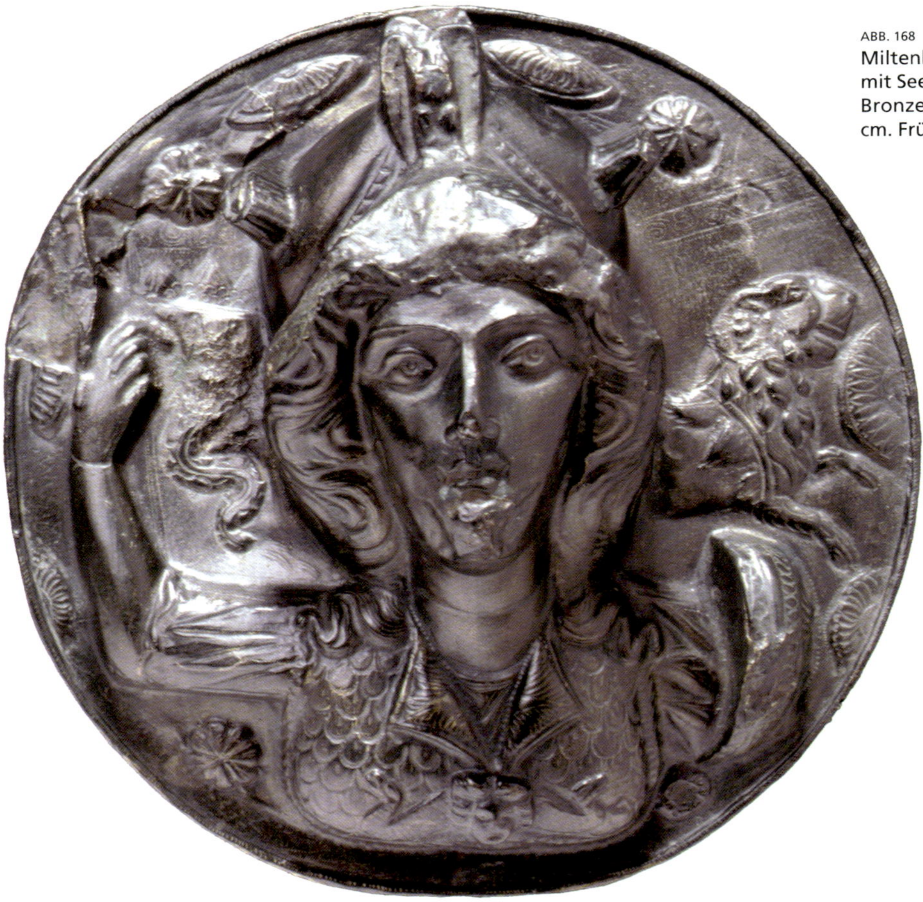

ABB. 168 Medaillon aus Miltenberg am Main. Minerva mit Seewesen und Löwen. Bronze, versilbert. Dm. 22,4 cm. Frühes 3. Jh.

ABB. 169 Brustpanzerrelief. Sonnengott Sol in seinem Wagen, die römische Wölfin und zwei Köpfe. Bronze. H. 17,5 cm. Frühes 3. Jh.

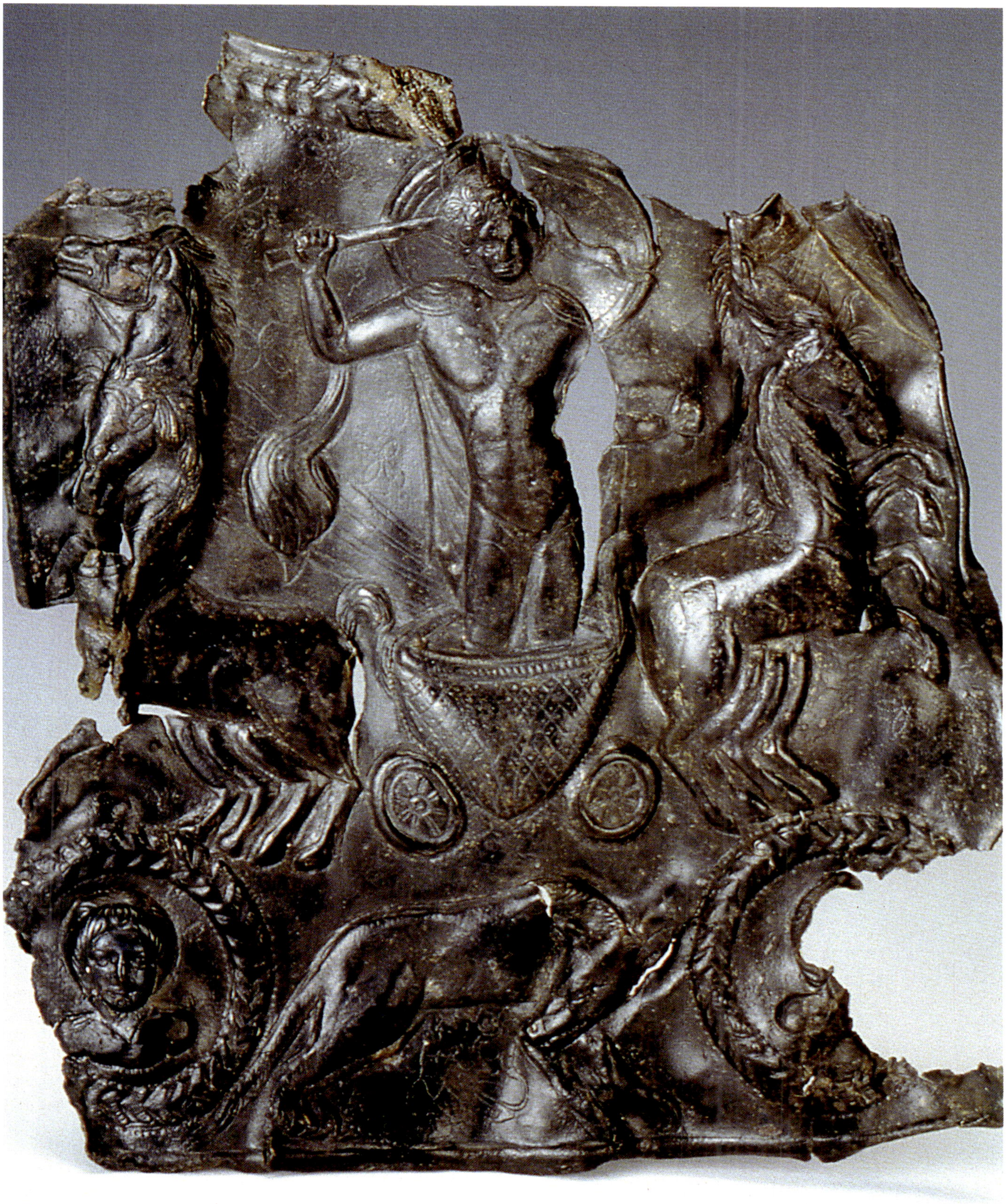

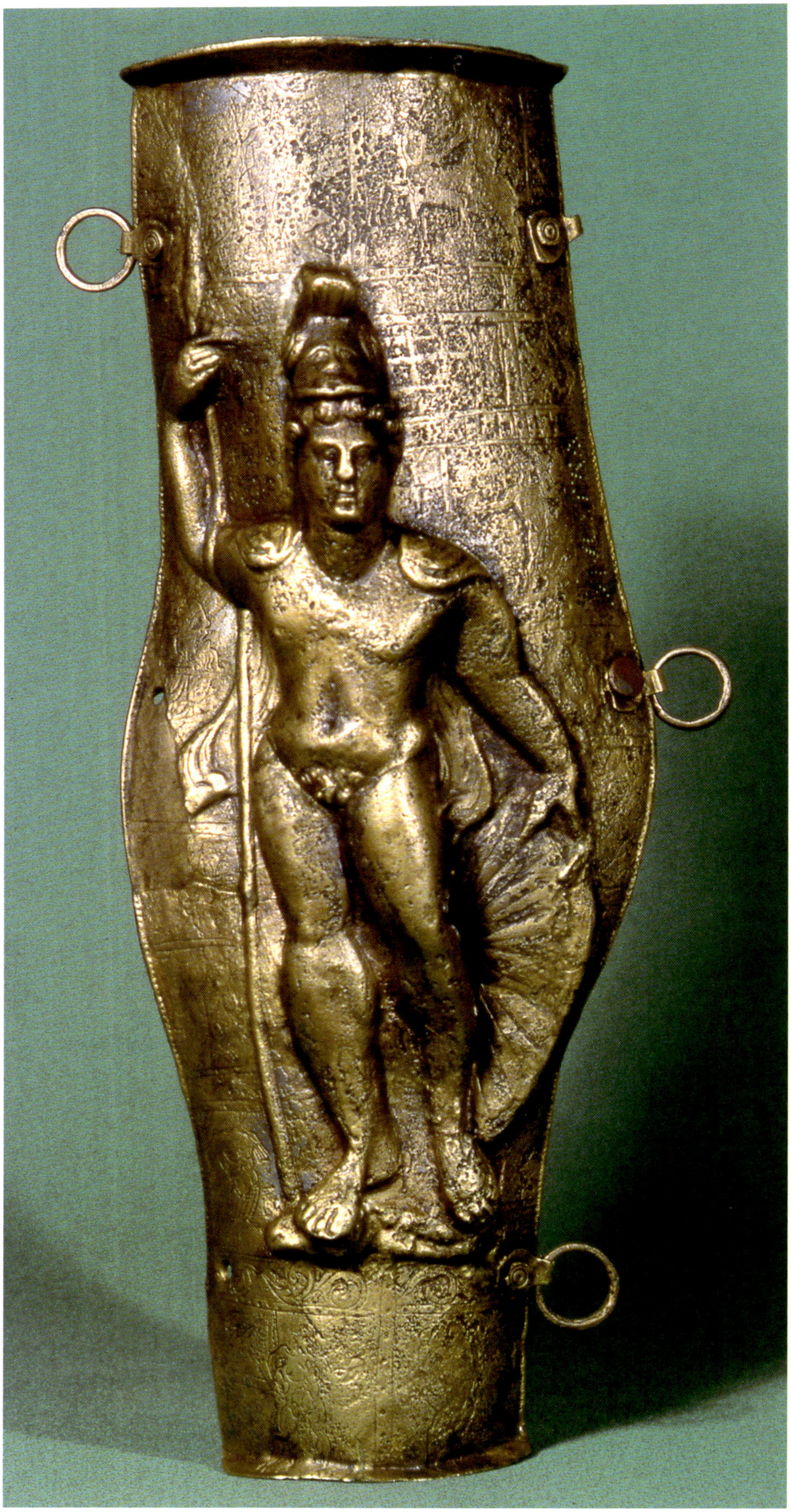

ABB. 170 Beinschiene aus Slavonski Brod, Kroatien. Bronze. H. 35 cm. Stehender Mars, umgeben von Szenen in feiner Gravur und Ziseliertechnik. 2. Jh.

sie freilich ganz fehlt. Sie repräsentieren eine den vielen Meerwesensarkophagen vergleichbare ikonographische Welt, welche auf die Reise zu den Inseln der Seligen hinweist.

Die zahlreichen Schlangen schließlich sind sicher nicht als Mithrasmotive erklärbar. In den Schlangen, die meist paarweise auftreten, darf man vielmehr den positiven Schutzgeist sehen, den Agathodaimon, so wie die Schlangen auch immer paarweise als Schutzdämonen auf den Gemälden pompejanischer Hausaltäre (Lararien) auftauchen. Überhaupt spielen Mysterien auf den Paraderüstungen so gut wie keine Rolle; Isis und Sarapis fehlen ganz, aber sogar Bacchus und seine Welt werden nur indirekt zitiert. Es handelt sich also um eine sehr konservative Bilderwelt, die uns hier entgegentritt. Die Masse der Motive ist außerordentlich traditionell. Die Mysterienreligionen hingegen bleiben in den Heiligtümern und Kulthöhlen ihrer Götter, und die Anhänger der Mysterienkulte zeigen dies nicht (oder höchstens einmal ganz selten) auf ihren Paradewaffen.

Die militärische Welt erscheint diskret im Hintergrund. Feldzeichen und Legionstotemtiere wie der Stier und die *Signa* auf dem Panzer von

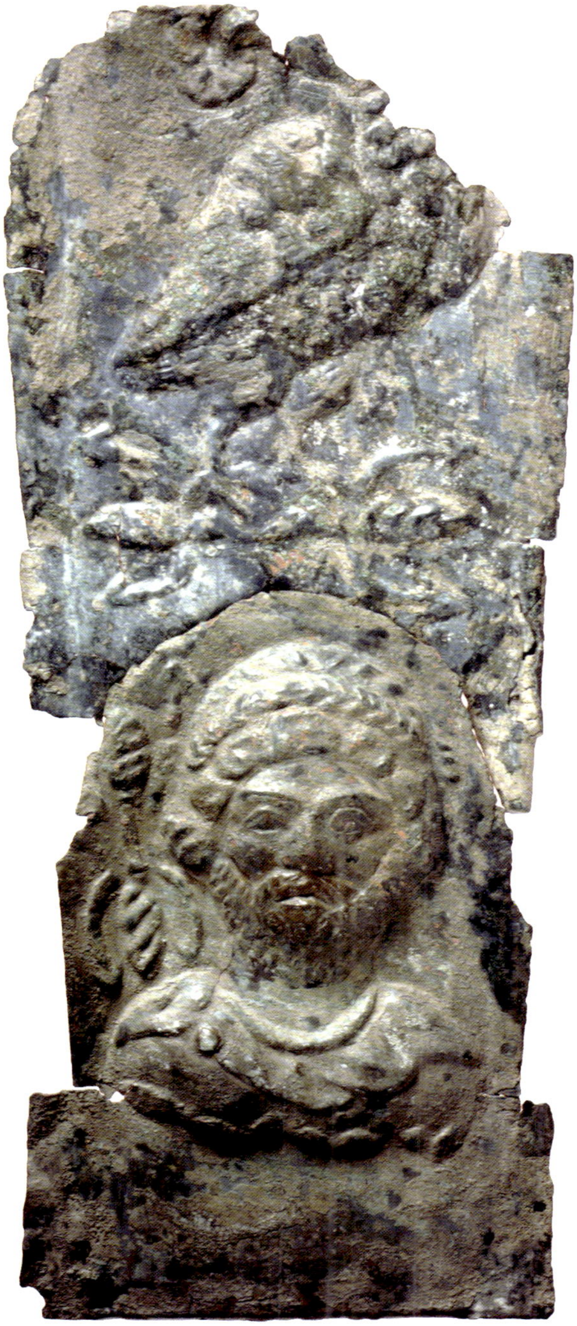

ABB. 172 Pferdestirnpanzer (Rossstirn), angeblich von der unteren Donau. Bronze. H. 32,5 cm. Zweiteilig, oben Adler auf Blitz, unten Porträtbüste eines Feldherrn im *Paludamentum*: Gallienus (260-268). 3. Jh.

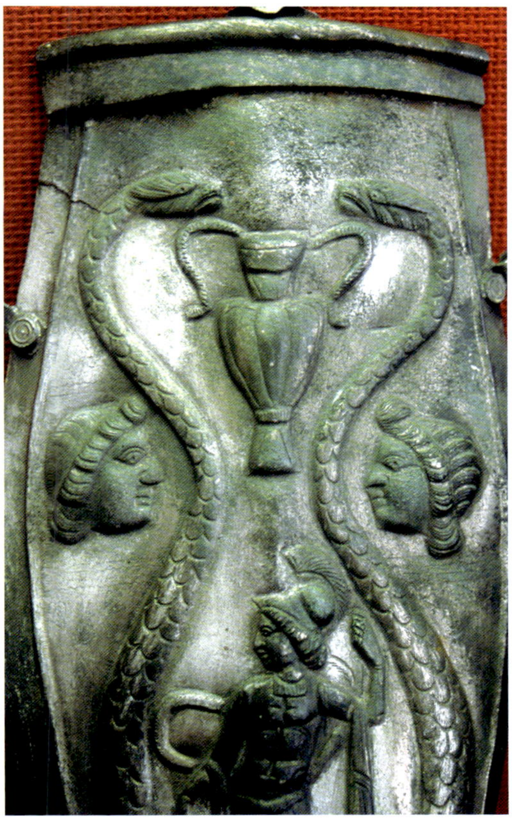

ABB. 171 Beinschiene aus Regensburg-Kumpfmühl. Zwei Schlangen, Krater, Mars. Bronze, versilbert. H. 32,5 cm. 2. Jh.

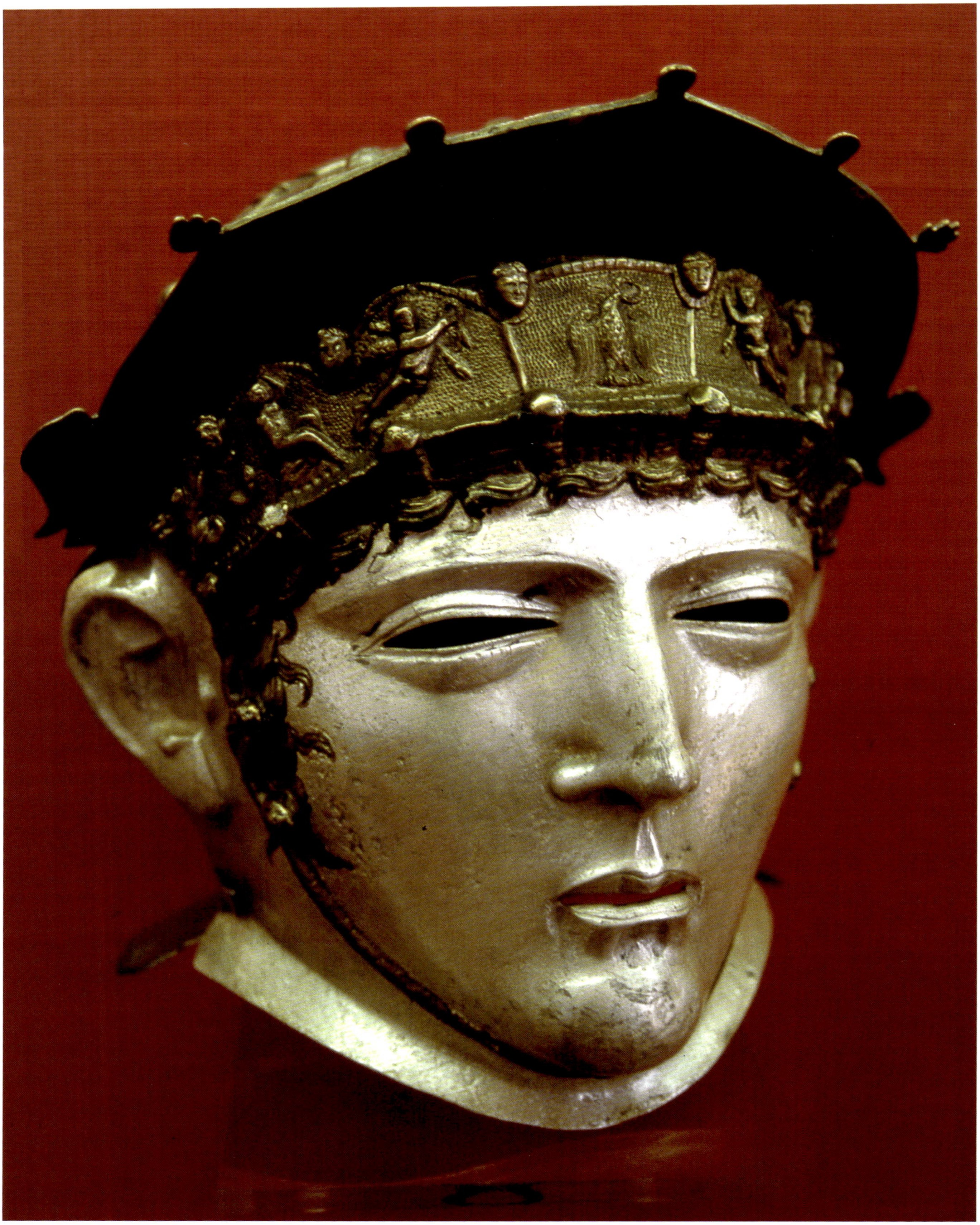

Ritopek (Abb. 162) beschränken sich auf ihre Rolle als Nebenmotive. Kampfszenen spielen fast keine Rolle, und wenn man einmal dieses seltene Thema wie auf dem Helm aus Ribchester anschlägt, dann fehlen alle Anhaltspunkte, was gemeint sein kann; eine Turniervorführung jedenfalls nicht (Abb. 173; Abb. 174). Auch das Thema der Kaiserbilder ist erstaunlich rar vertreten. Das gilt freilich mit Ausnahme der Feldzeichen und der *Gladii* für alle Waffen. Kommt einmal ein Porträt wie das des bärtigen Mannes auf der Rossstirn des RGZM vor, so muss man sich einen eventuellen Porträtbezug mühsam aus Einzelheiten wie der Barttracht erschließen. Eine Büstengalerie schmückt das Stirnband eines Helmes der frühen Kaiserzeit aus Nimwegen (Abb. 175). Man hat Bilder der Flavierdynastie erkennen wollen, doch sind die kleinen Büstchen so flüchtig gearbeitet, dass man sich fragen muss, ob es überhaupt eine Kaiserbildgalerie ist, die hier mit so wenig Ehrerbietung zitiert wird.

Es gibt unter den Paradewaffen bei den wichtigen Themen kein Motiv, das man nicht auch in der klassischen griechischen Bildwelt wiederfände. Die Aussagen auf den Waffen der *Hippikà gymnásia* gehörten in den Rahmen einer geschlossenen Gesellschaft. Die Reiterspiele fanden vor militärischem Publikum statt, Außenstehende bekamen diese Dinge selten zu Gesicht. Die römischen Paraderüstungen zwischen Augustus und Gallienus sind das letzte konservative Feld antiker Ikonographie, auf dem die olympischen Götter und ihre Welt uneingeschränkt dominieren. Alle wichtigen Themen der römischen Paradewaffen stammen aus der klassischen griechischen Religionsikonographie.

Mit der Reichskrise der Mitte des 3. Jhs. enden die Funde der Paraderüstungen, soweit wir sie erkennen können. Bisher ist nichts aufgetaucht, was man später als in die Zeit der Reichsretter Aurelianus und Probus (268-276) datieren dürfte, oder was gar in die Jahre um 300 gehören könnte, als sich die Armee neu konstituierte. Reiterspiele hat man freilich noch in der Spätantike abgehalten. Vegetius erwähnt noch in den Jahren der Reichsteilung bald nach 395, dass diejenigen Reiter besser kämpften, welche an Reiterspielen teilgenommen hätten.

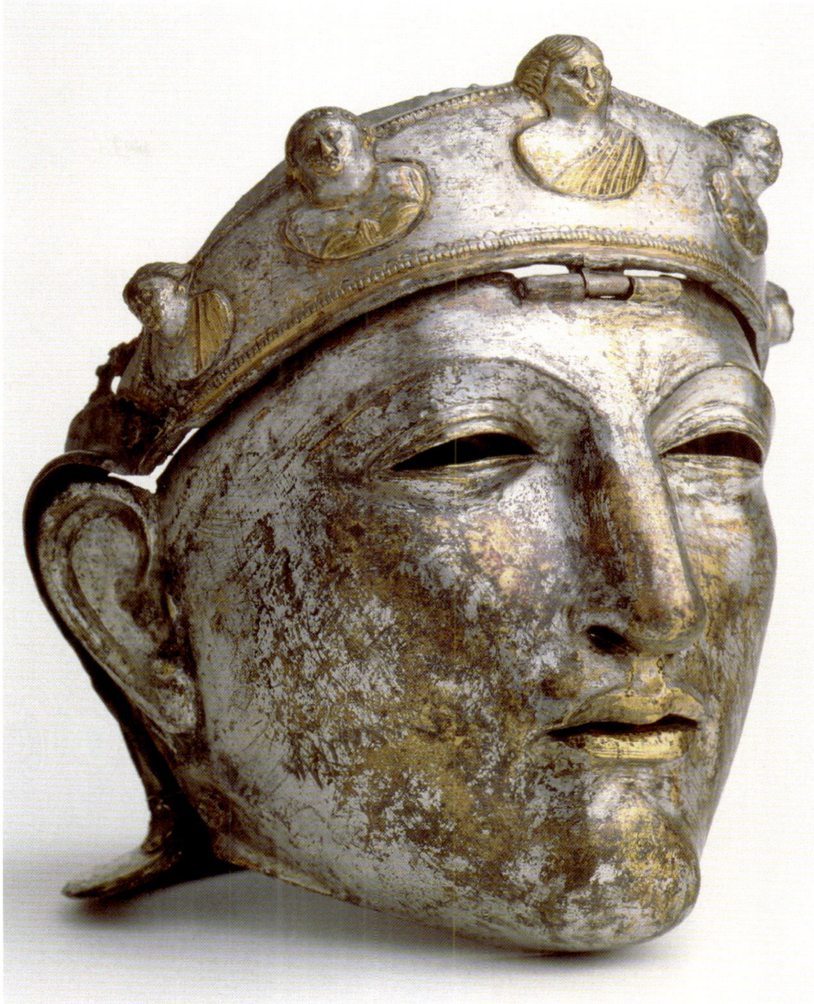

ABB. 175 Büstengalerie auf dem Stirnband eines Maskenhelmes aus Nimwegen, Niederlande. Eisen, Messing, versilbert. Gesamth. 24,2 cm. 1. Jh.

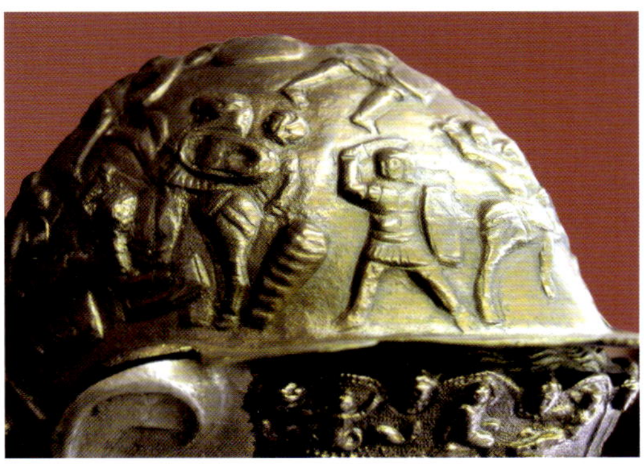

ABB. 173 Maskenhelm aus Ribchester, England. Am Stirnband die Mittelszene mit dem Adler ergänzt. Bronze, verzinnt. H. 28 cm. Spätes 1. Jh.

ABB. 174 Kampfszenen auf dem Hinterhaupt des Maskenhelms aus Ribchester, England (Abb. 173). Spätes 1. Jh.

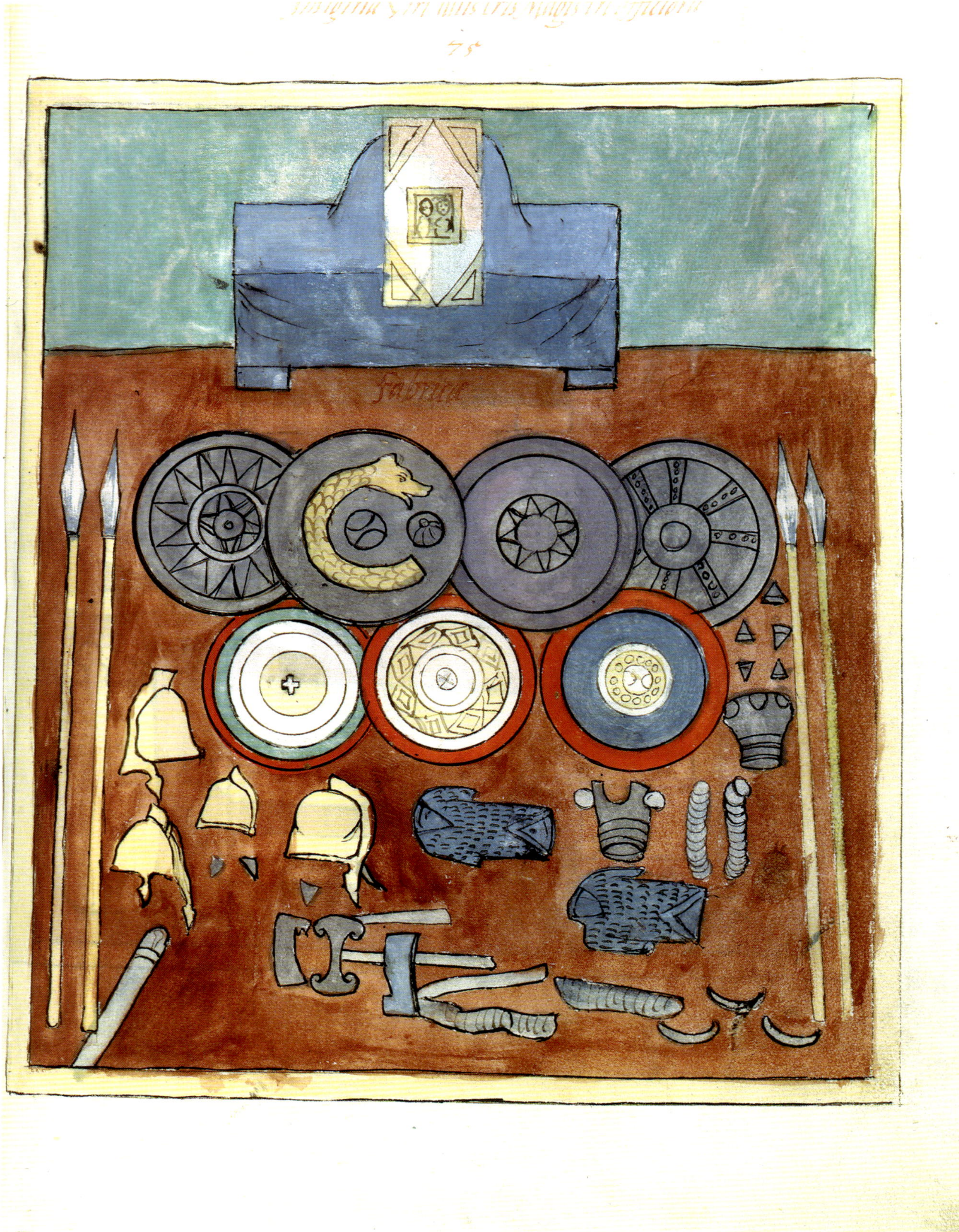

8

# Die spätantike Armee

## Christogramm und *Labarum*

Die beiden Jahre 312 und 313 waren ein Wendepunkt in der Geschichte Europas. In den Mehrkaiserherrschaften seit 284 (Tetrarchie – Viererherrschaft) waren Verwaltung und Heer reformiert worden. Zugleich wurden Herrscher für den Westen und den Osten bestellt und die Reichsteilung von 395 damit vorbereitet. Das Reich wurde von zwei *Augusti* und zwei ihnen zugeordneten Nachfolgern (*Caesares*) regiert. Kaiser Diocletianus löste die wohl schlimmste Christenverfolgung der Antike in den Jahren 303 und 304 aus. Flossen hier noch Ströme von Blut, so mehrten sich die Zeichen für einen Umschwung der Geschichte, nachdem Diocletianus 305 abdankte. Im Westteil des Reiches stellte man schon 307 die Christenverfolgungen ein. Einem ersten Toleranzedikt von Galerius und Licinius 311 folgte die Mailänder Toleranzvereinbarung von 313 von Constantin und Licinius. Von da an datierte der Aufstieg des Christentums.

Vorausgegangen war der Sieg Constantins über den seit 306 in Rom herrschenden Maxentius, den der Senat und das Volk von Rom mit dem alten Titel *Princeps* zum Kaiser ausgerufen hatten und der seinen Sohn Romulus zum *Caesar* an seiner Seite ernannte. Constantin besiegte Maxentius an der Milvischen Brücke (*Pons Mulvius*) im Norden von Rom am 28. Oktober 312 und zog als Sieger in die Hauptstadt ein. Constantins Einzug war kein Triumph, und er opferte auch nicht dem Iuppiter auf dem Capitol: Auch ohne die Constantin schon damals unterstellten Präferenzen für das Christentum wäre ein Triumph für einen Sieg in einem Bürgerkrieg unstatthaft gewesen.

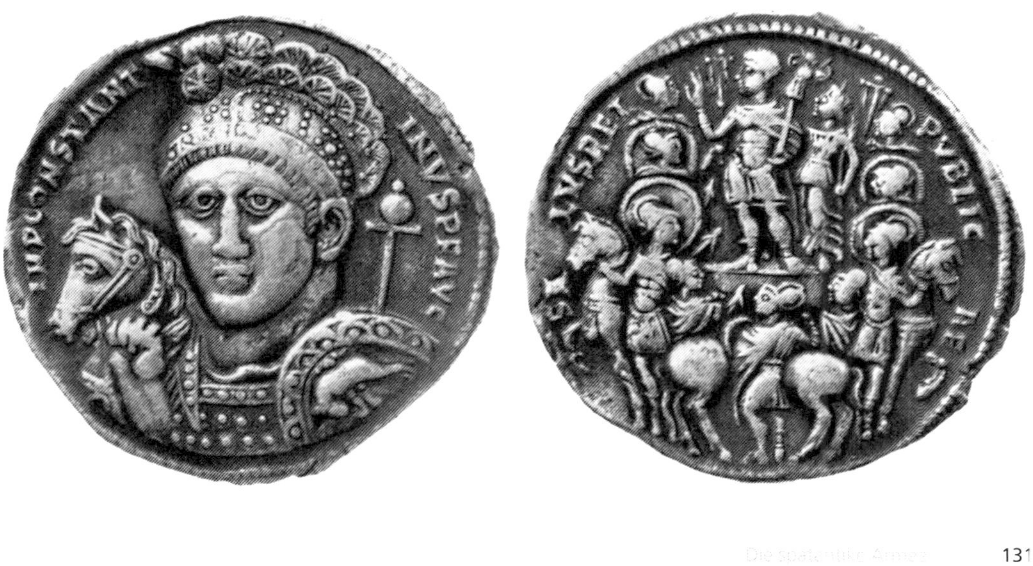

ABB. 177 Silbermedaillon (Multiplum), geprägt in Ticinum 315. Constantin mit dem Prunkhelm samt Christogramm. Der Kaiser bei der Truppenansprache. Silber. Dm. 24 mm.

ABB. 176 *Notitia dignitatum*, Blatt Occident IX, Waffenfabrik *(Fabrica)* des *Magister officiorum* (Verwaltungschef).

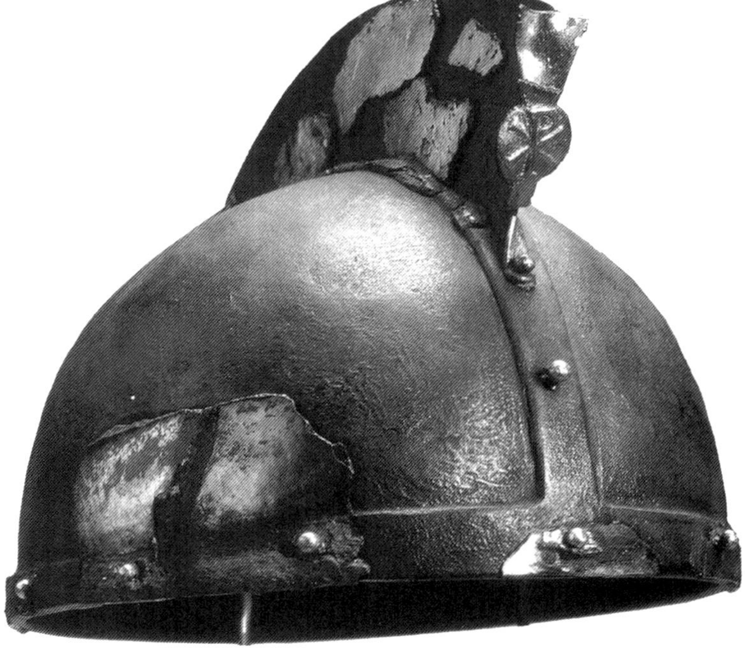

ABB. 178 Fragmente eines spätantiken Helmes mit Christogramm. Beschläge aus vergoldetem Silberblech. Aus dem Tal der Maas in Brabant, Niederlande. Teil eines vermutlichen Hortfundes mit Münzen bis 411.

Spätere Quellen erzählen von der angeblichen Vision Constantins vor der Schlacht gegen Maxentius (›hoc signo victor eris‹) und der Übernahme des Christogramms als Feldzeichen im Oktober 312. Die nächsten archäologischen Quellen (Gold- und Silbermünzen von 313) und der Constantinsbogen in Rom 315 ergeben ein sehr differenziertes Bild. Am Constantinsbogen ist von Christus nirgendwo die Rede. Die Weihinschrift besagt, dass Senat und Volk Roms – SPQR – diesen ›arcum triumphis insignem‹, diesen Ehrenbogen für Constantins triumphale Siege gestiftet haben; er habe den Staat am Tyrannen Maxentius durch göttliche Eingebung und durch seine Geistesgröße gerächt: ›instinctu divinitatis mentis magnitudine‹. Von Christus kein Wort. Der Einbau von Werken der Kaiser Traian, Hadrian und Marcus Aurelius war ein politisches Programm, ein Rückgriff auf die großen Kaiser des 2. Jhs. Eher kann man am Bildprogramm des Bogens Hinweise auf den Sonnengott Sol finden.

Die Schriftquellen zur Schlacht an der Milvischen Brücke sind der anonyme Panegyriker, die Kirchengeschichte des Eusebius von 315 und ein Bericht des Lactantius, entstanden einige Jahre später. Der Text des Lactantius ist zum Anlass der späteren Legenden geworden: Constantin habe in der Nacht vor der Schlacht gegen Maxentius einen Traum gehabt, er solle das ›caeleste signum Dei‹, das himmlische Zeichen Gottes, an den Schilden der Soldaten anbringen lassen; gemeint war das Christogramm. Wie immer die Feldzeichen im Oktober 312 aussahen – es ist ganz unmöglich, dass Constantin über Nacht die Schilde seiner im Übrigen vermutlich überwiegend heidnischen Soldaten mit dem Chi-Rho-Zeichen übermalen lassen konnte. Auch ist keine Rede davon, dass die Legionsadler und die Drachenstandarten über Nacht durch das christliche *Labarum*, die spätantike Reichsfahne mit dem Christogramm, ersetzt wurden. Im Gegenteil: Der *Draco* flatterte auch bei Constantins Einzug in Rom nach dem 23. Oktober 312 über den Häuptern seiner Soldaten, wie es ein Relief am Constantinsbogen zeigt.

Constantins repräsentative Prägungen des Jahres 315, seine Siegesmünzen gewissermaßen, zeigen ihn auf dem großen Goldmedaillon (Goldmultiplum) an der Seite des Sonnengottes Sol und geleitet von Victoria. Die Silbermünzen desselben Jahres bringen als einzige in wenigen Exemplaren das Christogrammzeichen ins Spiel (Abb. 177). Der Kaiser erscheint mit Pferd, Schild, Panzer und Prunkhelm; das lanzenähnliche Objekt hinter seiner Schulter dürfte weniger eine umgekehrte Lanze als ein Feldzeichen sein – ähnlich jenen Zeichen, die auf der Rückseite des Medaillons mit der Kaiseransprache an die Soldaten zu sehen sind; jedenfalls ist die Deutung als Kreuzszepter auszuschließen. Das Kreuz ist im frühen 4. Jh. keineswegs schon ein prominentes Religionssymbol. Noch blieb unter Constantin die Kreuzigung eine schmähliche Hinrichtungsart. Erst Anfang des 5. Jhs. fing das Kreuz an, sich als Symbol in den Vordergrund zu schieben. Das Kreuzszepter wurde erst unter Arkadius eingeführt. Das Christenzeichen des 4. Jhs. war das Chi-Rho-Zeichen des Christogramms. So ist es dann auch noch in justinianischer Zeit, wo auf dem Mosaik in San Vitale, Ravenna, Bischof Maximianus das juwelengeschmückte Kreuz hält, während an der Seite die germanischen *Bucellarii* des Kaisers riesengroß das traditionelle Christogramm Constantins auf dem Schilde zeigen (Abb. 182).

Die Münzen Constantins präsentieren ihn im Prunkhelm der neuen Konstruktionsart (Kammhelm). Der Helm ist mit Edelsteinen oder Perlen besetzt, vorne am reichen Helmbuschträger steht das Chi-Rho-Zeichen, die ersten beiden griechischen Buchstaben X und P des Namens Christos. Wenn Constantin am Vorabend der Schlacht gegen Maxentius überhaupt etwas tat, dann hatte er sich eine schnell hergestellte kleine Plakette vorne an den Helm montieren lassen; vermutlich geschah aber nicht einmal das, sondern der Kaiser begann mit der Serie der Silbermultipla von Ticinum eine erste ikonographische Richtungsänderung zum Christentum hin. Das Chi-Rho-Zeichen ist hier deutlich vorne sekundär am Helm angefügt, es nimmt den Platz des Stirnjuwels des kaiserlichen Triumphalkranzes ein.

Dass man Constantin eine Christusvision zuschrieb, hat etwas mit einem Phänomen zu tun, das man direkt Constantins Visionspolitik nennen kann. Sie setzte sich aus einigen Entwicklungsvarianten zusammen: Er hatte in Gallien 310 eine Apollovision gehabt, die er mit dem im Nordwesten populären Heilgott Apollo Grannus verband. Vermutlich war es ein ringförmiges Lichtphänomen (Sonnenhalo) gewesen. Folgerichtig verband er damit mehr und mehr den Sonnengott Sol, und auch nachdem er sich dem Christentum zugewandt hatte, gab er nie die solaren Elemente in seiner Ideologie auf.

Die Legendenbildung um Constantins Kampf um Rom umfasste noch weitere Bereiche, nämlich die Kreation der christlichen Kaiserstandarte (*Labarum*) sowie die Vorstellung, dass an der Seite Constantins ein Geisterheer seines Vaters Constantius Chlorus mitgekämpft habe. Die Vorstellung von Totenheeren kam den Kelten und Germanen – aus ihnen setzte sich Constantins Heer maßgeblich zusammen – recht entgegen.

Vor einigen Jahrzehnten gab es für den Christogrammhelm nur das Silbermultiplum (Abb. 177). Inzwischen haben sich die archäologischen Quellen bewährt. Vier Helmzierfragmente mit dem Christuszeichen besitzen wir schon, davon eines unbekannten Fundortes, zwei weitere aus Ungarn und eines aus dem Tal der Maas in Südholland. Dort konnte man Helmfragmente zu einem eisernen Kammhelm mit einem Überzug aus vergoldetem Silberblech rekonstruieren (Abb. 178). Die Fundumstände sind etwas unklar – vielleicht war der Helm Teil eines Hortes, zusammen mit Goldmünzen der Jahre bis 411. Das könnte den Helm in die Jahre um 400 oder kurz davor datieren, also in die Zeit der Reichsteilung von 395. Vergleichbare Helme tragen die Soldaten auf den Reliefs der Theodosiussäule in Konstantinopel,

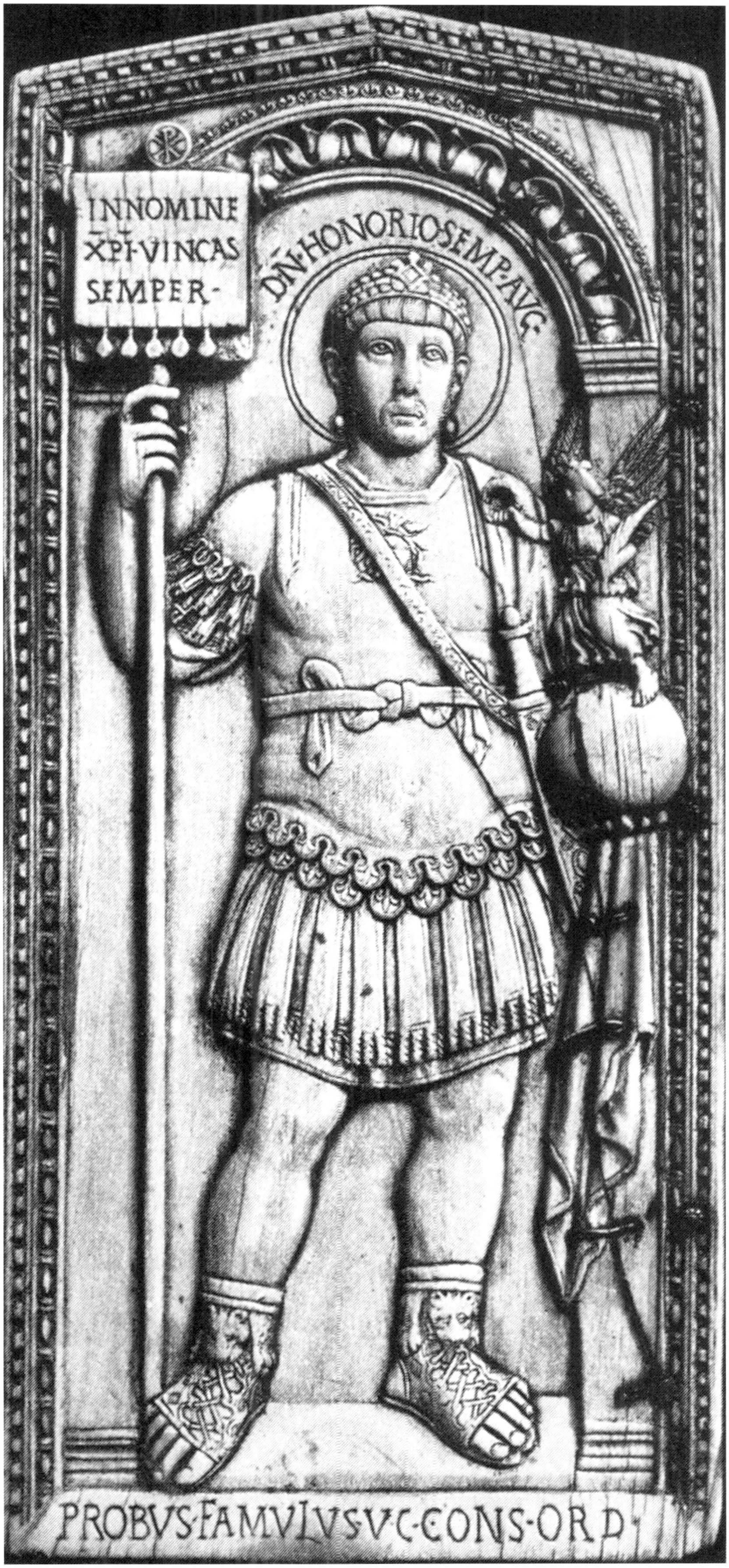


ABB. 179 Diptychon aus Rom, 406. Kaiser Honorius mit *Labarum* und Victoria auf dem Himmelsglobus. Elfenbein. H. 29,9 cm.

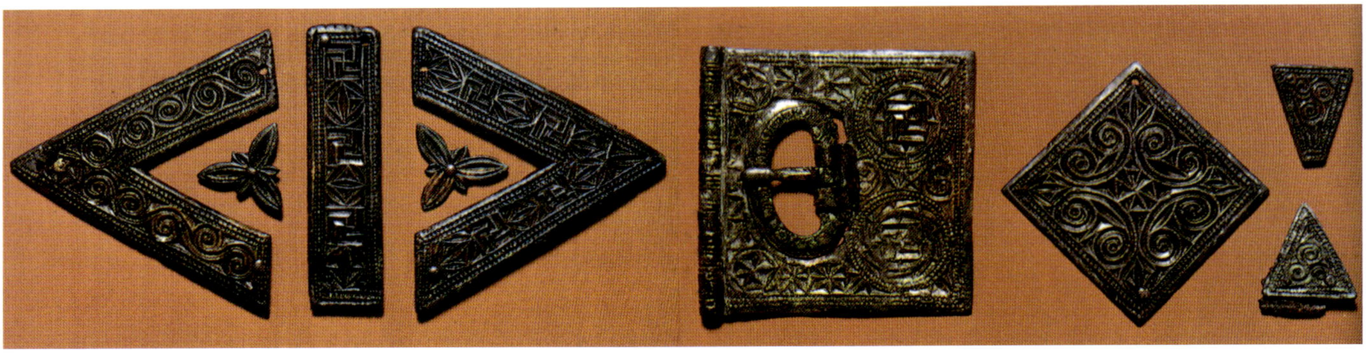

ABB. 180 Römische Militärgürtelteile des späten 4. Jhs. aus einem Grab von Vireux-Molhain, Ardennes, Frankreich. Bronze. Die Gürtelschnalle ist 7,8 cm breit.

dort freilich mit Stirnbügel und ohne das Christogramm vorne am Helmkamm.

Bereits der ominösen Visionsnacht Constantins am Vorabend des 28. Oktober 312 an der Milvischen Brücke hat die spätere Legendenbildung die Kreation der christlichen Kaiserfahne, des *Labarum*, zuschreiben wollen. Es ist unglaublich, was man alles der Tatkraft Constantins in dieser Nacht vor der Maxentiusschlacht zutraute. Es bezeugen die Münzen als archäologische Quellen eine Fahne (*Vexillum*) mit dem Chi-Rho-Zeichen erst seit den Jahren 326/ 327: Eine Follismünze aus Konstantinopel zeigt das *Labarum* detailgetreu, mit dem Christogramm als Schaftbekrönung und mit der Schlange unten als Symbol des Bösen – was zumindest deshalb bemerkenswert ist, weil zur gleichen Zeit der *Draco* unbestritten im Heer wehte.

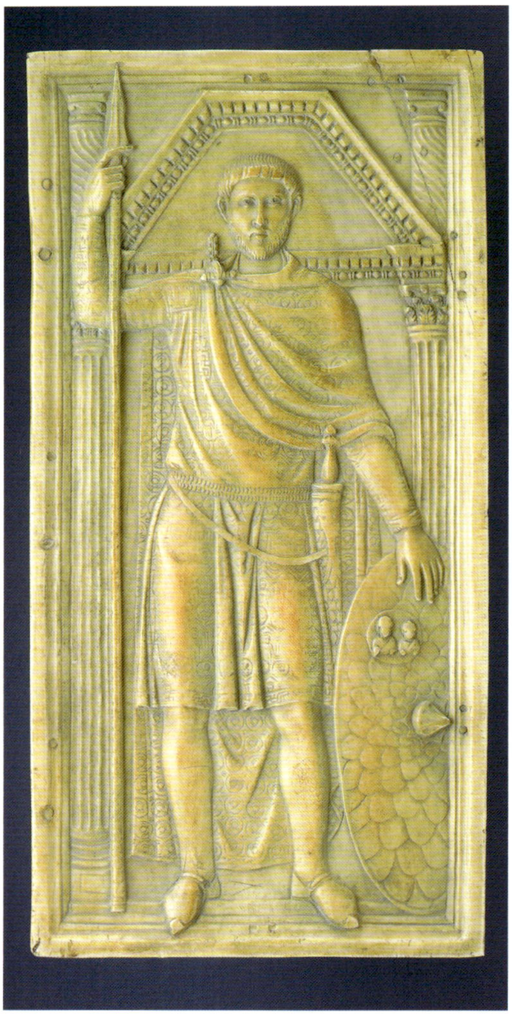

ABB. 181 Diptychon (Elfenbeintafel). Reichsfeldherr Stilicho in Waffen und Ornat. H. 32,5 cm. Fundort unbekannt. Um 400 n. Chr.

Hält der Kaiser auf Münzen das *Labarum*, so konnte man das winzige Christogramm auf dem Schaft oben nicht mehr zeigen und verlegte es auf das Fahnentuch, so schon auf einer Goldmünze Constantins von 326/327 und auf zahlreichen späteren Münzen. War mehr Platz vorhanden, so brachte man das Christogramm auch wieder an der Schaftspitze an: Ein Diptychon aus Rom von 406 zeigt Kaiser Honorius mit dem *Labarum* (Abb. 179). Das Motto ›in nomine Christi vincas semper‹ (im Namen Christi wirst Du immer siegen) ist wieder eine Paraphrase der dem Constantin zugeschriebenen Visionsformel.

Bei Constantin zeigen die Labarummünzen nach seiner Zwanzigjahrfeier in Rom 326 und nach der Familienkrise mit der Hinrichtung seiner Ehefrau Fausta, seines Sohnes Crispus und des *Caesar* Licinianus nun eine entschiedenere Parteinahme zugunsten des Christentums. Das *Labarum*, dessen etymologisch unklarer Name erstmals in den Jahren nach Constantins Tod 337 auftaucht, war keine taktische Kriegsfahne, sondern ein Kaiserzeichen. Die christlichen Kaiser übernahmen das heidnische Zeremoniell. Das *Labarum* erhielt eine Ehrenwache von 50 Mann im Palast, die damit die heidnische Tradition der *Excubatio ad signa*, der Fahnenwache, fortführte.

### Die *Notitia dignitatum*

In den Jahren um 425, also in der Zeit, als das Reich seit einer Generation geteilt war, als Valentinianus III. im Westen Kaiser wurde, und als die Eroberung der Stadt Rom durch die Westgoten Alarichs (410) einige Jahre zurücklag, entstand die letzte Fassung eines Handbuchs für den internen Dienstgebrauch römischer Strategen und Verwaltungsbehörden: ›Notitia dignitatum tam civilium quam militarium in partibus orientis/occidentis‹ (Handbuch der zivilen und militärischen Dienststellen im Westreich und im Ostreich). Die erhaltenen Handschriften des 15. Jhs. (Oxford, Paris, Wien) und des 16. Jhs. (München) gehen auf einen verlorenen Codex des 9. Jhs. in Speyer zurück.

Die Gliederung des Reiches von den Präfekten und Heermeistern bis zu den einzelnen Truppenteilen ist genau aufgeführt. Die Illustrationen sind, was das Militär betrifft, durch die Zeichnungen der Waffen aus den Waffenfabriken und durch die Vielzahl von Schildzeichen überaus bedeutsam. Das Blatt mit den Insignien des *Magister officiorum* (Verwaltungschef) des Westreiches zeigt oben den üblichen Paradetisch mit der Ernennungsurkunde, darunter eine Waffenauswahl, in der wieder die Schilde mit ihren wappenartigen Motiven optisch hervorstechen (Abb. 176). Auffallend sind an diesem Bilde Waffentypen wie die Armbergen oder die Doppelaxt – beides Formen, welche im archäologischen Fundmaterial fehlen.

Die *Notitia dignitatum* ist eine Art spätantikes Heraldikbuch. Die vielen Schildzeichen sind jeweils Kennzeichen einer bestimmten Einheit, was sie von den viel einheitlicheren der Prinzipatszeit unterscheidet (Abb. 176). Die vielen Solarzeichen (Sterne) sind auffällig, aber auch die vielen Tiere aller Art. Die im frühen fünften Jahrhundert stark gestiegene Bedeutung germanischer Truppen innerhalb der Armee des Imperiums zeigt sich hier an den an etlichen Stellen auftauchenden spitzen Schildbuckeln sowie an den mehrmals auftauchenden germanischen Runen für die Zeichen ›j‹ und ›o‹ an den Schilden einiger Truppenkörper (*Ascarii seniores, Vindices, Salii*).

### Heermeister und Söldner

In der Spätantike des 4. und 5. Jhs. erscheinen Germanen in immer größerer Zahl als Stützen wie als Gegner Roms. Germanische Söldner waren freilich in Rom immer gefragt gewesen. Die spätantike Armee Westroms war ohne germanische Söldner nicht mehr möglich. Zu den Kennzeichen dieser Soldaten gehörten breite, mit Bronzeplatten dekorierte Militärgürtel. Auf diese mit Ranken, aber auch oft mit Kerbschnittdekor verzierten Koppel waren die germanischen Träger so stolz, dass man sie ihnen gern ins Grab mitgab. Das Phänomen konzentriert sich auf die Siedlungsgebiete der Alamannen, Franken und Sachsen (Abb. 180) und gibt uns einen Eindruck vom Rekrutierungsgebiet der Söldner in römischem Dienste.

Auch auf der obersten Stufe der militärischen Hierarchie Roms finden sich nun Germanen als ›Reichsmarschälle‹, als die Träger des Heermeisteramtes (*Magister militum*). Im Jahre 303 erschien zum ersten Mal ein Germane im höheren Militärrang, als der Bataver Aurelius Ianuarius Befehlshaber (*Dux*) in Pannonien wurde. Im Laufe des 4. Jhs. schuf man das Amt eines obersten Heermeisters, eines richtigen Oberbefehlshabers (*Magister militum, Magister utriusque militiae*). Der Heermeister war Kommandeur der Truppen in allen Bereichen der Rekrutierung, des Dienstalltags, des Dienstrechtes und des Krieges. Seine Macht war dadurch eingeschränkt, dass er für den Nachschub an Verpflegung und Waffen auf den Verwaltungschef angewiesen war (*Magister officiorum*; vgl. Abb. 176).

Schon bald mischten sich die Heermeister in die Thronstreitigkeiten ein. Der Franke Magnus Magnentius griff 351 als erster germanischer

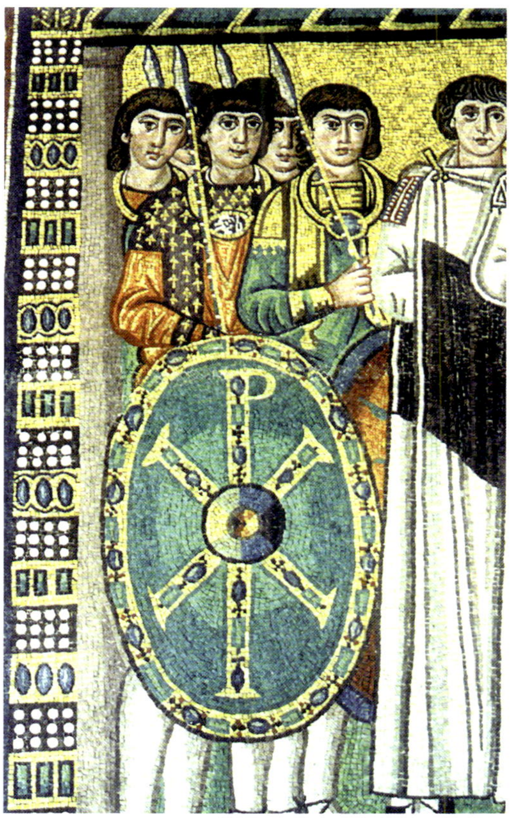

ABB. 182 Germanische Leibwache des byzantinischen Kaisers Justinian (527-565). Mosaik in der Kirche San Vitale, Ravenna, Italien.

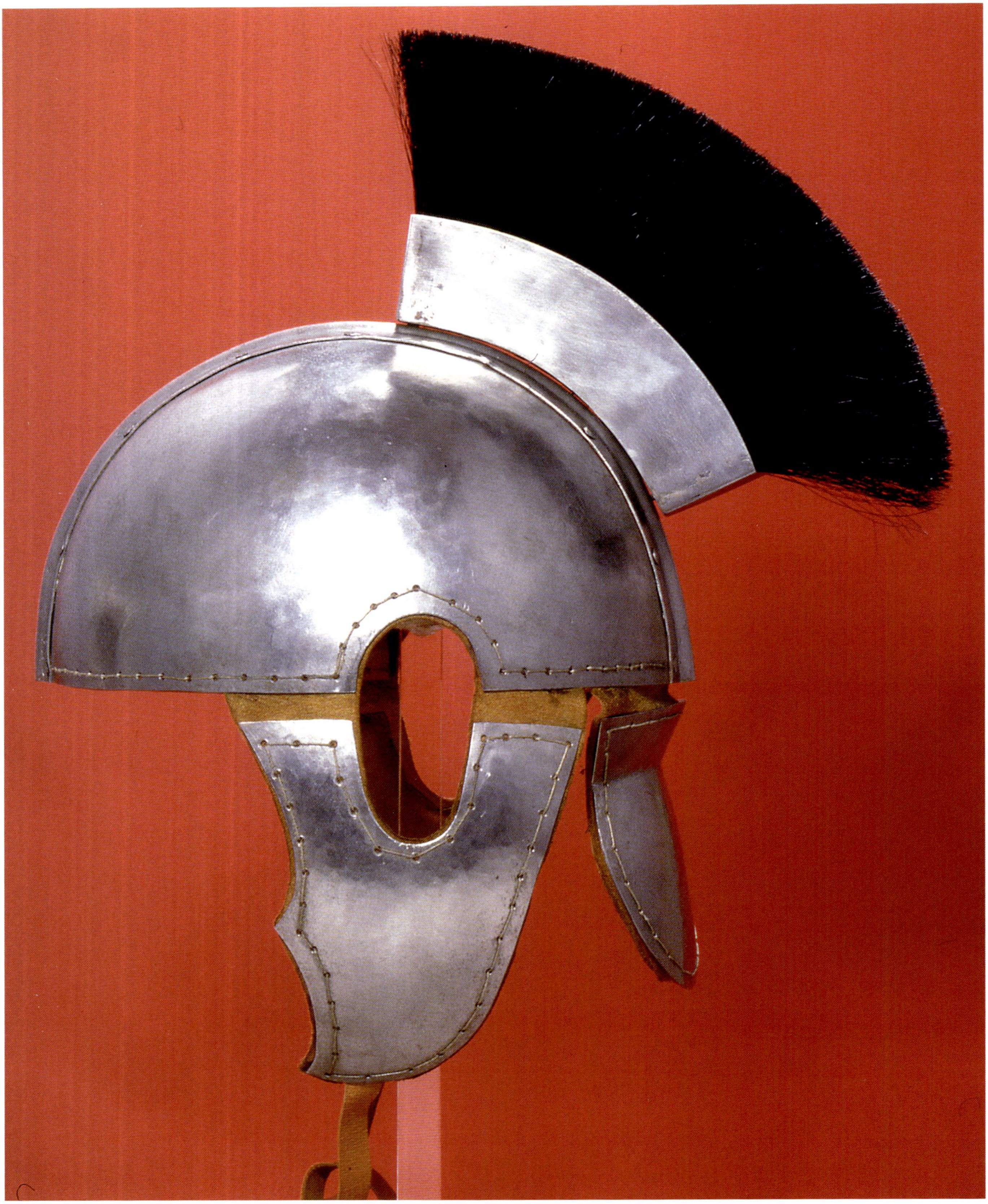

ABB. 183 Kammhelm aus Augst/Schweiz. Eisen, Leder. 4. Jh.

Usurpator nach dem Purpur. In den folgenden Jahrzehnten wurde das Heermeisteramt zunehmend von Franken und Vandalen beherrscht. Der Vandale Stilicho wurde 394 zum Heermeister im Westen und in den Jahren um 400 zur mächtigsten militärischen Persönlichkeit des seit 395 bestehenden weströmischen Reiches. Selbst verheiratet mit Serena, einer Nichte Kaiser Theodosius I., avancierte er zum Schwiegervater des weströmischen Kaisers Honorius. Stilicho versuchte, im Interesse des Reiches der Germaneneinfälle im Norden an Rhein und Donau und der westgotischen Gefahr für Italien unter Alarich Herr zu werden. Er wurde 408 Opfer einer am Kaiserhof stärker gewordenen antigermanischen Strömung; man setzte ihn ab, und er wurde in Ravenna ermordet.

Stilicho ist der erste hochrangige Germane, von dem es ein höfisches Porträt gibt, wenn auch im Kleinformat: Das Diptychon (Elfenbeintafel) in Monza (Abb. 181) zeigt den Reichsfeldherrn Stilicho in Waffen und Ornat. Auf dem Schild sind kleine Kaiserbüsten montiert; der spitze Schildbuckel steht in germanischer Tradition. Die goldene Fibel auf der rechten Schulter (Zwiebelknopffibel) weist Stilicho als hohen Beamten aus. Die beherrschende Stellung der Heermeister im Westen blieb bis zum Ende des weströmischen Reiches bestehen. Im Grunde war die Herrschaft Odoakers seit 476 eine Fortsetzung des Regiments der germanischen Heermeister, nur jetzt ohne die formale Existenz eines Kaisers.

Der Soldat der Spätzeit des Römerreiches unterschied sich ganz wesentlich von seinen 200 Jahre älteren Kameraden. In den Jahren nach der Reichsteilung 395 trug der weströmische Soldat einen aus Segmenten zusammengesetzten Helm, den Kammhelm, den später der Spangenhelm ablöste. In der gesamten Bewaffnung ist nun alles Klirren und Klappern abgestellt, welches den Marsch der früheren Legionäre begleitet hatte. Das Dolch ist verschwunden, das Schwert war die lange *Spatha*.

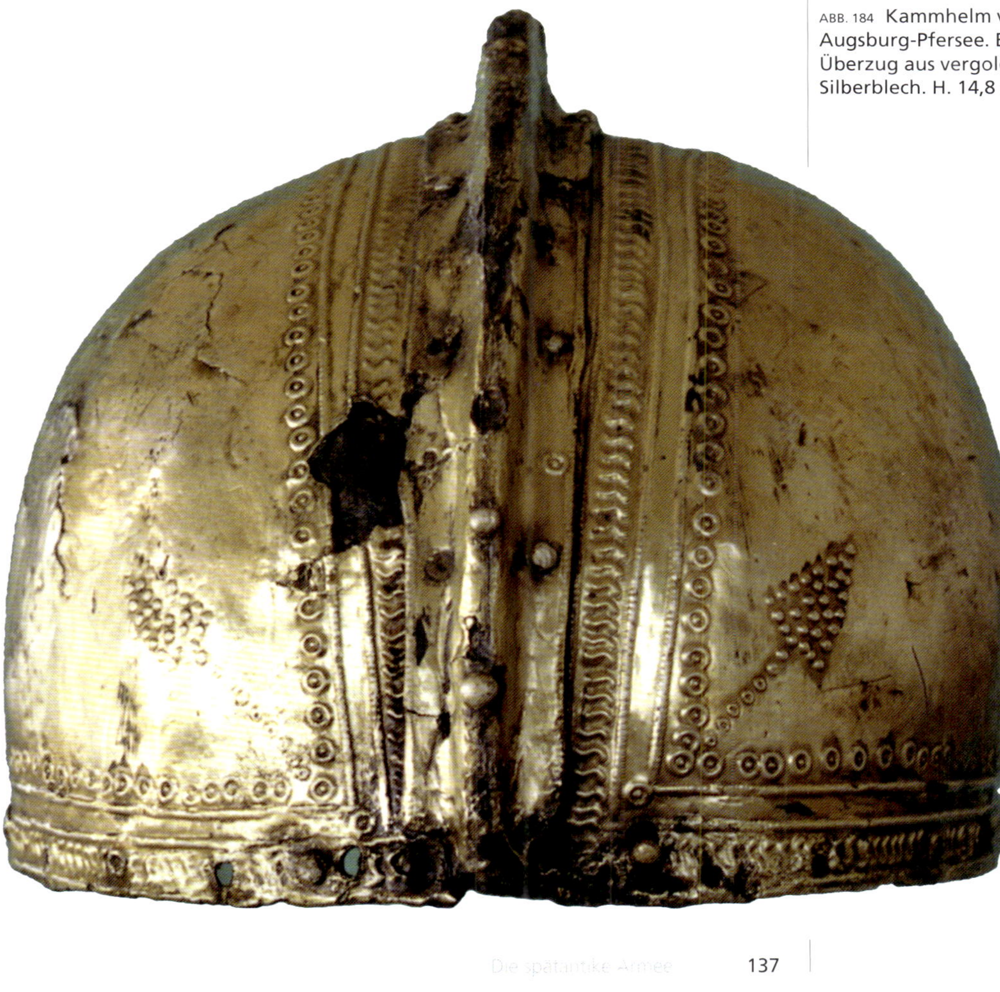

ABB. 184 Kammhelm von Augsburg-Pfersee. Eisen, Überzug aus vergoldetem Silberblech. H. 14,8 cm. 4. Jh.

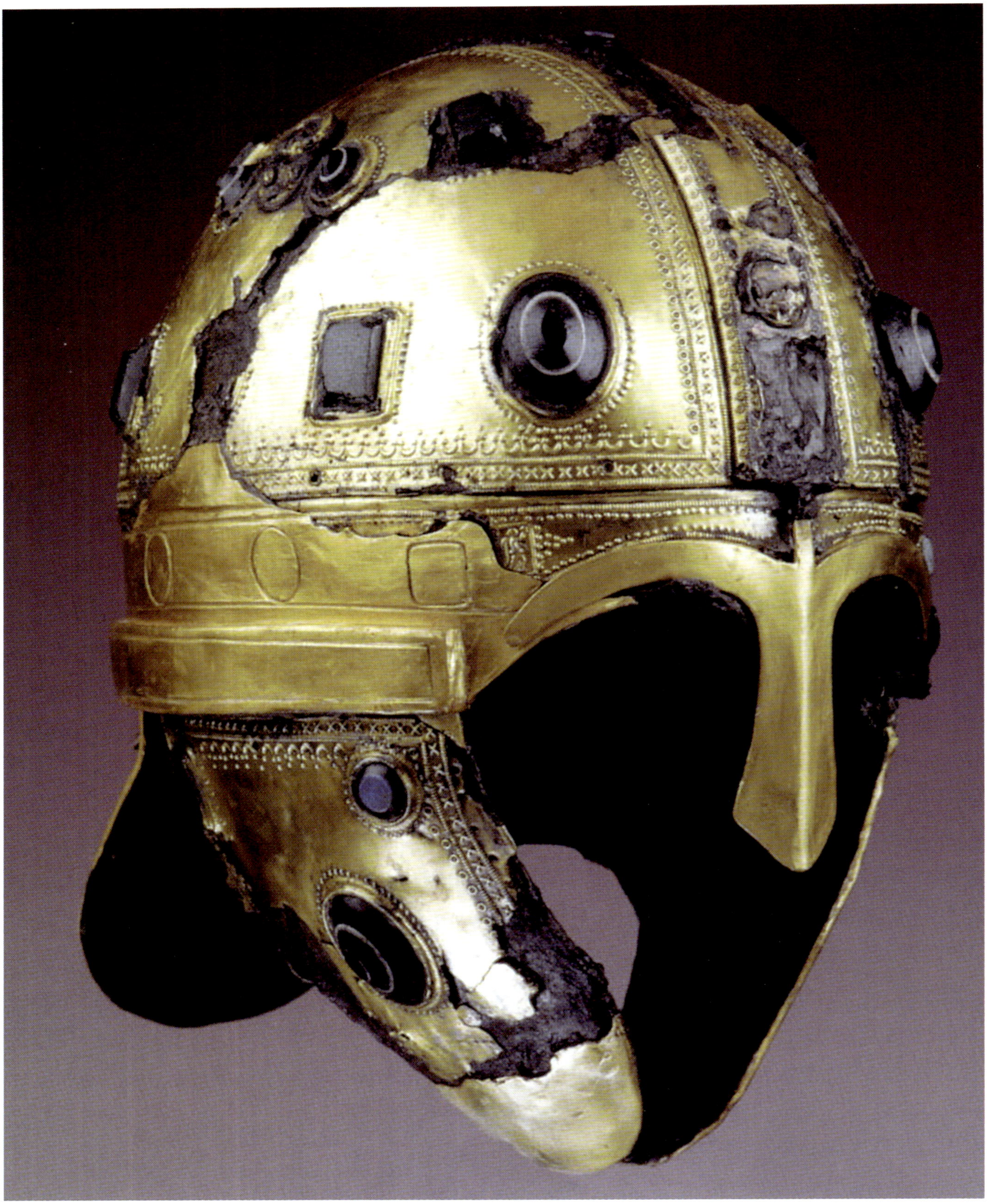

ABB. 185 Kammhelm von Budapest. Eisen, Überzug aus vergoldetem Silberblech, Inkrustationen aus buntem Glas. H. 26 cm. 4. Jh.

## Spätantike Prätorianer: Die Bucellarier

Aus Hunnen und vor allem aus Germanen rekrutierten sich die privaten Leibwachen der Heermeister und Feldherrn, die Bucellarier (*Bucellarii*; *Buccellarii*). Diese Leibgarden sind seit Stilicho nachgewiesen, der sie offenbar geschaffen hatte. Es waren kleinere Einheiten; sie konnten aber auch die Stärke von Legionen erreichen und übertreffen. Die Bucellarier des oströmischen Feldherrn Belisarios sollen 7000 Mann stark gewesen sein; vermutlich hatte Belisarios diese Truppe deshalb so erweitert, weil er selbst seine militärische Karriere als *Bucellarius* begonnen hatte. Diese Soldaten leisteten einen Eid auf ihren privaten Arbeitgeber, der sie ernährte und versorgte. Auch ein Eid auf den regierenden Kaiser ist überliefert, doch scheint der Eid auf den eigenen Gefolgsherrn stärker gewesen zu sein. Immerhin konnten Bucellarier bei Bedarf auch in die regulären Reichstruppen eingereiht werden.

Nicht immer scheinen die Kaiser mit dieser Institution glücklich gewesen zu sein. So hatte Kaiser Valentinian III. zwar den Feldherrn Aëtius umbringen lassen, war aber dafür aus Rache von Bucellariern des Aëtius ermordet worden: Der Gefolgschaftseid ging vor. Die Sitte solcher Privatarmeen war weit verbreitet, selbst bei zivilen Beamten und großen Grundherren, und sogar in der Kirche, wo für den Bischof Hilarius von Arles (†449) eine solche Truppe überliefert ist. Auch der oströmische Kaiser Justinian (527-565) war von einer solchen germanischen Leibgarde umgeben (Abb. 182). Seine Leibwache trägt auf dem Mosaik in der Kirche San Vitale, Ravenna, Schilde mit dem Christogramm (Chi-Rho-Zeichen) und lange Speere. Auffallend sind die goldenen Halsringe mit den großen Edelsteinbroschen.

Einer der Gründe für die Unterhaltung solcher privater Leibwächterarmeen lag in den sehr unsicher gewordenen Zeiten. Nun war im Römerreich die innere Sicherheit nie erwähnenswert gut gewesen. Die Entstehung privater Leibgarden war deshalb in der Spätantike für eine Zeit verstärkter Mobilität und verstärkter Unsicherheit eine logische Lösung. Dass man bevorzugt Germanen verpflichtete, mag mit der germanischen Tradition des Gefolgschaftwesens zusammenhängen. Im Übrigen waren germanische Leibwächter bei den römischen Kaisern seit Augustus mit Unterbrechungen immer wieder beliebt gewesen; sie bildeten zeitweilig das institutionelle Korps der Kaiserleibwache, der *Germani corporis custodes*.

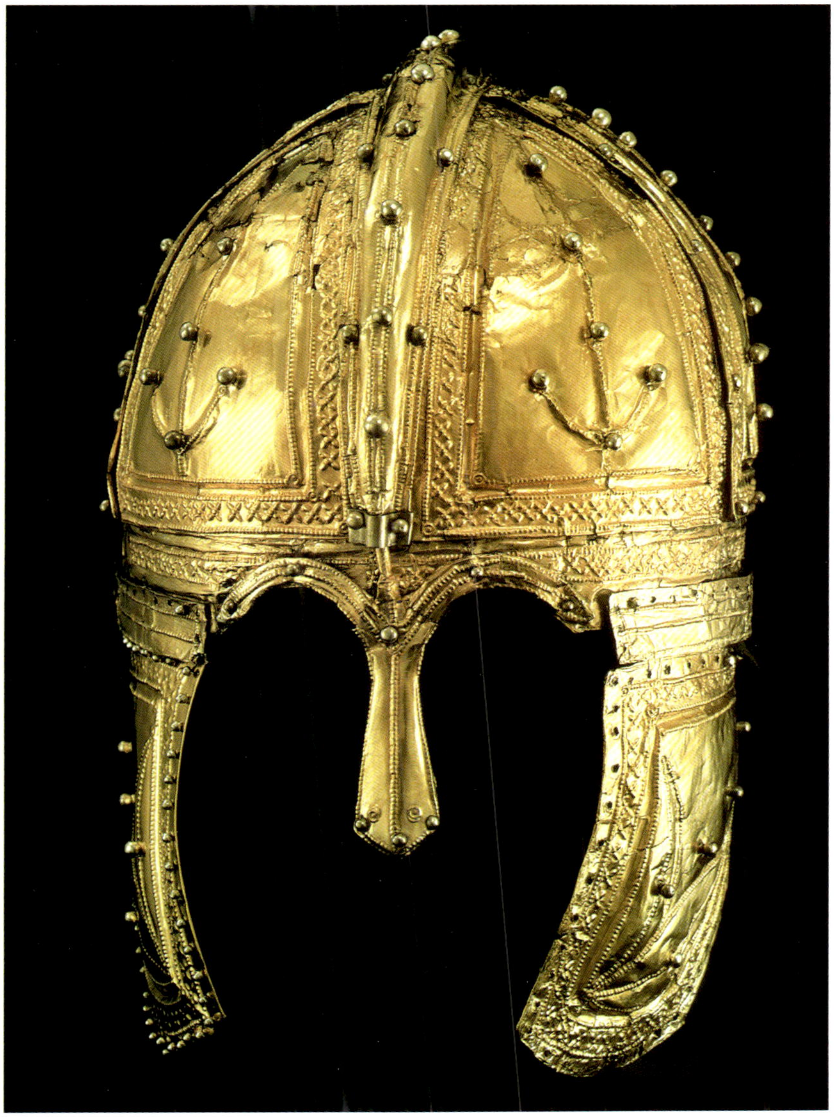

ABB. 186 Kammhelm aus Deurne/Holland. Eisen, vergoldetes Silberblech, Perlen. H. 31 cm. 4. Jh.

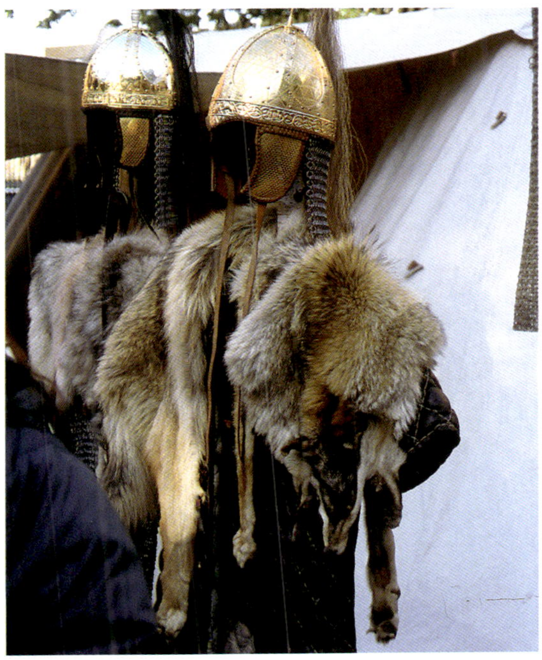

ABB. 187 Spangenhelme als typische Waffen germanischer Adliger der Völkerwanderungszeit. Mainz, Schlosshof. In der ›Nacht der Museen‹ im Juni 2004 zeigte die Gruppe ›Ulfhednar‹ germanische Waffen der Zeit um 500.

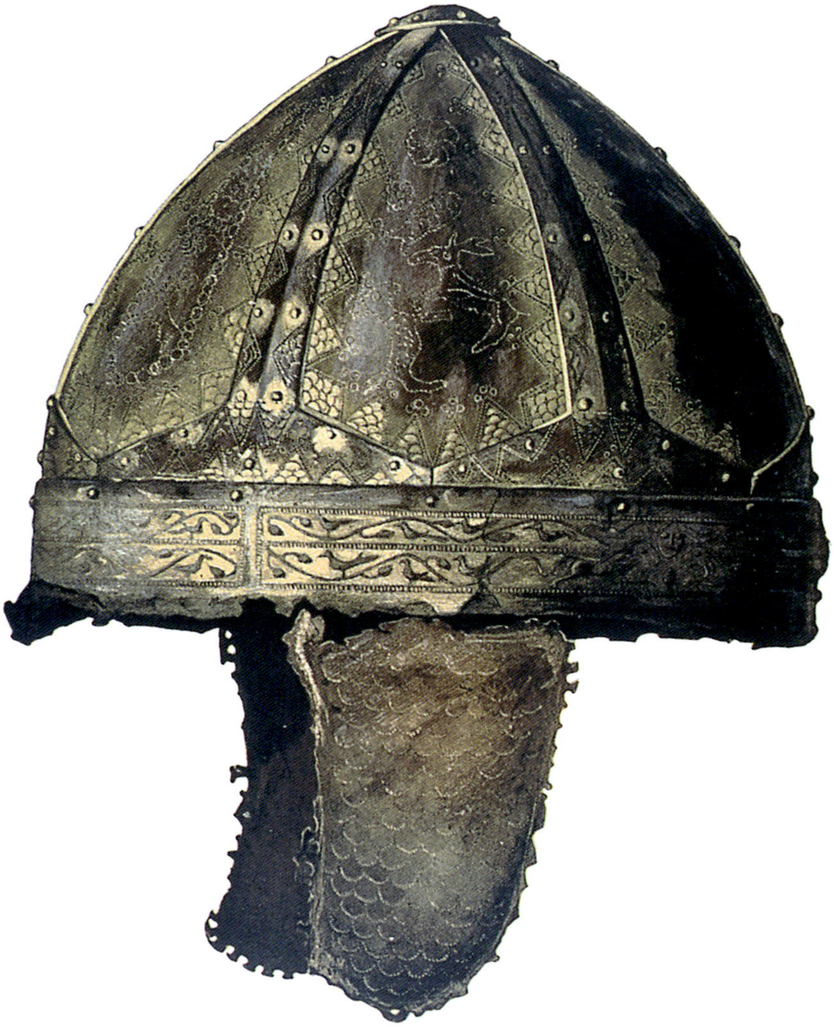

ABB. 188 Spangenhelm aus einem alamannischen Grab in Gammertingen, Lkr. Sigmaringen. H. 17,5 cm. Eisen, Kupfer, vergoldet. 6. Jh.

### Kammhelme, Gardehelme, Spangenhelme

Die römische Armee hatte im Laufe des 3. Jhs. bereits eine zunehmende Veränderung durch germanische und iranische Einflüsse erfahren. Die Änderung der Helmform stellte sodann einen radikalen, von oben angeordneten Eingriff dar: Der Typ des spätrömischen Helmes tauchte im 4. Jh. auf, und in derselben Zeit verschwanden die Typen des 3. Jhs. Die neuen Helmformen verringerten den Schutz, steigerten hingegen die Beweglichkeit; sie waren leichter und flacher als die recht unförmigen früheren Helmformen. Die ältesten Zeugnisse sind Münzen der Zeit Constantins ab 312. Dass auf den berühmt gewordenen Münzen mit dem Christogramm der Kaiser einen verzierten Kammhelm des neuen Typs trägt (Abb. 177), dürfte dafür sprechen, dass diese Helmform zugleich mit der Militärreform der Tetrachenzeit unter Diocletian und seinen Kollegen eingeführt worden war (284-305).

Die bei den römischen Truppen gebräuchlichen Helme der Spätantike sind der Kammhelm und der Spangenhelm. Sie haben technische Prinzipien gemein: Bevorzugtes Material ist das Eisen; sie sind aus Einzelteilen zusammengesetzt; Wangenklappen und Nackenschutz sind kleiner geworden, und der Nackenschutz ist nun beweglich mit der Haube verbunden.

Den in den Jahren ab 300 gebräuchlichen Helm hat man auch als spätantiken Gardehelm bezeichnet. Der Name Kammhelm bezieht sich auf die auffallendste technische Einzelheit: Die Helmhaube besteht aus zwei eisernen Halbschalen, welche durch ein Scheitelband zusammengehalten werden. Ein Helmbusch war aufsteckbar (Abb. 183) oder in einzelnen Fällen durch einen hohen eisernen Kamm ersetzt. Manche Helme bestanden aus vier Kugelsegmenten, die dann durch ein zusätzliches Querband zusammengehalten wurden. Einige Helme blieben ohne Schmuck, waren also hellglänzend aus Eisen. Andere Eisenhelme wurden zusätzlich mit Silberblech, einige auch mit vergoldetem Silberblech überzogen. Das Blech war dann ein besserer Träger für kleinteilige Ornamente, als es das reine Eisen gewesen wäre (Abb. 184). Auf Helmen aus Intercisa (Ungarn) finden sich Astralzeichen (Stern, Halbmond) als Dekor.

Auffallend sind jene Helme mit reichen Inkrustationen imitierter Edelsteine (Abb. 185) oder mit Perlendekoration (Abb. 186), welche dem Typus den Beinamen der Gardehelme einbrachten. Der Gedanke an Gardetruppen oder Mitglieder des kaiserlichen Stabes liegt nahe, werden doch mit echten Edelsteinen besetzte Helme als Kennzeichen des Kaisers selbst genannt. In einer Schlacht gegen die Alamannen 368 geriet Kaiser Valentinianus I. in einem Sumpfgebiet in Lebensgefahr; sein Adjutant (*Cubicularius*), der seinen goldenen, mit Edelsteinen besetzten Helm trug, verschwand und wurde nicht mehr wiedergefunden: ›[...] galeam eius cubicularius ferens, auro lapillisque distinctam [...]‹ (Ammianus Marcellinus 27,19,11). Die Kammhelme des Typs Berkasovo, aus Eisen mit einem Überzug aus vergoldetem Silber und einer bunten Dekoration von Edelsteinimitationen in Glas (Abb. 185), sind deshalb direkte Imitationen des Kaiserhelmes und wurden für die führenden Offiziere der Truppe hergestellt.

Das Vorbild der leichten Kammhelme lag im Osten. Auf parthischen Münzen schon des 1. Jhs.

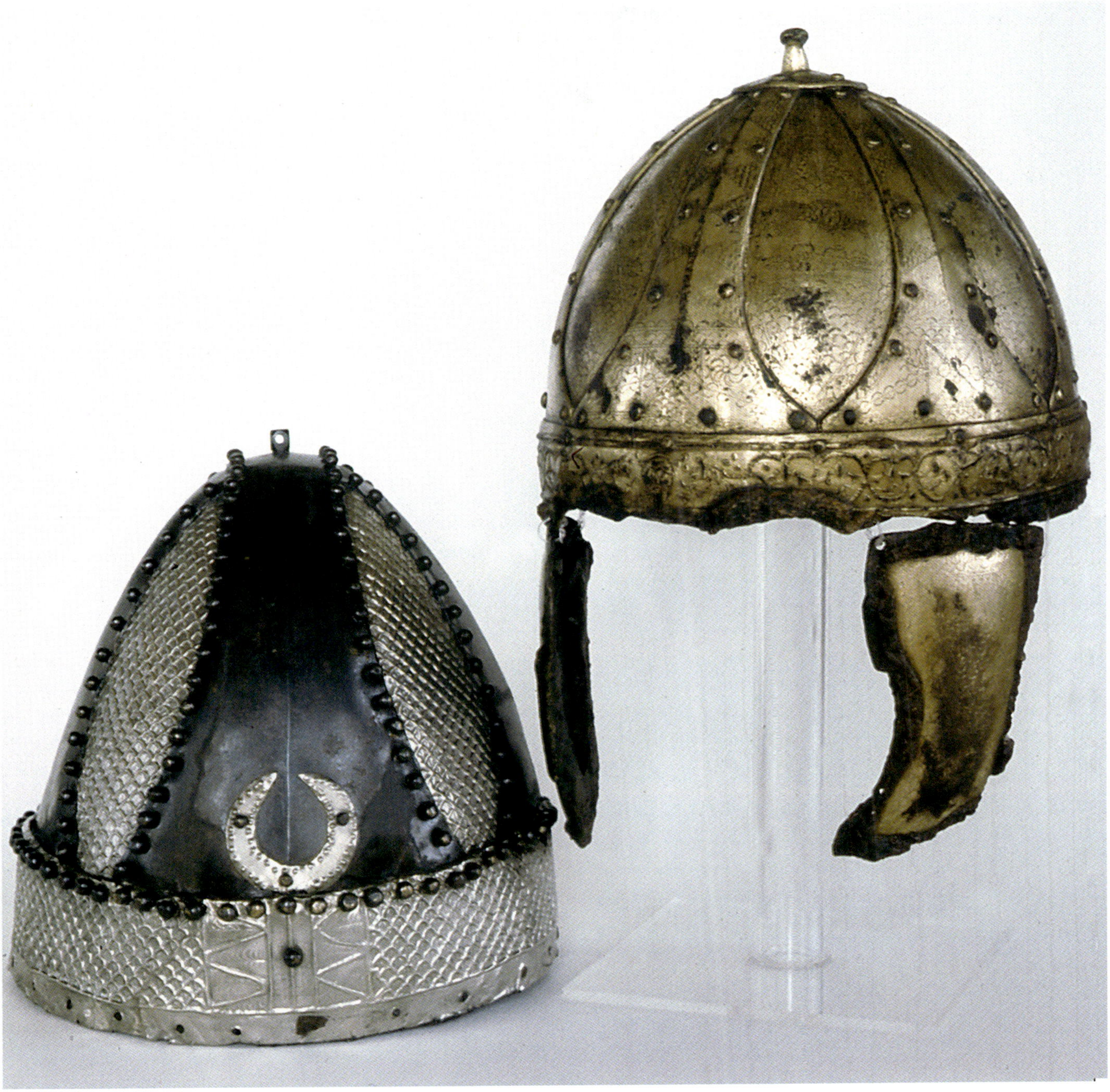

ABB. 189 Persien als Vorbild: Der spätrömische Spangenhelm von Krefeld-Gellep (rechts; erste Hälfte 6. Jh.) und ein iranischer Spangenhelm aus dem Amlashgebiet (links; 5.-6. Jh.).

v. Chr. zeigte sich König Phraates III. mit einer vergleichbaren Kopfbedeckung. Ein persischer Soldat der Sassanidenarmee, der beim Kampf um Dura-Europos im Jahre 256 umkam, trug einen Helm jener Art, der dann eine Generation später den Römern als Vorbild diente.

Den Kammhelm hat man sicher noch im 5. Jh. getragen, wie es der Fundzusammenhang des Helmes aus dem Tal der Maas mit den Münzen bis 411 erkennen lässt (Abb. 178). Er wird auch weit verbreitet gewesen sein und sich länger gehalten haben, da die skandinavischen Vendelhelme der Wikingerzeit auf derselben Technik aufbauten.

Freilich bestimmen nun im 5. und 6. Jh. die Spangenhelme das Fundbild, wobei die Funde aus germanischem Kontext den Ton angeben (Abb. 187). Offensichtlich hat man bei den germanischen Völkern im Laufe der Völkerwanderungszeit zwischen dem 4. und dem 6. Jh. umzudenken begonnen: Die alte leichte und bewegliche Bewaffnung mit Lanze und Schild sowie meistens ohne Helm und Panzer war der Situation nicht mehr angemessen. Panzer wie Helme begannen, Teil der germanischen Bewaffnung zu werden. Aus den Schriftquellen und den Gräbern scheint freilich hervorzugehen, dass die kostbar aussehenden Spangenhelme Zeichen hochgestellter Personen waren. Spangenhelme waren von den Franken über die Burgunden und Goten bis zu den Heeren Ostroms das Kennzeichen der Edlen. Der gemeine germanische Infanterist trug noch keinen Helm dieser Art.

Beim Aufbau eines Spangenhelms hat man an einem unteren Blechreif vier oder sechs Spangen befestigt, die man nach oben bog und dort an einer Scheibe befestigte. Die Zwischenräume hat man durch Platten ausgefüllt. Diese Bauweise ermöglichte es, Einzelteile in größeren Serien herzustellen, was auch schon bei den Kammhelmen praktiziert worden war.

Der älteste Beleg für einen Spangenhelm stammt aus dem alamannischen Grab von Gültlingen, Baden-Württemberg, aus der Zeit 450-475; das Stück muss also zur Zeit Attilas um die Mitte des 5. Jhs. oder noch früher geschaffen worden sein. Die Menge der datierbaren Spangenhelme gehört in das 6. Jh. (Abb. 189), mit einem Beginn der Produktion im 5. Jh. Der klassische Spangenhelm des Typs Baldenheim (Abb. 188) ging auf iranische Vorbilder zurück (Abb. 189), die aber nicht erst im 4. oder 5. Jh. wahrgenommen wurden. Spangenhelme findet man unter den dakischen Beutewaffen der Trianssäule, und man schreibt sie den iranischen Alliierten der Daker aus dem Nordschwarzmeerraum, den Sarmaten, zu. Vereinzelt tauchen Spangenhelme auch unter den Truppen des römischen Heeres auf, beispielsweise um 300 als Helme der römischen Panzerreiter auf dem Galeriusbogen in Thessaloniki. Auch wenn wir erst aus dem 5. Jh. datierbare Spangenhelme kennen, geht die Entwicklung also auf eine frühere Zeit zurück, wie einige typologisch verwandte Eisenhelme (›Bandhelme‹) aus Ägypten und vom Balkan zeigen.

Die Spangenhelme, von denen man inzwischen mehr als 40 Exemplare kennt, sind die ersten germanischen Helme überhaupt, die wir als solche benennen können. Die Funde stammen, so sie nicht auf byzantinischem Reichsgebiet liegen, aus den Regionen der Alamannen, Franken, Thüringer, Gepiden, Langobarden und Goten. Vor dem 6. Jh. finden sich typologische Vorläufer dieser Helmform im Römerreich und im Schwarzmeergebiet, aber noch nicht bei den Germanen.

Der Dekor dieser Helme war kleinteilig (Abb. 188; Abb. 189). Um die Darstellungen zu erkennen, musste man den Helm in die Hand nehmen und genau betrachten, beispielsweise beim Gelage. Der Schmuck war freilich reichhaltig und umfasste Ornamente wie Dreiecke und Zickzackbänder. Das X-Zeichen sollte wohl als Christuszeichen verstanden werden; auf das Christentum sind auch liturgische Geräte wie Kelch und Weihrauchgefäß zu beziehen. Zahlreiche Tiere lassen mehrschichtige Deutungen zu, während Daniel mit den Löwen unzweifelhaft das Alte Testament zitiert. Weinranken mit Vögeln waren Zitate der glücklichen Welt des Gottes Bacchus, wurden aber schon früh von den Christen adaptiert und als Paradiessymbol übernommen. Ebenso hatte man kein Problem damit, Christus und den Heilgott Aesculapius/Asklepios einander anzunähern: Auf dem Helm von Bitola (Mazedonien) versammeln sich neben einem thronenden Christus im Nimbus mit zwölf Aposteln im Kreis um ihn herum der byzantinische Kaiser, eine Heilgöttin in Waffen mit Schlangenstab (Minerva Medica), Victoria und andere Motive zusammen mit griechischen Gebetsanrufen wie ΧΡΙCΤΕ ΒΟΗΘΙ (Christus, hilf!).

Solcher Pressblechdekor wäre auch im Norden möglich gewesen. Germanische Handwerker hätte ohne weiteres solche Stirnreifen für Spangenhelme verzieren können; dies kam aber nie vor – die Spangenhelme waren mittelmeerische Arbeiten. Man kann dies durch den Stilvergleich mit gleichzeitigen germanischen Metallarbeiten erkennen: Germanische Amulettanhänger (Brakteaten) oder Dekorarbeiten im sog. Tierstil sind in ganz anderer Weise künstlerisch konzipiert. Angesichts der bewiesenen Geschicklichkeit germanischer Schmiede muss dies heißen, dass man bei den germanischen Völkern nicht zu viele Helme brauchte, weil diese ein Adelsreservat waren, und dass die Nachfrage durch die mittelmeerische Produktion gedeckt wurde.

**Wie endet der römische Waffendekor?**

Die heidnischen Götter verschwinden und werden nur noch ganz selten dann zitiert, wenn sie der christlichen Meinungsherrschaft nicht im Wege stehen. Die Gegenwartsbezüge verschwinden ebenso. Angesichts rasch wechselnder militärischer Konstellationen in der Völkerwanderungszeit ereignet sich so etwas wie die Wiedergeburt des Waffenschmucks der hellenistischen Söldnerzeit: Man vermeidet jede aktuelle Anspielung – die vielleicht ja schon im nächsten Monat obsolet gewesen wäre – und zieht sich auf allgemein akzeptierte Symbole zurück. Die Schildzeichen bekommen wieder eine große Bedeutung als Erkennungschiffren, auch innerhalb der römischen Armee, wie es die *Notitia dignitatum* anschaulich präsentiert.

Christliche Symbole erscheinen, wenn überhaupt, ganz selten und in kleiner Gestalt als Christogramme an wenigen Kammhelmen oder als vereinzeltes Christusmotiv auf dem Spangenhelm von Bitola. Das *Labarum* (Abb. 179) war kein Feldzeichen für das Schlachtfeld, und die Schildzeichen der *Notitia dignitatum* vermeiden direkt christliche Symbole. Die Welt des Militärs war in der Völkerwanderungszeit eine andere als die der Kirche; bei den Soldaten nahm man in einer vielfarbigen Söldnerwelt Rücksicht, auf den Vandalen und Goten ebenso wie auf den Sarmaten und Perser.

Die Kaiser mochten die Kirche als Staatsreligion akzeptieren. In der Welt des Waffendekors herrschte das Kreuz noch lange nicht; seine Zeit sollte erst noch kommen (Abb. 12).

# Danksagung

Für Hilfe aller Art bedanke ich mich bei Rudolf Aßkamp, Haltern; Herbert Auschrat, Mainz; Andreas Boos, Regensburg; Ivanka Bunčić, Slavonski Brod; Stefan Burmeister, Kalkriese; Andrea Bußmann, Bonn; Hélène Chew, Saint-Germain-en-Laye; Peter Connolly, Spalding; Tatjana Cvjetičanin, Belgrad; Falko Daim, Mainz; Sylvia Diebner, Rom; Wim Dijkman, Maastricht; Markus Egg, Mainz; Peter Fasold, Frankfurt am Main; Michel Feugère, Montagnac; Gisela Fittschen-Badura, Augsburg; Robert Fleischer, Mainz; Björn Gesemann, Mainz; Dorota Gorzelany, Krakau; Erik Graafstal, Utrecht; Holger von Grawert, London; Mathilde Grünewald, Worms; Kurt Gschwantler, Wien; René Hänggi, Brugg; Ruurd Halbertsma, Leiden; Ursula Heimberg, Bonn; Hansgerd Hellenkemper, Köln; Franz Humer, Bad Deutsch-Altenburg; Janka Istenič, Ljubljana; Ralph Jackson, London; Cliff A. Jost, Koblenz; Ursula Kästner, Berlin; Volker Kästner, Berlin; Annemarie Kaufmann-Heinimann, Basel; Martin Kemkes, Rastatt; Herbert Kessler, Wackenheim; Werner Kessler, Alsenz; Maria Kohlert-Németh, Frankfurt am Main; László Kocsis, Budapest; Slavica Krunić, Belgrad; Marius Künzl, Mainz; Jesenka Miškiv, Slavonski Brod; Barbara Niemeyer, Berlin; Liviu Petculescu, Bukarest; Barbara Pferdehirt, Mainz; Leslie Pluntke, Mainz; Johannes Prammer, Straubing; Hoyer v. Prittwitz und Gaffron, Bonn; Christoph Reichmann, Krefeld; Julia Ribbeck, Mainz; Hans-Joachim Schalles, Xanten; Egon Schallmayer, Wiesbaden; Bernardette Schnitzler, Straßburg; Louis Swinkels, Nimwegen; Kai Töpfer, Heidelberg; Hannsjörg Ubl, Bruneck-Dietenheim; Friedrich-Wilhelm v. Hase, Mannheim; Nina Willburger, Stuttgart; Susanne Willer, Bonn; Kurt Zubler, Baden, sowie bei Muzeul Național de Istorie a Transsilvaniei Cluj-Napoca; Galerie Günter Puhze GmbH, Freiburg i. Br.; Gloucester Museum; Antikenmuseum Istanbul; Nationalmuseum Kopenhagen; Landesmuseum Mainz; Bayerische Staatsbibliothek München; Glyptothek München; Germanisches Nationalmuseum Nürnberg; Fürstlich Hohenzollersche Hofkammer Schloss Sigmaringen. Die auf Abb. 85 erscheinenden Damen (von links) Kerstin Schier, Elke Dedden (im Panzer), Filiz Karin Kürbis und Rebekka-Maria Vornkahl waren liebenswürdigerweise gerne mit dem Druck der Aufnahme einverstanden.

Ganz besonders danke ich meiner Frau Susanna Künzl (Eckental) und Götz Waurick (Budenheim). Sie haben sich beide die Mühe gemacht, das Manuskript kritisch zu lesen, und ich bin ihnen für viele Hinweise und Verbesserungen zu Dank verpflichtet.

# Bildnachweis

Abb. 1 Mainz, RGZM. Photo Mus.
Abb. 2 Photo Verf.
Abb. 3 Nach H. Russell Robinson, The Armour of Imperial Rome (London 1975) Taf. 1.
Abb. 4 Brugg, Vindonissamuseum. Photo RGZM CD 94/140.
Abb. 5 Museum und Park Kalkriese. Photo Varusschlacht im Osnabrücker Land GmbH.
Abb. 6 Rheinisches Landesmuseum. Kopie RGZM. Photo Verf.
Abb. 7 Zeichn. Peter Connolly.
Abb. 8 Zeichn. M. Feugère. Nach Reddé 1996, 127.
Abb. 9 Saint-Germain-en-Laye, Musée d'Archéologie nationale. Nach F. Beck / H. Chew (Hrsg.), Masques de fer. Un officier romain du temps de Caligula [Ausstellungskat. Saint-Germain-en-Laye] 1991 (Paris 1991) 24.
Abb. 10 Köln, Römisch-Germanisches Museum. Photo Verf.
Abb. 11 Museum Carnuntinum, Bad Deutsch-Altenburg. Nach Sumner 2007, 98.
Abb. 12 Privatbesitz. Photo Verf.
Abb. 13 Gemälde Peter Connolly. Mainz, RGZM. Photo RGZM CD 95/92.
Abb. 14 Mainz, RGZM. PhotoRGZM PH 2008/1211.
Abb. 15 Abguss im Museo della Civiltà Romana, Rom. Photo Verf.
Abb. 16 Brugg, Vindonissamuseum. Kopien RGZM. Photo Verf.
Abb. 17 Berlin, Staatliche Museen, Antikensammlung. Photo Antikensammlung, Staatliche Museen zu Berlin, J. Laurentius.
Abb. 18 Rekonstruktion Peter Connolly. Photo Verf.
Abb. 19 Berlin, Staatliche Museen, Pergamonmuseum. Photo Verf.
Abb. 20 Rom, Vatikan. Kopie RGZM. Photo RGZM Ph 2008/1023.
Abb. 21 New Haven, Yale. Nach Dura-Europos, Rep. 6 (1936) Frontispiz.
Abb. 22 Brugg, Vindonissamuseum. Kopie RGZM. Photo Verf.
Abb. 23 Rekonstruktion RGZM. Photo RGZM.
Abb. 24 Gemälde Peter Connolly. Mainz, RGZM. Photo RGZM CD 95/85.
Abb. 25 Ravenna, San Vitale. Kopie RGZM. Photo Verf.
Abb. 26 Rekonstruktion RGZM. Photo RGZM CN 94/16 (Ausschnitt).
Abb. 27 Mainz, RGZM. Photo RGZM PH 2008/1176.
Abb. 28 Rom, Vatikanische Museen. Photo Heinz Kähler.
Abb. 29 Kopie Nationalmuseum Bukarest. Photo Verf.
Abb. 30 Mainz, Landesmuseum. Kopie RGZM. Photo RGZM.
Abb. 31 Gemälde Peter Connolly. Mainz, RGZM. Photo RGZM CD 95/92.
Abb. 32 Gemälde Peter Connolly. Mainz, RGZM. Photo RGZM CD 95/85.
Abb. 33 Gemälde Peter Connolly. Mainz, RGZM. Photo RGZM CD 95/91.
Abb. 34 Rom, Constantinsbogen. Abguss Rom, Museo della Civiltà Romana. Photo Verf.
Abb. 35 Berlin, Staatliche Museen, Antikenmuseum. Photo Antikensammlung, Staatliche Museen zu Berlin.
Abb. 36 Mainz, RGZM. Photo RGZM.
Abb. 37 Mainz, RGZM. Photo RGZM.
Abb. 38 Bonn, Rheinisches Landesmuseum. Kopie RGZM. Photo RGZM.
Abb. 39 Kopie Bukarest, Nationalmuseum. Photo Verf.
Abb. 40 Mainz, RGZM. Photo RGZM PH 2008/1178 u. 1177.
Abb. 41 Rom, Constantinsbogen. Abguss Rom, Museo della civiltà romana. Photo Verf.
Abb. 42 Bad Homburg v. D. H., Saalburgmuseum. Photo Verf.
Abb. 43 Mainz, RGZM. Photo PH 2008/1179.1.
Abb. 44 Kopie Nationalmuseum Bukarest. Photo Verf.
Abb. 45 Osterburken, Römermuseum. Photo M. Kemkes.
Abb. 46 Koblenz, Generaldirektion Kulturelles Erbe Rheinland-Pfalz, Direktion Landesarchäologie, Außenstelle Koblenz. Photo Koblenz, Generaldirektion Kulturelles Erbe Rheinland-Pfalz, Direktion Landesarchäologie, Außenstelle Koblenz.
Abb. 47 Belgrad, Stadtmuseum. Photo Slavica Kruniç.
Abb. 48 Kopie Bukarest, Nationalmuseum. Photo Verf.
Abb. 49 Rom, Archäologisches Nationalmuseum (Palazzo Altemps). Kopie RGZM. Photo RGZM PH 2008/1018.
Abb. 50 Photo Niederösterreichische Landesregierung, Lichtbildstelle.
Abb. 51 Gemälde Peter Connolly. Mainz, RGZM. Photo RGZM CD 93/154.
Abb. 52 Gemälde Peter Connolly. Mainz, RGZM. Photo RGZM CD 93/154.
Abb. 53 Gemälde Peter Connolly. Mainz, RGZM. Photo RGZM CD 95/92.
Abb. 54 Gemälde Peter Connolly. Mainz, RGZM. Photo RGZM CD 95/85.
Abb. 55 Gemälde Peter Connolly. Mainz, RGZM. Photo RGZM CD 93/153.
Abb. 56 Gemälde Peter Connolly. Mainz, RGZM. Photo RGZM CD 95/91.
Abb. 57 Gemälde Peter Connolly. Mainz, RGZM. Photo RGZM CD 95/91.
Abb. 58 Gemälde Peter Connolly. Mainz, RGZM. Photo RGZM CD 95/89.
Abb. 59 Gemälde Peter Connolly. Mainz, RGZM. Photo RGZM CD 95/91.
Abb. 60 Photo Verf.
Abb. 61 Xanten, Römermuseum. Photo Verf.
Abb. 62 Mainz, Landesmuseum. Kopie RGZM. Photo Verf.
Abb. 63 Mainz, RGZM. Photo RGZM.
Abb. 64 Nimwegen, Museum Het Valkhof. Photo Verf.
Abb. 65 Neapel, Nationalmuseum. Photo S. Ortisi.
Abb. 66 Nimwegen, Museum Het Valkhof. Photo Verf.
Abb. 67 Neapel, Nationalmuseum. Photo RGZM.
Abb. 68 Kopie RGZM. Photo RGZM CD 2003/152.
Abb. 69 Nach Numismatic Fine Arts, 29. Nov. 1990, Nr. 306.
Abb. 70 Links: Nürnberg, Germanisches Nationalmuseum. Kopie RGZM. – Rechts: Bonn, Rheinisches Landesmuseum. Kopie RGZM. Nach Altertümer unserer heidnischen Vorzeit 4, 1900, Taf. 52.
Abb. 71 München, Archäologische Staatssammlung. Kopie RGZM. Photo Verf.
Abb. 72 Kopie Nationalmuseum Bukarest. Photo Verf.
Abb. 73 Gemälde Peter Connolly. Mainz, RGZM. Photo RGZM CD 93/154.
Abb. 74 Haltern, Römermuseum in Haltern am See. Photo RGZM.
Abb. 75 Rekonstruktion H. Russell Robinson. Photo H. Russell Robinson.
Abb. 76 Worms, Museum der Stadt Worms. Kopie RGZM. Photo RGZM.
Abb. 77 München, Archäologische Staatssammlung. Photo RGZM.
Abb. 78 Gloucester, City Museum. Kopie RGZM. Photo Verf.
Abb. 79 Rom, Constantinsbogen. Abguss Rom, Museo della Civiltà Romana. Photo Verf.
Abb. 80 Gemälde Peter Connolly. Mainz, RGZM. Photo RGZM CD 95/87.
Abb. 81 Istanbul, Antikenmuseum. Kopie Rom, Museo della Civiltà Romana. Photo Verf.
Abb. 82 Rekonstruktion P. Connolly 1979, anlässlich der Ausstellung ›Die Numider‹ im Rheinischen Landesmuseum Bonn. Photo P. Connolly.
Abb. 83 Gemälde Peter Connolly. Mainz, RGZM. Photo RGZM CD 95/92.

Abb. 84 Gemälde Peter Connolly. Mainz, RGZM. Photo RGZM CD 95/91.
Abb. 85 Photo Verf.
Abb. 86 Bonn, Rheinisches Landesmuseum. Kopie RGZM. Photo Verf.
Abb. 87 Berlin, Staatliche Museen (eine *Phalera* mit Medusenkopf im Rheinischen Landesmuseum Bonn). Kopie RGZM. Photo Verf.
Abb. 88 Istanbul, Antikenmuseum. Photo Verf.
Abb. 89 Nimwegen, Museum het Valkhof. Photo Verf.
Abb. 90 Privatbesitz. Kopie RGZM. Photo RGZM.
Abb. 91 Nimwegen, Museum Het Valkhof. Photo Mus.
Abb. 92 München, Glyptothek. Kopie RGZM. Photo RGZM.
Abb. 93 Paris, Louvre. Photo Verf.
Abb. 94 Rom, Conservatorenpalast. Photo Dt. Arch. Inst. Rom 41.2318.
Abb. 95 Cluj-Napoca, Nationalmuseum. Photo Mus.
Abb. 96 Ljubljana, Nationalmuseum. Kopie RGZM. Photo Verf.
Abb. 97 London, British Museum. Photo Mus.
Abb. 98 Bonn, Rheinisches Landesmuseum. Photo Mus.
Abb. 99 London, British Museum. Rekonstruktion RGZM. Photo RGZM CD 93/144.
Abb. 100 London, British Museum. Rekonstruktion RGZM. Photo RGZM.
Abb. 101 London, British Museum. Rekonstruktion RGZM. Photo RGZM CN 94/15.
Abb. 102 London, British Museum. Rekonstruktion RGZM. Photo RGZM CN 94/16.
Abb. 103 Brugg, Vindonissamuseum. Photo Vindonissamuseum Brugg.
Abb. 104 Mainz, Landesmuseum. Photo Verf.
Abb. 105 Bonn, Rheinisches Landesmuseum. Kopie Xanten, Römermuseum. Photo Verf.
Abb. 106 Xanten, Römermuseum. Photo Mus.
Abb. 107 Schloss Erbach. Photo G. Fittschen-Badura.
Abb. 108 Brugg, Vindonissamuseum. Nach Künzl 1996 (*Gladius*-Dekorationen) T. 42,2.
Abb. 109 Photoarchiv Hirmer 14.0740 V.
Abb. 110 Wien, Kunsthistorisches Museum, Antikensammlung. Photo Wien, Kunsthistorisches Museum.
Abb. 111 Brugg, Vindonissamuseum. Photo RGZM CD 95/146.
Abb. 112 Straßburg, Mus. Archéol. Photo RGZM T 67/3608.
Abb. 113 Stuttgart, Württembergisches Landesmuseum. Kopie RGZM. Photo Verf.
Abb. 114 Stuttgart, Württembergisches Landesmuseum. Kopie RGZM. Photo Verf.
Abb. 115 Baden, Historisches Museum. Kopie RGZM. Photo Verf.
Abb. 116 London, British Museum. Photo RGZM
Abb. 117 Mainz, RGZM. Photo RGZM.
Abb. 118 Frankfurt am Main, Archäologisches Museum. Kopie RGZM. Photo Verf.
Abb. 119 Mainz, Landesmuseum. Kopie RGZM. Zeichn. Inventar RGZM.
Abb. 120 Bonn, Rheinisches Landesmuseum. Kopie Xanten, Römermuseum. Photo Verf.
Abb. 121 Brugg, Vindonissamuseum. Im Jahre 2005 gestohlen; das Museum bittet um Unterstützung bei der Suche nach dem Stück. Photo RGZM T 67-3556.
Abb. 122 Brugg, Vindonissamuseum. Im Jahre 2005 gestohlen; das Museum bittet um Unterstützung bei der Suche nach dem Original. Kopie RGZM. Photo Verf.
Abb. 123 Krakau, Nationalmuseum. Photo Mus.
Abb. 124 Nimwegen, Museum Kam. Nach Künzl 1996 (*Gladius*-Dekorationen), Abb. 20,4.
Abb. 125 Leeds, Royal Armouries Museum. Nach Christie's South Kensington, The Axel Guttmann Collection 2, 2004, Nr. 149.
Abb. 126 Mainz, RGZM. Photo RGZM.
Abb. 127 Bonn, Rheinisches Landesmuseum. Kopie RGZM. Photo RGZM.
Abb. 128 Gemälde Peter Connolly. Mainz, RGZM. Photo RGZM CD 95/86.
Abb. 129 Bonn, Rheinisches Landesmuseum. Kopie RGZM. Photo RGZM.
Abb. 130 Frankfurt, Archäologisches Museum. Kopie RGZM. Photo RGZM.
Abb. 131 und 132 München, Archäologische Staatssammlung. Photo RGZM.
Abb. 133 London, British Museum. Nach A Guide to the Antiquities of Roman Britain (London 1922) 77. 80 Abb. 100.
Abb. 134 Bad Deutsch-Altenburg, Museum Carnuntinum. Photo F. Humer.
Abb. 135 Speyer, Historisches Museum der Pfalz. Photo RGZM.
Abb. 136 Newcastle upon Tyne, Museum. Photo Mus.
Abb. 137 Privatbesitz. Photo RGZM.
Abb. 138 Nach H.-J. Hundt, Ein tauschiertes Ringknaufschwert aus Straubing (Sorviodurum). In: Festschrift des Römisch-Germanischen Zentralmuseums in Mainz zur Feier seines hundertjährigen Bestehens 1952, Band 3 (Mainz 1953) 111 Abb. 1.
Abb. 139 Rom, Archäologisches Nationalmuseum (Palazzo Altemps). Kopie RGZM. Photo Verf.
Abb. 140 Damaskus, Nationalmuseum. Photo R. Fleischer.
Abb. 141 Bonn, Rheinisches Landesmuseum. Photo Mus.
Abb. 142 London, British Museum. Kopie RGZM. Photo RGZM PH 2008/1212.
Abb. 143 Gemälde Peter Connolly, RGZM. Photo RGZM.
Abb. 144 London, British Museum. Nach Antiquities of Roman Britain (London 1951) 68 Fig. 34.
Abb. 145 Rekonstruktion Limesmuseum Aalen. Photo M. Künzl.
Abb. 146 Kopie Nationalmuseum Bukarest. Photo Verf.
Abb. 147 Nach S. James, The arms and armour and other military equipment. Excavations at Dura-Europos: Final report 7 (London 2004) 43 fig. 23.
Abb. 148 Gemälde Peter Connolly, basierend auf den Funden von Dura-Europos. Nach P. Connolly, Greece and Rome at War (London 1998) App. 3,18.
Abb. 149 Gemälde Peter Connolly. Mainz, RGZM. Photo RGZM CD 95/83.
Abb. 150 Photo Niederösterreichische Landesregierung, Lichtbildstelle.
Abb. 151 Berlin, Staatliche Museen, Pergamonmuseum. Photo Mus.
Abb. 152 Nimwegen, Museum het Valkhof. Photo Mus.
Abb. 153 Museum und Park Kalkriese. Photo Chr. Grovermann für Varusschlacht im Osnabrücker Land GmbH.
Abb. 154 Jerusalem, Israel Museum. Kopie RGZM. Photo RGZM.
Abb. 155 Straubing, Gäubodenmuseum. Kopie RGZM. Photo RGZM.
Abb. 156 Straubing, Gäubodenmuseum. Kopie RGZM. Photo RGZM.
Abb. 157 Wien, Kunsthistorisches Museum. Photo Mus.
Abb. 158 Kunsthandel. Nach Galerie Puhze, Kat. 12, 1997, Nr. 79.
Abb. 159 Nimwegen, Museum Het Valkhof. Photo Verf.
Abb. 160 Neapel, Nationalmuseum. Photo Bildarchiv RGZM.
Abb. 161 Photo Niederösterreichische Landesregierung, Lichtbildstelle.
Abb. 162 Belgrad, Nationalmuseum. Kopie RGZM. Photo Verf.
Abb. 163 Privatbesitz. Photo RGZM CD 2003/143.
Abb. 164 Mainz, RGZM. Photo RGZM.
Abb. 165 Bad Deutsch-Altenburg, Museum Carnuntinum. Kopie RGZM. Photo RGZM.

Abb. 166 München, Archäologische Staatssammlung. Photo Mus. Nach Junkelmann 1996, 81 Abb. 169.
Abb. 167 Photo Verf.
Abb. 168 Kopenhagen, Nationalmuseum. Kopie RGZM. Photo RGZM.
Abb. 169 Mainz, RGZM. Photo RGZM.
Abb. 170 Slavonski Brod, Muzej Brodskog Posavlja. Kopie RGZM. Photo RGZM.
Abb. 171 Museen der Stadt Regensburg – Historisches Museum. Kopie RGZM. Photo Verf.
Abb. 172 Mainz, RGZM. Photo RGZM CD 96/30.
Abb. 173 London, British Museum. Kopie RGZM. Photo Verf.
Abb. 174 London, British Museum. Kopie RGZM. Photo Verf.
Abb. 175 Nimwegen, Museum Het Valkhof. Kopie RGZM. Photo RGZM.
Abb. 176 München, Bayerische Staatsbibliothek Cod. Clm. 10291. Nach Gallien in der Spätantike (Mainz 1980) 31.
Abb. 177 München, Staatliche Münzsammlung. Nach R. Alföldi 1963 Taf. 4 Abb. 61.
Abb. 178 Rekonstruktion Maastricht, Bonnefantenmuseum. Photo Mus. Nach Bonner Jahrbücher 200, 2000, 326 Abb. 10.
Abb. 179 Aosta, Domschatz. Nach W. F. Volbach, Elfenbeinarbeiten der Spätantike und des frühen Mittelalters (Mainz 1976) Nr. 1 Taf. 1.
Abb. 180 Privatbesitz. Nach Gallien in der Spätantike (Mainz 1980) Nr. 252 Abb. S. 190 oben.
Abb. 181 Monza, Domschatz (Tesoro del Duomo). Kopie RGZM. Photo RGZM PH 2008/1224.1.
Abb. 182 San Vitale, Ravenna, Italien. Kopie RGZM. Photo Verf.
Abb. 183 Augst, Römermuseum. Rekonstruktion RGZM. Photo RGZM.
Abb. 184 Nürnberg, Germanisches Nationalmuseum. Kopie RGZM. Photo Verf.
Abb. 185 Budapest, Nationalmuseum. Photo Mus. Nach Von Augustus bis Attila (Stuttgart 2000) 37.
Abb. 186 Leiden, Rijksmuseum van Oudheden. Kopie RGZM. Photo Mus.
Abb. 187 Photo Verf.
Abb. 188 Schloss Sigmaringen, Fürstlich Hohenzollersche Hofkammer. Photo RGZM.
Abb. 189 Links: RGZM. – Rechts: Krefeld, Museum Burg Linn; Kopie RGZM. Photo RGZM.

# Bibliographie

Die Literatur zum antiken römischen Waffenwesen ist Legion. Meine Auswahl ist für den gebildeten, interessierten Leser gedacht. Dem Fachmann vertraute Titel wie die Limeskongressberichte, die Limesstudien, das Corpus der römischen Funde im europäischen Barbaricum (CRFB), verschiedene Kongressberichte oder die großen Publikationen der nordischen Moorfunde habe ich deshalb ebenso wie die Artikel in den großen Enzyklopädien nicht zitiert. Bis auf wenige Ausnahmen sind die Zitate auf Monographien beschränkt.


**Überblickswerke**

L. Lindenschmit, Tracht und Bewaffnung des römischen Heeres während der Kaiserzeit (Braunschweig 1882).

H. R. Robinson, Oriental Armour (London 1967).

H. Ubl, Waffen und Uniform des römischen Heeres der Prinzipatsepoche nach den Grabreliefs Noricums und Pannoniens. Diss. Wien 1969 (Klosterneuburg 1969).

H. R. Robinson, The Armour of Imperial Rome (London 1975).

P. Connolly, Die Römische Armee (Hamburg 1976).

G. Waurick, Untersuchungen zur historisierenden Rüstung in der römischen Kunst. Jahrbuch des RGZM 30, 1983, 265-301.

M. Feugère, Les armes des Romains de la République à l'Antiquité Tardive (Paris 1993).

P. Connolly, Greece and Rome at War. (²London usw. 1998).

M. C. Bishop / J. C. N. Coulston, Roman Military Equipment from the Punic wars to the fall of Rome. (²Oxford 2006).

**Historienfilm und Römergruppen**

M. Junkelmann, Muli Mariani. Marsch in römischer Legionärsausrüstung über die Alpen. Schriften des Limesmuseums Aalen 36 (Stuttgart 1985).

M. Junkelmann, Die Legionen des Augustus. Der römische Soldat im archäologischen Experiment. Kulturgeschichte der antiken Welt 33 (Mainz 1986).

D. Peterson, The Roman Legions Recreated in Colour Photographs. Europa Militaria Special 2 (London 1992).

M. Junkelmann, Hollywoods Traum von Rom. ›Gladiator‹ und die Tradition des Monumentalfilms. Kulturgeschichte der antiken Welt 94 (Mainz 2004).

**Schlachtfelder, Limesforschung, Fundarten**

J. Keim / H. Klumbach, Der römische Schatzfund von Straubing. Fundbericht von Josef Keim. Beschreibung der Fundstücke von Hans Klumbach. Münchner Beiträge zur Vor- und Frühgeschichte 3 (München 1976).

H.-J. Kellner, Der römische Verwahrfund von Eining. Münchner Beiträge zur Vor- und Frühgeschichte 29 (München 1978).

H.-J. Kellner / G. Zahlhaas, Der Römische Tempelschatz von Weißenburg i. Bay. (Mainz 1993).

J. Krier / F. Reinert, Das Reitergrab von Hellingen. Die Treverer und das römische Militär in der frühen Kaiserzeit (Luxembourg 1993).

U. Rald, The Roman swords from Danish bog finds. In: C. van Driel-Murray (Hrsg.), Military Equipment in Context. Journal of Roman Military Equipment Studies 5 (1994) 227-241.

E. Schallmayer (Hrsg.), Hundert Jahre Saalburg. Vom römischen Grenzposten zum europäischen Museum (Mainz 1997).

C. Unz / E. Deschler-Erb, Katalog der Militaria aus Vindonissa. Militärische Funde, Pferdegeschirr und Jochteile bis 1976. Veröffentlichungen der Gesellschaft Pro Vindonissa 14 (Brugg 1997).

E. Deschler-Erb, Ad arma! Römisches Militär des 1. Jahrhunderts n. Chr. in Augusta Raurica. Forschungen in Augst 28 (Augst 1999).

W. Schlüter / R. Wiegels (Hrsg.), Rom, Germanien und die Ausgrabungen von Kalkriese. Internationaler Kongress der Universität Osnabrück und des Landschaftsverbandes Osnabrücker Land e.V. vom 2. bis 5. Sept. 1996. Osnabrücker Forschungen zu Altertum und Antike-Rezeption 1. Kulturregion Osnabrück 10 (Bramsche 1999).

E. Künzl, Wasserfunde römischer gladii: Votive oder Transportverluste? In: R. Bedon / A. Malissard (Hrsg.), La Loire et les fleuves de la Gaule romaine et des régions voisines. Caesarodunum 33/34, 1999/2000, 547-575.

P. W. N. Freeman / A. Pollard (Hrsg.), Fields of Conflict: Progress and Prospect in Battlefield Archaeology. Proceedings of a conference held in the Department of Archaeology, University of Glasgow, April 2000. British Archaeological Report. International Series 958 (Oxford 2001).

J. Harnecker, Arminius, Varus und das Schlachtfeld von Kalkriese. Eine Einführung in die archäologischen Arbeiten und ihre Ergebnisse (²Bramsche 2002).

S. James, The arms and armour and other military equipment. Excavations at Dura-Europos: Final report 7 (London 2004).

M. Klee, Grenzen des Imperiums. Leben am römischen Limes (Stuttgart 2006).

M. Kemkes, Der Limes. Grenze Roms zu den Barbaren. Mit Beiträgen von J. Scheuerbrandt und N. Willburger (Ostfildern 2006).

E. Schallmayer, Der Limes. Geschichte einer Grenze (München 2006).

R. Wiegels (Hrsg.), Die Varusschlacht. Wendepunkt der Geschichte? Mit Beiträgen von A. Becker, J.-S. Kühlborn, G. Moosbauer und G. Rasbach (Stuttgart 2007).

**Feldzeichen**

A. von Domaszewski, Die Fahnen im römischen Heere. Abhandlungen des Archäologisch-Epigraphischen Seminars der Universität Wien (Wien 1885).

R. Egger, Das Labarum. Die Kaiserstandarte der Spätantike. Sitzungsberichte der Österreichischen Akademie der Wissenschaften, Phil.-hist. Kl., 234,1 (Wien 1980).

O. Stoll, Excubatio ad signa. Die Wache bei den Fahnen in der römischen Armee und andere Beiträge zur kulturgeschichtlichen und historischen Bedeutung eines militärischen Symbols (St. Katharinen 1995).

K. M. Töpfer, Die römischen Feldzeichen während Republik und Prinzipat. Diss. Mainz 2006.

**Waffengattungen**

H. Klumbach, Römische Helme aus Niedergermanien. Kunst und Altertum am Rhein 51 (Bonn 1974).

Antike Helme. Sammlung Lipperheide und andere Bestände des Antikenmuseums Berlin. Monographien RGZM 14 (Mainz 1988).

G. Waurick, Helme in Caesars Heer (Mainz 1990).

M. Junkelmann, Die Reiter Roms 1. Reise, Jagd, Triumph und Circusrennen. Kulturgeschichte der antiken Welt 45 (Mainz 1990).

M. Junkelmann, Die Reiter Roms 2. Der militärische Einsatz. Kulturgeschichte der antiken Welt 49 (Mainz 1991).

M. Junkelmann, Die Reiter Roms 3. Zubehör, Reitweise, Bewaffnung. Kulturgeschichte der antiken Welt 53 (Mainz 1992).

M. Feugère, Casques antiques. Les visages de la guerre de Mycènes à la fin de l'Empire romain (Paris 1994).

Een leven te paard / Reiten für Rom. Ruiters uit de Lage Landen in het Romeinse leger / Berittene Truppen an der römischen Rheingrenze (Nijmegen/Xanten 1995/1996).

M. Kemkes / J. Scheuerbrandt, Zwischen Patrouille und Parade. Die römische Reiterei am Limes. Schriften des Limesmuseums Aalen 51 (Stuttgart 1997).

M. Junkelmann, Römische Helme. Sammlung Axel Guttmann 8 (Mainz 2000).

J. Obmann, Studien zu römischen Dolchscheiden des 1. Jahrhunderts n. Chr. Archäologische Zeugnisse und bildliche Überlieferung. Kölner Studien zur Archäologie der römischen Provinzen 4 (Rahden/Westf. 2000).

M. C. Bishop, Lorica segmentata I. A Handbook of Articulated Roman Plate Armour. JRMES Monograph 1 (Duns 2002).

B. Pferdehirt, Römische Militärdiplome und Entlassungsurkunden in der Sammlung des Römisch-Germanischen Zentralmuseums. Kataloge vor und frühgeschichtlicher Altertümer 37 (Mainz 2004).

R. Meijers / F. Willer (Hrsg.), Achter het zilveren masker. Nieuw oderzoek naar de productietechnieken van Romeinse ruiterhelmen. Hinter der silbernen Maske. Neue Untersuchungen zur Herstellungstechnik römischer Reiterhelme (Nijmegen, Bonn 2007).

C. Miks, Studien zur römischen Schwertbewaffnung in der Kaiserzeit. Kölner Studien zur

Archäologie der römischen Provinzen 8 (Rahden/Westf. 2007).

**Waffenschmuck**

E. Künzl, Gladiusdekorationen der frühen römischen Kaiserzeit: Dynastische Legitimation, Victoria und Aurea Aetas. Jahrbuch des RGZM 43, 1996, 383-474.

E. Künzl, Fellhelme. Zu den mit organischem Material dekorierten römischen Helmen der frühen Kaiserzeit und zur imitatio Alexandri des Germanicus. In: W. Schlüter / R. Wiegels (Hrsg.), Rom, Germanien und die Ausgrabungen von Kalkriese (Bramsche 1999) 149-168.

H.-H. v. Prittwitz und Gaffron, Der Kaiser ist immer und überall. Das Kaiserhaus auf Waffen und Orden. In: Krieg und Frieden. Kelten – Römer – Germanen (Darmstadt 2007) 125-132.

**Paraderüstungen**

J. Garbsch, Römische Paraderüstungen. Katalog der Ausstellung Nürnberg/München. Mit Beiträgen von H.-J. Kellner, F. Kiechle und M. Kohlert. Münchner Beiträge zur Vor- und Frühgeschichte 30 (München 1978).

F. Beck / H. Chew (Hrsg.), Masques de fer. Un officier romain du temps de Caligula. Ausstellungskatalog Saint-Germain-en-Laye 1991 (Paris 1991).

M. Junkelmann, Reiter wie Statuen aus Erz. Zaberns Bildbände zur Archäologie (Mainz 1996).

H. Born / M. Junkelmann, Römische Kampf- und Turnierrüstungen. Sammlung Axel Guttmann 6 (Mainz 1997).

**Spätantike**

O. Seeck (Hrsg.), Notitia dignitatum. Accedunt notitia urbis Constantinopolitanae et latercula provinciarum (1876; Nachdruck Frankfurt am Main 1962).

D. Hoffmann, Das spätrömische Bewegungsheer und die Notitia Dignitatum. Epigraphische Studien 7 (Düsseldorf 1969).

H. Klumbach (Hrsg.), Spätrömische Gardehelme. Münchner Beiträge zur Vor- und Frühgeschichte 15 (München 1973).

P. C. Berger, The Insignia of the Notitia Dignitatum (New York usw. 1981).

K. Böhner, Die frühmittelalterlichen Spangenhelme und die nordischen Helme der Vendelzeit. Jahrbuch des RGZM 41, 1994, 471-594.

M. Vogt, Spangenhelme. Baldenheim und verwandte Typen. Kataloge vor- und frühgeschichtlicher Altertümer 39 (Mainz 2006).

A. Demandt / J. Engemann (Hrsg.), Konstantin der Große. Imperator Caesar Flavius Constantinus. Begleitbuch mit CD-ROM zur Ausstellung im Rheinischen Landesmuseum Trier, Bischöflichem Dom- und Diözesanmuseum Trier und Städtischem Museum Simeonsstift (Mainz 2007).

# Register und Glossar

Redaktion, Bildbearbeitung und Layout:
Evelyn Bott, Dr. Hans G. Frenz, Volker Iserhardt, Hans Jung
René Müller
Fuhrer Visuelle Gestaltung OEG (Wien).

**Bibliografische Information Der Deutschen Bibliothek**
Die Deutsche Bibliothek verzeichnet diese Publikation in der Deutschen Nationalbibliografie; detaillierte bibliografische Daten sind im Internet über **http://dnb.ddb.de** abrufbar.

**Schnell und Steiner ISBN 978-3-7954-2011-6**
**RGZM ISBN 978-3-88467-123-8**



Herstellung: Erhardi Druck GmbH, Regensburg.
Printed in Germany.